新时代民政工作概论（第二版）

XINSHIDAI MINZHENG
GONGZUO GAILUN

民政部政策研究中心编写组　编著

中国社会出版社

国家一级出版社·全国百佳图书出版单位

图书在版编目（CIP）数据

新时代民政工作概论 ／ 民政部政策研究中心编写组
编著． -- 2版． -- 北京：中国社会出版社，2024．11．
ISBN 978-7-5087-7102-1

Ⅰ．D632

中国国家版本馆 CIP 数据核字第 2024NT1003 号

新时代民政工作概论（第二版）

出 版 人：程　伟
终 审 人：王　前
责任编辑：陆　强　杜　康
装帧设计：尹　帅
出版发行：中国社会出版社
　　　　　（北京市西城区二龙路甲 33 号　邮编 100032）
印刷装订：河北鑫兆源印刷有限公司
版　　次：2024 年 11 月第 2 版
印　　次：2024 年 11 月第 1 次印刷
开　　本：185mm×260mm　1/16
字　　数：470 千字
印　　张：30.5
定　　价：98.00 元

深入学习贯彻习近平总书记关于民政工作的重要论述 奋力谱写新时代新征程民政事业高质量发展新篇章

（序言）

民政工作关系民生、连着民心，是社会建设的兜底性、基础性工作。党的十八大以来，以习近平同志为核心的党中央高度重视民政工作，习近平总书记多次作出重要论述，为新时代民政事业高质量发展提供了根本遵循，科学指引民政事业发展取得历史性成就、发生历史性变革。党的二十大报告描绘了全面建设社会主义现代化国家的宏伟蓝图，全面部署以中国式现代化全面推进中华民族伟大复兴，提出了增进民生福祉、提高人民生活品质的重大任务，赋予了民政部门在强国建设、民族复兴新征程上更加光荣的职责使命。党的二十届三中全会对民政改革作出新部署。踏上新征程，各级民政部门要坚持以习近平新时代中国特色社会主义思想为指引，深入学习贯彻习近平总书记关于民政工作的重要论述，认真贯彻落实党的二十大、二十届二中、三中全会精神和党中央各项决策部署，心怀"国之大者"，聚焦主责主业，深化改革创新，不断开创民政事业高质量发展新局面。

一、坚定拥护"两个确立"，坚决做到"两个维护"

党的十八大以来，新时代民政事业发展取得重大成就，民政领域基本民生保障水平持续提升，基层社会治理取得新的显著成效，基本社会服务不断迈出新步伐，有力服务了改革发展稳定大局。这些成绩的取得，根本在于有习近平总书记作为党中央的核心、全党的核心领航掌舵，在于有习近平新时代中国特色社会主义思想科学指引，有力印证了"两个确立"是新时代最大政治成果、最重要历史经验、最客观实践结论，是我们党应对一切不确定性的最大确定性、最大底气、最大保证。踏上新征程，必须牢固树立党的民政工作意识，深刻领悟"两个确立"的决定性意义，增强"四个意识"、坚定"四个自信"、做到"两个维护"，始终在思想上政治上行动上同以习近平同志为核心的党中央保持高度一致。坚持不懈强化理论武装，持续推进学习贯彻习近平新时代中国特色社会主义思想深化内化转化，深入学习贯彻习近平总书记关于民政工作的重要论述，加深对习近平新时代中国特色社会主义思想的世界观、方法论和贯穿其中的立场观点方法的理解把握，自觉用党的创新理论凝心铸魂，并转化为推动民政工作高质量发展的思路举措，推动习近平总书记关于民政工作的重要论述、重要指示批示精神落地生根。持之以恒加强政治机关建设，教育引导民政系统党员干部旗帜鲜明讲政治，不断提高政治判断力、政治领悟力、政治执行力，带头当好"三个表率"，走好"第一方阵"。

二、坚持和加强党的全面领导，始终聚焦主责主业履职尽责

习近平总书记指出，"党政军民学，东西南北中，党是领导一切的"；各级党委和政府要加强对民政工作的领导，增强基层民政服务能力，推动民政事业持续健康发展；各级民政部门要更好履行基本民生保障、基层社会治理、基本社会服务等职责，为全面建设社会主义现代化国家作出新贡献。这些重要论述，深刻阐明党的全面领导是做好新时代党和国家各项工作的根本政治保证，明确要求民政部门要立足党和国家全局履行职责使命。踏上新征程，必须把加强党对民政工作的全面领导作为根本要求，牢牢把握民政工作正确政治方向，完善和强化党对民政工作全面领导的体制机制，将落实党中央重大决策部署作为推进民政工作的重要依据和核心任务，自觉对标对表谋划民政发展、制定民政政策、部署民政工作，切实把党的路线方针政策转化为民政改革发展的实际成效。健全分层分类的社会救助体系，持续完善低保等社会救助制度，发展"物质救助＋服务救助"，切实兜住、兜准、兜牢民生底线。实施积极应对人口老龄化国家战略，持续推进健全相关社会保障体系，推动完善健康支撑体系，加快健全养老服务体系，统筹发展养老事业和养老产业，让所有老年人都能老有所养、老有所依、老有所乐、老有所安。健全

儿童、残疾人福利制度，发展精神障碍社区康复服务，持续壮大康复辅助器具产业，强化特殊困难群体关爱保障。引导社会组织健康发展，发挥服务企业行业、支持现代化建设等积极作用。加强慈善组织和慈善活动监管，广泛引导支持有意愿有能力的企业、社会组织和个人积极参与公益慈善事业。加强福利彩票发行管理，切实做到取之于民、用之于民。落实党中央对行政区划工作的集中统一领导，强化行政区划战略性、系统性、前瞻性研究，优化地名公共服务。健全基本殡葬服务制度，持续推进婚丧领域移风易俗，进一步简化优化审批办事程序，推进民政服务"网上办""指尖办"，提高便民利民惠企水平。

三、坚持以人民为中心的发展思想，全力解决群众急难愁盼问题

习近平总书记指出，"民政工作关系民生、连着民心"，各级民政部门要怀着大爱之心、爱民之心做好民政工作。这些重要论述，深刻诠释了我们党的根本宗旨，明确了民政工作的情怀理念，为我们坚持人民至上，不断增进民生福祉提供了科学指引。踏上新征程，必须深刻体悟每一项民政工作都在传递党和政府的为民之举、爱民之情，始终站稳人民立场，厚植人民情怀，树牢"民政为民、民政爱民"理念。始终坚持以人民为中心，瞄准人民对美好生活的向往，推进民政事业，把保障民政服务对象基本权益作为首要责任，把帮助特殊困难群众共享改革发展成果作为重要任务，把群众关切作为工作的"晴雨表"，把群众满意作为工作的"度量衡"，使各项民政工作更好体现党的初心使命，传递党和政府的温暖，彰显我国制度优势。自觉走好党的群众路线，持续深入基层一线，扑下身子摸准实情，及时准确掌握民政服务对象的迫切需求，主动问计于群众、问计于实践，从基层实践和人民群众中汲取经验智慧，不断增强人民群众的获得感、幸福感、安全感。

四、坚持改革创新，切实增强民政事业高质量发展能力

习近平总书记指出，"全面深化改革必须以促进社会公平正义、增进人民福祉为出发点和落脚点。这是坚持我们党全心全意为人民服务根本宗旨的必然要求。""要加快推进民生领域体制机制创新，促进公共资源向基层延伸、

向农村覆盖、向弱势群体倾斜。"这些重要论述，阐明了党和国家事业发展的动力源泉，为推进民政领域改革创新提供了行动指南。踏上新征程，必须强化改革思维、增强改革定力，紧盯中央关心的重点、群众关切的热点、政策落实的堵点、发展滞后的难点，坚持以系统化为总揽、以信息化为驱动、以法治化为保障、以标准化为规范、以专业化为支撑、以国际化为视野，坚持目标导向、问题导向和结果导向相结合，完善制度措施，健全长效机制，不断用改革的思路、创新的办法破难题、增活力、提质量，为民政事业发展注入新动力。厘清重点领域改革发展方向，协调推动加快社会救助、养老服务、儿童福利、社会组织登记管理、殡葬管理等法律法规制修订工作。坚持实事求是、科学精准，既持续健全基本民生保障体系，稳步增进民生福祉，托牢社会公平正义网底，又量力而行，科学确定保障水平，强化精准帮扶，使基本民生保障水平与经济社会发展相协调。支持基础好、有条件的地区先行先试，多措并举增强基层民政服务能力，以更大力度解决惠民政策落地"最后一公里"问题，确保把党和政府的温暖送到群众身边。

五、坚持系统观念，更好统筹发展和安全

习近平总书记指出，"系统观念是具有基础性的思想和工作方法"；"统筹发展和安全，增强忧患意识，做到居安思危，是我们党治国理政的一个重大原则"；要"加强保障和改善民生工作，从源头上预防和减少社会矛盾的产生"；"要切实做好重点领域风险防范化解工作，落实安全生产责任，坚决避免发生重特大安全生产事故"。这些重要论述，为把握和运用系统观念，推进民政事业安全发展提供了科学指引。踏上新征程，必须强化系统观念，不断提高战略思维、历史思维、辩证思维、系统思维、创新思维、法治思维、底线思维能力，加强民政工作的前瞻性思考、全局性谋划、整体性推进。全面贯彻总体国家安全观，把维护民政服务对象生命健康安全放在第一位，将风险意识贯穿民政工作各领域、各环节，全力办好民政领域发展与安全两件大事，一体改善"物防""技防"条件和提升"人防"能力水平，通盘考虑民政服务设施规划建设和运营管理，有力维护民政服务对象生命健康安全，坚决防范化解各类风险隐患，确保民政事业行稳致远。

六、坚定不移推进全面从严治党，为新时代民政事业高质量发展提供坚强引领保障

习近平总书记指出，"全面从严治党是党永葆生机活力、走好新的赶考之路的必由之路"；"各级民政部门要加强党的建设"，"要加强社会组织党的建设"。这些重要论述，既对民政部门从严管党治党提出重要政治要求，也对指导推动民政相关领域党的建设作出部署。踏上新征程，必须始终牢记全面从严治党永远在路上、党的自我革命永远在路上，深入贯彻新时代党的建设总要求，完善和落实党全面领导民政工作体制机制，坚持把严的标准、严的措施传导和落实到民政部门各个层级、各个方面，努力建设让党中央放心、让人民群众满意的模范机关。持续健全管党治党制度规范，强化刚性约束，用制度管人管事管权。深化基层党组织标准化、规范化建设，不断增强党组织的政治功能和组织功能。密切联系群众，改进调查研究，锲而不舍落实中央八项规定精神，深化纠治"四风"，着力纠治影响党中央决策部署贯彻落实、漠视侵害群众利益、加重基层负担的形式主义、官僚主义。加强党风廉政建设和反腐败工作，全面巩固发展反腐败压倒性态势。落实党管干部原则，突出政治要求和好干部标准，建设忠诚、干净、担当的高素质干部人才队伍，激励干部担当作为，持续巩固发展风清气正的政治生态和良好的干事创业环境。

为深入学习贯彻习近平总书记关于民政工作的重要论述，更好地指导民政事业改革发展实践，民政部政策研究中心编写了《新时代民政工作概论》一书，供各级民政部门干部职工和广大读者学习研究。我们要坚持以习近平新时代中国特色社会主义思想为指导，深入学习贯彻党的二十大精神，不断推进学习贯彻习近平总书记关于民政工作的重要论述走深走实，更好地研究把握民政工作特点规律，科学回答民政工作面临的理论和实践问题，推动民政工作更好体现时代性、把握规律性、富于创造性，在全面建设社会主义现代化国家新征程中奋力谱写民政事业高质量发展新篇章。

第一章　民政工作概述

"民政"是一个源远流长、亘古常新的历史范畴。民政工作在不同历史时期、不同社会形态中具有不同的内涵、功能以及作用，既有一脉相承、生生不息的永恒成分，也有与社会进步同行、与时代发展相随的鲜活内容。发展至今，民政工作越来越成为治国安邦的一项重要工作，承载人民的美好生活向往，体现党的根本宗旨，展现社会主义制度的优越性，是中国特色社会主义事业的重要组成部分。同时，民政工作又是一项富有中国特色的社会建设工作，既有与世界各国社会管理和服务工作类同的因素，也有许多体现中华民族聪明智慧的独特创造。从具体工作内容来看，民政工作业务多元，涉及社会方方面面，与人民生活息息相关。特别是党的十八大以来，以习近平同志为核心的党中央坚持以人民为中心的发展思想，把人民对美好生活的向往作为奋斗目标，将民政工作纳入党和国家工作全局，全面加强对民政工作的领导。中央系列全会和重要文件都对民政工作作出重要部署，在部署实施人类历史上规模最大、力度最强的脱贫攻坚战中赋予民政兜底保障重要职责；在解决人民最关心最直接最现实的利益问题中，强化儿童关爱保护，完善残疾人福利制度；在打造共建共治共享的社会治理格局中，注重发挥社会组织等社会力量的积极作用；在积极应对人口老龄化中，完善老龄工作体制机制，推动养老服务实现提质增量；在实施区域协调发展战略和推进新型城镇化建设中，推进优化行政区划设置，强化地名管理服务等等，为民政事业发展注入了强劲动力。各级民政部门坚决贯彻落实党中央、国务院决策部署，覆盖城乡的社会救助体系全面构建，儿童和残疾人等社会福利制度日益完善，中国特色养老服务制度基本建立，社会组织管理更加完善，慈善事业向法治化、组织化、规范化方向转变，婚姻登记、殡葬管理、区划地名等专项事务管理全面加强，民政领域全面从严治党向纵深推进，民政事业发展迈上了新台阶，有力服务了改革发展稳定大局。

第一节 民政工作内涵特征

一、民政工作的内涵

民政工作的内涵有广义、狭义之分。历史上，广义上的民政工作同军政相对应，泛指国家军事以外的一切社会事务管理。狭义上的民政工作指国家的一部分社会事务的行政管理，在不同的历史时期，具体内容和含义都不尽相同。唐以前，中国没有"民政"一词，出现更多的是"民事"等，泛指民间诸事。随着政治、经济、社会、文化等的发展，唐开始有民政一词。作为专有名词，"民政"始见于唐僖宗光启三年（887 年），泛指除兵事的各种有关民众事务管理的全部政府职能。① 南宋徐天麟编撰的《西汉会要》和《东汉会要》，均将"民政"专门列为国家管理社会的 15 类事务之一，包括户口、风俗、乡役、荒政等社会事务管理工作，是中国典籍文献中，首次较为确切地使用"民政"一词，并附以众多具体内容，从而形成初步的民政工作概念。②

随着时代发展进步，特别是步入现代化进程，民政工作的内涵不断丰富完善。2019 年 4 月，第十四次全国民政会议前夕，习近平总书记对民政工作作出重要指示，指出民政工作关系民生、连着民心，是社会建设的兜底性、基础性工作。要求各级党委和政府坚持以人民为中心，加强对民政工作的领导，增强基层民政服务能力，推动民政事业持续健康发展。要求各级民政部门加强党的建设，坚持改革创新，聚焦脱贫攻坚，聚焦特殊群体，聚焦群众关切，更好履行基本民生保障、基层社会治理、基本社会服务等职责，为全面建成小康社会、全面建设社会主义现代化国家作出新的贡献。习近平总书记

---

① 欧阳修，宋祁. 新唐书 [M]. 北京：中华书局，2000：784 - 785.
② 孟昭华，王涵. 中国民政通史：上卷 [M]. 北京：中国社会出版社，2006：2.

的重要指示，阐明了民政工作连着民心的政治属性，明确了民政工作是社会建设的兜底性、基础性工作的基本定位，突出强调了新时代民政工作要聚焦脱贫攻坚、聚焦特殊群体、聚焦群众关切的着力重点，鲜明提出民政工作要以加强党的建设为根本保证、以改革创新为根本动力，系统提出了新时代民政工作要更好履行基本民生保障、基层社会治理、基本社会服务等职责，为全面建成小康社会、全面建设社会主义现代化国家作出新的贡献的职责任务，深刻回答了新时代怎样认识民政工作、怎样推进民政工作的重大理论和实践问题，把对民政工作本质、特点和规律的认识提高到了一个新水平，是对民政工作内涵的高度概括。

民政标志的含义

民政标志反映民政工作全心全意为人民服务的宗旨。基于这一思想，中国民政标志的基本形式和内容是：总体轮廓为圆形，正面由双手、人像（"民政"汉语拼音第一个大写字母 M 和代表太阳的圆点）、太阳和光线组成。双手象征民政部门"俯首甘为孺子牛"的奉献精神；人像象征广大人民群众；太阳象征光明和温暖；太阳两侧的十二道短线，既象征太阳的光芒，又代表一年

图 1-1　民政标志

十二个月份。总的意思是，民政部门时刻为人民奉献，代表党和政府给人民群众送温暖。

二、民政工作的特征

（一）政治性

习近平总书记指出，民政工作关系民生、连着民心，民心是最大的政治，这深刻揭示了民政工作具有高度的政治性。从服务对象看，民政工作直接服务困难群众、老年人、儿童、残疾人等特殊群体，他们的生活状况怎么样，事关党的初心使命和我国社会主义制度优越性，是凝聚民心的政治工作。从职能作用看，民政工作保基本、兜底线、暖民心、防风险、促和谐，在化解

社会矛盾、维护社会稳定、增强社会活力、促进公平正义、增进民生福祉等方面有着重要作用，有利于巩固党的执政基础。这就要求民政工作必须旗帜鲜明讲政治，自觉从政治上看待和推进民政工作，不断强化政治引领，把好民政工作正确政治方向。

（二）人民性

民政工作是党重要的群众工作，从社会救助到养老服务，从儿童福利到殡葬服务，从婚姻登记到慈善事业，件件关乎民生，事事涉及群众切身利益，与人民群众联系最直接、最密切、最广泛。做好民政工作，是践行党的群众路线的重要要求。新中国成立初期，毛泽东同志就指出，民政工作是做人的工作，不要怕麻烦。朱德同志也曾形象地把民政部门比喻为人民群众的组织部。陈毅同志更是明确指出，民政工作要上为中央分忧，下为百姓解愁。习近平总书记强调，做民生工作，首先要有为民情怀。这就要求民政工作必须坚持以人民为中心的发展思想，增强为民情怀、爱民之心，采取更多惠民生、暖民心举措，不断增强人民群众的获得感、幸福感、安全感。

（三）全局性

民政工作与党和国家的中心大局紧密相连，担负着党和人民赋予的历史使命，具有鲜明的全局性。从新中国成立初期的救灾救济、复员军人安置、取缔反动团体、禁烟禁毒、改造游民，到改革开放以来拓展形成的社区建设、社会救助、福利彩票、慈善事业，再到党的十八大以来不断强化的社会救助兜底脱贫、养老服务、儿童福利等，民政工作一直紧紧围绕党和国家重大战略部署展开和推进。习近平总书记强调，民政工作是社会建设的兜底性、基础性工作；各级民政部门要更好履行基本民生保障、基层社会治理、基本社会服务等职责，为全面建设社会主义现代化国家作出新的贡献，深刻阐明了新征程上民政工作在全局中的地位作用，指明了民政工作的努力方向和着力重点。必须牢记推进中国式现代化这个最大政治，把握民政工作在社会建设中的兜底夯基定位，立足党和国家事业全局，在增进民生福祉、实现共同富裕中更好履行兜底保障职能，在实施积极应对人口老龄化国家战略中全面履行牵头职责，在推动高质量发展中充分履行服务保障职责。

（四）政策性

政策是各级民政部门依法履职的主要依据。习近平总书记强调，政策和策略是党的生命。回顾历史，我们党之所以能够取得一个个伟大胜利和辉煌成就，一个重要原因是准确判断和把握形势，制定切合实际的目标任务、政策策略。经过多年的积累，当前民政领域已经形成了一整套法律法规政策体系。迈上新征程，推动民政事业高质量发展，必须坚持问题导向，突出重点、把握关键，进一步推动完善民政事业改革发展的顶层设计，紧扣党中央决策部署，强化对民政工作的前瞻性思考、全局性谋划、整体性推进。进一步加强民政领域法治建设，坚持"大块头"与"小快灵""小切口"立法相结合，坚持上位立法与地方先行立法相结合，加快形成系统完备、科学规范、运行有效的民政法律法规体系。进一步加强民政各领域政策供给，紧盯党中央关心的重点、群众关切的热点、推进工作的堵点卡点，加快出台接地气、能落地的政策举措，更好指导实际工作。

（五）协同性

民政工作点多、面广、线长，服务对象既有全民性又有特殊性，服务需求既有共通性又有差异性，保障政策既有普惠性又有特定性，客观上要求要与各领域、各部门统筹推进、协调配合。但民政工作又大多是相关社会建设工作中的一个局部，必须站位全局，主动争取相关部门、市场、社会等的支持配合；必须科学精准，筑牢协同的基础，发挥协同的最大作用；必须讲求方法，精准解题，务求得出最大"公约数"。同时，民政工作又是海纳百川、兼容并蓄的工作，各项业务要取得良好综合效应，离不开协同性的增强，要充分发挥已有协调机制的作用，在同向共进中凝聚共识、打通环节，形成"一盘棋"，拧成"一股绳"，聚力实现"不断满足人民对美好生活的向往"的共同目标。

（六）社会性

民政工作是党和政府的工作，合理运用市场机制、社会机制，是民政工作的重要特性之一。民政工作的社会性，就是在投资运营主体、资金筹措渠道、服务对象、服务方式、服务队伍等方面深化改革创新，充分发挥市场主体、社会组织优势和人民群众参与的作用，实现投资运营主体和资金筹措渠道多元化、服务对象公众化、服务方式多样化、服务队伍专业化，为民政工作服务党和国家事业发展大局注入不竭动力。

三、国家层面民政工作机构设置

根据党的十九届三中全会审议通过的《中共中央关于深化党和国家机构改革的决定》《深化党和国家机构改革方案》和第十三届全国人民代表大会第一次会议批准的《国务院机构改革方案》，2018 年民政部门经历了一次重要调整，相应的职责、机构都有所变化。2023 年，根据新一轮《党和国家机构改革方案》，民政部门又经历了一次重要的职责、机构调整。

（一）民政部主要职责

拟订民政事业发展法律法规草案、政策、规划，制定部门规章和标准并组织实施。拟订社会团体、基金会、社会服务机构等社会组织登记和监督管理办法并组织实施，依法对社会组织进行登记管理和执法监督。拟订社会救助政策、标准，统筹社会救助体系建设，负责城乡居民最低生活保障、特困人员救助供养、临时救助、生活无着流浪乞讨人员救助工作。拟订行政区划、行政区域界线管理和地名管理政策、标准，组织研究行政区划总体规划思路建议，按照管理权限牵头负责行政区划设立、命名、变更和政府驻地迁移等审核工作。确定、公布行政区划代码，组织、指导省县级行政区域界线的勘定和管理工作，负责全国地名工作的统一监督管理，负责重要自然地理实体以及各国管辖范围外区域的地理实体、天体地理实体的命名和更名审核工作。拟订婚姻管理政策并组织实施，推进婚俗改革。拟订殡葬管理政策和服务规范并组织实施，推进殡葬改革。拟订残疾人权益保护政策，统筹推进残疾人福利制度建设和康复辅助器具产业发展。承担全国老龄工作委员会的具体工作。组织拟订并协调落实积极应对人口老龄化的政策措施。指导协调老年人权益的保障工作。组织拟订老年人社会参与政策并组织实施。组织拟订并协调落实促进养老事业发展的政策措施。统筹推进、督促指导、监督管理养老服务工作，拟订养老服务体系建设规划、政策、标准并组织实施，承担老年人福利和特殊困难老年人救助工作。拟订儿童福利、孤弃儿童保障、儿童收养、儿童救助保护政策和标准，健全农村留守儿童关爱服务体系和困境儿童保障制度。组织拟订促进慈善事业发展政策，指导社会捐助工作，负责福利彩票管理工作。代管中国老龄协会。完成党中央、国务院交办的其他任务。

（二）民政部机关机构设置

民政部机关内设机构共 13 个：办公厅（国际合作司）、政策法规司、规划财务司、社会组织管理局（社会组织执法监督局）、社会救助司、区划地名司、社会事务司、老龄工作司、养老服务司、儿童福利司、慈善事业促进司、机关党委（人事司）、离退休干部局。

第二节　民政工作历史沿革

我国民政工作历史悠久，虽然唐代以后才有"民政"一词出现，但是民政职能长期存在。早在原始社会就有了婚姻、殡葬等工作的萌芽。随着国家政权的产生，民政事务管理应运而生。夏朝、商朝、周朝曾设立司徒，主要负责教化、荒政、疆域等事务。《周礼·地官司徒》在阐释"大司徒"职责时提到"保息"六政："一曰慈幼，二曰养老，三曰振穷，四曰恤贫，五曰宽疾，六曰安富。"[1] 随着各个朝代的兴衰及经济、社会、政治、文化的变迁，民政工作的内容有增有减，但一些基本民政事务，如行政区划、养老、救济、婚姻、殡葬等始终存在。

"民政"词源考

"民政"一词，由"民"和"政"两个文字组成，在古代汉语中各有不同含义，分开使用。

---

① 李学举. 认知民政［M］. 北京：中国社会出版社，2011：3.

甲骨文中，"民"的古字形象是一只被刺伤的眼睛，表示由刺瞎一只眼睛的战俘充当奴隶，后指平民、百姓。东汉许慎的《说文解字》中提到，"民，众氓也，从古文之象"。其中的"氓"，音"萌"，指充当隶役的平民；"众氓"也作"众萌"，意思是"一片萌发的小草"，象征着"民众"。"萌"，又同甿，在《康熙字典》中被阐释为"田民"，"犹懵懵无知貌也"，指耕作者、愚昧无知的人。相应地，《说文解字》中还阐释道"君，尊也"，体现出君民之别。总体上，在古汉语中"民"有多重含义，如：泛指所有人民——"民惟邦本"；荒郊野外风餐露宿过着非人生活的生产奴隶——"流亡之民"，也称"氓"；与"官"对应的百姓——"官民有别"；等等。

"政"字始见于商代甲骨文，本义指政事、政务。通"徵"，意为收税；通"正"，任官长，亦指正确无误。古代一般将官府所治的公事叫"政"，《尚书》《周礼》《论语》等书中常见"政""政事"等具有政治意义的文字和词语。通常用来表达治理国家、管理百姓和社会事务的含义。

秦汉时期。秦朝是我国社会治理的一个转折点。秦朝建立了统一的中央集权制国家，中央政府由丞相管理民政。汉朝经济社会稳定发展，汉初休养生息的治国方针，促进了民政相关事业的发展。东汉朝廷设司徒，分户曹或者民曹掌民众事务，职责为促进社会忠君敬亲、孝悌逊顺、恭谦勤俭、养生节葬、掌管访民问俗、岁末赏罚、民户丁籍、祠祀化风、课劝农桑等。

隋唐时期。推行三省六部制：中书省（内史省）、门下省、尚书省，吏、户（民）、礼、兵、刑、工部。民政属户部管理，掌管"户口、土田、赋役、贡献、蠲免、优复、婚姻、继嗣"，分类掌管人口户籍，均分"永业、口分、园宅"土田，"以租、庸、调敛其物，以九等定天下之户"，"以义仓、常平仓备凶年"[①]，等等。

此后1400多年，民政一直由中央政府户部管理，内容虽有增减，做法虽有调整，但工作的主线变化不大。

光绪三十二年（1906年），清廷成立民政部，民政部设置大臣、副大臣，左、右丞，左、右参议及承政厅、参议厅和民治、警政、疆里、营缮、卫生

---

① 欧阳修，宋祁. 新唐书［M］. 北京：中华书局，2000：784－785.

五司。其职责：掌主版籍，整饬风教，绥靖黎物；编审户口，保息乡政，巡察禁令、行政司法；经界图志，审验官民土地；营缮掌陵寝，修治道路，保守古迹祠庙；检医防疫，建置病院。下设予审所、路工局、教养局①。这一时期，在皇帝上谕及政府文件中经常使用民政一词，民政一词逐渐成为大众通晓的一般词语，为官府、民间所普遍使用。②

1911 年，孙中山领导辛亥革命，推翻清廷，成立南京临时政府，设置内务部。1928 年，改组成立的国民政府改内务部为内政部，民政工作的内容更为庞大，包括地方官吏任免、地方行政经费、地方行政区划、地方自治、国土疆界、图志、选举、赈灾救贫、慈善事业、国籍、户籍、征兵征发、土地行政、水利、水源水道保护、自来水、建筑事项、都市计划、公共卫生、名胜古迹、褒扬恤典、礼制宗教、移民实边、警察制度的厘定及其机构设置、烟毒禁政、出版登记、著作权注册、社团登记、劳资争议、主佃纠纷等。③

第三节　党领导下的民政工作发展历程

一、新民主主义革命时期的民政工作

1921 年中国共产党成立，从此党就担负起团结带领中国人民争取民族独立、人民解放和国家富强、人民富裕两大历史任务。经过 28 年浴血奋战，最终打败日本帝国主义，推翻国民党反动统治，完成新民主主义革命，建立中华人民共和国。这一时期，党围绕武装夺取政权，先后在革命根据地和解放区建立政权组织，广泛发动农民开展土地革命，积极进行经济、文化和社会建设，形成了生机勃勃的景象，对打破敌人的经济封锁、支援前线打胜仗、动员更多农民参军，发挥了极为重要的作用。

随着红色政权的建立，红色民政开启了发展之路。1927 年 11 月，党在井

---

① 卢谋华. 民政概论 [Z]. 民政管理干部学院试用教材（内部发行），1984：4.
② 孟昭华，王涵. 中国民政通史：上卷 [M]. 北京：中国社会出版社，2006：3.
③ 同②.

冈山革命根据地成立了第一个县级红色政权——茶陵县工农兵政府。1931年11月，中华苏维埃共和国临时中央政府在江西瑞金成立，下设内务人民委员部，这是党领导下的第一个中央级民政机构，主管选举、户口、婚姻、治安、市政、拥军优属、救济、交通、卫生等多项工作，被誉为苏维埃的"大管家"。1934年10月，中央革命根据地第五次反"围剿"失败后，内务人民委员部编入中央纵队开始长征。1935年11月，中央决定设立中华苏维埃共和国中央政府西北办事处，1937年5月改名为陕甘宁边区，9月成立陕甘宁边区政府，下设民政厅，负责行政人员任免、土地管理、户籍管理、警察行政、选举、卫生、救济、婚姻、劳资争议、战争动员、人民团体登记、禁烟禁赌、优待抚恤等事项。1948年9月，华北解放区成立华北人民政府，设立民政部，主要职责包括政权建设、干部管理、户籍、地政、卫生、优抚、救济、婚姻、市政、宗教、民族、礼俗等多个方面。新民主主义革命时期的民政工作，对保卫革命战争胜利成果、巩固和扩大革命根据地、发展壮大人民武装、夺取解放战争全面胜利发挥了重要作用。

这个时期，有几个方面的工作最为突出。

（一）积极做好土地革命有关工作

在革命战争时期，领导土地革命是我们党贯穿全程的一项核心工作。民政部门负责户口调查和土地管理，承担了很多具体任务。现在江西瑞金内务人员委员部的陈列馆里还有一张老照片，展出当时苏区墙壁上贴的标语："调查人口、分配土地、支援战争。"1930年10月，毛泽东在《兴国调查》中列举了贫农在十二个方面得到的利益，包括：分了田；分了山；分了地主及反革命富农的谷子；革命以前的债一律不还；吃便宜米；过去讨老婆非钱不可，现在完全没有这个困难了；死了人不要用钱了；牛更便宜了；应酬废弃，迷信破除，两项的费用也不要了；没有烟赌，也没有盗贼；自己可以吃肉了；最主要的就是取得了政权。在这十二项利益中，分田、分山、婚姻、殡葬、禁烟禁赌、移风易俗六项工作都由内务部门直接负责或参与。土地革命的顺利开展，使农民迅速分清了国共两党和两个政权的优劣，纷纷参加革命军队或支援前线。

（二）大力做好拥军优属工作

凡是党建立政权的地方，都颁布了军人军属优待抚恤办法，确保对军人及家属分给房屋、包耕代耕、免纳捐税、免纳房屋租金、优先购买稀缺物资，妥善安置残疾军人、抚恤战士、褒扬烈士、保护军婚。比如，嫩江省规定军属不能维持最低生活的，成人每次补助高粱米20斤、幼儿15斤，军属缺乏劳动力的给予人力畜力代耕帮助。1943年10月，毛泽东发动拥政爱民和拥军优属运动，由此形成了我党我军保留至今的双拥传统。部队行进到哪里，就帮助当地群众土改、耕种、维护治安等，群众则组成"帮工队""代耕队"，竭尽全力支援部队、参军参战。淮海战役期间，民政部门参与动员了543万名民工支前，大大鼓舞了前线将士的士气，有力地支持了解放战争。

（三）创新开展基层民主选举

1931—1934年，中央革命根据地进行了三次民主选举，颁布了选举法细则。由于工农群众的民主权利受到尊重和保护，广大群众表现出很高的政治热情，踊跃参加选举，许多地方参选的人数占选民总人数的80%以上，个别地方达到90%以上。各根据地相继召开各级工农兵代表大会，选举产生了苏维埃政府。抗日战争时期，敌后根据地形成了具有普遍、平等、直接、秘密等原则的民主选举制度。针对群众识字不多的情况，陕甘宁边区创造了画圈法、画杠法、画点法、投豆法、烧洞法、投纸团法等形式多样的投票方法，保证群众的选举权益，极大地激发了边区群众的参与热情。民政部门具体负责选举工作人员训练、宣传、组织、选民登记、划分选区、投票选举、开会等工作，为选举成功奠定了基础。

（四）扎实推进婚姻改革

1931年11月和1934年4月，苏维埃临时中央政府先后颁布《中华苏维埃共和国婚姻条例》《中华苏维埃共和国婚姻法》，废除一切包办、强迫和买卖婚姻制度，禁止童养媳，废除旧社会男尊女卑、"夫为妻纲"的封建制度，提倡婚姻自由、男女平等，实行一夫一妻制，保护妇女合法权益，并对结婚、离婚以及离婚后子女及财产处理问题都作了具体规定。《小二黑结婚》《刘巧儿·自己找婆家》等文学艺术作品，反映了革命根据地婚姻自主、恋爱自由风尚。这些举措帮助革命根据地妇女打碎了旧世界枷锁，获得了真正的解放。

（五）广泛开展救灾救济

党自成立之日起就十分重视救灾救济工作。各革命根据地在极端困难的条件下开展救灾救济工作，对受灾人员、难民及其他生活困难者采取政府发放物品及资金、安排干零活、分配公粮、代耕等方式进行救济，同时通过兴修水利、植树造林、储粮备荒等措施减少灾害损失。仅 1933 年，中央苏区各级政府为受灾群众提供救济粮 2 万余担，修整房屋 6000 余间，建立残废院 3 所，孤儿全部进入列宁小学接受免费教育。抗日战争时期，边区政府成立了救灾委员会，民政部门出台了优待难民贫民的办法和制度，在粮食资源极为紧张的情况下，尽最大努力救济难民。1946 年，毛泽东指出"救济之法，除政府所设各项办法外，主要应依靠群众互助去解决"。各解放区民政部门组织群众实行生产自救，获得了良好的经济和社会效益，助力革命形势迅猛发展。

二、社会主义革命和建设时期的民政工作

1949 年中华人民共和国成立至 1978 年改革开放，是社会主义革命和建设时期。新中国成立之初，党领导人民战胜重重困难，打赢了抗美援朝战争，实现了对农业、手工业、资本主义工商业的社会主义改造，确立起社会主义基本制度，大规模推进社会主义建设，初步建立起独立的比较完整的工业体系和国民经济体系，解决了几亿人吃饭穿衣问题，成功研制原子弹、氢弹和人造地球卫星，成为具有重要影响的大国。总的来看，我国成功实现了中国历史上最深刻最伟大的社会变革，国家面貌焕然一新。

新中国的成立揭开了民政历史新篇章。改造旧社会和建立新社会的繁重任务，对民政工作提出迫切要求、打开巨大发展空间。1949 年 11 月 7 日，中央人民政府内务部正式成立，主管全国民政工作，内设办公厅、干部司、民政司、社会司、地政司、优抚司六个机构，谢觉哉任部长。1950 年召开第一次全国民政会议，将做好民主建政、救灾救济和复员军人安置工作作为重点。

随着国家政权不断稳固，国家机关的职责分工逐渐向专业化、科学化和正规化方向转变。1953年10月，第二次全国民政会议进一步明确了内务部的业务范围，包括政权建设、优抚安置、农村救灾、社会救济、老根据地建设、土地遗留问题的处理、战勤动员、游民改造、戒烟戒毒、婚姻登记、行政区划、公墓管理等。1954年9月，中央人民政府内务部改称中华人民共和国内务部。1958年、1959年、1960年，内务部分别召开第四次、第五次、第六次全国民政会议。1960年底内务部重申民政工作要以优抚、复员安置、救灾、社会救济为主要业务，坚持实事求是，关心群众，积极参与安排群众生活的工作。1968年12月，内务部撤销，但由于民政工作的特殊性，民政业务并没有中断，而是分别移交其他部门管理。许多地方民政工作者坚守工作岗位，满腔热情地为民政对象服务，使他们感受到了党和政府的关怀与温暖。这个时期的民政工作，是将过去革命根据地、解放区民政政策理念推向全国的时期，是民政工作全面建制的时期，民政职责也随着党和国家建设的需要多次调整。

当时的民政业务十分庞杂，主要从五个方面服务了党和国家的中心工作。

（一）推动建立新型基层政权

新中国成立初期，地方政权组织建设的具体工作由民政部门承担。遵照中央指示，民政系统把民主建政列为一项中心工作。内务部起草了省、大城市、市、县、区、乡（行政村）人民代表会议、人民政府组织通则，城市街道办事处组织条例，城市居民委员会组织条例等，代政务院审批省级人民委员会（省级政府）工作机构的设立、裁并、撤销，处理全国人民代表大会提出的有关提案。各级民政部门派出工作组，参加各级各界人民代表会议。1949年10月，浙江省杭州市上城区紫阳街道上羊市街成立新中国第一个居民委员会，拉黄包车出身的杭州小伙子陈福林当选居委会主任，首开城市居民自治先河。通过民主建政，各地彻底废除保甲制度，建立起新的基层政权，确立了新中国行政区划的新构架。这些工作，为彻底铲除国民党反动统治根基，有效实现基层政权的更迭，形成上下贯通、集中高效、政令畅通的国家行政体系奠定了坚实基础。1954年11月，中央作出重要指示，强调民政部门应以优抚、复员、救灾、社会救济为主要业务，至于政权建设，只能在党委和政府的领导之下承担一部分组织工作和技术工作。这也标志着民政部门完成了过渡时期协助中央推进民主建政的历史使命。

（二）建立全国统一的优抚安置制度

内务部制定了优抚条例草案，解决了各地执行制度规定不统一的状况。各地民政部门对烈属、军属普遍进行登记，建立卡片制度，提高抚恤补助标准，继续发动群众帮助烈属、军属解决生产生活困难，发动各界群众以实际行动支援志愿军赴朝作战。针对繁重的军人安置任务，认真贯彻毛泽东主席"妥善安置，各得其所""只许做好，不许做坏"的重要指示精神，帮助退役人员解决土地、住房等生产生活资料问题。在完成三大改造后，民政部门积极组织烈军属和革命伤残军人、复员军人参加互助合作组织，使他们在各条战线发挥骨干作用。这些工作，为稳定军心、安定群众，营造社会主义革命和建设的良好环境，发挥了不可或缺的重要作用。

（三）建立自然灾害救助制度

内务部一成立便面临严重的救灾任务。毛泽东主席指示内务部要"好好抓一下"。针对各种灾情，内务部迅速抽派干部赴灾区查灾核灾，慰问受灾人员。研究明确了"生产自救，节约度荒，群众互助，以工代赈，辅之以政府必要的救济"的救灾方针，要求各灾区坚决"不许饿死一个人"。内务部还成立中央人民政府机关节约救灾委员会，在中央机关开展每人每天节约一两小米的"一两米节约"救灾运动，并随即在地方机关、部队掀起热潮。1954年长江发生百年未有的大水灾，谢觉哉部长给7个重灾省的领导干部写信推动救灾工作。各级民政部门也组织大批干部深入灾区，指导群众顽强抗灾、生产自救。许多灾区群众动情地说："百年未有的大水灾，千年未有的好政府。"这些工作，在保障受灾群众基本生活、安定社会秩序、促进生产秩序恢复方面发挥了积极作用。

（四）大力发展社会救济事业

新中国刚成立时，旧社会遗留了大量失业人口和贫苦人民。1950年4月，内务部召开中国人民救济代表会议，确立救济工作方针，提出在人民政府的领导下，发展以人民自救自助为基础的面向人民大众的救济福利事业。各地普遍对暂时生活困难的给予临时救济，对长期生活困难的给予定期救济，实现了救济工作的经常化和制度化。设立综合性或专门性教养院，收容安置无家可归、无依无靠、无生活来源的老人、儿童、残疾人和精神病患者。1956年1月，随着农业生产合作社广泛建立，国家明确要求合作社对缺乏劳动能力、生产上没有依靠的鳏寡孤独社员给予生活上的照顾，保证吃、穿、烧、教、葬，标志着农村五保供养制度的建立。同时，接收改造旧的慈善社团和各种社会福利救济机构，打破帝国主义对我们"只会搞农村工作，不会管理城市，更谈不到城市救济福利事业"的断言。

（五）有效荡涤了旧社会的污泥浊水

民政部门积极发挥职能作用，会同有关部门进行了大量特殊群体的社会改造，比如全面取缔和改造妓女。1949年11月21日，北京市通过了封闭妓院的决定。当晚，民政、公安、卫生、妇联等有关部门通力合作，封闭全市所有妓院。民政部门成立妇女教养院，帮助她们改造思想、医治疾病，组织她们参加生产、学习技艺，走上新的生活道路。1950年5月1日，新中国制定的第一部法律《中华人民共和国婚姻法》公布实施，明确规定"男女婚姻自由、一夫一妻、男女权利平等、保护妇女"。从此，我国彻底革除了旧婚姻家庭制度的沉疴宿疾，树立起社会主义婚姻家庭新风尚。另外，内务部在取缔反动团体、登记符合社会需要的社会团体、资遣国民党散兵游勇、禁烟禁毒、改造游民等方面，也做了大量艰苦细致的工作，有力净化了社会风气、维护了社会秩序。

三、改革开放时期的民政工作

党的十一届三中全会作出把党的工作重点转移到经济建设上来，实行改革开放的历史性决策，开启了改革开放和社会主义现代化建设新时期。这个时期，以邓小平同志为主要代表的中国共产党人，创立了邓小平理论，确立了社会主义初级阶段基本路线，提出了到21世纪中叶分三步走、基本实现社会主义现代化的发展战略，开创了中国特色社会主义。以江泽民同志为主要代表的中国共产党人，形成了"三个代表"重要思想，明确了社会主义市场经济体制的改革目标和基本框架，确立了社会主义初级阶段的基本经济制度和分配制度，把中国特色社会主义推向 21 世纪。以胡锦涛同志为主要代表的中国共产党人，形成了科学发展观，明确了中国特色社会主义事业总体布局，在新的历史起点上坚持和发展了中国特色社会主义。从 1978 年到 2012 年，我国经济高速发展，社会长期保持稳定，深刻改变了十几亿人民的生活水平和精神面貌。

与改革开放伟大进程同步，民政工作在拨乱反正中重新起航。1978 年，五届人大一次会议通过决议，恢复原内务部有关职能，设立民政部，内设优抚局、农村社会救济司、城市社会福利司、民政司、政府机关人事局和中国盲人聋哑人协会，主管的业务包括优抚安置、救灾救济、社会福利、行政区划、婚姻登记、殡葬改革和政府机关人事工作。此后，经过多次机构职能调整，到 2008 年民政部主要职责明确为民间组织管理、拥军优抚安置、救灾、社会救助、基层政权和社区建设、区划地名、社会福利、慈善事业促进、婚姻、殡葬、流浪乞讨人员救助管理、社会工作、志愿服务、在华国际难民的安置与遣返等。随着改革开放不断深入，民政工作逐步建立了与社会主义市场经济体制相适应的机制，在支持市场经济体制改革、保障基本民生、维护人民权益、促进社会和谐稳定等方面发挥了重要作用。

这个时期，民政法律法规制度在改革实践中日益健全完善，各项民政事业均得到了全面发展，取得了众多重要标志性成果。

（一）建立城市和农村低保制度

计划经济时期，我国城市居民的生活主要由单位保障，农村困难户主要靠生产队集体经济解决。改革开放以后，随着部分国有企业关停、改制、重组，城市下岗、失业、待业人口增多，部分家庭收入来源中断、生活陷入贫困。对此，一些地方通过建立最低生活保障制度来保障困难群众生活。1993年，上海市率先建立城市最低生活保障制度。1999 年，国务院颁布实施《城市居民最低生活保障条例》，标志着我国城市低保制度全面建立。2007 年，国务院印发《关于在全国建立农村最低生活保障制度的通知》，全面建立了农村低保制度。这两项制度，均适应了由单位保障、农村集体经济保障向国家保障、政府财政保障的转变，对于支持国家改革开放进程、缩小收入分配差距、维护社会稳定发挥了积极作用。

（二）改革退役士兵安置制度

计划经济时期，我国对退役士兵实行城乡有别的安置制度：城镇退役士兵由政府指令性安排工作，并只对在服役期间荣立二等功（含二等功）以上的农村退役士兵安排工作。随着市场经济体制改革的深入，政府指令性安置退役士兵的政策越来越难以落实。经过多年实践探索和调研论证，2011年国家颁布新修正的《中华人民共和国兵役法》，国务院、中央军委出台《退役士兵安置条例》，确立了城乡一体，以扶持就业为主，发给退役金后自主就业、政府安排工作、国家供养、退休以及继续完成学业等多种方式相结合的新型退役士兵安置制度，促进了退役士兵就业创业。

（三）创新老年人福利制度

加快推进社会养老服务体系建设，着力构建政府主导、民间参与的多元投资格局。指导支持各地因地制宜发展养老服务。如上海建设"9073"养老服务格局，即90%的老人实现家庭自助养老，7%的老人享受社区居家养老服务，3%的老人享受机构养老服务。河北省建设居家养老呼叫服务网络。辽宁省建设农村常年病人托管中心。广西壮族自治区在农村五保户相对集中的村庄（五保村）建设五保户住房，对五保对象进行统一供养和管理。各地逐步建立高龄老人生活补贴制度、生活困难老人养老服务补贴制度，出台老年人优待政策。

（四）废除流浪乞讨人员收容遣送制度

1982年，国务院发布《城市流浪乞讨人员收容遣送办法》，要求对城市中的流浪者进行救济、教育和安置。1992年以后，收容对象扩大到无合法证件、无固定住所、无稳定收入人员，实际操作中逐渐演变为限制外来人口流动的强制性措施。2003年"孙志刚事件"发生后，国务院果断废除了强制性收容遣送制度，颁布《城市生活无着的流浪乞讨人员救助管理办法》，民政部门迅速出台实施细则，建立起以自愿受助、无偿救助为核心要求的关爱性救助管理制度。2011年，针对胁迫利用流浪未成年人从事乞讨活动等问题，国务院办公厅出台《关于加强和改进流浪未成年人救助保护工作的意见》，明确一旦发现相关行为，公安部门可以立即采取强制措施，使相关问题得到了制度性根除。

（五）健全基层群众自治制度

改革开放初期，配合农村经济体制和政治体制改革，各级民政部门积极参加了废除人民公社制、设立乡镇政府的工作，探索了村民自治的组织形式，在全国农村普遍建立了自我管理、自我教育、自我服务的基层群众性自治组织——村民委员会。在城市，1986年民政部首次把"社区"概念引入基层管理服务，首倡开展社区服务并迅速普及。1998年，民政部"基层政权建设司"改为"基层政权与社区建设司"，社区建设纳入国家行政职能范围。2006年，党的十六届六中全会提出了"农村社区"概念，加强了农村社区建设。基层群众自治制度上升为我国的一项基本政治制度，在保障基层群众的选举权、参与权、管理权、知情权、监督权，维护基层和谐稳定方面发挥了重要作用，是我国最直接、最广泛、最生动的社会主义民主实践。

这个时期，其他各项民政工作也取得长足发展。自然灾害救助方面，国家减灾委员会成立，《自然灾害救助条例》颁布实施，将5月12日设立为全国"防灾减灾日"，各级普遍建立了自然灾害应急响应机制，有效应对了洪水、地震、山洪泥石流、低温雨雪冰冻等重特大灾害的侵袭，保障了受灾人员生活，促进了灾区社会稳定、人心安定，支持了恢复重建。拥军优抚安置方面，全国普遍建立优抚对象抚恤补助经费自然增长机制，将义务兵家属优待金由社会统筹转变为财政列支。定期开展双拥模范城（县）评选，广泛深入开展形式多样、富有成效的拥军优属活动。妥善处理复退军人群体性上访问题，维护了社会稳定。儿童福利方面，建立国家孤儿保障体系，对孤儿抚养、教育、医疗、康复、成年后就业、住房等作了全面制度性安排。实施

"残疾孤儿手术康复明天计划""儿童福利机构建设蓝天计划",提高关爱保障能力,规范收养管理。残疾人福利方面,推动建立残疾人补贴制度,拓宽残疾人就业渠道,加强福利企业建设,切实保障残疾人基本权益。福利彩票方面,创立并发行了社会福利有奖募捐券,开启了新中国公益彩票的历史先河,有力地支持了社会福利和公益事业的发展。社会组织管理方面,颁布了社会团体、基金会、民办非企业单位、外国商会等多个登记管理办法,建立起社会组织业务主管和登记机关双重管理的新体制,提出培育发展与监督管理并重的新思路,社会组织的作用持续显现。区划地名方面,审慎报批县以上行政区划调整、变更、驻地迁移及更名等事项。完成全面勘界工作,共勘定68条、6.2万千米省级陆地界线,41.6万千米县级陆地界线,彻底结束了我国无法定行政区域界线的历史。实施了"地名公共服务工程",进一步方便了群众的生产生活。专项社会事务管理方面,修订《婚姻登记条例》,取消强制婚检,推进结婚登记颁证服务,提高规范化、标准化水平。稳步推进殡葬改革,加大绿色殡葬和节地生态安葬的推进力度,完善殡葬服务设施。社会工作方面,与中央组织部等多个部门联合出台政策,共同推进社会工作专业人才队伍建设,2008年起每年组织社会工作者职业水平考试,增加民政系统社会工作岗位设置,推进了社会工作专业化、职业化进程。慈善事业促进方面,颁布了慈善事业发展指导纲要,推动出台了相关政策,定期开展"中华慈善奖"评选表彰,慈善组织规模和社会捐赠总额持续扩大。

四、党的十八大以来的民政工作

党的十八大以来,以习近平同志为核心的党中央高度重视民政工作。习近平总书记多次对民政工作作出重要指示批示。2019年第十四次全国民政会议前夕,习近平总书记对民政工作作出重要指示,肯定民政系统认真贯彻党中央决策部署,革弊鼎新、攻坚克难,各项事业取得新进展,有力服务了改革发展稳定大局;指出民政工作关系民生、连着民心,是社会建设的兜底性、基础性工作;要求各级党委和政府要坚持以人民为中心,加强对民政工作的领导,增强基层民政服务能力,推动民政事业持续健康发展;强调各级民政部门要加强党的建设,坚持改革创新,聚焦脱贫攻坚,聚焦特殊群体,聚焦群众关切，更好履行基本民生保障、基层社会治理、基本社会服务等职责，为全面建成小康社会、全面建设社会主义现代化国家作出新的贡献。这为新时代民政工作指明了方向，提供了根本遵循。2024 年 10 月 25 日至 26 日，第十五次全国民政会议召开。习近平总书记作出重要指示，充分肯定近年来民政事业发展取得的显著成绩，强调"各级党委和政府要坚持以人民为中心，加强对民政工作的领导，加强普惠性、基础性、兜底性民生建设，解决好人民最关心最直接最现实的利益问题，不断推动民政事业高质量发展"，要求各级民政部门"坚持党的领导、加强党的建设，深化改革创新，完善政策制度体系、服务保障体系、监督管理体系、社会参与体系，着力推进实施积极应对人口老龄化国家战略，着力提升社会救助、社会福利、社会事务、社会治理工作水平，积极主动为人民群众做好事、办实事、解难事，为以中国式现代化全面推进强国建设、民族复兴伟业作出应有贡献"。各级民政部门深入学习贯彻习近平总书记重要指示精神，牢固树立"民政为民、民政爱民"工作理念，履职尽责、扎实工作，取得一系列制度性成果，有力服务了脱贫攻坚和全面建成小康社会大局。

习近平总书记关于民政工作的重要论述为新时代民政事业发展提供了根本遵循，正是在以习近平同志为核心的党中央坚强领导下，在习近平新时代中国特色社会主义思想的指引下，各级民政部门牢记初心使命，凝心聚力兜底线、保稳定、促发展，推进基本民生保障兜底工作提质增效，基层治理格局加快形成、基本社会服务有序拓展提升，显著增强了人民群众的获得感。

（一）各类特殊困难群体的基本生活得到有力保障

在兜底脱贫攻坚方面，将 1936 万建档立卡贫困人口纳入低保或特困供养范围，占全部脱贫人口的 19.6%。主动应对经济波动，及时推进低保和临时救助适度扩围，将专项救助延伸至低保边缘人口、支出型困难人口，增强临时救助救急解难功能。新冠疫情发生后，会同相关部门阶段性调整价格补贴联动机制，覆盖约 900 万人。为 4511.1 万名困难群众增发一次性生活补贴，对 13 万多名符合条件的未参保失业人员发放一次性临时救助金，全力保障受疫情灾情影响困难群众基本生活。建立完善社会救助主动发现机制，建成全国低收入人口动态监测信息平台，截至2023年第4季度，将6600多万名低收入人口纳入监测预警和常态化救助范围。持续推进巩固拓展脱贫攻坚兜底保障成果同乡村振兴有效衔接工作。指导各地全面落实儿童福利政策，出台儿童福利机构管理服务十项措施，累计推动140余家儿童福利机构完成转型。截至2023年第4季度，全国共有14.4万名孤儿、39.9万名事实无人抚养儿童纳入保障范围，集中和分散养育孤儿基本生活保障标准分别达1902.1元/人·月和1453.9元/人·月。制定儿童主任工作指引，推进全国未成年人保护示范创建，夯实基层基础。截至2023年第4季度，残疾人两项补贴分别惠及1180.4万名生活困难残疾人和1584.2万名重度残疾人。连续11年开展专项救助行动，2023年全年救助生活无着流浪乞讨人员70.6万人次。广大特殊困难群体一同进入全面小康社会，朝着实现共同富裕的目标迈进。

（二）养老服务体系持续健全

中共中央办公厅、国务院办公厅印发《关于推进基本养老服务体系建设的意见》及国家基本养老服务清单。持续推进居家社区养老服务，支持开展居家和社区基本养老服务提升行动项目，协调推进居住区养老服务设施建设，对特殊困难老年人家庭实施适老化改造。持续加强机构养老服务，疫情期间会同相关部门出台养老机构纾困扶持政策，助力稳住市场主体。全面实施《养老机构服务安全基本规范》强制性国家标准，制定《养老机构行政检查办法》及配套文书。积极推进县、乡、村三级养老服务网络建设，出台开展特殊困难老年人探访关爱服务的指导意见。截至2023年底，全国共有各类养老机构和设施40.4万个，养老床位合计823.0万张。加强养老服务监管，部署开展养老服务领域安全排查治理，推进防范化解养老机构非法集资，开展全国打击整治养老诈骗专项行动。

（三）社会组织和慈善事业健康发展

改革完善社会组织管理制度，2016年，中共中央办公厅、国务院办公厅印发《关于改革社会组织管理制度促进社会组织健康有序发展的意见》。持续动员引导社会组织参与党和国家重大部署，2023年全国社会组织吸纳高校毕业生就业 18.4 万余人，推动会员单位提供就业岗位 126 万余个；推动各级行业协会商会减轻企业负担约 59.45 亿元；连续 12 年实施中央财政支持社会组织参与社会服务项目，累计投入 16.74 亿元；会同国家乡村振兴局动员引导社会组织参与乡村振兴，协调全国性社会组织、东部省市社会组织与 160 个国家乡村振兴重点帮扶县结对帮扶。联合中央文明办部署推动社区社会组织广泛参与新时代文明实践活动。加强社会组织管理，制定《社会组织评比达标表彰活动管理办法》，组织实施社会团体分支（代表）机构专项整治行动、社会服务机构非营利监管专项行动，2023 年依法处置非法社会组织 1100 余个。推动出台并修改《中华人民共和国慈善法》。畅通慈善参与渠道，截至 2023 年底，全国共登记认定慈善组织超过 1.3 万个。严格基金会监管，加强互联网时代下的慈善监管。福利彩票健康平稳运行，2023 年发行销售 1944.4 亿元，筹集公益金 580.1 亿元。

（四）专项事务管理全面加强

积极推进婚姻登记"跨省通办"试点，截至 2023 年 12 月底，试点地区办理婚姻登记"跨省通办"25.9 万对。深化殡葬领域移风易俗，加大惠民殡葬政策实施力度。持续整治"活人墓"、不合理收费等突出问题，规范网络祭扫平台管理。推进火葬区县级殡仪馆补空白建设，强化对殡仪馆运营的监督管理。中央全面深化改革委员会第二十六次会议审议通过《关于加强和改进行政区划工作的意见》。各级民政部门认真落实党中央对行政区划工作的集中统一领导，健全体制机制，强化战略研究，加强统筹规划，稳妥推进特定地区行政区划优化调整。实施新修订的《地名管理条例》，健全地名管理体制机制，加强地名命名更名使用管理，强化综合监管，持续推进地名标准化建设。联合中央广播电视总台播出《中国地名大会》，深化地名文化传承保护。全面提升国家地名信息库数据质量，持续深化乡村地名信息服务，实现全国乡村地名标注全覆盖。扎实开展界线联检，依法管界治界，积极防范化解边界争议，推进平安边界建设。

（五）全面从严治党向纵深推进

坚持以党的政治建设为统领，贯彻严的基调，全面推进民政系统党的建设。压实领导干部责任，修订了民政部党组落实全面从严治党主体责任清单、基层党组织书记述职评议考核实施办法。完善理论学习制度，以党组理论学习中心组为牵引，各级党组织理论学习制度化开展。全面推广党支部工作法，促进党建与业务工作有机融合，提高基层党组织创造力、凝聚力、战斗力。认真落实中央八项规定及其实施细则精神，坚持不懈纠"四风"树新风。完善内部巡视和社会组织巡察制度。主动接受驻部纪检监察组监督，严格监督执纪问责，严肃查处违纪问题，巩固党风廉政建设和反腐败工作成果。突出政治标准，着力铸造忠诚、干净、担当的高素质干部队伍。表彰社会组织、社区、社会救助、养老服务等方面先进集体和先进个人，弘扬民政精神。

这个时期，民政系统在提升防灾减灾救灾能力、加强优抚安置工作、推进基层政权建设和社区治理、促进社会工作和志愿服务发展等方面也做了大量扎实有效的工作，为有关机构职能的转隶打下了良好基础。

第四节　全面开启民政事业现代化建设新征程

站在新的历史起点上，要始终高举中国特色社会主义伟大旗帜，坚持以习近平新时代中国特色社会主义思想为指导，全面贯彻党的基本理论、基本路线、基本方略，科学把握新发展阶段，完整、准确、全面贯彻新发展理念，服务构建新发展格局，以推动民政事业高质量发展为主题，以充分发挥民政工作在社会建设中的兜底性、基础性作用为主线，以改革创新为根本动力，以满足人民日益增长的美好生活需要为根本目标，更好履行基本民生保障、基层社会治理、基本社会服务等职责，突出政治性、人民性、全局性、政策性、协同性、社会性，统筹发展和安全，为全面建设社会主义现代化国家贡献力量。

一、加强党对民政工作的全面领导，为民政事业发展提供根本保证

党是各项事业的领导核心，是中国特色社会主义事业的开创者、引领者、

推动者。在新时代新阶段，推进民政事业现代化建设，要把加强党对民政工作的全面领导作为根本要求，深刻领悟"两个确立"的决定性意义，增强"四个意识"、坚定"四个自信"、做到"两个维护"，提高政治判断力、政治领悟力、政治执行力，始终在思想上政治上行动上同以习近平同志为核心的党中央保持高度一致。要健全党领导民政工作的体制机制，将落实党中央重大决策部署作为推进民政工作的重要依据和核心任务，自觉对标对表中央决策，谋划民政发展、制定民政政策、部署民政工作，切实把党的路线方针政策转化为民政事业改革发展的实际成效。持之以恒推进全面从严治党，坚决正风肃纪反腐，锻造忠诚、干净、担当的高素质专业化干部队伍，为新时代民政事业发展提供坚强政治引领和组织保障。

二、用科学理论指导民政工作，牢牢把握民政事业发展规律

习近平新时代中国特色社会主义思想是当代中国马克思主义、二十一世纪马克思主义，是指导认识把握民政事业发展规律的有力武器。新时代新征程，推进民政事业现代化建设，必须自觉强化思想理论武装，形成以思想理论创新引领推动民政实践创新的发展之路。要深入学习贯彻习近平新时代中国特色社会主义思想，全面贯彻习近平总书记关于民政工作的重要论述，深刻理解党的创新理论的核心要义和精神实质，掌握贯穿其中的马克思主义立场观点方法，提高认识民政工作特点规律的能力，领悟新发展阶段民政工作的内在机理，自觉运用这一思想指导解决民政工作实际问题，让民政事业发展始终体现时代性、把握规律性、富于创造性。

三、围绕中心、服务大局、谋划工作，使民政事业与国家经济社会发展同进步

围绕党和国家的中心大局开展工作，是民政工作的政治责任，也是民政事业发展的持续动力。在新时代新阶段，推进民政事业现代化建设，必须胸怀"国之大者"，自觉从党和国家事业发展全局来谋划和推进工作，着力把握民政工作的职责定位，及时调准工作重心、优化力量布局、完善体制机制，使民政工作与党和国家中心任务同频共振。要着眼于更好发挥民政工作在社

会建设中的兜底性、基础性作用，全面履行基本民生保障职责，在增进民生福祉、促进共同富裕上展现新作为；全面加强老龄工作、推进养老服务发展，在实施积极应对人口老龄化国家战略中创造新业绩；全面管好用好社会组织，在增强社会主义现代化建设力量上取得新进步；全面规范行政区划管理，在服务新型城镇化建设、促进区域协调发展上取得新成绩；全面推动慈善事业发展，在发挥第三次分配作用上打开新局面。

四、贯彻以人民为中心的发展思想，永葆民政为民的鲜明本色

以民为本、安民立政是民政工作的应有之义，也是民政工作的鲜明特征。新时代新征程，推进民政事业现代化建设，要始终把保障民政服务对象的基本权益作为首要责任，聚焦巩固拓展脱贫攻坚兜底保障成果，聚焦特殊群体、聚焦群众关切，科学界定基本民生保障范围，稳步提升保障水平，帮助特殊困难群众共享改革发展成果。坚持人民至上，把群众的关切作为工作的"晴雨表"，把群众拥护不拥护、赞成不赞成、高兴不高兴、满意不满意作为工作的"度量衡"，紧紧围绕实现人民对美好生活的向往作决策、出政策、抓落实，努力将党的民政工作部署转化为人民群众满意的高质量服务，努力使每件民政工作体现党全心全意为人民服务的宗旨，传递党和政府爱民之情、惠民之政、利民之举，不断彰显我国社会主义制度的优越性。

五、深化改革创新、破解发展难题，持续为民政事业发展注入新动能

改革开放是决定当代中国命运的关键一招，创新是引领发展的第一动力。新时代新征程，推进民政事业现代化建设，要强化改革创新的意识和定力，全面深化社会救助、社会组织、残疾人福利、儿童福利、养老服务、殡葬等改革，补齐民政领域法律制度、体制机制、服务质量、区域均衡、干部能力等方面的短板弱项，以改革创新破除堵点难点。将中央关心的重点、群众关切的热点、政策落实的堵点、发展滞后的难点作为切入点，从加强党的领导，强化政府主导，加大部门协同，推进民政工作市场化、社会化改革，加强新

技术手段应用，开展试点试验等多个方面，探索解决问题的可行路径。抓住主要矛盾和矛盾的主要方面，以点带面推进民政事业改革向纵深发展。

六、坚持筑基固本、全面提升履职能力，更好完成党和国家赋予的使命任务

能力建设是做好工作的重要基础，也是推动民政事业发展的基本保障。在新时代新阶段，推进民政事业现代化建设，要坚持筑基固本，加快构建新时代民政法律法规和制度体系，推动民政信息化、数字化、智能化建设，提高民政领域治理体系与治理能力现代化水平。推动建立与经济发展水平相适应，与宏观政策、社会政策相衔接的公共财政投入保障机制，引导市场、社会力量有序参与，完善民政服务设施网络，增强服务能力。全方位加强民政人才队伍建设，夯实民政现代化的人才根基。坚持重视基层、关心基层、支持基层，通过引导社会力量、改善工作的软硬条件等方式，提升基层服务能力。加强民政政策理论研究，以更多具有实践指导价值的基础性、突破性、前沿性研究成果，助力民政事业高质量发展。推进各级民政部门建设模范机关，锤炼干部过硬本领和务实作风，更好地担负起党和人民赋予的神圣使命。

第二章　社会救助

实施社会救助是国家的责任和义务，也是政府对其国民生存权利的最基本的保护。作为我国社会保障体系的重要组成部分，社会救助发挥着保障基本民生、促进社会公平、维护社会稳定的重要作用，是我国社会保障体系中的一项兜底性、基础性制度安排，是国家治理体系和治理能力的重要组成部分，也是我们党全心全意为人民服务根本宗旨的集中体现。习近平总书记对社会救助事业发展高度重视，强调对困难群众，要格外关注、格外关爱、格外关心。社会救助历来是民政工作的一项重要内容。新时代社会救助工作的重点任务是：兜住兜牢基本民生保障底线；推动把农村社会救助纳入乡村振兴战略统筹谋划；深化社会救助制度改革，形成覆盖全面、分层分类、综合高效的社会救助格局；建立健全低收入人口动态监测和常态化救助帮扶机制，坚决守住不发生规模性返贫底线等。做好社会救助工作，健全完善中国特色社会救助体系，是巩固拓展脱贫攻坚成果、全面建设社会主义现代化国家的重要要求，对于助力中国式现代化、扎实推进共同富裕具有重大意义。

第一节　社会救助概述

社会救助是社会保障的最后一道安全网，社会救助实现的是社会保障的最低目标，维护的是社会成员最基本的生存权利。社会救助与社会保险、社会福利都是我国社会保障体系的重要子系统，各子系统彼此密切分工和协作，共同构筑社会安全和保障体系。

一、社会救助的内涵

社会救助是指社会成员由于各种原因导致生活难以维持社会公认的水平时，由国家和社会按照法定程序给予帮助，以使其生活得到基本保障。社会救助的主要目标是满足社会成员的基本生活需要，促进社会公平，维护社会和谐稳定。按照救助方式，社会救助可以分为现金救助、实物救助和服务类救助。按照项目类别，社会救助可以分为基本生活救助、专项救助和急难社会救助。按照救助对象和内容，社会救助可以分为最低生活保障、特困人员救助供养、受灾人员救助、医疗救助、教育救助、住房救助、就业救助和临时救助。在古代社会，社会救助表现为生活救济，通过提供食品、衣物等以便让贫困者维持基本生存。现代社会救助不仅满足人的生存需要，还要适当考虑发展需要，不仅包括衣、食、住等基本生存条件上的帮助，还包括教育、就业、健康等方面的内容。社会救助由临时性事务演变为社会保障制度的一部分肇始于欧美发达国家。英国是世界上最早通过立法建立社会救助制度的国家。教会、行会及私人的慈善救助活动对早期社会救助的发展起着重要的推动作用。综观国外社会救助，内容不完全一样，形式也千差万别。概括起来，一般主要包括针对全人群的失业救助和针对老弱病残等特殊群体的救助等类别，向孕（产）妇、遗孀等妇女和儿童提供津贴或补助通常亦属于社会救助范畴。申请程序上包括资格审核、家计调查等，并逐渐引入或强化就业审查制度。

我国的社会救助已经发展为包含低保、特困供养、医疗救助、教育救助、住房救助、就业救助、受灾人员救助、临时救助和社会力量参与等在内的"8+1"社会救助体系。社会救助的对象是所有依靠自身努力难以维持基本生活的社会成员。在计划经济体制下，社会救助的对象主要是鳏寡孤独以及未纳入体制的社会边缘人群。而在市场经济体制下，任何人都有可能陷入生活困境，同样需要国家及时提供帮助。总体来看，基本生活保障在整个社会救助制度体系中处于核心位置，其他社会救助内容发挥着补充作用。随着经济和社会的发展，社会救助的内容也在不断地丰富和扩展。

二、社会救助的特征和功能

（一）社会救助的特征

现代社会救助主要具有以下几个方面的特征。

1. 国家责任的法定性

社会救助由国家立法或制定有关政策法规，并由政府负责实施。与社会保险强调必须缴纳保险费后才能享受待遇不同，社会救助一般由国家承担主要责任，财政提供资金，符合救助条件的个人或家庭，都有权利享有救助待遇。

2. 保障水平的基础性

由于社会救助待遇并不是救助对象的劳动所得，而是在社会成员不能维持最低生活水平时，由国家提供的一项兜底性、基础性制度安排，因此社会救助的待遇水平一般只能满足最低或基本需求，应避免和防止受助者形成福利依赖。

3. 救助对象的特定性

社会救助待遇只提供给依靠自身努力难以维持基本生活水平的社会成员。

4. 实施救助的公平性

社会救助面向全体社会成员，只要其生活陷入困境、符合享受相关政策条件，均有资格提出申请，并依规定获得相应救助。

（二）社会救助的功能

社会救助作为一种重要的社会政策和制度安排，是社会保障制度体系的最后一道防线，旨在帮助特殊困难群体摆脱生存危机，发挥着兜底保障的基础作用。其功能可以归纳为以下几个方面。

1. 保障救助对象的基本生活

社会救助标准立足与经济社会发展水平相适应，使救助对象能够维持基本生活水平，获得基本医疗、教育或就业等方面的资金或服务帮助，尽可能地实现自力更生。

2. 提高救助对象的生存发展能力

教育救助、医疗救助、就业救助等项目可以提高受助者的基本素质和劳动技能。一些生活救助项目针对有工作能力的人有强制性工作要求或参加职业培训的要求，这都有助于提高救助对象的生存和发展能力。

3. 促进社会公平、维护社会稳定

社会救助是社会保障体系中的兜底性、基础性制度安排，关乎困难群众幸福冷暖，关乎社会公平正义。作为保障低收入群体的最基本生活并促其发展，有效应对相对贫困和促进共同富裕的重要政策工具，社会救助通过再分配和第三次分配相协调等手段措施对收入进行调节，在解决不平衡不充分的发展问题，逐步缩小地区差距、城乡差距、收入差距，化解社会矛盾等方面，发挥了"稳定器"的积极作用。

4. 促进经济社会协调发展

社会救助制度的平稳运行与不断完善是经济社会协调发展的必然要求。建立在一定经济社会发展水平基础之上，通过健全社会救助体系，适当调整社会救助标准，不断满足包括困难群众在内的全体民众对美好生活的向往，是社会救助的一项重要功能。一方面，社会救助的实施有利于深化企业改革、调整产业结构和促进社会主义市场经济体制的良性运行，也有助于缓解贫富差距问题；另一方面，灾害、疾病、残疾等因素往往导致劳动者暂时丧失劳动能力和收入来源，社会救助可以帮助这部分困难群体渡过难关、恢复劳动能力，维持劳动力再生产，从而促进经济社会协调发展和进步。

三、社会救助的工作机制

为了发挥社会救助的作用并实现其主要功能，我国建立了相关制度运行机制，并加强社会救助能力建设。

（一）社会救助部门协调机制

社会救助是一个多层次的体系，决定了社会救助工作在具体实施过程中将涉及很多部门。建立健全党委领导、政府负责、民政牵头、部门协同、社会参与的社会救助工作机制，并充分发挥各级社会救助协调机制作用，是社会救助工作顺利开展的重要保证。社会救助体系的正常运行有赖于自上而下建立跨部门管理协调机制，彼此分工合作，加强资源统筹，才能有效满足各类困难家庭的基本需求，进而形成救助合力，优化政策衔接，共同推进社会救助政策落实落地。按照工作职责和责任分工，民政属于社会救助的主体部门，具体负责这项工作的牵头和统筹协调。

（二）社会救助家庭经济状况核对机制

传统的家庭经济状况调查方法（入户调查、邻里访问、信函索证）都各有自身的局限性。家庭经济状况信息核对技术的发展有力推动了家庭经济状况调查手段的进步，相较于传统方法在实践中也越来越表现出其突出优势。我国社会救助家庭经济状况核对机制探索始于上海。2009 年，上海市成立了全国首个为民生政策提供经济状况权威核对信息的支持性政务平台——上海市居民经济状况核对中心，拉开了我国社会救助家庭经济状况核对机制建设的序幕。此后，民政部先后在上海市等 143 个地区开展居民家庭经济状况核对试点，并取得了初步成效。在此基础上，民政部又组织开展了第二批城市居民家庭经济状况核对试点，利用分散在公安、人力资源社会保障、住房城乡建设、税务、金融、工商等部门的信息，探索建立分类别、跨部门、多层次的居民家庭经济状况核对机制。全国家庭经济状况核对系统平台建设已经基本完成，为社会救助对象的精准识别发挥了关键作用。

（三）社会救助能力建设机制

21 世纪以来，我国社会救助制度从最初单一的城市低保发展到包括低保、特困供养、专项救助和临时救助等在内的社会救助体系，社会救助覆盖人数逐年增长，救助资金大幅增加，这对社会救助能力建设提出了更高的要求。2012 年 9 月国务院下发的《关于进一步加强和改进最低生活保障工作的意见》，明确提出了加强最低生活保障工作能力建设的具体办法和措施，主要包括：科学整合管理机构及人力资源，充实加强基层最低生活保障工作力量；加强最低生活保障工作人员业务培训，保障工作场所、条件和待遇；加快推进信息化建设；切实保障基层工作经费；等等。为进一步增加社会救助服务有效供给，提高服务质量和效率，2017 年民政部、中央编办、财政部、人力资源社会保障部发布了《关于积极推行政府购买服务加强基层社会救助经办服务能力的意见》，具体包括 5 个方面：一是窗口建设。推动跨部门救助事项的业务协同，在乡镇（街道）层面普遍设立"一门受理、协同办理"窗口，统一受理、转办（介）社会救助申请事项。二是落实经办人员。合理确定县乡两级开展社会救助经办服务所需工作人员。现有社会救助工作人员不足的地区，可鼓励社会力量承担相关工作。三是充分发挥村（居）民委员会作用。村（居）民委员会要协助做好救助对象困难排查、发现报告，救助申请家庭经济状况核查、公示监督，救助对象动态管理、信息报送，救助政策咨询、宣传引导等工作。四是加快信息化建设。加强社会救助管理部门之间的信息共享，实现社会救助信息互联互通、资源共用共享。五是加强人员培训。加强基层社会救助工作人员党性教育，确保执行社会救助等民生保障重大决策部署不打折扣、不走样。加强教材开发和日常业务培训，增强基层工作人员对社会救助政策的理解和把握。

（四）社会救助和保障标准与物价上涨挂钩联动机制

为保障低收入群体生活水平不因物价上涨而降低，并逐步得到改善，2011 年初，国家发展改革委、民政部、财政部、人力资源社会保障部、国家统计局制定下发了《关于建立社会救助和保障标准与物价上涨挂钩的联动机制的通知》，开始在全国范围内推行这一机制。联动机制对缓解物价上涨影响、保障困难群众生活发挥了重要作用。2014 年，国家为适应形势变化，围绕启动条件、补贴标准、资金来源等对联动机制进行了完善。2016 年，又在此基础上，通过优化锚定指标、降低启动临界值、缩短启动时间等措施进一步优化完善联动机制。2021 年，将孤儿和事实无人抚养儿童、艾滋病病毒感染儿童纳入联动机制覆盖范围。2022 年，阶段性降低联动机制启动条件，将低保边缘人口阶段性纳入保障范围。

（五）社会救助监督机制

社会救助工作不仅涉及面广、资金量大，而且事关社会和谐稳定。社会救助工作具体执行过程中如果发生问题，不仅影响制度的公平性，也容易引起社会广泛关注。为此，2013 年 10 月 12 日民政部又印发了《关于建立健全社会救助监督检查长效机制的通知》，明确社会救助监督检查的主要内容，即社会救助监督检查工作要以督促政策落实为目标，确保对象准确，促进资金安全，强化能力建设，实现廉洁高效。在社会救助监督检查方式上，文件要求强化内部监督，扩大外部监督，综合运用多种手段，确保监督检查工作取得实效。文件还提出了社会救助监督检查的三大机制，即激励约束机制、部门联动协作机制和保障机制。2014 年，国务院颁布的《社会救助暂行办法》将社会救助监督管理机制的探索写进了行政法规。

四、社会救助的原则

作为社会保障的最后一道安全网，社会救助主要秉承以下基本原则。

（一）保障基本生活

社会救助主要是面向困难群众设立的一项制度安排。其目标是保障救助对象能够维持一个基本生活水平，并获得基本医疗、教育或就业等方面的资金或服务帮助，避免低收入家庭及其子女陷入代际传递的恶性循环，从而确保兜住兜准兜牢基本民生保障底线。

（二）与其他社会保障制度相衔接

社会救助必须要和其他社会保障制度有效衔接才能更好地实现政策目标，具体包括 3 个方面。

1. 社会救助与乡村振兴的衔接

乡村振兴的对象主要是农村低收入群体，包括各类易返贫致贫家庭、低保户、特困人员、低保边缘家庭、支出困难家庭，以及已经脱贫但仍面临一定困难的家庭等。在巩固拓展民政领域脱贫攻坚成果同乡村振兴有效衔接中的社会救助对象主要是脱贫人口中完全丧失劳动能力或部分丧失劳动能力，且无法通过产业就业获得稳定收入的人口，因此必须分工协作才能形成政策合力。

2. 社会救助与社会保险的衔接

社会保险是国家通过立法强制实行的，主要面向已经建立劳动关系或曾经建立劳动关系，以工资收入为主要生活来源的劳动者，从而保障他们在年老、疾病、工伤、失业、生育等情况下依法从国家和社会获得物质帮助的权利。用人单位和个人须依法缴纳社会保险费。社会救助适用对象为基本生活陷入困境的全体社会成员，不以缴费为前提，体现了扶危济困的作用。两者有效衔接才能更好地发挥社会保障综合效应。

3. 社会救助与社会福利的衔接

由于我国社会福利对象主要是老年人、残疾人和儿童等特殊群体，社会福利和社会救助对象存在一些交叉和重叠。因此，社会救助必须与社会福利有效衔接，以避免重复救助或遗漏救助。

（三）与经济社会发展水平相适应

社会救助与经济增长密切相关，要平衡好社会政策与经济政策的协调发展，以高质量社会救助助力共同富裕。如果盲目提高社会救助水平，增加社会救助支出，不仅将增加经济负担、影响经济发展步伐，也很容易形成福利依赖。相反，如果社会救助滞后于经济社会发展形势需求，不仅困难群众得不到基本的生活保障、形成社会不稳定因素，也不能为经济发展提供有利的社会环境。因此，社会救助的水平必须与经济社会发展水平相适应。

（四）城乡统筹发展

改革开放后，随着经济社会发展，我国城乡二元结构逐步被打破。从目前社会救助城乡统筹工作来看，在制度设计、审核确认程序、日常管理以及工作保障等方面，已经基本实现城乡融合统一。推进城乡统筹、区域统筹，须适应人口流动加速趋势，为人户分离困难群众提供更加便捷的经办服务。进一步缩小城乡社会救助服务水平差距，推进法治化进程，逐步实现低保制度程序规范、待遇公平。[①]

五、社会救助发展历史沿革

古代社会已有临时性的社会救济和民间慈善。真正意义上的现代社会救

---

① 张琳. 推进低保城乡统筹发展的实践与思考［J］. 中国民政，2021（19）：21.

助起源于英国。从15世纪末到19世纪上半叶，英国农村出现了大规模的圈地运动，大批农民沦为城市乞丐和流浪者，并导致抢劫、偷盗等一系列治安问题。为了稳定社会秩序和政局，1601年，在总结各地济贫探索的基础上，英国政府颁布了一部综合性的法典——《伊丽莎白济贫法》（*The Elizabeth Poor Law*）。该法规定：从比较富裕的地区征税补贴贫困地区，为有劳动能力的人提供劳动场所，资助老人、盲人等丧失劳动能力的人，并为他们建立收容场所等济贫内容。《伊丽莎白济贫法》以立法的方式确立了国家为责任主体的社会救助原则，具有实施对象的普遍性，因此被视为现代社会救助的开端。20世纪70年代中后期，随着福利支出快速增加，"福利国家危机"问题日益凸显。欧美发达国家开始实施社会救助改革，强调权利和义务的对等，倡导把福利分配给最需要的人，激发个人责任感，提高就业和储蓄的积极性。社会救助目标定位也从原来的基于救助对象的需要实施救助，转变为将不具备工作能力的人作为社会救助对象的主体。

我国社会救助发展历史悠久，自古以来就有"使老有所终，壮有所用，幼有所长，矜、寡、孤、独、废疾者，皆有所养"[①]的传统社会理想。历代统治阶级也通过重视社会救济事务来缓和社会矛盾，维护巩固其统治地位。如西周专门设立地官司徒，管理救灾事务。秦汉统一国家政权后，社会救济作为地方政府的重要社会事务得到进一步重视，确立了古代社会救助事务的雏形。唐宋是我国封建经济社会发展的繁荣时期，救助措施和政策日趋完善，传统社会救济模式也基本定型。元明清时期，救灾救济成为加强封建政权统治的一项基本国策。民国时期，国民政府一方面制定了救灾救济方面的法规，另一方面也不断完善了救助设施，发端于"敬天保民"思想的传统社会救助开始向现代救助制度转化。1949年新中国成立至今，我国社会救助制度的发展大体可以分为5个阶段。

（一）应急性社会救济时期（1949—1956年）

新中国成立之初，由于长期战争破坏等原因，人民生活水平低下，社会上有大量受灾人员、孤老残幼、失业者和其他需要救济的人。尽管当时财政

---

① 四书五经：礼记·礼运 [M]．北京：中华书局，2009：344.

十分困难，但党和政府仍然拨出大量经费和粮食，开展了大规模的社会救济工作。1950—1954 年国家连续下拨救济款，仅 1950 年全国就发放救济寒衣688 万套。[①] 与此同时，党中央还号召和组织群众开展互助互济和生产自救，并减免农业税，以帮助困难农民渡过难关。当时的社会救济活动对于巩固革命胜利成果、安定人民生活、恢复社会生产起到了重要作用。

（二）与计划经济相适应的社会救助时期（1957—1977 年）

20 世纪 50 年代中后期，随着城市和农村的社会主义改造的完成，以公有制为标志的社会主义计划经济体制建立起来，与之相配套的社会救助制度也逐步确立。在城市，有工作单位的人及其家属的生、老、病、死都靠单位来解决，剩下的"三无"人员（无劳动能力、无生活来源、无法定扶养义务人）由民政部门进行救济。在农村，国家建立了五保供养制度，对于缺乏劳动能力或者完全丧失劳动能力、生活没有依靠的老弱孤寡以及残疾社员，由村集体经济组织在生产和生活上给予适当的安排和照顾，保证他们的吃（保吃）、穿（保穿）和柴火供应（保烧），保证年幼的受到教育（保教）和年老的死后安葬（保葬）。

（三）社会救助过渡时期（1978—1992 年）

改革开放后，我国由计划经济体制向市场经济体制逐步转型。在这一时期，随着市场经济体制的建立和现代企业制度的改革，以及家庭联产承包责任制的全面推行，原有集体/单位保障和救助功能不断弱化，需要政府进行新的制度探索，为那些难以维持基本生活的社会成员提供社会救助。社会救助处于由传统救济型向制度化保障的过渡时期。

（四）社会救助制度转型期（1993—2013 年）

20 世纪 90 年代以后，我国城市地区出现了大量因企业亏损、停产、半停产甚至破产而造成的下岗职工。为此，政府开始探索新的社会救助政策，其中最重要的是建立城市低保制度。城市低保制度从 1993 年开始在上海市试

---

① 时正新. 中国社会救助体系研究［M］. 北京：中国社会科学出版社，2002：40.

点，到 1999 年 9 月国务院颁布《城市居民最低生活保障条例》，标志着我国城市低保制度真正建立。此后，低保制度很快在全国铺开并实现"应保尽保"，成为我国城镇居民的新"安全网"。21 世纪以来，我国又着手建立农村最低生活保障制度。到 2007 年，我国农村低保制度已经在全国基本普及。其间，我国继续不断推进医疗、住房、教育等专项救助制度的建立。[①]

（五）社会救助体系建立时期（2014 年至今）

2014 年，我国第一部社会救助行政法规《社会救助暂行办法》出台。该办法将传统的分散救助项目整合为最低生活保障、特困人员供养、受灾人员救助、医疗救助、教育救助、住房救助、就业救助、临时救助和社会力量参与，形成了"8＋1"的社会救助体系，标志着社会救助体系框架和制度框架的正式确立。近年来，各地社会救助工作紧扣综合改革主题，围绕基层能力提升、兜底能力增强、对象精准认定、服务类救助推进、社会有效参与等问题，着力打造多层次社会救助体系。2020 年 8 月，中共中央办公厅、国务院办公厅印发了《关于改革完善社会救助制度的意见》，围绕守住基本民生底线、实现社会救助高质量发展，对改革完善社会救助制度进行了顶层设计。在社会救助发展目标上，提出健全分层分类、城乡统筹的中国特色社会救助体系。到 2035 年，实现社会救助事业高质量发展，改革发展成果更多更公平惠及困难群众，民生兜底保障安全网密实牢靠，总体适应基本实现社会主义现代化的宏伟目标。在社会救助体系结构上，明确提出建立健全分层分类社会救助体系。根据救助对象的困难程度和致贫原因划分为三个救助圈层，分别给予相应的基本生活救助、专项救助、急难社会救助，形成多层次的分类救助体系。在社会救助方式上，提出积极发展服务类社会救助，要求创新形成"物质＋服务"的救助方式。在社会救助发展上，重点突出促进城乡统筹发展，要求加快实现城乡救助服务均等化，加大农村社会救助投入，逐步缩小城乡差距。

根据民政部公布的数据，截至 2023 年底，全国共有城市低保对象 663.6 万人，城市低保平均保障标准 785.9 元/人·月；有农村低保对象 3399.7 万

---

① 刘喜堂. 坚持社会救助 兜底民生保障［J］. 旗帜，2019（10）：67－68.

人，农村低保平均保障标准 621.3 元/人·月。全国共有农村特困人员 435.4 万人，全年支出农村特困人员救助供养资金 500.2 亿元；全国共有城市特困人员 37.3 万人，全年支出城市特困人员救助供养资金 59.0 亿元。随着经济社会发展、人民生活水平不断提高和政府对困难群众救助扶持力度的加大，社会救助体系正在有效构筑起城乡困难群众基本生活保障"安全网"。

第二节　最低生活保障

最低生活保障是国家为解决城乡居民生活困难、保障其基本生活而建立的一项基础性制度，是社会救助体系中的核心制度安排和关键环节，也是中国特色社会保障体系的一个重要组成部分，在维护社会和谐稳定、打赢脱贫攻坚战、推进乡村振兴等方面都发挥了关键作用。作为一种收入补充型救助制度，最低生活保障通过提供满足最低生活需求的资金、实物或服务，确保社会成员能够达到最低生活水平。

一、最低生活保障制度含义

最低生活保障制度是指国家对共同生活的家庭成员人均收入低于当地最低生活保障标准，且符合当地最低生活保障家庭财产状况规定的家庭，给予最低生活保障的社会救助制度。最低生活保障通过科学、合理地制定标准，由政府对家庭人均收入低于当地最低生活保障标准且资产状况符合规定的城乡居民进行救助，提供维持其基本生活的现金或物质帮助。最低生活保障制度保障对象是：共同生活的家庭成员人均收入低于当地城乡居民最低生活保障标准，且家庭财产状况符合规定的居民。我国最低生活保障制度建立的主要目的是应对 20 世纪 90 年代末期大规模的城市职工下岗问题，因此早期城市居民最低生活保障对象以下岗失业人员为主。城乡居民最低生活保障对象主要包括三种情况：一是由于先天或后天的因素失去劳动能力；二是虽有劳动能力但因客观环境限制以致失业、无法获得收入，或收入中断、收入过低等；三是因受到灾害、疾病等因素的突然打击、冲击，如果不接受紧急救助就无法维持基本生活。

建立最低生活保障制度是我国适应新的形势发展需要，对传统城乡社会救济制度进行的重大改革，标志着我国社会救助工作开始进入规范化、法治化发展轨道。最低生活保障制度的功能作用主要表现在以下4个方面。

第一，维持基本生存。最低生活保障制度的基本功能是维持受救助者的基本生活，使他们免于物质匮乏威胁和生活恐惧，保障其生存权和发展权。在我国全面打赢脱贫攻坚战过程中，最低生活保障制度发挥着兜底保障的作用，为确保完全丧失劳动能力和部分丧失劳动能力且无法依靠产业就业帮扶脱贫的特殊贫困人口如期实现脱贫发挥了关键作用。

第二，缓解社会矛盾。城乡困难群体处于社会的最底层，其中既有失业人员，也有孤老病残、刑满释放人员等。最低生活保障制度在保障困难群众基本生存和发展权利的同时，能够缓解社会矛盾，消除社会不安定因素并维护社会稳定。

第三，与市场经济发展相辅相成。我国城市低保制度起初是配套国有企业改革而建立，主要目的是应对当时企业停工破产、工人失业下岗等社会问题。因此，城市低保制度是市场经济体制的稳定剂，通过为居民提供最基本的生存保障，为市场经济体制改革解决后顾之忧，促进社会主义市场经济进一步发展。

第四，调节收入分配差距。全面打赢脱贫攻坚战之前，我国绝对贫困人口大多分布在农村地区和中西部经济欠发达地区。最低生活保障制度通过各级财政的现金转移支付对贫困人口实施救助，客观上可以实现资金向贫困地区和贫困人口转移，有利于缓解城乡差距和地区差距，对于全面建成小康社会具有重要意义。

二、最低生活保障制度历史沿革

最低生活保障制度从20世纪90年代初期开始在城市地区探索建立至今，大体可以分为4个发展阶段。

（一）制度探索期（1993—1996年）

20世纪90年代，由于企业转换经营机制和改革用工制度，我国城市地区出现了一大批下岗失业人员，他们的生活陷入困境。大量企业倒闭，使得传统计划经济时期的单位救济制度难以为继。在这种情况下，上海市率先开始探索建立新的社会救助方式。1993 年 5 月，上海市民政局、财政局等部门联合发布《关于本市城镇居民最低生活保障线的通知》，标志着上海市最低生活保障制度的建立。此后不久，青岛、厦门、福州、广州等城市也效仿上海市，开始建立实施城市最低生活保障制度。

与此同时，民政部也开始鼓励推动开展农村居民最低生活保障工作。1994 年，上海市和山西省阳泉市在全国率先进行了农村低保的试点，并提出家庭人均纯收入低于当地最低生活保障标准的农村村民，由政府和乡村集体给予差额补助。民政部也很早就开始鼓励农村地区建立低保制度。1996 年 12 月，民政部办公厅印发《关于加快农村社会保障体系建设的意见》，提出"凡开展农村社会保障体系建设的地方都应该把建立最低生活保障制度作为重点，即使标准低一点，也要把这项制度建立起来"。

(二) 制度加速推进期 (1997—1999 年)

1997 年，国务院印发《关于在全国建立城市居民最低生活保障制度的通知》，提出了在全国建立城市居民最低生活保障制度的时间表，对城市居民最低生活保障工作作出了具体要求，极大地加快了城市低保制度在全国的推进速度。这是我国城市低保制度从探索阶段进入全面推广实施阶段的重要标志。其后两年间，《中共中央、国务院关于切实做好国有企业下岗职工基本生活保障和再就业工作的通知》《民政部关于加快建立与完善城市居民最低生活保障制度的通知》等十几个相关文件连续下发，加速推进城市低保制度的建立与完善。

1999 年，国务院颁布《城市居民最低生活保障条例》，对城市居民最低生活保障制度的保障原则、保障对象、管理部门及其职责、资金来源及管理、保障标准的确定及调整、审批程序、低保金的发放及其监督、违纪违法行为的处罚等相关内容作出规定，其颁布施行标志着我国城市居民最低生活保障工作步入了法治化轨道。这一时期，农村居民最低生活保障制度建设也加快了步伐。到 1999 年上半年，全国有 1660 个县、市、区建立和实施了农村最低生活保障制度，占应建县、市、区的67%；但是，当时只有306万多农村居民得到了最低生活保障，占全部农村人口的0.36%①。

（三）制度完善期（2000—2011年）

《城市居民最低生活保障条例》出台后，城市居民最低生活保障制度进入了发展与完善的新阶段。民政部按照党中央、国务院的部署，出台了一系列政策文件，在扩大救助面、提高保障标准、规范操作流程等方面健全完善城市低保制度。2000年，民政部印发《关于深入贯彻〈城市居民最低生活保障条例〉进一步规范完善城市居民最低生活保障制度的通知》，提出将"解决部分群众应保未保问题"纳入重点民政工作。2001年，民政部印发《关于进一步做好2001年城市居民最低生活保障工作的通知》，要求加快健全和完善城市居民最低生活保障制度，努力扩大最低生活保障覆盖面，尽快使符合条件的城市居民都能得到保障。同年，国务院办公厅印发《关于进一步加强城市居民最低生活保障工作的通知》，要求依照属地原则，将中央、省属企业，尤其是远离城镇的军工、矿山等企业符合条件的贫困职工纳入最低生活保障范围。2002年2月4日，中央在专门研究困难群众生产生活安排问题的政治局常委会会议上，特别强调要进一步做好城市低保工作，把符合低保条件的城市贫困人口全部纳入低保范围，做到应保尽保。

21世纪以来，在城市低保实现跨越式发展的同时，党中央、国务院也在积极推进建立农村低保制度。早在1992年，山西省在左云、阳泉等地探索开展具有农村低保萌芽的试点工作，之后全国不少地方也都开展了类似试点。到2002年，全国绝大多数省份不同程度地实施了农村低保。2006年，《中共中央 国务院关于推进社会主义新农村建设的若干意见》明确提出，"有条件的地方，要积极探索建立农村最低生活保障制度"。同年，党的十六届六中全会审议通过《中共中央关于构建社会主义和谐社会若干重大问题的决定》，第一次提出在全国"逐步建立农村最低生活保障制度"的要求。2006年年底召开的中央农村工作会议上，中央明确提出"自2007年始在全国范围建立农

---

① 时正新. 中国社会福利与社会进步报告：2000 [M]. 北京：社会科学文献出版社，2000：129-130.

村低保制度"。2007 年，国务院在北京召开全国建立农村最低生活保障制度工作会议，部署在全国全面建立农村低保制度。同年，国务院发布了《关于在全国建立农村最低生活保障制度的通知》，对农村低保制度进行了统一规范，农村低保制度自此在全国全面建立。

作为中央建立健全城乡融合发展体制机制的重要组成部分，低保制度城乡统筹发展有利于破解城乡二元结构、推进城乡要素平等交换和公共资源均衡配置，是适应城镇化进程的必然要求，也是基本公共服务均等化的具体体现。因此，最低生活保障制度迈向城乡一体化就成为必然趋势。首先，立足法律层级从制度规范上将城乡居民一同纳入保障范围。1999 年，广东省发布了《广东省城乡居（村）民最低生活保障制度实施办法》。2001 年，浙江省以立法的形式颁布了《浙江省最低生活保障办法》。2004 年，厦门市也颁布了最低生活保障地方性法规《厦门市最低生活保障办法》。其次，立足管理服务从具体举措上推进制度的统筹发展。自 2007 年开始，在中央政府和民政部的推动下，地方政府进一步加快低保制度城乡一体化进程。同年，天津市印发了《关于建立和完善城乡最低生活保障分类救助政策的通知》，安徽省出台了《城乡居民最低生活保障档案管理办法》。

（四）制度全面建立期（2012 年至今）

随着城乡低保制度的全面建立，规范管理的水平也逐步提升。2012 年，国务院印发《关于进一步加强和改进最低生活保障工作的意见》，明确了户籍状况、家庭收入和家庭财产三个认定低保对象的基本条件。同年，民政部印发《最低生活保障审核审批办法（试行）》，对最低生活保障审核审批流程进行了规范，确保低保制度公开、公平、公正实施。2014 年 2 月 21 日，国务院颁布《社会救助暂行办法》，首次以行政法规形式确立了最低生活保障制度的法律地位。该部法规将农村低保和城市低保统一为最低生活保障制度，并就低保资格条件、低保标准制定、低保申请审核审批程序、社会救助家庭经济状况核对等问题作出明确规定，为新时代加强低保制度规范管理提供了基本遵循。

这一时期低保制度城乡一体化进程也不断加快，一些地方开始探索城乡低保制度并轨，将一体化推向了更高水平。党的十八大以来，低保在农村脱贫攻坚战中重点救助因病残、年老体弱、丧失劳动能力以及生存条件恶劣等原因造成生活常年困难的农村居民。为了更好兜住困难群众基本生活底线，及时将受新冠疫情影响陷入困境的人员纳入救助范围，2020 年 6 月，民政部和财政部联合印发了《关于进一步做好困难群众基本生活保障工作的通知》，明确低收入家庭中的重残人员、重病患者等特殊困难人员，参照"单人户"纳入低保。

为规范最低生活保障审核确认流程，确保低保制度公开、公平、公正实施，民政部制定了《最低生活保障审核确认办法》，于 2021 年 6 月正式印发。《最低生活保障审核确认办法》立足强化兜底保障能力、提高便民服务水平，紧紧围绕困难群众的基本生活保障，对低保制度作出了一定的调整，主要在适度拓宽低保范围、加快推进低保制度城乡统筹、简化优化审核确认流程等方面取得了新的突破。随着《最低生活保障审核确认办法》的出台，低保制度城乡统筹加快推进，该办法删除了有关城市低保、农村低保的概念，所有规定不再区分城乡，统一规范为"最低生活保障"。最后，立足实际需求从待遇公平上逐步推进城乡统筹发展。近年来，民政部持续加大力度，指导地方统筹推进低保城乡一体化工作。一方面是加快实现城乡救助服务均等化，加大农村社会救助投入，逐步缩小城乡差距；另一方面是在考虑城乡客观差异和城乡居民实际需求等因素基础上，对城乡低保保障标准进行科学设计、统筹衔接。

为及时将符合条件的困难群众纳入社会救助范围，巩固拓展脱贫攻坚成果，实现低保等社会救助扩围增效，切实兜住兜准兜牢困难群众基本生活底线，2022 年 11 月，民政部会同中央农村工作领导小组办公室、财政部、国家乡村振兴局联合印发《关于进一步做好最低生活保障等社会救助兜底保障工作的通知》，从加大低保扩围增效工作力度、进一步加强急难临时救助、健全完善工作机制、优化规范办理流程等方面作出详细规定，全面落实低保扩围，进一步加大困难群众基本生活保障力度。

为加强低收入人口动态监测，加快形成覆盖全面、分层分类、综合高效的社会救助格局，2023 年 10 月 19 日，国务院办公厅转发民政部等 10 部门

《关于加强低收入人口动态监测做好分层分类社会救助工作的意见》，低收入人口动态监测制度化建设迈出新步伐，有力推动了更加精准、及时、有效做好社会救助工作。

三、最低生活保障内容、标准和资金来源

城乡居民最低生活保障标准按照当地维持基本生活所必需的衣、食、住等费用，并适当考虑水电燃煤（燃气）费用以及未成年人的义务教育费用进行测算。保障标准由各地民政部门会同当地财政、统计、物价等部门制定，经当地人民政府批准后向社会公布，并且随着生活必需品的价格变化和人民生活水平的提高适时调整。最低生活保障标准要与最低工资、失业保险金等相关标准进行衔接。当物价总体水平涨幅达到规定时，还应及时启动社会救助和保障标准与物价上涨挂钩联动机制，向最低生活保障对象发放临时价格补贴。自我国城乡最低生活保障制度设立起，保障标准一直稳步提升。民政部统计数据显示，2023 年 4 季度全国城市低保平均标准达到 785.9 元/人·月，农村低保标准达到 621.3 元/人·月。

最低生活保障标准是由政府有关部门按照一定程序，经过广泛调查研究和严谨的科学方法进行测算制定。各地政府会定期根据本辖区城乡居民的收入支出数据和市场物价水平，测算制定低保标准。另外，最低生活保障标准具有相对统一性特征。一个行政区域（市、县或区）内制定的保障标准，适用于本区域内的全体居民，只要符合低保政策相关要求，在保障标准面前一视同仁。

最低生活保障主要是政府责任，其资金也主要来自各级财政的投入。最低生活保障资金实行省、市、区（县）三级统筹，按实际需要确定。一般来说，经济条件较好的区（县）、市级负担较高。经济条件较差的地区，省级和中央财政负担的比重大一些。2012 年，国务院出台《关于进一步加强和改进最低生活保障工作的意见》，要求切实保障基层工作经费，最低生活保障工作所需经费要纳入地方各级财政预算。基层最低生活保障工作经费不足的地区，省市级财政给予适当补助。随后，地方政府积极探索建立健全低保工作经费保障机制，如广东省 2013 年印发《关于落实最低生活保障工作经费有关

问题的通知》，提出各级财政每年应按照上年本级财政安排的低保资金支出3%的比例测算本级低保工作经费控制数，并按照"以事定费"的原则据实核定本级低保工作经费。2015年，广州市出台的《广州市最低生活保障办法》规定："最低生活保障所需资金和工作经费，由市、区人民政府列入本级财政预算。政府购买服务所需经费，应当从各级财政安排的最低生活保障工作经费中支付，并按照财政国库集中支付的有关规定，拨付政府购买服务人员经费。"

四、最低生活保障工作方式、程序和管理体制

我国最低生活保障工作程序可分为申请、审核确认、资金发放等环节。

申请。由申请人向户籍所在的乡镇街道提出，申请的时候要如实申报共同生活的家庭成员和收入财产状况，包括其他家庭成员赡养抚养关系和能力。共同生活的家庭成员申请有困难的，可以委托社区（村）居民委员会或者其他人代为提出申请。

审核确认。乡镇（街道）通过入户调查、邻里访问、信函索证、家庭经济状况信息核对等方式对申请家庭进行经济状况调查。经调查核实，收入财产等状况符合规定且公示无异议的，就可以被确认为低保对象。

资金发放。最低生活保障金以货币形式按月发放，通过银行、信用社等代理金融机构，按月支付到最低生活保障家庭的账户，必要时也可以给付实物。

最低生活保障制度实行地方人民政府负责制，按属地进行管理。县级人民政府民政部门负责最低生活保障的审核确认工作，乡镇人民政府（街道办事处）负责最低生活保障的受理、初审工作，村（居）民委员会协助做好相关工作。根据2021年6月出台的《最低生活保障审核确认办法》，有条件的地方可按程序将最低生活保障审核确认权限下放至乡镇人民政府（街道办事处），要求县级民政部门加强监督指导。在救助对象管理方面，民政部门根据最低生活保障对象的年龄、健康状况、劳动能力以及家庭收入来源等情况实行分类动态管理，建立最低生活保障对象档案。乡镇人民政府（街道办事处）根据最低生活保障家庭成员和其家庭经济状况的变化情况进行分类复核，

区别不同情况进行定期走访、核查，并根据家庭收入和人员的变化，及时停发、减发或者增发最低生活保障金。低保家庭人口状况、收入状况和财产状况发生变化的，应当及时告知乡镇人民政府（街道办事处）。

第三节　特困人员救助供养

我国的特困人员救助供养制度是在农村五保供养制度和城市"三无"人员生活救助制度基础上建立起来的，是一项传统的社会救助制度。

一、特困人员救助供养制度含义

特困人员救助供养是指国家对无劳动能力、无生活来源且无法定赡养、抚养、扶养义务人，或者其法定义务人无履行义务能力的城乡老年人、残疾人以及未满16周岁的未成年人进行供养，保障他们的基本生活。无劳动能力一般指60周岁以上的老年人、未满16周岁的未成年人和残疾等级为一、二、三级的智力、精神残疾人，残疾等级为一、二级的肢体残疾人，残疾等级为一级的视力残疾人；无生活来源一般指收入总和低于当地最低生活保障标准，且财产符合当地特困人员财产状况有关规定的；无履行义务能力一般指年老、重病、重残、宣告失踪（死亡）或者在监狱服刑的人员等情形。未满16周岁的未成年人同时符合特困人员和孤儿、事实无人抚养儿童认定条件的，选择申请纳入孤儿、事实无人抚养儿童基本生活保障范围的，不再重复认定为特困人员。特困人员救助供养是新中国成立后最早建立的社会救助制度，也是我国社会救助制度体系中最基础、最根本的一项制度。特困人员救助供养的功能和特点主要体现在以下3个方面。

第一，为最困难群体提供基本生活和服务保障。从困难程度来看，特困人员的困难程度最深，只能依靠政府的"兜底"来满足其基本生活、医疗和住房等基本需求。由于这部分群体主要为老年人、未成年人和残疾人，因此，简单的现金转移支付并不能完全解决他们面临的生活困境，他们中的相当一部分人还需要提供具体的生活照料服务。

第二，承载着中华民族传统社会价值。特困人员救助供养制度是一项面向城乡孤寡老人、未成年人及孤儿、残疾人的社会救助制度。《礼记》中就有"使老有所终，壮有所用，幼有所长，矜、寡、孤、独、废疾者，皆有所养"的记载。时至今日，我国仍然保留了特困人员救助供养制度，这在一定程度上延续和发展了我国尊老爱幼、互助互济、扶助鳏寡孤独及伤残的优良传统。

第三，有利于织密扎牢社会保障安全网。特困人员救助供养作为社会救助体系的重要组成部分，其对象是城乡社会最困难、最脆弱的群体。保障城乡特困人员基本生活，是完善社会救助体系、织密扎牢民生安全网的重要举措，是全面小康社会的必然要求。

二、特困人员救助供养工作的历史沿革

20 世纪 50 年代，为解决城乡"三无"人员生存保障问题，我国分别建立起农村五保供养制度、城市"三无"人员救济和福利院供养制度。2014年，国务院颁布施行《社会救助暂行办法》，将农村五保供养和城市"三无"人员救助制度统一为特困人员供养制度。

（一）城市"三无"人员基本生活救助

20 世纪 50 年代，为了尽快医治战争的创伤，促进国民经济的恢复，民政部门一方面在全国大中城市创办了一大批救济福利事业单位（包括一部分生产教养院）；另一方面，着手接收、调整和改造国民党办的"救济院""慈善堂"，地方民间自办的"慈善堂""寡妇堂""教养院"，以及外国人在华兴办的慈善机构。据统计，截至 1953 年底，全国共有城市社会救济福利事业单位920 个，先后收容孤老、孤儿、精神病人及其他人员 37.4 万人。[①] 但是，当时未区分城市社会福利救济对象和改造对象，特别是一些生产教养院存在收容范围混乱的问题。在这种情况下，1953 年 10 月 21 日至 11 月 13 日召开的第二次全国民政会议指出："对无依无靠、无法维持生活的残老孤幼和贫民以及游民等，应根据必要和可能按其有无劳动能力分别予以教养、救济或劳动

---

① 白益华，吴忠泽. 社会福利［M］. 北京：中国社会出版社，1996：125.

改造，对一切有劳动能力的人，应设法使其在城市或去农村参加劳动，以自食其力"；"生产教养院应收容教养无依无靠、无法维持生活的残老孤幼"。会议结束后，各地根据会议决议精神对生产教养院等福利救济机构进行调整合并，在此基础上逐渐形成了我国城市地区收养"三无"人员的各类社会福利机构。

改革开放以来，城市"三无"孤老残幼人员成为定期定量救济对象。随着我国社会福利事业不断发展，国家针对老年人、残疾人、未成年人等特殊困难人群也制定了一些法规和政策，但社会福利机构收养对象和管理基本上沿袭了计划经济时期的做法。1999 年，国务院出台了《城市居民最低生活保障条例》，将城镇"三无"人员纳入最低生活保障制度的救助范围。"三无"人员一般为全额享受低保标准，有的地方高于低保标准，达到低保标准的1.2 ~ 1.5 倍，有的经济发达地区甚至高出 2 倍。[①] 此外，城镇"三无"人员还能享受医疗救助和城市廉租房制度等。

（二）农村五保供养

20 世纪 50 年代初期农村实现合作化以后，我国开始建立与计划经济体制相适应的社会救助制度，其中最重要的是农村五保供养制度（以下简称五保制度）。五保制度按照经费来源大体可以分为三个阶段。

1. 集体经济负担阶段

农村五保供养制度发端于 1956 年 6 月一届全国人大三次会议通过的《高级农业生产合作社示范章程》。根据章程，农业生产合作社对于缺乏劳动能力或者完全丧失劳动能力、生活没有依靠的老弱孤寡以及残疾社员，要在生产上和生活上给予适当的安排和照顾，保证他们的吃（保吃）、穿（保穿）和柴火供应（保烧），保证年幼的受到教育（保教）和年老的死后安葬（保葬），使他们生老死葬都有依靠。1958 年《关于人民公社若干问题的决议》中提出"要办好敬老院，为那些无子女依靠的老年人（五保户）提供一个较好的生活场所"，这就为各地修建敬老院集中供养五保老人提供了依据。

---

① 雷耀，许娓. 特困人员供养："三无"人员救助的城乡融合 [N]. 中国社会报，2014 - 04 - 02 (1).

2. 村提留和乡统筹阶段

20世纪70年代末期，家庭联产承包责任制实行以后，由于集体经济的削弱和瓦解，导致五保供养的经费来源出现问题，并直接影响五保对象的供养水平。为了重新规范农村五保制度，1991年国务院在颁布的《农民承担费用和劳务管理条例》中规定，村提留中的公益金或乡统筹费可以用于五保供养。1994年1月，国务院又颁布《农村五保供养工作条例》作为健全农村五保制度的法律依据。"新五保制度"的运行机制是"集体供养、群众帮助、国家补助"三结合。具体来说，五保经费和实物由农村集体经济组织提供，既可以从村提留和乡统筹费中列支，也可以从集体经营收入中列支。

3. 国家财政阶段

随着农村经济体制改革的推进，为减轻农民负担和保障农民利益，从1998年开始试点到2002年我国全面推行农村税费制改革，并取消了村提留和乡统筹经费。在这种情况下，原来的农村五保供养资金从"村提留或者乡统筹费中列支"的规定已不适应现实需要，农村五保供养制度的经费来源再次面临困境。2006年1月，《中华人民共和国农业税条例》废止，从农业税附加收入列支的五保供养资金也被取消。同年1月，《农村五保供养工作条例》经国务院第121次常务会议通过。新的条例第十一条规定，农村五保供养资金，在地方人民政府财政预算中安排，中央财政对财政困难地区在资金上给予适当补助。条例还从供养对象、供养标准、供养形式、监督管理和法律责任等方面对五保供养工作进行规范。条例的颁布实施，标志着我国农村五保供养实现了由集体福利性质的农民互助互济向政府财政保障的社会救助的重大转变。

（三）特困人员救助供养制度

2014年国务院出台《社会救助暂行办法》，将农村五保供养制度和城市"三无"人员生活救助制度统一为特困人员供养制度，纳入社会救助制度体系，我国城乡特困人员保障工作进入新的发展阶段。为解决特困供养城乡发展不平衡、相关政策不衔接、管理服务不规范等问题，2016年国务院又印发《关于进一步健全特困人员救助供养制度的意见》，明确了特困人员救助供养

"保基本、托底线"的救助制度属性，规定了特困人员救助供养的总体要求、基本原则、制度内容和保障措施，全面健全完善了城乡统筹的特困人员救助供养制度。

为规范特困人员认定，2016 年 10 月，民政部印发《特困人员认定办法》，对特困人员的认定条件、认定程序、生活自理能力评估等作出明确规定。近年来，民政部认真贯彻落实党中央、国务院决策部署，指导各地完善特困人员认定条件，规范特困人员认定，切实将符合条件的困难群众纳入救助供养范围，取得积极成效。为进一步提高特困人员救助供养制度的可及性，将更多符合条件的事实"三无"人员纳入救助供养范围，民政部对《特困人员认定办法》进行修订，并于 2021 年 5 月正式向社会发布。新修订的《特困人员认定办法》适度拓展了"无劳动能力"的残疾种类和等级，完善了"无生活来源"认定条件，适度放宽了"法定义务人无履行义务能力"认定条件和特困人员救助供养制度覆盖未成年人范围。将调查核实和审核确认时限均由 20 个工作日压缩到 15 个工作日，并鼓励有条件的地方将审核确认权限下放到乡镇人民政府（街道办事处），进一步简化优化认定程序，缩短办理时限，确保困难群众能够及时、便捷地获得救助。

三、特困人员救助供养内容、标准和资金来源

（一）特困人员救助供养内容

特困人员救助供养的内容主要包括 5 个方面：一是提供基本生活条件。包括供给粮油、副食品、生活用燃料、服装、被褥等日常生活用品和零用钱。二是对生活不能自理的给予照料。包括日常生活、住院期间的必要照料等基本服务。三是提供疾病治疗。全额资助参加城乡居民基本医疗保险的个人缴费部分。医疗费用按照基本医疗保险、大病保险和医疗救助等医疗保障制度规定支付后仍有不足的，由救助供养经费予以支持等。四是办理丧葬事宜。特困人员死亡后的丧葬事宜，集中供养的由供养服务机构办理，分散供养的由乡镇人民政府（街道办事处）委托村（居）民委员会或者其亲属办理。五是住房和教育救助。对符合规定的住房困难的分散供养特困人员，通过配租公共租赁住房、发放住房租赁补贴、农村危房改造等方式给予住房救助。对

在义务教育阶段就学的特困人员，给予教育救助；对在高中教育（含中等职业教育）、普通高等教育阶段就学的特困人员，根据实际情况给予适当教育救助。

（二）特困人员救助供养标准

特困人员救助供养标准包括基本生活标准和照料护理标准。基本生活标准应当满足特困人员基本生活所需，包括衣、食、住等方面。照料护理标准应当根据特困人员生活自理能力和服务需求分类制定，体现差异性。对特困人员中部分或者完全丧失生活自理能力的，适当增加照料护理经费。特困人员救助供养标准由省、自治区、直辖市或者设区的市级人民政府综合考虑地区、城乡差异等因素确定、公布，并根据当地经济社会发展水平和物价变化情况适时调整。民政部门、财政部门应对特困人员救助供养标准制定工作进行指导。

（三）特困人员救助供养资金来源

根据《国务院关于进一步健全特困人员救助供养制度的意见》有关要求，县级以上地方人民政府要将政府设立的供养服务机构运转费用、特困人员救助供养所需资金列入财政预算。省级人民政府要优化财政支出结构，统筹安排特困人员救助供养资金。中央财政对财政困难地区给予适当补助，重点向特困人员救助供养任务重、财政困难、工作成效突出的地区倾斜。有农村集体经营等收入的地方，可从中安排资金用于补助特困人员救助供养工作。农村特困人员将承包土地交由他人代耕的，收益归该农村特困人员所有。

国家鼓励群众团体、公益慈善等社会组织、社会工作服务机构和企事业单位、志愿者等社会力量参与特困人员救助供养工作，鼓励运用政府和社会资本合作（PPP）模式，采取公建民营、民办公助等方式，支持供养服务机构建设。

四、特困人员救助供养方式、程序和管理体制

（一）特困人员救助供养方式

特困人员救助供养分为分散供养和集中供养两种形式，特困供养人员可以自行选择供养形式。乡镇人民政府（街道办事处）应当与村（居）民委员会或者供养服务机构、供养对象签订供养服务协议。

1. 分散供养

对具备生活自理能力的特困人员，鼓励他们在家分散供养；对分散供养的特困人员，经本人同意，乡镇人民政府（街道办事处）可委托其亲友或村（居）民委员会、供养服务机构、社会组织、社会工作服务机构等提供日常看护、生活照料、住院陪护等服务。乡镇人民政府（街道办事处）应当建立分散供养特困人员联系、帮扶制度，帮助他们解决生活上的困难。村（居）民委员会可以从农村集体经营等收入中安排资金或者提供人力、物料，帮助改善特困人员的生活。有条件的地方，可为分散供养的特困人员提供社区日间照料服务。

2. 集中供养

完全或者部分丧失生活自理能力的特困人员，优先为他们提供集中供养服务。对需要集中供养的特困人员，由县级人民政府民政部门按照便于管理的原则，就近安排到相应的供养服务机构；未满16周岁的特困人员，安置到儿童福利机构。供养服务机构无力承担的，包括患有传染病、精神障碍等疾病不宜集中供养的特困人员，由乡镇人民政府（街道办事处）与有供养能力的机构协商，并报县级人民政府民政部门批准后，通过购买服务的方式进行委托代养，必要时送往专门的医疗机构治疗和托管。

（二）特困人员救助供养程序

特困人员救助供养办理程序包括以下5个环节。

1. 申请

由特困人员本人向户籍所在地的乡镇人民政府（街道办事处）提出书面申请，按规定提交相关材料，说明劳动能力、生活来源以及赡养、抚养、扶

养情况。本人申请有困难的，可以委托村（居）民委员会或者他人代为提出申请。乡镇人民政府（街道办事处）以及村（居）民委员会应当及时了解和发现符合特困人员救助供养条件的人员，告知救助供养政策，对无民事行为能力等无法自主申请的，应当主动帮助申请。

2. 受理

乡镇人民政府（街道办事处）收到申请后，对申请材料齐全、符合规定的，应当立即受理；对明显不符合条件的，不予受理，并告知理由。

3. 审核

乡镇人民政府（街道办事处）受理申请后，应当通过入户调查、邻里访问、信函索证、群众评议、信息核查等方式，对申请人的收入状况、财产状况以及其他证明材料等进行调查核实，提出初审意见，在申请人所在村（社区）公示后，报县级人民政府民政部门审批。

4. 审批

县级人民政府民政部门应当全面审查乡镇人民政府（街道办事处）上报的调查材料和审核意见，并随机抽查核实，作出审批决定。对符合条件的申请予以批准，并在申请人所在村（社区）公布；对不符合条件的申请不予批准，并书面向申请人说明理由。

5. 终止

特困人员不再符合救助供养条件的，村（居）民委员会或者供养服务机构应当及时告知乡镇人民政府（街道办事处）。乡镇人民政府（街道办事处）审核并报县级人民政府民政部门核准后，终止救助供养并予以公示。

（三）特困人员救助供养管理体制

特困人员救助供养坚持属地管理。县级以上地方人民政府统筹做好本行政区域内特困人员救助供养工作，分级管理，落实责任。各级人民政府是特困人员救助供养工作的责任主体，应当加强对特困人员救助供养工作的组织领导，并纳入国民经济和社会发展规划，推动相关工作的贯彻落实。

民政部门履行主管部门职责，统筹协调城乡特困人员救助供养工作，加强日常管理和能力建设，提升管理服务水平；发展改革部门负责将城乡特困人员救助供养工作纳入相关专项规划，支持供养服务设施建设；财政部门负责将城乡特困人员救助供养资金、供养服务机构运转经费纳入本级财政预算；公安、教育、人力资源社会保障、国土规划、住房保障、农业、文化、卫生健康、残联等部门和单位，按照各自职责配合民政部门共同做好城乡特困人员救助供养工作。

乡镇人民政府（街道办事处）负责组织实施城乡特困人员的申请受理、审核和供养服务等具体工作。村（居）民委员会负责协助乡镇人民政府（街道办事处）做好特困人员的入户调查、民主评议、公告和日常生活照料等工作。①

第四节　临时救助

临时救助属于应急性、过渡性社会救助范畴，涉及面广、个案多样、政策性强、社会关注度高，具有突出的托底线、救急难的制度功能和特点。

一、临时救助制度含义

临时救助是我国社会救助体系的重要组成部分。国家对遭遇突发事件、意外伤害、重大疾病或其他特殊原因导致基本生活陷入困境，其他社会救助制度暂时无法覆盖或救助之后基本生活暂时仍有严重困难的家庭或个人给予临时救助。临时救助的功能作用主要体现在以下 3 个方面。

（一）应急性

临时救助重点是以解决城乡群众突发性、紧迫性、临时性基本生活困难问题为目标，以免他们陷入基本生活难以为继的困境。

---

① 本部分主要参考《农村五保供养工作条例》《国务院关于进一步健全特困人员救助供养制度的意见》《社会救助暂行办法》等编写。

（二）补短板

一些外来务工人员由于户籍原因，在遇到生活困难时可能因为无法从居住地获得救助而陷入困境。临时救助对象不限于本地户籍，有助于补齐我国社会救助体系的短板。

（三）贫困预防

社会救助体系中大部分项目是在贫困发生后的长期"事后救助"。临时救助在灾难性事件发生后立即给予帮助，具有一定的预防性功能。

早期对于临时救助对象主要是定位于突发性事件造成暂时性贫困的个人或家庭，因此各地并没有统一的规定。例如，浙江省临海市将临时救助对象范围界定为户籍在临海市的城乡居民和持有暂住证的"新临海人"中，因火灾、慢性疾病、突发性公共事件、交通事故造成生活困难者等。① 2014 年，《国务院关于全面建立临时救助制度的通知》规定，临时救助的对象：一是家庭对象。因火灾、交通事故等意外事件、家庭成员突发重大疾病，因生活必需支出突然增加超出家庭承受能力，导致基本生活暂时出现严重困难的家庭等。二是个人对象。因遭遇火灾、交通事故、突发重大疾病或其他特殊困难，暂时无法得到家庭支持，导致基本生活陷入困境的个人。2018 年，《民政部 财政部关于进一步加强和改进临时救助工作的意见》中，将临时救助对象进一步细分为急难型救助对象和支出型救助对象两类。

临时救助的性质和特点决定了救助对象的广泛性和不确定性。2020 年新冠疫情暴发后，临时救助及时发挥了救急难的重要功能。其间，民政部门加大了对受疫情影响困难群众的救助力度，对生活陷入困境的城乡低保家庭、特殊困难家庭、特困人员和留守儿童、困境儿童等困难群众提供了大量临时救助。

---

① 金士军. 构建困难群众临时救助制度 营造和谐稳定小康社会环境［J］. 中国民政，2009（12）：48－49.

二、临时救助的发展历史

临时救助是我国社会救助体系中发展历程最短的项目。2007年，民政部下发《关于进一步建立健全临时救助制度的通知》，要求各地妥善解决城乡贫困居民的突发性、临时性生活困难。临时救助主要是为困难家庭提供临时性生活救助，对象主要包括：一是在最低生活保障和其他专项社会救助制度覆盖范围之外，由于特殊原因造成基本生活出现暂时困难的低收入家庭，重点是低保边缘家庭；二是虽然已纳入最低生活保障和其他专项社会救助制度覆盖范围，但由于特殊原因仍导致基本生活暂时出现较大困难的家庭；三是当地政府认定的其他特殊困难人员。由此可见，临时救助制度的建立很大程度上是为了弥补当时社会救助制度的短板。同年，民政部还在下发的《关于妥善安排城市居民最低生活保障家庭生活有关问题的通知》《关于妥善安排好近期城镇低保家庭生活的紧急通知》等文件中，均明确要求各地建立城乡困难群众临时救助制度。

在民政部的推动下，很多省份把建立临时救助制度工作列上日程，临时救助制度开始在全国建立。2009年9月21日，广西壮族自治区民政厅发布《关于在全区建立健全城乡困难群众临时救助制度的通知》，要求2010年9月底前全区各县（市）建立临时救助制度。2010年8月9日，南宁市人民政府办公厅颁布《南宁市城乡居民临时困难救助办法》，对南宁市农村居民临时困难救助进行了明确的制度安排，使城乡临时救助工作得到统筹发展。2011年，河南省民政厅、财政厅联合下发了《关于建立健全城乡困难群众临时救助制度的通知》，计划年底前在全省范围内建立临时救助制度。2013年，全国26个省份制定完善了临时救助政策。临时救助在制度建立之初覆盖范围比较窄。根据民政部公布的数据，2010年全国对153.0万人次城市居民和613.7万人次农村居民进行了临时救助。

2014年5月1日起我国施行的《社会救助暂行办法》对临时救助的范围、申请等相关事项作出规定，标志着临时救助已经成为我国社会救助制度体系中的重要组成部分。为了进一步发展和完善临时救助制度，2014年9月17日，国务院总理李克强主持召开国务院常务会议，决定全面建立临时救助制度。同年 10 月 3 日，《国务院关于全面建立临时救助制度的通知》对于临时救助的对象范围、申请受理、审核审批、救助方式、救助标准、工作机制等方面作了明确的规定，进一步推动了临时救助工作的开展。

2018 年，民政部、财政部发布《关于进一步加强和改进临时救助工作的意见》，提出了细化明确对象范围和类别、优化审核审批程序、科学制定救助标准、拓展完善救助方式和加强与慈善救助的衔接 5 项具体完善措施，我国临时救助制度进一步发展和完善。2020 年 8 月，中共中央办公厅、国务院办公厅印发了《关于改革完善社会救助制度的意见》，其中特别提到做好重大疫情等突发公共事件困难群众急难救助工作，把因突发公共事件陷入困境的人员纳入救助范围，对受影响严重地区人员发放临时生活补贴。根据民政部公布的数据，2023 年全国共实施临时救助 741.1 万人次，其中救助非本地户籍对象 4.8 万人次，累计支出救助资金 105.7 亿元。

三、临时救助的内容、标准和资金来源

（一）临时救助的内容、标准

2018 年的《民政部 财政部关于进一步加强和改进临时救助工作的意见》规定有两类情形可以申请获得临时救助。

1. 急难型

当发生火灾、交通事故、家庭成员突发重大疾病或遭遇其他特殊困难等各类急难情况，导致基本生活暂时出现严重困难、需要立即采取救助措施时，可以申请临时救助。

2. 支出型

当教育、医疗等生活必需支出突然增加超出家庭承受能力，导致基本生活在一定时期内出现严重困难时，可以申请临时救助。申请支出型临时救助时，原则上申请人家庭人均可支配收入应低于当地上年度人均可支配收入，且家庭财产状况符合当地有关规定。根据 2014 年《国务院关于全面建立临时救助制度的通知》，县级以上地方人民政府要根据救助对象困难类型、困难程度，统筹考虑其他社会救助制度保障水平，合理确定临时救助标准。省级人民政府要加强对本行政区域内临时救助标准制定的统筹，推动形成相对统一

的区域临时救助标准。由于临时救助对象家庭情况复杂，再加上灾难性事件造成的影响也不一样，因此临时救助标准确定比较困难。总体来看，各地临时救助标准立足当地经济社会发展水平，依据分类分档原则予以确定。例如，2015 年贵州省人民政府办公厅下发的《关于进一步加强和改进临时救助工作的意见》规定，各地临时救助标准参照当地城市低保标准确定，原则上保障家庭对象 1 个月至 6 个月的基本生活，保障个人对象从发生特殊困难至获得家庭支持前期间的基本生活，对特殊急难情形的救助标准最高可达 5 万元。

《民政部 财政部关于进一步加强和改进临时救助工作的意见》进一步明确了临时救助的标准。意见提出，临时救助标准可与当地最低生活保障标准挂钩，根据救助对象的家庭人口、困难类型、困难程度和困难持续时间等因素，分类细化救助标准。对于重大生活困难，临时救助标准可采取一事一议方式，根据具体情形分类分档设定，适当提高救助额度。省级民政、财政部门要加强对临时救助标准制定的指导和统筹，推动形成相对统一的区域临时救助标准。

（二）临时救助的资金来源

临时救助资金以政府投入为主、社会捐助为辅。地方各级人民政府要将临时救助资金列入财政预算；中央财政对地方实施临时救助制度给予适当补助，重点向救助任务重、财政困难、工作成效突出的地区倾斜。临时救助的投入原则上应逐步增长，并推动在乡镇（街道）建立临时救助备用金制度，提高救助水平。具体来说，各地临时救助资金来源包括 4 个方面：一是上级财政补助资金。二是本级财政预算安排资金。三是结余的低保资金。城乡低保资金有结余的地方，可根据当地临时救助需求，安排部分低保结余资金用于最低生活保障对象的临时救助支出。四是社会捐助资金。政府应鼓励社会组织和个人为临时救助提供捐助，可通过政府出资、社会捐助的渠道筹集资金设立小额临时救助基金，自主开展临时救助工作。

四、临时救助的方式、程序和管理体制

(一) 临时救助的方式

临时救助主要采取三种救助方式。

1. 发放临时救助金

临时救助金采用社会化方式发放，按照财政国库管理制度将临时救助金直接支付到救助对象个人账户。必要时，临时救助可直接发放现金，以提高救助时效性。

2. 发放实物

按照救助标准和救助对象基本生活需要，临时救助可发放衣物、食品、饮用水，提供临时住所等。对于采取实物发放形式的，除紧急情况外，要严格按照政府采购制度的有关规定执行。

3. 提供转介服务

对给予临时救助金、实物救助后，仍不能解决临时救助对象困难的，可分情况提供转介服务。对符合最低生活保障或医疗、教育、住房、就业等专项救助条件的，要协助申请；对需要公益慈善组织、社会工作服务机构等通过慈善项目、发动社会募捐、提供专业服务、志愿服务等形式给予帮扶的，要及时转介。通过借助转介服务，使临时救助与其他救助服务密切衔接，形成救助合力，增强救助效能。

(二) 临时救助的程序

针对不同的救助类型，临时救助审核审批程序包括两类。

1. 急难型临时救助程序

对于事情紧急、需立即采取措施的情况，应简化审核审批程序，积极开展"先行救助"。乡镇人民政府（街道办事处）、县级人民政府民政部门可根据救助对象急难情形，简化申请人家庭经济状况核对、民主评议和公示等环节，直接予以救助。紧急情况缓解之后，应按规定补齐审核审批手续。

2. 支出型临时救助程序

对于支出型临时救助要严格执行申请、受理、审核、审批程序,规范各个环节工作要求。乡镇人民政府(街道办事处)应当在村(居)民委员会协助下,对临时救助申请人的家庭经济状况、人口状况、遭遇困难类型等逐一调查,视情组织民主评议,提出审核意见,并在申请人所居住的村(居)民委员会张榜公示后,报县级人民政府民政部门审批。

对申请临时救助的非本地户籍居民,户籍所在地县级人民政府民政部门应配合做好有关审核工作。县级人民政府民政部门根据乡镇人民政府(街道办事处)提交的审核意见作出审批决定。救助金额较小的,县级人民政府民政部门可以委托乡镇人民政府(街道办事处)审批,但应报县级人民政府民政部门备案。对于不持有当地居住证的非本地户籍人员,县级人民政府民政部门、救助管理机构可以按生活无着人员救助管理有关规定审核审批,提供救助。

(三)临时救助的管理体制

临时救助按照属地原则,建立政府领导、民政部门牵头、有关部门配合、社会力量参与的社会救助工作协调机制。县级以上地方人民政府负责临时救助政策制定、资金投入、工作保障和监督管理责任,乡镇人民政府(街道办事处)负责履行临时救助受理、审核等职责,民政部门会同卫生健康、教育、住房城乡建设、人力资源社会保障等部门,按照"一门受理、协同办理"的工作要求,明确各业务环节的经办主体责任,确保困难群众求助有门、受助及时。民政、财政部门会同有关部门定期组织开展专项检查。财政、审计、监察部门加强对临时救助资金管理使用情况的监督检查,防止挤占、挪用、套取等违纪违法现象发生。临时救助实施情况定期向社会公开,充分发挥社会监督作用,对于公众和媒体发现揭露的问题,应及时查处并公布处理结果。

第五节　社会救助发展展望

党的十八大以来，以习近平同志为核心的党中央坚持以人民为中心，把增进民生福祉作为发展的根本目的。随着脱贫攻坚战取得全面胜利，我国完成了消除绝对贫困的艰巨任务，在实现共同富裕的道路上迈出了坚实的一大步。习近平总书记在党的二十大报告中强调，高质量发展是全面建设社会主义现代化国家的首要任务。在发展中保障和改善民生是一项长期工作，党的二十大立足党和国家事业发展全局，对民生保障作出新部署，明确要求"健全分层分类的社会救助体系"，为新时代社会救助事业高质量发展指明了前进方向、提供了根本遵循。同时也要看到，当前，我国发展不平衡不充分问题仍然存在，城乡区域发展和收入分配仍有差距，在坚决守住不发生规模性返贫底线、压紧压实巩固拓展脱贫攻坚成果责任、推动低收入群体迈向共同富裕等目标要求下，社会救助事业发展面临新的挑战。站在新的更高的历史起点上，深刻把握全面建设社会主义现代化国家面临的新形势，统筹谋划加快健全分层分类的社会救助体系，着力从救助对象、救助方式、救助标准、审核程序、监测预警、城乡统筹、整合资源力量等方面创新工作思路，将是未来社会救助改革发展的主要方向。

一、健全分层分类的社会救助体系

社会救助改革发展的总体目标之一是要健全分层分类的社会救助体系，使制度更加成熟、更加定型。具体包括以下几个方面。

（一）分层分类的救助体系

我国的社会救助制度可以分为基本生活救助、专项社会救助和急难社会救助三个层次。不同救助项目有不同的功能定位。低保和特困供养主要解决困难群众基本生活问题，专项救助主要解决困难群众医疗、教育、住房和就业等需求，临时救助主要解决困难群众的急难问题。面对新形势新任务，要聚焦社会救助兜底保障中的深层次矛盾和问题，不断完善基本生活制度。全面开展低保边缘人口、刚性支出困难人口认定，会同有关部门制定分层分类救助帮扶政策，形成梯度救助格局。加快推进基本生活救助制度城乡统筹，鼓励有条件的地区探索开展持有居住证人员在常住地申办低保。强化急难临时救助，切实增强在应对突发困难时的及时性、有效性。

（二）分类精准识别

通过开展摸底排查工作和应用家庭经济状况核对系统等方式，在计算困难家庭收入、资产和支出情况的基础上，了解困难家庭成员构成、经济状况、生活状况、致困原因等，并在此基础上建立贫困家庭的分类档案和数据库。通过社会救助信息化，运用互联网、大数据、人工智能、区块链等现代信息技术更加合理地进行社会救助资源配置，使未来我国社会救助朝更加精细化的方向发展。

（三）综合救助格局

新发展阶段，社会救助需要各部门统筹实施，形成综合救助格局。在对困难家庭实施精准分类和识别之后，应合理配置资源、实施精准救助，并构建层次清晰、分工明确、体系完善的分类救助工作模式。例如，对于因病致贫的困难家庭，给予大病救助和医疗互助可以解决燃眉之急。对于因教育等生活必需支出突然增加超出家庭承受能力的支出型困难群体，可以多方争取教育救助等资源。对于有劳动能力但就业困难家庭，应及时对接就业信息和就业资源等。

二、救助对象向相对贫困等群体适度扩展

（一）救助对象向刚性支出困难等群体扩展

在脱贫攻坚目标任务完成和全面小康实现以后，未来我国贫困治理重点、难点将从显性的绝对贫困转向更加隐蔽的相对贫困。相对贫困通常是指一个人或家庭的收入低于社会平均收入水平达到一定程度时所维持的生活状态。按照国际贫困标准的界定，凡是收入不到一个国家或地区社会中位收入或平

均收入的 50% 就属于贫困人口。世界银行将收入低于社会平均收入 1/3 的社会成员视为相对贫困人口，还有部分国家将低于平均收入 40% 的人口视为相对贫困人口。因此，贫困本身是相对的概念，支出型困难和低保边缘家庭同属于相对贫困概念范畴。因病因灾因意外事故等刚性支出较大或收入大幅缩减导致基本生活出现严重困难的情况，称之为支出型困难。在全面建设社会主义现代化国家开局起步的关键时期，我国社会救助的对象范围应进一步扩展，尤其是要将低于低保标准 1.5 ~ 2 倍的低保边缘家庭和支出型困难群体纳入救助范围。

（二）建立覆盖全人群的社会救助圈层机制

基于分层分类社会救助体系，我国社会救助对象应根据群众的困难程度和致困原因划分出 3 个救助圈层，即低保、特困家庭为第一圈层，最低生活保障边缘家庭和刚性支出困难家庭为第二圈层，遭遇突发事件、意外伤害、重大疾病等陷入贫困的社会成员为第三圈层。建立覆盖全人群的社会救助圈层机制，有助于进一步强化社会救助托底线、救急难功能。

三、救助方式向"物质 + 服务"转变

（一）"物质 + 服务"的新型救助方式

长期以来，我国社会救助制度主要着眼于为贫困人员提供维持生存的基本收入，注重物质和生活保障。随着社会经济的发展，尤其是完成脱贫攻坚、全面建成小康社会的历史任务之后，相对贫困治理给社会救助制度提出了新要求。当前，我国社会救助对象的需求呈现差异性、多维性特点，内生发展动力缺失是很多家庭陷入困境的重要原因。在这种情况下，除资金、物质帮助外，心理、情感、文化等方面的社会救助服务需求也在不断增多，必然对社会救助的工作方式方法、参与主体、供给内容等提出新要求。社会救助要适应困难群众的需求变化，不断进行调整和升级。在救助政策设计上，要基于多维贫困的理念，除基本物质保障之外，要创新社会救助方式，积极发展服务类社会救助，形成"物质 + 服务"的新型救助格局。

（二）提供专业救助服务，激发脱贫人口内生发展动力

党的二十大报告指出，要"巩固拓展脱贫攻坚成果，增强脱贫地区和脱贫群众内生发展动力"。2023 年中央一号文件指出，要"更加注重扶志扶智"。这充分说明通过提升脱贫地区脱贫群众自我发展的积极性，增强其自我发展能力，才是解决问题的根本之策。确保符合救助条件的脱贫人口基本生活，做好兜底保障工作的关键则应是通过专业方法激发其内生发展动力。一方面要创新优化救助专业化服务。根据困难家庭的不同特点，围绕就业、医疗、教育、住房、养老、残疾帮扶等内容，制订专项扶助方案，努力做到因户因人施策，削减困难群众的相对剥夺感，增加归属感。另一方面也要提升基层救助人员经办能力。通过设立专门的管理服务机构，配备专职工作人员等举措，并对他们采取专门培训等方式提高其专业化水平。

四、救助标准形成梯度化的体系

（一）合理设置救助项目标准，减少福利捆绑

我国社会救助标准体系至少包括低保标准、低收入标准、专项救助标准、临时救助标准等组成部分。社会救助标准体系既要考虑收入和资产因素，也要将消费支出、家庭需求差异等因素考虑进去。通过构建多层次、梯度化的社会救助项目标准体系，满足不同类型的救助对象的需求，逐渐剥离低保制度的福利捆绑。

（二）细化救助对象的分类标准

根据困难类型探索建立多维判定标准，涵盖经济收入、日常生活、住房保障、劳动就业、健康医疗、教育负担、社会融入等多维度指标。在此基础上对困难群体进行细致的分类，特别是进一步明确低保边缘人口、支出型困难人口的认定标准。通过综合评估困难家庭救助需求，针对不同类别的救助对象，提供供需匹配的精准救助。

（三）合理保持救助标准的区域和城乡差距

我国区域差距、城乡差距仍然十分明显，因此社会救助项目标准必须适应当地的社会经济发展水平，而不可能采取统一的标准。同时，社会救助各项目的标准要随着当地人民生活水平提高适时进行调整，建立起与物价指数、工资和收入、消费支出等相关因素的联动机制。

五、家庭经济状况核查方式更加精准科学

（一）家庭经济状况信息核对平台建设

将信息登记和查询、数据共享等内容写进社会救助相关制度规范中，为家庭经济状况相关数据信息的共享和查询提供法律依据，确保查询信息的完整性、准确性、权威性。同时，根据居民家庭经济情况审核工作的要求就《中华人民共和国证券法》《中华人民共和国商业银行法》中有关保密规定出台具体办法，允许相关部门在获得授权的情况下调取、查阅居民的相关数据。

（二）合理规定入户经济状况核查的次数

对已经纳入保障范围的社会救助对象，要根据对象的年龄、身体状况，分别设置相对固定的核查周期。对一般保障对象（如收入来源不固定、家庭成员有劳动能力）采取频次较高的核查周期（如每季度或每半年集中核查一次），对于那些基本没有劳动能力和收入的社会救助对象（特困人员、短期内经济状况变化不大的低保家庭），可以每年核查一次，使入户调查真正成为完善低保对象退出机制的基本手段。与此同时，规范救助对象家庭人口、经济状况重大变化报告机制，以减少入户核查成本。

（三）改革民主评议

进一步优化社会救助民主评议程序，围绕切实兜住兜牢基本民生保障底线的目标要求，坚持公开、公平、公正原则，对没有争议的救助申请家庭，可不再进行民主评议。

（四）推进跨部门合作

救助管理跨部门、跨领域、跨层级合作是社会救助改革发展的时代要求。中央层面，继续发挥社会救助部际联席会议制度积极作用，健全部门间统筹协调机制。地方层面，强化困难群众基本生活保障工作协调机制作用，加强基层部门协同，共同做好社会救助管理服务工作。推动信息共享在社会救助领域有效应用，利用分散在公安、住房、金融、人力资源社会保障、市场监管、税务等部门和机构的信息，查询核对救助申请人的家庭经济状况，提高救助对象认定的准确性。立足部门职能，建立失信联合惩戒机制，推动实现社会救助一门受理、协同办理、资源统筹协调、信息互通共享。

六、建立救助对象预警机制

（一）运用信息技术助力精准认定和动态监测救助对象

随着家庭经济状况核对信息系统的开发和使用，各地信息核对平台汇集的民政、教育、人力资源社会保障、医疗保障、卫健、住房城乡建设、市场监管、税务、金融监管等相关部门的家庭经济状况信息，并已经积累了庞大的家庭经济状况的数据资源。利用这一资源，政府部门可以对城乡困难和低收入家庭经济状况进行动态监测，通过数据分析和匹配，精准确定救助对象。尤其是那些重度残疾人员、患重特大疾病人员以及发生重大事故人员等，争取在困难发生之前干预。

（二）通过干部定期走访和巡查发现救助对象

建立乡镇（街道）干部包村（社区）、村（社区）干部包户走访联系制度，并将定期走访和巡查纳入绩效考核制度中。在节假日期间，协调相关部门的领导干部对贫困家庭开展走访慰问、送温暖活动。通过干部定期走访和巡查，了解贫困群众生活和经济状况。在定期巡访过程中发现困难家庭需要给予救助的，及时帮助申请社会救助，上报信息并纳入预警。

（三）结合社区网格化管理服务平台发现救助对象

以村（社区）为单位，依托村民小组和楼院网格，将村（社区）干部、小组长、网格员、楼栋长、社会工作者、社区志愿者、村（居）民代表、热心公益的老党员、离退休干部确定为联络员，让人民群众随时提供潜在社会救助对象的线索，鼓励他们参与社会救助工作，协助开展困难群众发现、排查、信息报送等工作，实现困难主动排查、问题主动解决，从而减少应保未保现象的发生。

七、促进社会救助城乡统筹发展

（一）加快实现城乡救助服务均等化

长期以来，区域性贫困是我国农村贫困的主要特征，扶贫开发也是农村反贫困的主要方式。全面建成小康社会的目标实现以后，我国将开启以解决相对贫困问题为目标的新的贫困治理阶段，社会救助制度在此期间需要发挥更加积极的作用。应更加关注正常生产生活能力的恢复，更加重视向救助对象提供恢复生产生活能力所需的机会和前提条件。部分农村地区困难群众受教育程度较低，接受新知识新技术的能力较弱，要加大知识和技能的培训支持力度，帮助他们稳定就业。城乡救助服务均等化是未来解决相对贫困、防止返贫，并保持脱贫效果可持续的主要手段。尤其是要加大农村社会救助投入，逐步缩小城乡社会救助水平和标准的差距。

（二）推进社会救助服务改革

社会救助应顺应农业转移人口市民化社会发展趋势。除临时救助之外，也要探索其他救助项目及时对符合条件的农业转移人口提供相应救助帮扶。有条件的地区有序推进持有居住证人员在居住地申办社会救助。为适应城乡统筹协调发展的新形势，社会救助要通过深化服务改革创新，合理统筹各政府部门社会救助服务项目和资源，全面推行城乡一体的"一门受理、协同办理"工作和服务机制。

（三）社会救助与乡村振兴战略衔接

按照中共中央、国务院关于实现巩固拓展脱贫攻坚成果同乡村振兴有效衔接的部署，5 年过渡期内，要保持民政领域兜底保障政策总体稳定，持续做好社会救助兜底保障工作。农村相对贫困治理是打赢脱贫攻坚战后扎实推动共同富裕的一项重要任务。农村相对贫困治理在内容、方法等方面具有新的时代内涵。这种背景下，应研究制定城乡一体化的相对贫困治理策略。在新的历史时期，要构建具有区域特色的现代产业体系，促进城乡可持续发展，坚决守住不发生规模性返贫底线、压紧压实巩固拓展脱贫攻坚成果责任，推动低收入群体迈向共同富裕。其间，社会救助要充分发挥兜底保障功能，为城乡失业人员、支出型困难等低收入家庭提供基本生活、教育、医疗、住房、就业等方面的救助，帮助维持和促进劳动力再生产。

八、推动社会力量参与社会救助

（一）完善社会力量参与社会救助的衔接机制

在政府救助与慈善帮扶有效衔接过程中，要完善多元参与、多方互动机制，以社区为基础建立联合救助机制。要把引导社会组织参与救助帮扶工作纳入总体规划，作为创新和完善社会治理的重要内容，通过政策引导来积极推动社会组织参与救助服务的供给；要通过健全信息共享机制，让社会力量能够找准参与社会救助的领域，综合利用政府的资金优势和慈善组织的服务优势，实现不同救助主体的优势互补，提升社会救助资源的配置绩效，形成政府和社会力量的有机结合。

（二）创新政府购买服务，提高基层救助服务供给能力

通过购买服务，积极培育和扶持社会组织参与救助帮扶。激励社会力量参与事务性和服务性项目，开展照护照料、心理慰藉、危机干预、资源链接、社会融入等个性化、专业化的社会扶助。创新政府购买服务机制增加社会救助服务的供给，不仅可以提升社会救助服务的专业化水平，也是弥补基层社会救助工作人员不足的重要途径。要加快探索并推进政府购买服务在社会救

助工作领域的发展，积极培育和发展各类社会公益慈善组织，提高他们对社会救助事务的承接能力，使他们成为政府兜底救助的重要补充。

民政部高质量完成"社会救助兜底脱贫一批"任务

社会救助兜底保障是脱贫攻坚"五个一批"的重要组成部分。在脱贫攻坚工作中，各级民政部门坚决扛起兜底保障政治责任，持续加大工作力度，落实党中央决策部署，积极推动农村低保制度与扶贫开发政策有效衔接，充分发挥临时救助解决"两不愁三保障"问题的兜底支持作用，圆满完成社会救助兜底脱贫任务，为打赢脱贫攻坚战、全面建成小康社会作出重要贡献。

一是坚持以脱贫攻坚统揽民政业务工作。各级民政部门围绕脱贫攻坚兜底保障，全力以赴，持续将政策、项目、资金向贫困地区和贫困人口倾斜，有效筑牢兜底保障坚固防线。全国共有1936万建档立卡贫困人口纳入低保或特困供养范围，占全部脱贫人口的19.6%。全国所有县（市、区）农村低保标准全部超过国家扶贫标准，纳入兜底保障范围的贫困人口，稳定实现吃穿"两不愁"。巩固拓展脱贫攻坚兜底保障成果，将脱贫不稳定人口、边缘易致贫人口和突发严重困难户中符合条件的240万人纳入低保或特困供养。

二是实现农村低保制度与扶贫开发政策有效衔接。会同相关部门持续制定出台政策措施，健全完善农村低保、特困人员救助供养、临时救助等基本生活救助制度（比如针对重病重残人员的"单人保"政策以及低保渐退、就业成本扣减等政策）；建立健全社会救助家庭经济状况核对机制、困难群众监测预警机制等。不断完善孤儿、事实无人抚养儿童、农村留守人员、残疾人等福利保障制度。自中央部署打赢脱贫攻坚战以来，出台民政领域脱贫攻坚政策措施97项，打出系列政策"组合拳"，夯实兜底保障制度基础。

三是切实加大特殊群体兜底保障力度。完善低保政策，将建档立卡贫困户中的重度残疾人、重病患者，参照"单人户"纳入低保兜底范围，实现"应保尽保、应兜尽兜"；全面落实救助保障政策，确保特困人员、孤儿、事实无人抚养儿童、流浪乞讨人员"应养尽养、应救尽救"；建立健全困难残疾人生活补贴和重度残疾人护理补贴标准动态调整机制，做到"应补尽补、应助尽助"；积极落实农村留守儿童、留守妇女、留守老人关爱服务政策，做到"应帮尽帮、应扶尽扶"。通过分类施策、精准帮扶,特殊困难群体基本生活得到有效保障。

四是有效推动兜底保障工作落到实处。开展"社会救助兜底脱贫行动",定期开展数据比对,逐一摸排核实,确保符合条件的建档立卡贫困人口全部纳入兜底保障范围。将脱贫攻坚工作情况纳入民政重点工作综合评估项目,加强跟踪问效。联合中央纪委国家监委驻部纪检监察组,开展为期 3 年的农村低保专项治理,有效遏制"漏保""错保""关系保""人情保"等问题。

五是积极动员引导社会力量参与脱贫攻坚。积极动员引导社会组织、慈善力量、专业社工、志愿者参与脱贫攻坚,使兜底保障有力度,更有温度。脱贫攻坚以来,全国社会组织共实施扶贫项目超过 9 万个,投入各类资金 1245 亿元,为决战决胜脱贫攻坚作出重要贡献。

资料来源:2021 年 2 月 23 日国新办新闻发布会、中共民政部党组《加快推进社会救助事业高质量发展》(《求是》2022 年第 8 期)

车丽(记者):《国务院扶贫办①:全国所有省份农村低保标准均超过脱贫收入标准》,央广网,https://www.sohu.com/a/433788551_362042。

相关政策文件:

1.《国务院关于进一步加强和改进最低生活保障工作的意见》(2012 年 9 月)

2.《民政部关于印发〈最低生活保障审核审批办法(试行)〉的通知》(2012 年 12 月)

3.《民政部关于建立健全社会救助监督检查长效机制的通知》(2013 年 10 月)

4.《社会救助暂行办法》(2014 年 2 月)

5.《国务院关于全面建立临时救助制度的通知》(2014 年 10 月)

6.《国务院关于进一步健全特困人员救助供养制度的意见》(2016 年 2 月)

7.《民政部 中央编办 财政部 人力资源社会保障部关于积极推行政府购

---

① 2021 年 2 月改为"国家乡村振兴局"。

买服务 加强基层社会救助经办服务能力的意见》（2017 年 9 月）

8.《民政部 财政部关于进一步加强和改进临时救助工作的意见》（2018 年 1 月）

9.《民政部 财政部关于进一步做好困难群众基本生活保障工作的通知》（2020 年 6 月）

10.《中共中央办公厅 国务院办公厅关于改革完善社会救助制度的意见》（2020 年 8 月）

11.《民政部关于巩固拓展民政领域脱贫攻坚成果同乡村振兴有效衔接的实施意见》（2021 年 2 月）

12.《民政部关于印发〈特困人员认定办法〉的通知》（2021 年 4 月）

13.《民政部关于印发〈最低生活保障审核确认办法〉的通知》（2021 年 6 月）

14.《民政部 财政部关于切实保障好困难群众基本生活的通知》（2022 年 6 月）

15.《民政部 中央农村工作领导小组办公室 财政部 国家乡村振兴局关于进一步做好最低生活保障等社会救助兜底保障工作的通知》（2022 年 10 月）

16.《民政部关于进一步健全完善社会救助家庭经济状况核对机制的意见》（2022 年 11 月）

17.《民政部关于加强政府救助与慈善帮扶有效衔接的指导意见》（2023 年 9 月）

18.《国务院办公厅转发民政部等单位〈关于加强低收入人口动态监测做好分层分类社会救助工作的意见〉的通知》（2023 年 10 月）

19.《民政部办公厅 财政部办公厅关于印发〈2023 年度省（自治区、直辖市）困难群众基本生活救助工作绩效评价指标和评价标准〉的通知》（2023 年 11 月）

第三章　残疾人福利

习近平总书记在 2014 年 3 月 20 日致中国残疾人福利基金会成立 30 周年的贺信中指出："残疾人是一个特殊困难的群体，需要格外关心、格外关注。"党中央、国务院始终高度重视残疾人福利事业发展，通过规划引领、制度规范、政策创新，不断推动残疾人福利事业发展进步。做好残疾人福利工作，可以切实保障残疾人的基本生存权、健康权、发展权和社会参与权等基本权益，有效缩小残疾人与其他社会群体的不平等差距，促进社会公平和社会融合，更好维护残疾人的尊严和自由。

第一节　残疾人福利概述

残疾人福利是社会福利的重要组成部分，其发展水平通常与一个国家的经济社会发展水平相适应。在我国，残疾人福利具有广覆盖、保基本、兜底线等特点。随着我国迈入新发展阶段，残疾人福利制度将更加完善，保障对象不断拓展，服务内容和服务方式更加丰富多元，更加适度普惠。

一、残疾人和残疾人福利概念内涵

随着社会的发展和人类文明的进步，对残疾、残疾人的概念认知也在不断地发展变化。根据《残疾人权利公约》定义，残疾人包括肢体、精神、智力或感官有长期损伤的人，这些损伤与各种障碍相互作用，可能阻碍残疾人与他人在平等的基础上充分和切实地参与社会。

我国残疾概念更注重生理结构或功能异常。根据《中华人民共和国残疾人保障法》，残疾人是指在心理、生理、人体结构上，某种组织、功能丧失或者不正常，全部或者部分丧失以正常方式从事某种活动能力的人。残疾人包括视力残疾、听力残疾、言语残疾、肢体残疾、智力残疾、精神残疾、多重残疾和其他残疾的人。在能够精确统计的3804.9万名持有第二代残疾人证的残疾人中[1]，肢体残疾人比例最高，为53.55%；其次为精神残疾人，比例为11.02%，视力残疾人、智力残疾人和听力残疾人分别为10.9%、9.01%和8.67%，多重残疾人为5.25%，言语残疾人比例最低，为1.61%。

残疾等级是反映残疾程度的指标。根据《残疾人残疾分类和分级》（GB/T 26341—2010）标准，各类残疾按残疾程度分为残疾一级、残疾二级、残疾三级和残疾四级，我国持证残疾人中，一级、二级、三级和四级残疾人比例分别为13.04%、31.27%、25.57%和30.12%[2]。一般将残疾一级和残疾二级统称为重度残疾，但在相关残疾人福利政策制定和执行过程中，对三级精神残疾人、三级智力残疾人也参照重度残疾人进行保障。例如，2015年发布的《国务院关于全面建立困难残疾人生活补贴和重度残疾人护理补贴制度的意见》，将重度残疾人护理补贴对象定为"残疾等级被评定为一级、二级且需要长期照护的重度残疾人，有条件的地方可扩大到非重度智力、精神残疾人或其他残疾人"。2018年7月，民政部、财政部、国务院扶贫办联合印发的《关于在脱贫攻坚三年行动中切实做好社会救助兜底保障工作的实施意见》，将纳入"单人户"施保的重度残疾人范围界定为"未脱贫建档立卡贫困户中持有中华人民共和国残疾人证的一级、二级重度残疾人和三级智力残疾人、三级精神残疾人"。

残疾人福利是国家福利制度的重要组成部分，反映着国家发展与社会文明进步程度。国际上尚无残疾人福利的统一定义，总体来看，广义的残疾人福利是指为保障残疾人基本生活、提高残疾人生活质量的社会政策和社会制度的总称，既包括以货币形式为主的社会保险、社会救助及福利补贴，也包括为促进残疾人生活、发展与社会参与而提供的各种支持性服务，如残疾预防与康复、教育、养护照料、就业服务及辅助器具服务等。残疾人福利概念

---

① 中国残疾人联合会．中国残疾人事业统计年鉴2022［M］．北京：中国统计出版社，2022.
② 同①.

起源于英国,1834 年,英国议会通过了《济贫法修正案》,认为政府与社会有责任保障贫困公民的基本生活,将残疾人纳入保障对象,是一项积极的福利措施,标志着英国福利国家模式的萌芽。第二次世界大战后,英国宣布建成世界上第一个福利国家,残疾人与其他社会成员一样享有物质、发展与参与权利,建立了完善的残疾人福利制度。此后,美国、日本等国家也逐步建立了残疾人福利制度。综观各国实践,残疾人福利普遍以物质保障与社会服务为主要内容,以政府主导、多元主体参与为供给主体,以实现残疾人平等、参与、共享,促进残疾人发展与社会融入为目标。在我国,社会福利属于社会保障体系的组成部分,残疾人福利相应地排除了广义概念中的社会保险、社会救助等内容,更多地聚焦为残疾人提供基本的福利补贴和供养、照护、康复等服务,是资金保障和服务供给的结合。民政部门是残疾人权益保障的政府职能部门,具体承担实施困难残疾人生活补贴和重度残疾人护理补贴制度(以下简称残疾人两项补贴制度)、精神卫生福利机构建设管理、精神障碍社区康复服务、重度残疾人抚养照护以及统筹推进康复辅助器具产业发展等职责。

二、残疾人福利的功能作用

党的十八大以来,党中央对残疾人事业的关心重视达到了新高度。2016 年 7 月 28 日,在河北省唐山市截瘫疗养院,习近平总书记明确强调,"2020 年全面建成小康社会,残疾人一个也不能少"。促进残疾人全面发展及共同富裕,使残疾人更加充分地共享经济社会发展成果,让广大残疾人进一步增强获得感、幸福感和安全感,是我们党全心全意为人民服务的重要体现,也是构建和谐社会的应有之义。残疾人福利可以有效保障残疾人的基本生活、增强残疾人生活自立及促进社会融合,实现残疾人"平等、参与、共享"的目标,从而维护社会公平、促进社会稳定发展。

(一)保障残疾人基本生活

残疾人依法享有平等的基本生活保障权利,宪法、残疾人保障法等法律均规定国家保障残疾人享有各项社会保障的权利。通过全面建立和实施残疾人两项补贴制度，能够降低残疾人额外的生活支出和长期照护支出；通过促进残疾人集中就业，能够增加残疾人家庭收入；通过福利机构集中供养照料和困难重度残疾人集中照护，能够兜住困难残疾人的生活底线。

（二）为残疾人赋权增能

残疾人福利以物质保障与社会服务为主要内容，是残疾人赋权增能的重要手段。精神卫生福利机构和精神障碍社区康复服务机构为精神残疾人提供的专业化康复服务，能够降低病情复发率、致残率，促进残疾人回归和融入社会。实施"福康工程"等公益项目，为残疾人配置假肢、矫形器和进行手术康复，能够促进残疾人身体功能恢复，提高其生产、生活能力。

（三）促进民生改善

残疾人是需要格外关心、格外关注的特殊困难群体。发展残疾人福利，能够回应残疾人的现实困难，不断满足残疾人多层次多样化需求，补齐民生短板；能够顺应残疾人对美好生活的期待，促进残疾人全面发展，促进其共享改革发展成果，同步实现共同富裕；能够推动在"弱有所扶"上取得新进展，更好体现我们党全心全意为人民服务的根本宗旨，维护社会公平正义。

三、残疾人福利发展历程

残疾人福利的发展史本质上是一部如何看待残疾及残疾人的历史，体现了社会发展的不同阶段对待残疾人的基本理念。国际视野下的残疾人福利经历了从以社会救济为主到社会保险建立直到福利国家全面推广的发展过程[1]，即由将残疾人看成是道德模式下的慈善救济对象，发展到医疗模式下需要国家福利保护的医疗救助对象，再到残疾人享有平等权利参与社会生活的理念转变。发达国家残疾人福利在保障残疾人基本生活的同时，尽可能通过提供完善的社会服务，如精神障碍患者社区康复、残疾人照护服务、康复辅助器具配置等，以降低残疾人的额外负担，保障残疾人基本生活、发展与社会参与的平等权利和机会。

---

[1] 谢琼. 国际视角下的残疾人事业［M］. 北京：人民出版社，2013：263.

自 1949 年中华人民共和国成立以来，我国的残疾人福利保障制度实现了从救济型社会福利向补缺型社会福利，进而向适度普惠型社会福利转变的发展历程。尤其是党的十一届三中全会以来，针对残疾人的普遍需求与特殊需求，残疾人福利经历了低水平重点人群基本保障、较广范围基本生活保障与基本社会服务保障、多层次生活保障与服务相结合的制度保障 3 个阶段，不断提高残疾人生活质量和健康水平。

（一）对特困残疾人开展基本救济为主的阶段（1949—1977 年）

新中国成立后，百废待兴，国家财力有限，1951 年全国城市救济工作会议确立了社会救济福利工作的方针和任务，即"组织贫民生产自救，对丧失劳动力的孤老残疾及特殊困难的贫民予以必要的救济"。在这种理念指导下，残疾人福利主要由国家和单位（农村为村集体）提供最基本的生活保障，呈现重养轻治的特点。一是在城市组织安置残疾人、老年人、流民、贫困军烈属、伤残军人发展社会福利生产。二是在农村实行针对包括残疾人在内的特殊对象制定的五保政策。三是通过精神卫生福利机构，对已治好的精神病人、无家可归者、生活困难者提供收容照料。

（二）救济逐步向适度普惠型社会福利转变阶段（1978—2011 年）

1978 年改革开放后，我国逐步进入市场经济发展时期。1984 年，福建漳州会议确立我国社会福利事业由救济型向福利型转变，残疾人社会福利开始由国家—单位保障模式逐步转向国家—社会保障模式，逐渐惠及大部分残疾人。2000 年 2 月，国务院办公厅转发了民政部等 11 个部门联合印发的《关于加快实现社会福利社会化的意见》，明确了社会福利事业发展规划和目标任务，对社会力量兴办社会福利机构制定了一系列优惠政策，有力促进了社会力量参与残疾人社会福利供给。这一时期，《中华人民共和国残疾人保障法》出台，《中共中央 国务院关于促进残疾人事业发展的意见》等重要文件相继制定，残疾人福利得到了法律制度保障；在将符合条件的困难残疾人纳入低保和特困供养基础上，北京、天津、江苏等省份陆续为残疾人提供生活补贴和护理补贴；精神卫生福利机构投入不断加大，设施不断改善，服务对象的供养和照料水平得到提高，一些有条件的福利机构还向社会残疾人开放；建立了假肢与矫形器制作师、装配工职业资格制度，成立了全国残疾人康复和专用设备标准化技术委员会（SAC/TC148），假肢矫形器行业开始向康复辅助器具产业转型发展；福利企业经历从高速发展到逐渐萎缩的演变，以税收优惠为核心的残疾人集中就业扶持政策更加完善。

（三）适度普惠型福利基本建立阶段（2012年至今）

党的十八大以来，以习近平同志为核心的党中央高度重视残疾人事业发展。残疾人福利站在新的历史起点，制度建设迈出标志性步伐，服务体系不断完善，康复辅助器具产业加快发展，呈现出制度供给、服务供给和产品供给三位一体的发展格局。2015年，《国务院关于全面建立困难残疾人生活补贴和重度残疾人护理补贴制度的意见》印发，决定在全国范围内全面建立并实施残疾人两项补贴制度，这是国家层面首次出台残疾人专项福利补贴制度，是残疾人基本福利制度建设的重要里程碑。2016年，《国务院关于加快发展康复辅助器具产业的若干意见》印发，首次对我国康复辅助器具产业发展进行了顶层设计和全面部署。2017年，民政部等4部门印发《关于加快精神障碍社区康复服务发展的意见》，在全国范围内广泛开展精神障碍社区康复服务。2019年，民政部等5部门印发《关于在脱贫攻坚中做好贫困重度残疾人照护服务工作的通知》，指导各地在脱贫攻坚中切实做好贫困重度残疾人的照护服务工作。通过实施"'十三五'社会服务兜底工程""中央专项彩票公益金支持精神病人福利机构建设项目"等，改扩建一批精神卫生福利机构。通过实施"福康工程"公益项目，为困难残疾人提供手术康复和假肢、矫形器配置。至此，我国建立了以残疾人两项补贴制度为核心、以残疾人服务体系和康复辅助器具产业为支撑的残疾人福利体系。

综上所述，1949年以来，我国残疾人福利服务在思想理念上从救济供养模式向全面福利模式过渡，带来了福利服务的深刻变革。残疾人福利服务的发展，得益于各级党委政府重视，把残疾人福利纳入经济社会发展全局，建立完善了党委领导、政府主导、社会参与、残疾人组织发挥作用的工作体制；得益于建立健全了以《中华人民共和国残疾人保障法》《中华人民共和国无障碍环境建设法》为主干，以《残疾人教育条例》《残疾人就业条例》《残疾预防和残疾人康复条例》《无障碍环境建设条例》等为支撑的保护残疾人权益、促进残疾人发展的法律法规政策体系；得益于社会各方采取积极行动和扶持措施，消除妨碍残疾人发展的障碍，实现残疾人与社会其他成员的平等。

第二节　残疾人福利制度

在残疾人福利体系中，福利制度更具有稳定性和长期性。从民政部门职责和实践来看，残疾人福利制度主要包括两个方面：一是作为首个残疾人专项福利补贴制度的残疾人两项补贴制度；二是实施较长时间、随时代发展变化而调整的残疾人集中就业税收优惠政策。

一、残疾人两项补贴制度

残疾人两项补贴制度是残疾人福利制度的核心。困难残疾人生活补贴主要补助残疾人因残疾产生的额外生活支出，对象为低保家庭中的残疾人，有条件的地方可逐步扩大到低收入残疾人及其他困难残疾人。重度残疾人护理补贴主要补助残疾人因残疾产生的额外长期照护支出，对象为残疾等级被评定为一级、二级且需要长期照护的重度残疾人，有条件的地方可扩大到非重度智力、精神残疾人或其他残疾人。长期照护是指因残疾产生的特殊护理消费品和照护服务支出持续 6 个月以上时间。

（一）残疾人两项补贴制度的建立

残疾人两项补贴制度先从地方实践探索开始，后逐渐在全国推开并上升为国家政策，形成残疾人专项福利补贴制度。2007 年，北京市发布《关于对无固定性收入重残无业人员给予生活补助的暂行办法》，对具有本市常住户口，年龄在 16～60 周岁，没有固定性收入，无业，生活靠亲属或家人照料，未享受城市、农村居民最低生活保障待遇和城市重残人生活困难补助的重残人发放生活补助；2007 年，天津市出台《关于对享受最低生活保障待遇或特困救助家庭中的残疾人给予生活救助的办法》，根据残疾人类型和残疾等级，对享受最低生活保障待遇或特困救助家庭中的残疾人给予生活救助；2010年，江苏省发布《关于印发对生活不能自理残疾人发放护理补贴的暂行办法的通知》，最早建立残疾人护理补贴制度。此后各地陆续开启生活补贴制度和护理补贴制度的试点探索，截至2015年8月，全国已有2/3的省份建立了一项或两项残疾人补贴制度。2008年新修订的《中华人民共和国残疾人保障法》将残疾人两项补贴制度纳入其中，规定"县级以上地方人民政府对享受最低生活保障待遇后生活仍有特别困难的残疾人家庭，应当采取其他措施保障其基本生活"，"对生活不能自理的残疾人，地方各级人民政府应当根据情况给予护理补贴"，为残疾人两项补贴制度建立提供了法律依据。此后，《关于加快推进残疾人社会保障体系和服务体系建设的指导意见》《中国残疾人事业"十二五"发展纲要》《民政事业发展第十二个五年规划》《国务院关于加快推进残疾人小康进程的意见》等政策文件明确提出建立残疾人两项补贴制度。

在地方充分实践基础上，2015年，国务院印发《关于全面建立困难残疾人生活补贴和重度残疾人护理补贴制度的意见》，决定为残疾人解决特殊生活困难和长期照护困难，全面建立残疾人两项补贴制度，自此这项制度在国家层面建立。2016年，民政部、中国残联印发《关于贯彻落实残疾人两项补贴制度有关政策衔接问题的通知》，明确了国家层面残疾人两项补贴政策衔接的基本原则，细化了与养老、离休等全国性补贴的衔接办法。通过两年的努力，2017年底，全国所有县（区、市）已实现残疾人两项补贴发放全覆盖。截至2023年底，困难残疾人生活补贴和重度残疾人护理补贴分别惠及1180.4万名和1584.0万名残疾人。2021年全国残疾人家庭收入状况调查结果表明，享受困难残疾人生活补贴和重度残疾人护理补贴的覆盖面分别占持证残疾人总数的37.1%和40.9%，平均金额分别为1550.1元/年·人和1350元/年·人。

（二）残疾人两项补贴的标准

残疾人两项补贴标准由省级人民政府根据经济社会发展水平和残疾人生活保障需求、长期照护需求统筹确定，并适时调整。

为进一步规范残疾人两项补贴标准调整，建立资金来源权责清晰、保障水平适度的标准动态调整机制，2019年，民政部、财政部、中国残联印发了《关于建立困难残疾人生活补贴和重度残疾人护理补贴标准动态调整机制的指导意见》，文件明确：生活补贴标准应参照当地残疾人的基本生活费支出以及因残疾额外增加的衣食住行等费用支出的一定比例予以确定；护理补贴标准应参照当地残疾人购买护理产品和护理服务等基本照护支出成本的一定比例确定。除西藏自治区外，全国所有省份均已出台两项补贴标准动态调整机制实施意见。

（三）残疾人两项补贴的管理

残疾人两项补贴申领程序依次为自愿申请、乡镇（街道）初审、县级残联审核、县级民政部门审定、补贴发放。同时，采取残疾人主动申报和发放部门定期抽查相结合的方式，建立残疾人两项补贴定期复核制度，实行残疾人两项补贴应补尽补、应退则退的动态管理。

为提升残疾人两项补贴发放效率和精准性，2018年民政部会同中国残联开发并上线了全国残疾人两项补贴信息系统。信息系统采取数据大集中方式管理，可支持部、省、市、县、乡五级的使用与管理工作，与全国低保数据库、中国残联的残疾人口数据库实现了共享对接，具备补贴申请、审核、发放、查询、统计分析等功能。残疾人还可通过中国政务服务平台、微信小程序或者支付宝小程序在线申请两项补贴，为两项补贴制度的精准高效落实提供了有力数据支撑。

为方便残疾人申领两项补贴，民政部积极推进残疾人两项补贴资格认定申请"跨省通办"工作。民政部根据《国务院办公厅关于加快推进政务服务"跨省通办"的指导意见》，将残疾人两项补贴资格认定申请"跨省通办"纳入全国高频政务服务"跨省通办"事项清单，并提出于2021年底前实现"跨省通办"的要求。2021年4月，民政部、中国残联联合印发《关于全面开展残疾人两项补贴资格认定申请"跨省通办"的通知》，明确申请人申请残疾人两项补贴，可以向全国范围内任何街道办事处或乡镇人民政府设立的残疾人两项补贴受理窗口提出，不受户籍地限制。2021年4月21日，全国首例残疾人两项补贴资格认定申请"跨省通办"在北京市通州区办理完成，肢体一级残疾的四川籍男士杨某成为该项政策的首位受益者。

二、残疾人集中就业税收优惠政策

福利企业是安置残疾人集中就业的重要载体和有效方式之一。新中国成立初期，为发展社会救济福利事业和安置城市残疾人、老年人、流民、贫困军烈属、伤残军人，各地民政部门根据"生产自救"和"以工代赈"的要求，兴办了一些社会福利工厂，后来逐步明确成为安置残疾人集中就业的社会福利生产单位。福利企业因其特殊的社会福利性质，一直获得国家优惠政策的扶持与保护，不同发展阶段的政策调整直接影响着福利企业的发展。

（一）福利企业高速发展期（改革开放初期—2007年以前）

1983年，全国社会福利工厂整顿工作经验交流会指出，我国采取了劳动部门介绍就业、家长所在单位统筹安排、民政部门举办社会福利工厂、街道组织生产安置以及个体开业等多条渠道来解决残疾人的就业问题。民政部门举办社会福利工厂，集中安置盲聋哑残人员，解决了残疾人的生活出路问题，提高了其生活水平和社会地位，也减少了国家救济费的开支。据统计，1986年全国大中城市残疾人70%左右实现就业。这一时期，福利企业的扶持优惠政策也逐步形成了以税收优惠政策为主，计划扶持、技改贴息、贷款优惠等其他多种优惠政策并存的综合性优惠政策体系。在多种优惠政策的作用下，1995年前后，福利企业发展达到顶峰，福利企业个数达到60237个，安置残疾职工就业达到93.93万人；2001年，全国福利企业利润接近120亿元。

随着改革的深入和股份制企业的大量出现，福利企业囿于自身固有的缺陷面临新的困境。到2002年，全国福利企业总数已减为37980家，残疾职工减少到69.9万人。与此同时，现有的福利企业扶持政策也难以适应新形势。突出表现在两个方面：一是社会办福利企业无法享受优惠政策。《国家税务总局关于民政福利企业征收流转税问题的通知》规定，只有"由民政部门、街道、乡镇举办的福利企业"才能享受税收优惠政策，对实行改制的福利企业和社会力量兴办的福利企业，甚至要求退回已减免的税收。二是智力残疾没有纳入安置残疾人计算比例。既有政策规定，福利企业安置的残疾人为"四残"人员，即盲、聋、哑及肢体残疾，智力残疾人不能纳入企业安置残疾人

幅度上升，直接用工成本每年增幅约20%，加之企业间接管理成本也在不断增加，税收优惠政策吸引力降低，企业吸纳残疾人就业的经济驱动力日趋减弱，福利企业规模和残疾人就业人数逐步下降和萎缩。面对这些问题，2016年5月5日，经国务院批准，财政部和税务总局发布《关于促进残疾人就业增值税优惠政策的通知》；同年5月27日，税务总局发布《促进残疾人就业增值税优惠政策管理办法》。与2007年政策相比，2016年残疾人就业税收优惠政策改革又有了较大的调整：一是不再提及"福利企业"概念，政策适用对象扩大为"安置残疾人的单位和个体工商户"。二是规定了增值税优惠，2007年政策提到的所得税优惠按照企业所得税法另行实施，因为营改增，营业税并入了增值税。三是提高了优惠限额，取消了每年3.5万元最高税收优惠"一刀切"的限额，规定按照省级人民政府批准的月最低工资标准4倍确定优惠限额。四是降低了优惠条件，保留2007年规定的可以享受税收优惠政策的条件，但删除了关于残疾人实际上岗工作等要求，降低了盲人按摩机构安置残疾人数要求（不低于5人）。五是拓宽了优惠范围，取消了精神残疾职工"仅限于工疗机构等适合安置精神残疾人就业的单位"的规定，将精神残疾人纳入了优惠范围；取消了"不适用于生产消费税应税货物和直接销售外购货物"的规定，拓展了优惠企业范围。六是简化了税收征管办法，删除了关于民政、残联参与税收优惠政策条件的认定管理要求，企业享受税收优惠政策不再要求提供福利企业证书，企业享受税收优惠政策后的监管工作也完全由税务部门承担。七是与其他就业增值税优惠政策相衔接，并规定了选定政策后36个月不允许变更的要求。

2016年福利企业税收优惠政策，一方面大幅度提高了残疾人就业税收优惠政策的吸引力，另一方面也对福利企业管理工作机制进行了彻底变革。为适应这种变革，同年10月，民政部印发《关于做好取消福利企业资格认定事项有关工作的通知》，取消福利企业资格认定事项。但考虑到民政部门是残疾人权益保障的政府职能部门，文件也提出了要求各地民政部门积极转变职能，继续协调推动和配合相关部门做好残疾人就业中的权益维护工作，不断完善残疾人就业制度和优惠政策的规定。

第三节　残疾人福利服务体系

残疾人福利服务主要指为满足残疾人特殊需求而提供的支持性社会服务。残疾人服务内容广泛，涉及民政、卫生健康、教育、人力资源社会保障、残联等多个部门和单位，其中民政部门承担的主要职责包括精神卫生福利机构建设管理、精神障碍患者社区康复服务、重度残疾人照护服务，同时根据职责分工加强相关服务机构监督管理。

一、精神卫生福利机构建设管理

精神卫生福利机构是为精神障碍患者中的特困人员、流浪乞讨人员、低收入人群、复员退伍军人等特殊困难群体提供集中救治、救助、护理、康复和照料等服务的社会福利机构。民政部门负责精神障碍患者的管理可以追溯到1954年政务院发布的《关于民政部门与各有关部门的业务范围划分问题的通知》，规定民政系统负责无家可归、无法定义务抚养人、无生活来源的"三无"精神障碍患者的收容治疗管理，精神卫生福利机构承担"三无"精神障碍患者的救治、救助、康复和护理等工作。1959年开始，各地民政部门将全国120余所精神病收容疗养机构改为精神病院，至1965年底，全国办有综合性的社会福利院和专业性儿童福利院、精神病人福利院等共819所①。

改革开放以来，随着经济社会的发展，国家在残疾人福利领域投入逐步加大，各种专项资金、福利彩票公益金等持续投入，显著提升了精神卫生福利机构的建设水平。同时，民政部门探索科学规范的管理方式，提高了残疾人服务对象的养护和照料水平。特别是党的十八大以来，民政部高度重视和加强民政精神卫生福利机构建设和管理工作，完善制度设计，争取多元投入，加强规范管理，提高服务水平，取得了明显成效。

一是完善制度设计。2013年，民政部印发《关于加快民政精神卫生福利

---

① 孟昭华，王明寰. 中国民政史稿［M］. 哈尔滨：黑龙江人民出版社，1986.

服务发展的意见》，提出逐步形成布局合理、功能完善的民政精神卫生福利服务网络，到 2020 年，基本实现每个市（地、州、盟）拥有 1 所民政直属精神病医院或精神病人社会福利院。针对精神卫生工作中康复能力建设这一薄弱环节，民政部积极加强精神卫生福利服务机构的康复能力建设，参与编制《全国精神卫生工作规划（2015—2020 年）》，共同推进全国精神卫生综合管理试点工作，研究制定精神障碍患者康复服务扶持政策。

二是争取多元投入。2014 年和 2015 年，民政部积极争取财政部门支持，通过设立"中央专项彩票公益金支持精神病人福利机构建设项目"，投入中央专项彩票公益金 10 亿元，支持精神病人福利机构建设项目新建（迁建）机构 20 个，每个资助 3000 万元，改扩建机构 20 个，每个资助 2000 万元，支持兴建了一批具有填补空白意义或有辐射示范作用的精神病人福利机构。"十三五""十四五"期间，民政部门积极配合发展改革委实施社会服务兜底工程、社会服务设施兜底线工程，加大精神卫生福利机构建设投资力度。民政部本级彩票公益金补助地方项目每年也支持各地新建和改扩建精神卫生福利机构，优先保障精神卫生福利设施建设和改造、设施设备配置。

三是加强规范管理。由于精神疾病和服务对象的特殊性，精神卫生福利服务具有专业性强、服务风险高、管理难度大等特点，民政部门一直重视机构规范管理。2014 年，民政部发布实施《精神卫生社会福利机构基本规范》，对精神卫生社会福利机构的功能定位、设置、管理、服务、设施设备等方面提出了基本要求。2018 年，民政部、人力资源社会保障部、卫生计生委和中国残联印发《残疾人服务机构管理办法》，进一步加强和规范残疾人服务机构管理。同年，民政部开展全国精神卫生社会福利机构摸底排查工作，全面梳理精神卫生福利机构养护照料、经费保障、各项救助政策落实和政策衔接等情况，进一步研究完善支持政策、健全标准规范。

二、精神障碍社区康复服务

社区康复服务是改善和提高精神障碍患者生活自理能力和社会适应与参与能力，最终回归和融入社会的重要途径，是多学科、多专业融合发展的社会服务。1990 年制定的《中华人民共和国残疾人保障法》规定，建立"以康复机构为骨干，社区康复为基础，残疾人家庭为依托"的康复工作体系。1995 年，民政部印发《关于进一步加强民政系统精神卫生福利工作的通知》，提出了要大力开展社区康复，实现对精神疾病的群防群治，并将社区康复作为民政系统精神卫生福利工作新的增长点，可以视为民政部门推动精神障碍社区康复工作的开端。2014 年 9 月，中共中央办公厅在有关党的十八届三中全会重要改革举措实施文件中提出，民政部要牵头制定关于加快精神障碍康复服务发展的意见。2015 年 6 月，国务院办公厅转发了卫生计生委等 10 部门《全国精神卫生工作规划（2015—2020 年）》，提出民政部要会同中国残联、国家发展改革委、卫生计生委、财政部等单位探索制定支持精神障碍患者康复服务工作发展的保障政策。2017 年，民政部、财政部、卫生计生委、中国残联联合印发《关于加快精神障碍社区康复服务发展的意见》，提出到 2025 年，80% 以上的县（市、区）广泛开展精神障碍社区康复服务。在开展精神障碍社区康复的县（市、区），60% 以上的居家患者接受社区康复服务，成为今后一段时期推进精神障碍患者社区康复服务工作的指导性文件。

2020 年，为促进精神障碍社区康复服务健康规范发展，民政部、国家卫生健康委、中国残联联合制定了《精神障碍社区康复服务工作规范》，对民政部门、卫生健康委、残联的工作职责和服务主体、服务对象、服务内容等进行了规范。第一，要求服务机构应具备必要的精神障碍康复设施和条件，设置康复活动区、阅读室、职业康复区、心理咨询室、户外活动区、日间休息室等。第二，明确提供社区康复的服务人员。由社会工作者、康复治疗师、心理咨询师、精神科医生、护士、志愿者等组成团队对精神障碍患者提供社区康复服务。第三，明确社区康复的服务流程及服务内容。对精神障碍患者社区康复的转入、转出及功能评估均提出要求，服务内容主要包括服药训练、预防复发训练、躯体管理训练、生活技能训练、社交能力训练、职业康复训练、心理康复、同伴支持、家庭支持等。

政府购买服务是各地在推进精神障碍社区康复服务过程中形成的普遍经验。为引导和支持更多地方通过政府购买服务方式推进精神障碍社区康复服务工作，2020 年底，民政部、财政部、人力资源社会保障部、国家卫生健康委、中国残联出台《关于积极推行政府购买精神障碍社区康复服务工作的指导意见》，对政府购买精神障碍社区康复服务的购买主体、承接主体、实施方式等作出规定。文件指出，各级民政部门、卫生健康部门和残联是政府购买精神障碍社区康复服务的购买主体，在各自职责范围内组织实施精神障碍社区康复服务工作。承接政府购买精神障碍社区康复服务的主体包括依法成立的企业、社会组织（不含由财政拨款保障的群团组织）、公益二类和从事生产经营活动的事业单位、农村集体经济组织、基层群众性自治组织，以及具备条件的个人。承接主体应具有独立承担民事责任的能力，具备提供服务所必需的场地、设施、人员和康复服务的能力，掌握为精神残疾人提供无障碍服务的知识和技能，具有健全的内部治理结构、财务会计和资产管理制度，具有良好的社会和商业信誉，具有依法缴纳税收和社会保险的良好记录。实施方式可采用发放服务券、购买小时服务等形式。服务对象既可以由民政、卫生健康、残联等部门和单位认可的服务机构提供定期服务，也可以在托养机构、日间照料中心、康复中心、社会组织等社区设施内接受定点服务，或接受居家康复服务。

《关于加快精神障碍社区康复服务发展的意见》印发以来，各地积极探索精神障碍社区康复服务模式、加强服务体系建设，取得一定成效，但仍存在工作机制不顺、资金投入不足、专业力量不强等问题。有关调查显示，截至 2022 年底，全国仅 30% 左右的县（市、区）开展了精神障碍社区康复服务。为打通"医""康"循环，弥补精神障碍社区康复服务薄弱环节，2023年初，民政部等 4 部门决定开展为期三年的全国精神障碍社区康复服务融合行动。该行动的主要目标是，利用三年时间形成布局健全合理、公平可及、系统连续、广泛覆盖的精神障碍社区康复服务体系。同时，还提出了服务布局优化、治疗康复双向转介、供给能力提升、人才队伍建设、可持续发展保障、优化服务支撑六大行动，并明确了资源整合和规范发展要求。

三、贫困重度残疾人托养照护服务

贫困重度残疾人照护服务是脱贫攻坚背景下，解决农村贫困重度残疾人照护服务难题的有效举措。党中央、国务院高度重视在脱贫攻坚中解决贫困重度残疾人的基本照护问题，《中共中央办公厅 国务院办公厅印发〈关于支持深度贫困地区脱贫攻坚的实施意见〉的通知》《中共中央 国务院关于打赢脱贫攻坚战三年行动的指导意见》均提出，对 16 周岁以上有长期照料护理需求的贫困重度残疾人，不符合救助供养条件的，可通过政府购买服务，采取托养等多种方式为其提供集中或社会化照料护理服务。2019 年 4 月，民政部会同财政部、国家卫生健康委员会、国务院扶贫办和中国残疾人联合会联合印发《关于在脱贫攻坚中做好贫困重度残疾人照护服务工作的通知》，提出对纳入最低生活保障范围或属于建档立卡且不符合救助供养条件的一、二级残疾人，有意愿入住各类照护服务机构的，依托和整合现有公共服务设施为其提供集中照护服务；无意愿入住各类照护服务机构的，组织贫困重度残疾人家属、邻居及其他社会力量和个人为其提供居家服务、日间照料、邻里互助等社会化照护服务。各地结合当地实际，探索了不同的照护服务模式，如河南省驻马店市的集中托养，河南省南阳市的"四集中"，河北省衡水市的老残一体集中托养，宁夏回族自治区固原市的"隆德模式"，新疆维吾尔自治区南疆地区的"幸福大院"等，实现了"托养一人、解放一家、幸福一片"的成效，有效助力了残疾人脱贫步伐。

第四节　康复辅助器具产业

康复辅助器具产业是包括康复辅助器具产品制造、配置服务、研发设计等业态门类的新兴产业。康复辅助器具产业起源于新中国成立初期服务于伤残军人的假肢矫形行业，到如今已发展演变为 7000 亿元的大产业，为残疾人恢复身体功能、回归融入社会和改善生活品质提供了重要支撑。

一、康复辅助器具概述

康复辅助器具是改善、补偿、替代人体功能和实施辅助性治疗以及预防残疾的产品，包括器具、设备、仪器、技术和软件。康复辅助器具广泛用于老年人、残疾人、伤病人等功能障碍者改善生活质量和促进康复，涵盖医疗康复、教育康复、职业康复和社会康复等各个领域，在康复过程中必不可少。配置康复辅助器具是帮助功能障碍者回归社会有效的手段，对于某些重度功能障碍者来说，甚至是唯一的康复手段。

根据 2014 年民政部发布的《中国康复辅助器具目录》，康复辅助器具包括 12 个主类、93 个次类、538 个支类。12 个主类分别为矫形器和假肢、个人移动辅助器具、个人生活自理和防护辅助器具、家庭和其他场所使用的家具及其适配件、沟通和信息辅助器具、个人治疗辅助器具、技能训练辅助器具、操作物体和器具的辅助器具、用于环境改善和评估的辅助器具、家务辅助器具、就业和职业训练辅助器具、休闲娱乐辅助器具。2023 年，民政部组织修订印发新版《中国康复辅助器具目录》，收录了 12 个主类，101 个次类，432 个支类，共计 1490 个品名举例产品。

随着康复辅助器具产业规模的持续扩大和快速发展，康复辅助器具产品种类日益丰富，市场上有 1 万多款产品，涉及起居、洗漱、饮食、移动、如厕、家务、交流等生活的各个方面。尤其是伴随人工智能、脑机接口、虚拟现实等新技术在康复辅助器具产品中集成应用的不断加强，外骨骼机器人、照护和康复机器人、仿生假肢、虚拟现实康复训练设备等产品研发逐步深入，一批批高智能、高科技、高品质的康复辅助器具产品相继问世。

二、康复辅助器具产业发展历程

与世界上大多数国家一样，我国康复辅助器具产业也是从假肢矫形器行业起步发展的。新中国成立初期，假肢矫形器行业发端于伤残军人康复需要，由内务部负责管理。伴随着经济社会的发展，逐步向康复辅助器具产业转型发展。

（一）加强假肢矫形器行业人才培养和政策扶持

改革开放以来，民政部注重加强假肢矫形器行业的人才队伍培养工作，有力地促进了行业发展。1986 年，民政部武汉假肢技工学校成立，是我国第一所假肢矫形器学历教育机构。1989 年，民政部推动成立全国残疾人康复和专用设备标准化技术委员会（SAC/TC148），开启行业标准化建设工作。1993

年，国家假肢质量监督检验中心成立。1994 年，中德两国政府按照国际标准共建了一所示范性的中国假肢矫形技术中等专业学校（CHICOT），提升了中国假肢矫形技术的职业教育水平。为加强假肢矫形器行业专业技术人才建设，1997 年，人事部[①]、民政部发布了《假肢与矫形器制作师执业资格制度暂行规定》，建立了假肢与矫形器制作专业技术人员资格考试与注册登记制度。2006 年，国务院将该职业资格认定确认为行政许可事项，民政部颁布《假肢与矫形器（辅助器具）制作师执业资格注册办法》，明确了两师执业资格注册的条件、程序、形式等有关问题。

与此同时，假肢矫形器行业的政策扶持也得到重视和加强。1994 年以来，财政部、税务总局、海关总署等部门会同民政部，分别出台了假肢矫形器（辅助器具）装配机构免征增值税、企业所得税、进出口税的优惠政策。1995 年，民政部与国家工商行政管理局[②]对假肢和矫形器生产装配企业实行资格审查和登记管理。2004 年，民政部颁布了《假肢和矫形器（辅助器具）生产装配企业资格认定办法》，明确了这类企业在工商登记前须在省级民政部门进行资格认定，同时发布了《中国伤残人员专门用品目录》。

（二）假肢矫形器行业向康复辅助器具产业转型发展

随着我国经济的发展和改革开放的深入，民营资本、外资陆续进入假肢矫形器行业。2006 年，经 11 位中国科学院、中国工程院院士联名呼吁和中央领导重要批示，国务院批准民政部在假肢科学研究所的基础上组建国家康复辅具研究中心。同年，中国残联所属的中国残疾人用品开发供应站更名为中国残疾人辅助器具中心。2007 年，民政部将 1986 年组建成立的中国假肢矫形器协会更名为中国康复辅助器具协会。这些标志着我国假肢矫形器行业正式发展为康复辅助器具产业。与假肢矫形器行业相比，康复辅助器具产业应用更为广泛，涉及包括老年人、残疾人、伤病人及其他身心障碍者在内的所有功能障碍人员。同时，深化行业改革，2015 年根据国务院行政审批改革要求，取消了假肢制作师和矫形器制作师准入类职业资格。

---

① 2008 年 3 月改为"人力资源社会保障部"。
② 2018 年 3 月改为"国家市场监督管理总局"。

经过改革开放以来的扶持发展，我国康复辅助器具行业逐步壮大。到2013年前后，全国康复辅助器具生产企业由20世纪80年代的10家左右，增加到400多家；配置机构由41家增加到2000多家；从业人员由4500多人增加到10000多人；兴办主体由事业单位变为多种所有制共同参与。每年约生产假肢6.5万件、矫形鞋11万只、矫形器12万件、轮椅车300万辆，一批国际流行的现代康复辅具产品已在我国推广和应用。

（三）康复辅助器具产业的跨越式发展

随着人口老龄化的加剧和健康中国战略的深入实施，以及国家对推动经济转型升级、培育壮大新动能的高度重视，康复辅助器具产业迎来了更大的发展机遇。2016年10月，国务院印发了《关于加快发展康复辅助器具产业的若干意见》，这是新中国成立以来首次以国务院名义对康复辅助器具产业进行顶层设计和系统部署，确立了产业发展目标，提出了增强自主创新能力、促进产业优化升级、扩大市场有效供给、营造良好市场环境四个方面的主要任务，为康复辅助器具产业发展指明了方向。在该文件的引领下，各类资本加大康复辅助器具领域投入，各种市场主体加大研发、生产和推广力度，康复辅助器具产业呈现加快发展态势，具体表现如下。

1. 产业发展布局初具雏形

各地将康复辅助器具产业纳入经济社会发展和产业体系中，统筹谋划产业布局。江苏省重点依托苏南沿江地区和沿海地区发挥产业资源聚集优势，打造一批示范性康复辅助器具园区和生产基地；河北省提出打造石家庄百亿元和秦皇岛50亿元康复辅助器具产业基地，建成5个10亿元以上特色鲜明的产业集群的发展目标；四川省到2021年全省康复辅助器具产业规模超过100亿元，在成都市温江区建设规模20亿元以上产业园区、在攀枝花市建设规模10亿元以上产业园区；内蒙古自治区在呼和浩特市建设国家西部康复辅助器具产业园；江西省在赣州市打造"中国（定南）智能助残科技城"；山东省烟台市、泰安市及浙江省嘉兴市着力打造具有区域特色的康复辅助器具产业园区，推动产业集聚发展。

2. 产业地位愈加凸显

康复辅助器具产业在一些地区已成为推动经济转型升级的先导产业，增速超过本地区工业总体增速。山东省将包括康复辅助器具产业在内的康养产业作为推动新旧动能转换的第二大产业；江苏省常州市康复辅助器具产业产值已超过百亿元，生产产品约 4000 种，占全球品类的 1/5。

3. 市场主体明显壮大

首先，表现在企业数量的增长上，以中国康复辅助器具协会为例，2018年会员数较 2016 年增加 102 家。新增的会员中，主营假肢矫形器具企业 45家，主营康复辅助器具类医疗器械企业 24 家，主营个人移动辅助器具企业 16家，主营养老辅助器具企业 12 家，主营智能辅助器具企业 4 家，其他企业 1家。其次，企业规模也不断扩大，涌现了翔宇医疗、可孚医疗、钱璟康复等以康复辅助器具为主营业务的知名头部企业，其中，翔宇医疗 2021 年在科创板上市，可孚医疗 2021 年在创业板上市。

4. 产品数量逐年增长

随着人民群众消费升级和老年人、残疾人等群体需求的加速释放，康复辅助器具产品品类不断增加，销量逐年增长。据中国康复辅助器具协会反映，近年来轮椅车销量激增，部分轮椅车企业的产品销量甚至每年翻倍。

5. 行业活动日益活跃

中国残联举办的"中国国际福祉博览会暨中国国际康复博览会"，中国康复辅助器具协会举办的"中国国际康复辅助器具博览会"，展位面积、参展企业和观众均每年递增。北京、上海、湖南、江苏常州等地连续多年举办养老和康复用品博览会（推介会），国家康复辅具研究中心和秦皇岛市人民政府连续举办五届中国康复辅助器具产业发展创新大会。这些行业活动促进了产业的展示交流、贸易投资、研发创新等。在中国国际进口博览会上，康复辅助器具产品成为医疗器械及医药保健展区重要构成，并举办配套活动"中国康复辅助器具与健康大会"。

三、康复辅助器具产业政策

在推动康复辅助器具产业的发展过程中，政策的引领支持作用至为关键。

通过持续努力，形成了以国务院印发的《关于加快发展康复辅助器具产业的若干意见》为核心的政策体系。民政部是全国康复辅助器具产业的主管部门，承担着"统筹康复辅助器具产业发展"的职责，在推动建立完善康复辅助器具产业政策体系中发挥了积极作用。

（一）组织领导体系

建立健全组织领导体系是推动康复辅助器具产业快速发展的重要经验。近些年来，在各级党委政府的关心重视下，在民政部门的积极推动下，多层次的康复辅助器具产业发展组织领导体系和工作机制基本形成。

国家层面，2017 年 1 月，国务院批准成立了加快发展康复辅助器具产业部际联席会议，目前成员单位包括国家发展改革委、教育部、工业和信息化部、民政部、司法部、财政部、人力资源社会保障部、商务部、国家卫生健康委、中国人民银行、海关总署、税务总局、市场监管总局、国家统计局、国家医保局、金融监管总局、中国证监会、国家中医药局、国家药监局、国家知识产权局、中国残联共 21 个部门和单位，民政部为牵头单位，主要职能为研究协调康复辅助器具产业发展重大问题，研究拟订加快发展康复辅助器具产业的政策措施、行业规划和年度工作计划，加强政策扶持、行业指导和监督管理工作。地方层面，北京、河北等 22 个省市建立联席会议制度，加强组织领导和沟通协调，有效发挥了政策联动和工作协同的作用。

（二）产业支持政策

产业支持政策是康复辅助器具产业快速发展的直接推力。经过几年的努力，已经形成了涵盖前端研发、中端生产和后端应用较为完整的政策支持体系。

在研发创新方面，科技部将康复辅助器具研发创新和应用示范纳入相关重点专项支持范围，通过自然科学基金项目资助康复辅助器具领域基础研究和前沿探索，符合条件的康复辅助器具企业可依法享受研发费用加计扣除政策。

在生产制造方面，发展改革委将智能康复辅助器具列为相关产业政策支持重点。财政部、税务总局、民政部联合修订了生产和装配伤残人员专门用品企业免征企业所得税优惠政策，对生产和装配《中国伤残人员专门用品目录》中的产品，且占到企业收入 60% 以上的企业，免征企业所得税。该政策将延续至 2027 年。

在推广应用方面，国家发展改革委通过"十三五"社会服务兜底工程支持养老服务机构配备康复辅助器具；民政部安排部本级彩票公益金支持康复辅助器具配置服务机构能力提升，持续实施"福康工程"困难残疾人免费配置康复辅助器具公益项目；人力资源社会保障部等出台了《工伤保险辅助器具配置管理办法》，对工伤职工因日常生活或就业需要配置假肢、矫形器等辅助器具的支付范围、支付标准作出明确规定，提出配置辅助器具的费用包括安装、维修、训练等费用，均由工伤保险基金支付；海关总署对符合条件的福利、康复机构和企业、贸易公司进口残疾人专用品，免征进口关税和进口环节增值税、消费税；江苏、安徽、内蒙古等地已将部分康复辅助器具产品纳入基本医保报销范围，北京、上海、深圳、宁波等地残联组织推动建立了困难残疾人基本型康复辅助器具配置补贴制度。

在人才队伍方面，教育部批准了 16 所高等院校增设康复辅助器具相关专业；人力资源社会保障部将假肢装配工、矫形器装配工、康复辅助技术咨询师等列入国家职业资格目录。

（三）行业监管政策

完善的行业监管是营造有利于康复辅助器具产业快速发展市场环境的重要基础。近年来，民政部会同相关部门坚持降低市场准入门槛和加强事中事后监管并重的原则，通过建立监管制度、开展质量抽查、完善标准体系、加强行业自律等方式，规范康复辅助器具行业秩序，构建良好市场环境。

根据国务院取消假肢和矫形器（辅助器具）生产装配企业资格认定的决定，民政部出台事中事后监管政策，指导各地通过信息共享、年度报告、"双随机、一公开"监管、信用监管等方式加强对相关企业事中事后监管。原国家食品药品监管总局针对部分康复辅助器具与医疗器械存在交叉的实际，在新修订发布的《医疗器械分类目录》中，将"医用康复器械"单独设置为第 19 子目录，明确了康复辅助器具类医疗器械范围，纳入了认知言语视听障碍康复设备、运动康复训练器械、助行器械和矫形固定器械 4 类康复辅助器具产品，按照医疗器械相关管理规定进行监管。市场监管总局积极开展康复辅助器具国家监督抽查和产品质量安全风险监测，促进产品质量提升。组建全国残疾人康复和专用设备标准化技术委员会，制定193个国家标准和45个行业标准，行业标准体系日益完善。中国康复辅助器具协会等行业组织通过团体标准试点和行业自律签约等活动，积极开展行业自律。

（四）试点示范政策

坚持创新发展，推动康复辅助器具产品、服务、品牌、平台、商业模式创新是一直以来的理念和做法。

1. 康复辅助器具产业国家综合创新试点

为探索创新康复辅助器具产业发展模式，2017年11月，民政部、国家发展改革委等6部门遴选了石家庄市等12个有条件、有意愿的地区开展首批国家综合创新试点。围绕产业集聚发展、服务网络建设、政产学研用模式创新、业态融合、营造良好市场环境等重点领域先行先试，并推动有关单位出台了研发创新、企业发展、服务网络、消费保障等30条试点支持政策措施。2021年7月，民政部、国家发展改革委等7部门遴选了北京市石景山区、河北省衡水市等22个地区开展第二批综合创新试点。

2. 康复辅助器具社区租赁服务试点

为探索创新康复辅助器具配置服务模式，2019年6月，民政部、国家发展改革委等4部门遴选石景山区等13个城市开展康复辅助器具社区租赁服务试点，围绕健全工作机制、培育市场主体、构建服务网络、规范服务行为、提振消费能力、强化服务支撑、宣传推广等任务先行先试，并将试点纳入养老助残服务工作予以支持，进一步推进康复辅助器具产品进家庭、进社区、进机构。

第五节　残疾人福利发展展望

我国已迈入全面建设社会主义现代化国家新征程。发展残疾人福利事业，改善残疾人民生，是全面建设社会主义现代化国家的重要内容。党的二十大报告提出，完善残疾人社会保障制度和关爱服务体系，促进残疾人事业全面发展。我国有 8500 多万残疾人，随着人口老龄化加快等因素，残疾仍会多发高发。残疾人福利保障水平还不高，一些低收入残疾人家庭生活还比较困难。残疾人照料康复服务还存在短板，多层次多样化需求还没得到满足。康复辅助器具产业自主创新能力还不够强，供给侧结构性改革有待深化，支付保障、行业监管等政策还不完善。下一步，要围绕满足残疾人的美好生活需要，建立制度、服务和产品相结合的残疾人福利服务体系，推动残疾人福利发展迈上新台阶。

一、健全残疾人福利制度

推动我国建立起与经济社会发展水平相适应的，与全面建设社会主义现代化国家相适应的普惠和特惠相结合的残疾人福利制度，使残疾人的获得感、幸福感、安全感更加充实，更有保障，更可持续，促进残疾人全面发展和共同富裕。一是不断完善残疾人两项补贴制度。推动各地建立补贴标准的动态调整机制，鼓励有条件的地方扩围增效。逐步推动形成面向所有需要长期照护残疾人的护理补贴制度。全面落实完善"跨省通办"、"全程网办"、主动服务等便民举措，指导各地运用全国残疾人两项补贴信息系统提高精细化管理水平。二是探索推动残疾人监护制度建设。探索人口老龄化背景下的国家成年监护制度研究，切实保障成年精神障碍患者、失独老年人、失智老年人等群体的合法权益。三是推动残疾人集中就业发展。参与制定残疾人集中就业扶持政策，改善残疾人生活、促进社会和谐稳定。

二、完善残疾人服务体系

适应残疾人多层次多样化需求，补齐现有残疾人服务体系短板，建立健全主体多元、内容多样、规范有序的残疾人服务供给体系。一是推进残疾人福利机构建设，争取实现每个地级市都建有一所精神卫生社会福利机构，提高精神障碍患者兜底保障和福利服务水平。二是推进精神障碍社区康复服务工作，着力提高社区康复区县服务覆盖率和患者参与率，促进精神障碍患者生活自理、回归和融入社会。指导地方通过政府购买服务等方式提供困难重度残疾人集中或社会化照料护理服务。三是加强残疾人服务机构监督管理，形成法律制度和标准规范相衔接的监管框架，不断提高残疾人服务规范化水平。四是鼓励支持社会力量参与残疾人服务供给，培育发展助残方面的社会组织，充分发挥慈善组织、社会工作者、志愿者在扶残助残上的积极作用。

三、统筹推进康复辅助器具产业发展

一是完善产业支持政策体系。发挥加快发展康复辅助器具产业部际联席会议作用，积极争取设立产业发展引导基金，加大彩票公益金投入，培育发展融资市场，推动将康复辅助器具配置纳入基本医疗保险、长期护理保险以及商业健康保险支付范围，支持更多有条件的地方建立基本型康复辅助器具配置补贴制度。二是加强研发制造创新。加大关键部件和核心技术的研发，着力解决技术上的"卡脖子"问题，进一步推动科技成果在康复辅助器具领域的应用转化。扩大康复辅助器具中高端产品的供给，利用人工智能、大数据、虚拟现实技术、区块链、智能制造等一系列先进技术，提高康复辅助器具智能化水平，加速产业变革。三是发挥试点示范作用。深入开展以国家综合创新试点为代表的各类试点，在产业集聚发展、服务网络建设、产学研用模式、业态融合、市场环境、租赁应用等方面大胆尝试，探索产业发展不同模式。四是加强应用推广。通过举办展会、新闻媒体宣传、建立网络平台等方式，加强宣传推广，让康复辅助器具走进大众，促进机构、社区和家庭应用。加强康复辅助器具在养老服务、医疗康复等领域的衔接应用，造福更多残疾人、老年人、伤病人。指导地方实施康复辅助器具公益性配置项目，资助困难残疾人配置假肢、矫形器、轮椅等基本型康复辅助器具。

相关政策文件：

1.《国务院关于全面建立困难残疾人生活补贴和重度残疾人护理补贴制度的意见》（2015 年 9 月）

2.《国务院关于加快发展康复辅助器具产业的若干意见》（2016 年 10 月）

3. 民政部等 4 部门《关于加快精神障碍社区康复服务发展的意见》（2017 年 10 月）

4.《民政部 人力资源社会保障部 卫生计生委 中国残联关于印发〈残疾人服务机构管理办法〉的通知》（2018 年 3 月）

5.《民政部 财政部 人力资源社会保障部 国家卫生健康委 中国残联关于积极推行政府购买精神障碍社区康复服务工作的指导意见》（2020 年 12 月）

6.《民政部办公厅 中国残联办公厅关于全面开展残疾人两项补贴资格认定申请"跨省通办"的通知》（2021 年 4 月）

7.《民政部 财政部 中国残联关于进一步完善困难残疾人生活补贴和重度残疾人护理补贴制度的意见》（2021 年 8 月）

8.《民政部办公厅 中国残联办公厅关于全面开展残疾人两项补贴申请"全程网办"的通知》（2022 年 4 月）

9.《民政部 财政部 国家卫生健康委 中国残联关于开展"精康融合行动"的通知》（2022 年 12 月）

10.《民政部 国家卫生健康委 中国残联关于印发〈精神障碍社区康复服务资源共享与转介管理〉的通知》（2023 年 12 月）

第四章　儿童福利和保护

少年儿童是祖国的未来、民族的希望。党的十八大以来，习近平总书记始终高度重视少年儿童工作，特别关心少年儿童成长，殷切瞩望少年儿童成才，格外关注孤残儿童、农村留守儿童等特殊困难群体，对儿童工作的战略地位、使命任务、工作要求、实践路径等作出一系列重要论述和指示批示，指引中国特色儿童福利事业和未成年人保护工作不断开创新局面。长期以来，党和政府通过法治建设、制度规范、政策与服务创新等方式，不断推动我国儿童福利和未成年人保护工作取得历史性成就，较好地维护和促进了儿童福祉。作为新时代民政工作的重要组成部分，儿童福利和保护工作在我国民生与社会建设事业发展的总体框架中发挥着越来越重要的作用。

第一节　儿童福利和保护概述

儿童福利的产生和发展与社会经济文化背景紧密相关。从儿童福利的发展历史与现状看，世界各国和地区的儿童福利发展模式既有共性，也有各自独特的发展取向。本节将概要介绍我国儿童福利的概念内涵、功能作用与发展历程。

一、概念内涵

（一）儿童

儿童福利的目标对象是"儿童"。按照联合国《儿童权利公约》的规定，儿童系指 18 岁以下的任何人。与此相应，《中华人民共和国民法典》和《中华人民共和国未成年人保护法》明确规定，"未成年人是指未满十八周岁的公民"。这为我国儿童福利事业的目标对象作了总体性规定。从 21 世纪初开始，国务院妇女儿童工作委员会在制定实施的纲领性文件《中国儿童发展纲要》中，始终将儿童界定为 18 周岁以下的公民，明确儿童教育、健康保障、司法保护、福利服务等公共政策与服务的对象都是 18 岁以下的个体。民政部在推行儿童福利与保护工作的过程中，也坚持将相关政策服务惠及 18 周岁以下的儿童。需要注意的是，由于身心发展阶段不同，18 周岁以下的儿童确是一个异质性较强的群体，不同年龄段儿童的福利服务需求具有较大差异。例如，低龄婴幼儿更多需要照顾与托育服务，义务教育阶段的学童对家庭教育指导服务等可能有更多需求，青春期的孩子可能更需要心理辅导与司法保护服务。因此，特定儿童福利政策与服务，会更加强调对特定年龄段儿童的服务。但作为整体性的儿童福利，需要考虑所有 18 周岁以下儿童的福利需要。

（二）广义与狭义的儿童福利

儿童福利是社会福利的一种，是国家旨在保障儿童权益、提升儿童福祉的系统性安排。各国儿童福利体制并不相同，实际包括的儿童福利政策与服务的内容也不相同。一般认为，儿童福利有广义与狭义之分。广义的儿童福利泛指一切为维护和提升儿童福祉的公共政策与服务，包括教育政策、司法保护、医疗卫生政策服务、儿童照顾政策服务等。联合国 1959 年公布的《儿童权利宣言》明确，凡以促进儿童身心健全发展与正常生活为目的的各种努力、事业及制度等都可称为儿童福利。这种广义的概念及其政策实践，有利于在舆论与政策层面为儿童的生存与发展做广泛的倡导。但它忽略了"儿童福利"政策内不同政策间的区别和界限（如儿童教育政策、医疗健康政策、少年司法保护等），不利于各专项政策的深入推进。

狭义的儿童福利聚焦于儿童的家庭养育，指用以监督、支持、协助或替代家庭养育儿童的政策与服务，是对家庭育儿过程的公共干预。1960 年，美国《社会工作年鉴》将儿童福利定义为旨在谋求儿童愉快生活、健全发展，并有效发掘其潜能，它包括了对儿童提供直接福利服务，以及与促进儿童健全发展有关的家庭和社区的福利服务。在这个定义中，儿童福利的范围相对缩小，它将学校教育、医疗保障、司法保护等排除在儿童福利之外。在狭义的儿童福利定义中，育儿津贴、贴息减税等对儿童及其家庭的经济资助，临时或长期的儿童照顾服务，亲职教育，儿童及其家庭的辅导服务，儿童保护服务等，被视为儿童福利的主要内容。不过，在不同的国家和地区，儿童福利体制并不相同。在瑞典、丹麦、芬兰等北欧国家，儿童福利几乎囊括上述所有方面，且其福利保障的水平较高。但在美国等崇尚市场经济的国家，儿童福利的对象和范围相对较小，保障水平较低。例如，美国联邦与大多数州政府推行的儿童福利政策，大多是着眼于被忽视与虐待的儿童保护政策。

新中国成立后相当长一段时间里，我国狭义的儿童福利工作主要惠及被遗弃的孤残儿童。在当时有关儿童福利的政策文件与规范中，儿童福利机构通常特指集中养育这些儿童的机构，儿童福利也只是针对这些特定群体的养育。进入21世纪，我国儿童福利的对象开始逐渐拓展到社会散居孤儿、事实无人抚养儿童、受地震等灾害影响儿童、受艾滋病影响儿童、留守儿童等监护缺失或监护不当的困境儿童，相关福利服务的内容则以基本生活保障和对家庭养育的支持为主。

我国儿童福利制度是建立在中国特定社会经济文化背景基础之上的。它强调家庭在养育儿童方面的主体作用，致力于通过法律、政策与服务的实践，确保儿童能得到基本的照顾、保护与教育。本书选择从广义上界定儿童福利与保护，把所有有关儿童福祉的法律法规、政策与服务都视为儿童福利与保护制度建设的内容。具体地说，中国的儿童福利，指由国家为确保儿童能得到适当照顾、保护和教育而提供的预防性和救济性的公共政策与服务，包括儿童教育、医疗保健、司法保护、公共托育、亲职指导、心理与社会辅导等所有涉及儿童福祉的法律法规、公共政策与服务。这和狭义的儿童福利，也就是专门支援家庭照顾儿童功能设立的福利服务具有明显的不同。狭义的儿童福利，实际上是嵌入广义的儿童福利制度，两者相互制约又相互促进。

考虑到我国义务教育已经实施多年且成效显著，少年司法保护的实践也在积极推进之中，本书将在整体观照广义儿童福利制度的基础上，重点关注狭义的儿童福利与保护制度，特别是当前及今后一个时期由民政部门负责主导的儿童福利与保护制度，包括农村留守儿童关爱保护、困境儿童保障、儿童虐待的预防和干预、儿童收养、孤儿生活保障等福利服务。

（三）儿童保护与儿童福利

在现代儿童福利与保护的理论框架与实践体系中，儿童保护与儿童福利是两个相互联系又相互区别的概念。如前文所述，各国最早的儿童福利，都是面向贫弱孤苦的困境儿童，国家以济贫、替代养育等办法确保得不到家庭养育的儿童能获得必要的生存机会。这样的儿童福利，其实正是发达国家和地区不断发展完善的现代意义上的儿童保护（Child protection），其直接目标，在于确保儿童免于无人养育，免于被遗弃和死亡的风险。[①]

儿童保护是国家通过法律、政策与服务，对受到或可能受到忽视或虐待等不正当对待的儿童提供的救助、保护和服务。由于对儿童的不正当对待可能严重伤害其生命安全，儿童保护几乎被所有国家视为最重要的托底性儿童福利政策。我国党和政府高度关注儿童保护。1991 年，全国人大常委会通过《中华人民共和国未成年人保护法》，明确以法律的形式对预防和制止儿童虐待等儿童保护问题作出安排。2020 年 10 月，全国人大常委会对该部法律进行了较大幅度修订，增设网络保护与政府保护专章。2024 年 4 月，全国人大常委会对该法作出修改，由县级以上人民政府负责妇女儿童工作的机构，负责未成年人保护工作的组织、协调、指导、督促。在政策实践层面，民政部自2013 年起开展了儿童保护制度建设的系统努力，开启了我国现代儿童保护服务发展的历程。

---

① 这个"儿童保护"与我国未成年人保护法中界定的"未成年人保护"或大众常说的"未成年人（儿童）权益保护"是内涵外延不同的概念。从未成年人保护法中可清晰地看到，它所指的"未成年人保护"，事关未成年人的生命安全、身心健康、学校教育、休闲娱乐、决策参与等所有权益的保护，是一切儿童工作的总和。未成年人权益保护工作涉及面极其广泛、内容极其丰富。其有效开展，需要国家机关、武装力量、政党、人民团体、企业事业单位、社会组织、城乡基层群众性自治组织、未成年人的监护人以及其他成年人等全社会所有力量主体的共同参与。尽管新修正的未成年人保护法2024 年 4 月 26 日施行后，县级以上人民政府负责妇女儿童工作的机构，负责未成年人保护工作的组织、协调、指导、督促，但考虑到本书的重点为现代国际社会通行的儿童福利与保护制度，读者主要为从事现代儿童福利与保护理论研究与实务工作的人员，关于儿童保护的讨论将主要聚焦于儿童虐待与忽视的预防和干预。

儿童保护政策的目的是有效预防和干预针对儿童的忽视、身体虐待、性侵犯和精神虐待等行为，有效保障儿童免受忽视、虐待、遗弃、拐卖和剥削的受保护权。儿童保护政策涉及对家庭育儿过程的监督、支持和临时或永久的替代，是公权力对私领域的直接干预。中国儿童保护制度建设要发展包括监护监督、监护支持和监护替代在内的"三位一体"的儿童保护服务体系。这个体系的打造与实践，是一项专业性较强的福利服务工作。它需要相关机构和人员以专业的理念、知识和技能去面对遭遇或可能遭遇虐待的孩子，面对实施虐待的成年人，并根据受虐风险及其程度开展一系列儿童保护服务。这是一个涉及亲子关系、道德伦理、法律规范、监护权转移、虐待评定、儿童家外安置等敏感而复杂的议题过程。

现代儿童保护制度强调事前预防和事后救济干预的有机结合。在社会服务领域，最好的治疗是预防。在儿童保护中，国家不但要及时发现并有效干预虐待问题，更要注重儿童虐待问题的积极预防。儿童虐待通常缘于监护人监护责任意识的不足、科学育儿知识与能力的缺乏，以及他们客观育儿资源的匮乏。通过监测预防、育儿指导、经济资助、托育照顾等预防性服务的开展，使得儿童虐待问题的风险因素可以被控制，虐待问题可以得到一定程度的预防。但从国际社会的一般经验看，无论儿童福利服务是否完善，虐待儿童的问题都会或多或少发生。因此，及时发现并有效干预儿童虐待问题的救济性儿童保护政策与服务就显得至关重要。

预防性的儿童保护服务与一般的儿童福利服务有相通之处。从经济、照顾、亲职指导、心理辅导与治疗等方面协助高风险儿童及其家庭，是欧洲特别是北欧国家儿童福利制度的重要内容。不过，预防儿童免受忽视和虐待，只是现代儿童福利制度的目标之一。现代儿童福利制度不仅通过完善的资金补助与税收减免、教育政策与服务、医疗政策与服务、儿童照顾政策与服务等不断提升儿童的福祉，也通过投资儿童达到投资国家和未来、实现人口再生产的经济目的。从这个意义上说，儿童保护制度是最基本的儿童福利制度，旨在保障儿童基本生存权和受保护权的福利制度，其目的是预防和制止针对儿童的忽视与虐待。儿童福利制度的内涵和外延则比儿童保护更宽广。如下文将要讨论的，现代发达国家建立起具有诸多共同特点的儿童保护制度，致力于预防和制止针对儿童的忽视与虐待行为，但发达国家和地区的其他儿童福利的覆盖面和保障水平，则都有明显的差异。例如，美国和英国、芬兰都有完善的儿童保护制度，但总体而言，美国的其他儿童福利政策与服务则远不如英国、芬兰完善。

从国际儿童保护与福利制度的实践经验看，我国儿童保护与福利制度的建设，首先应建立健全儿童保护制度，确保儿童的基本安全和基本生存权与受保护权，这是儿童福利制度建设的基础。无论儿童教育、医疗、司法保护多发达，甚至无论普惠的育儿津贴制度多健全，如果不能有效预防和制止儿童虐待，儿童保护与福利制度就是残缺不全的。本研究将"儿童保护"与"儿童福利"并列相提，并简称为"儿童福利与保护制度"，一是要凸显儿童保护制度在整个儿童福利制度中的基础性地位，二是要充分彰显儿童保护与儿童福利密不可分的关系。

二、功能作用

儿童福利和保护是现代社会保障制度的重要组成部分，对儿童权利保护、人口再生产等具有重要作用。

（一）依法保障儿童权利的需要

作为制度的儿童福利和保护，与儿童权利主体密切相关。我国儿童都依法享有生存权、受保护权、发展权与参与权等合法权利。儿童福利的发展，首要目标是满足儿童的需要，切实保障儿童的生存权与发展权。我国于1991年签署并通过联合国《儿童权利公约》，庄严承诺将尽一切力量保障所有儿童的各项权利。《中华人民共和国未成年人保护法》明确规定未成年人享有生存权、发展权、受保护权、参与权等权利，国家根据未成年人身心发展特点给予特殊、优先保护，保障未成年人的合法权益不受侵犯。为此，国家在依法监督家庭育儿过程的同时，需要对缺乏必要育儿意愿或能力的家庭予以适当支持，必要时以国家监护人的身份代行养育儿童之责，充分保障儿童应有的权利。

（二）回应新时代人民群众的期待与要求的需要

通过儿童福利政策与服务保障儿童合法权益，不仅是国家的意志，也是社会的呼声。随着国家经济社会的发展，人民对美好生活的向往更趋强烈，"儿童优先"的理念更加深入人心。近年来，我国部分地区发生的侵害儿童权益的事件，引起了社会广泛关注。民众普遍要求国家采取强有力的措施预防和处置这样的事件，确保不负责任的父母得到应有惩戒，确保受害儿童能够得到妥善养育。从这个意义上说，发展儿童福利，保障儿童合法权益，已经成为国家和社会的共同要求。

（三）建设现代育儿模式，推动我国人口再生产的需要

在社会经济现代化过程中，传统的家庭育儿模式开始面临诸多挑战，现代国家逐步开始考虑如何支持、协助，甚至替代家庭养育儿童。[①] 在过去相当长的一段时间里，我国城乡社会经历了家庭小型化发展的趋势，家庭户的平均规模在缩小，核心家庭持续增多。[②] 家庭结构的这种变化，意味着今天的中国父母在养育（特别是照顾）孩子的过程中，比传统时代较难得到大家庭的支持。此外，随着经济的发展，我国社会个体主义意识得到发展，家族内部的互助意识与互助意愿已经明显降低。孩子在得不到父母适当养育时，大家庭主动介入、积极协助的意愿明显减弱，一部分遭遇家庭忽视或虐待的孩子，也得不到家族、社区的非正式支持。[③]

西方社会福利政策发展与改革的一个重要逻辑，是开启公共政策与服务对家庭育儿的支持，以使家庭更好地适应经济发展的新态势，特别是适应劳动力市场的新变化。协助民众平衡家庭与工作的关系，通过托育服务、亲职假等缓解育儿压力、提升生育意愿的做法，受到不同政体的国家重视。例如，

---

① KADUSHIN A, MARTIN J A. Child welfare service [M]. New York：Mcmillan Publishing Co，1998.

② 穆光宗. 家庭养老面临的挑战以及社会对策问题 [J]. 中州学刊，1999（1）：64 - 67；穆光宗，吴金晶，常青松. 我国养老风险研究 [J]. 华中科技大学学报（社会科学版），2014，28（6）：103 - 109 + 124.

③ 程福财. 流浪儿：基于对上海火车站地区流浪儿童的民族志调查 [M]. 上海：上海社会科学院出版社，2008.

英国布莱尔政府将儿童看作"100％的英国未来"，"投资儿童"就是投资未来的英国。[①] 在我国，推进儿童福利制度建设，由政府与家庭协力育儿的社会呼声一直存在。[②] 因此，儿童福利政策与服务的发展，是重建现代育儿模式、实现人口再生产的需要。

三、发展历程

新中国成立以后，国家在城乡社会建立起与计划经济相适应的儿童福利体系。城市单位体制为职工家庭提供了托育与医疗等儿童福利服务，被遗弃的儿童则由儿童福利机构集中供养。农村儿童的福利主要通过人民公社、生产队集体互帮互助完成，农村家庭无力养育的孤儿则由农村五保制度予以必要生活保障。

改革开放之后，城市单位体制与农村人民公社制度逐渐解体，单位与人民公社的社会保障功能显著减弱，城乡家庭需要通过个人和家庭的努力为孩子的成长创造条件。20世纪80年代，我国儿童福利的主要内容是依托儿童福利机构对被遗弃的孤残儿童予以机构养育。1991年，全国人大常委会通过《中华人民共和国未成年人保护法》，明确规定所有未成年儿童都享有生存权、受保护权、发展权和参与权，国家应给予特殊优先保护。但限于经济社会发展的条件和历史传统的影响，20世纪90年代，儿童福利工作依然主要聚焦于孤残儿童。1995年，《中共中央办公厅 国务院办公厅关于转发〈中央社会治安综合治理委员会关于加强流动人口管理工作的意见〉的通知》提出，要"试办流浪儿童保护教育中心。对在社会上长期流浪、无家可归、失去正常生活、学习条件和安全保障的少年儿童，要采取保护性的教育措施"，民政儿童福利的对象由此正式拓展至流浪儿童。

进入21世纪之后，我国儿童福利发展的步伐明显加快。2006年4月，民政部会同中央综治办、最高人民法院等14部门联合印发《关于加强孤儿救助工作的意见》，要求各部门制定和落实好孤儿生活、就业、教育、住房等9个

---

① LISTER R. Children（but not women）first：New Labour，child welfare and gender［J］. Critical Social Policy，2006，26（2）：315–335.

② 刘继同. 中国儿童福利立法与政策框架设计的主要问题、结构性特征［J］. 中国青年研究，2010（3）：25–32.

方面的优惠政策，全面保障孤儿合法权益。同年 10 月，民政部与国家发展改革委共同制定了"十一五"儿童福利机构设施建设规划暨"儿童福利机构建设蓝天计划"，中央当年投入资金 3 亿元，用于补助和支持地方新建或改建一批儿童福利机构，推动地方兴建一批设施完善、功能齐全、环境优美的儿童福利机构。另外，国家在保障孤儿基本生活的同时，逐步拓展儿童福利内容，开始关注孤儿医疗等其他保障。2004 年 5 月，民政部启动了"残疾孤儿手术康复明天计划"，为全国儿童福利机构内具有手术适应证的儿童开展手术矫治和康复。2007 年 12 月，民政部印发《关于建立"残疾孤儿手术康复明天计划"长效机制的通知》，建立了"明天计划"长效机制，推动孤儿助医工作进一步规范。由此，"明天计划"发展为制度化的儿童福利。

2010 年，我国儿童福利事业发展取得突破性进展。当年，国务院办公厅印发《关于加强孤儿保障工作的意见》，明确为全国所有孤儿提供基本生活保障。按照这一文件精神，孤儿保障的对象不仅包括机构集中养育的孤儿，也包括社会散居孤儿。意见还对孤儿教育、医疗和成年后住房、就业及儿童福利机构建设、人才队伍建设等提出综合性保障的制度安排。意见的印发和实施，推动了我国儿童福利对象范围的拓展，提升了孤儿保障的制度化水平。2012 年，国家将全国艾滋病病毒感染儿童纳入孤儿保障体系，参照孤儿标准予以保障。

自 2013 年起，我国儿童福利的对象与内容再次开始扩大试点。当年，民政部开始在全国同时推进未成年人社会保护试点和适度普惠型儿童福利制度建设试点。前者试图解决家庭监护缺失和监护不当的问题，后者主要致力于解决困境儿童的保障问题。2016 年，先后印发《国务院关于加强农村留守儿童关爱保护工作的意见》和《国务院关于加强困境儿童保障工作的意见》，将儿童福利政策的对象正式拓展到留守儿童、困境儿童等，将儿童福利的内容在基本生活、教育、医疗、康复以及成年后就业保障的基础上，重点拓展到现代儿童保护制度建设。这两个文件的出台，是我国儿童福利事业在建设适度普惠型儿童福利制度的征程中，迈出的具有里程碑意义的一步。它是国家经济社会快速发展和政府财政能力不断增强的产物，也是政府积极回应民众对儿童福利事业新期待的产物。

2019 年，民政部为了更好地推进儿童福利工作，设立专责儿童福利的行政机构儿童福利司，同时要求各地民政部门成立儿童福利处（科），为儿童福利工作提供了强有力的组织保障。儿童福利司成立之后，民政部开始系统推动未成年人救助保护机构、儿童福利机构的转型发展，并致力于在城乡基层社会建设一支由儿童督导员和儿童主任构成的儿童福利工作者队伍。2020 年，新修订的《中华人民共和国未成年人保护法》增加了一系列关于儿童福利与保护服务发展规范的内容。2021 年 4 月，国务院未成年人保护工作领导小组成立。同年 6 月，国务院未成年人保护工作领导小组印发《关于加强未成年人保护工作的意见》，进一步明确了我国未成年人保护工作的目标与路径，强化了我国儿童福利工作的组织保障。

第二节　儿童福利

本节涉及的儿童福利，指由政府为得不到家庭适当监护的儿童提供的津贴与服务。新中国成立后的相当长一段时间里，我国儿童福利只惠及孤儿和弃婴这一特殊儿童群体。这种选择性儿童福利延续数十年，直至国家有更强大的财政能力回应社会诉求，将福利保障对象逐步拓展至社会散居孤儿、事实无人抚养儿童等更多得不到家庭养育的困境儿童。统计显示，截至 2023 年底，全国共有孤独 14.4 万人，其中集中养育孤儿 4.2 万人，社会散居孤儿 10.2 万人。全国共有注册登记的儿童福利机构 472 个。儿童福利服务与津贴的对象与水平均得到提升。

一、儿童福利服务体系及其拓展

儿童福利服务是专业性较强的社会服务。经过几十年的发展，我国儿童福利服务的对象已经实现从被遗弃的孤儿到困境儿童的拓展，服务理念也从保障儿童基本生活演进到维护其最佳利益。

（一）孤儿弃婴的院内养育服务

经过数十年的发展，我国孤儿弃婴福利服务的内容已经涉及儿童的养、治、康、教四个方面，并逐步朝专业化方向发展。儿童福利院大多配有护理员、康复治疗师、医生、特殊教育教师、社会工作者等专业人员，为院内儿童提供生存与发展所需的基本服务。在总结实践经验的基础上，民政部先后印发《儿童福利机构基本规范》（2013）、《儿童福利机构管理办法》（2018），对儿童福利院院内儿童的生活照料、医疗保健、康复与教育等方面的服务作了明确规范，推动了孤儿弃婴福利服务的规范化与专业化发展。2021年5月，民政部等14部门联合印发《关于进一步推进儿童福利机构优化提质和创新转型高质量发展的意见》，全面推动新时代儿童福利机构的优化提质和创新发展。

在生活照料方面，儿童福利机构为儿童提供吃饭、穿衣、如厕、洗澡等服务。按照《儿童福利机构基本规范》的要求，儿童福利院应该对儿童的沐浴、口腔清洁、理发、更衣、就寝、饮水、进食、如厕等进行密切观察和照料，以确保儿童的卫生清洁与健康成长。

在医疗保健方面，由于在院儿童大多残障或身患慢性疾病，儿童福利机构在体检、保健、诊疗与护理等方面形成了健全的服务规范。例如，所有儿童入院时都会隔离观察，全面体格检查，建立健康档案，必要时应到三级医院检查。福利机构会根据儿童各年龄阶段的生长发育规律进行定期体检与身体生长发育评估，按医学规定做好免疫接种工作，必要时将患病儿童送医院治疗，对患儿按照儿科专科护理常规进行照护。此外，福利机构特别注重院内感染的监测与控制，按照规范进行消毒工作，确保儿童健康。

在康复方面，制定脑瘫儿童、智障儿童、自闭症儿童、听力残疾儿童等各类有康复需求的儿童康复办法，要求儿童福利机构应在康复专业人员指导下，选配康复辅助器具，指导儿童使用康复辅助器具并进行适应性康复训练。

在教育方面，要求儿童福利机构应根据儿童生长发育规律开展早期教育、学前教育、义务教育和特殊教育，强调生活技能养成教育应注重培养儿童的生活自理能力和社会适应能力，强调生活自理能力培训应与特殊教育及康复训练相结合。为确保规范落到实处，民政部要求各地儿童福利机构应当根据工作需要设置岗位，从事医疗卫生等准入类职业的专业技术人员，应当持相关的国家职业资格证书上岗。

通过规范化的福利服务，儿童福利机构坚持保障儿童最佳利益，很好地促进了院内孤弃儿童的健康成长。2010年，国务院办公厅印发《关于加强孤儿保障工作的意见》，明确要求把所有符合孤儿身份的儿童都纳入孤儿保障体系，要求各级政府全面保障包括社会散居孤儿在内的所有孤儿的基本生活，保障他们在医疗康复、教育、就业、住房等方面的基本权益。由此，面向社会散居孤儿的福利服务框架基本成形。

(二) 家庭寄养与类家庭服务

机构养育有效保障了孤儿、弃婴的基本生活，具有安全、便于管理、成本较低等特点。但长期生活在机构的儿童，失去正常的家庭生活与社区生活机会，不利于其社会融入。基于此，部分地区儿童福利机构创造性地开展了家庭寄养与类家庭服务，希望让失去家庭监护的儿童拥有生活在家庭和社区的机会。

家庭寄养是指经过规定的程序，将民政部门监护的不满18周岁的孤儿、查找不到生父母的弃婴和儿童委托在家庭中养育的照料模式。福利机构同寄养家庭签订协议，按一定标准支付家庭被寄养儿童生活、医疗和教育费用及寄养家庭劳务费用。寄养期间，被寄养儿童原来的法定监护人和户籍均不变更。20世纪80—90年代，山西、北京、上海等地的儿童福利院探索推行了"乳娘村"等多种形式的孤残儿童家庭分散寄养。2000年，民政部明确提出开展家庭寄养工作，这是我国儿童福利事业从"重机构发展"到"以人为本"的重要转折。2003年，民政部出台《家庭寄养管理暂行办法》，明确把家庭寄养作为儿童福利服务的一种养育模式，并对家庭寄养予以规范。2014年，民政部印发《家庭寄养管理办法》，进一步规范和严格了寄养关系的确立及其实践。按照这个规范性文件，家庭寄养服务是由寄养儿童筛选评估和寄养家庭招募、培训、支持与监督等一系列专业过程构成的。它规定了寄养条件，包括可以进入寄养服务的儿童及寄养家庭的准入条件。在选择安排寄养家庭时，办法要求将适合的儿童尽量安排在经济条件较好、身心健康、文化程度较高、具有照顾残障孤儿与弃婴能力的家庭。办法明确要求，家庭寄养应当有利于寄养儿童的抚育、成长，保障寄养儿童的合法权益不受侵犯。

除家庭寄养外，一些地方还探索实行了面向机构养育孤弃儿童的类家庭养育服务。类家庭养育模式是由民政部门或儿童福利机构资助并予以规范管理的一种孤弃儿童养育模式，它旨在为不适合家庭寄养的孤弃儿童提供类似家庭生活环境的养育。民政部门（含儿童福利机构）出资招聘"父母"，在社区购买、租赁房屋或在儿童福利机构内建造单元式居所，由"父母"与多名机构养育儿童共同居住在"家庭"之中。其主要目的是营造家庭氛围，把家庭的亲情化与机构的康复资源结合起来，使孩子们既能在类似家庭的环境中成长，又能及时得到机构的专业康复和特教。

（三）困境儿童福利服务

将儿童福利服务的对象扩展至困境儿童，是我国儿童福利制度建设的重要里程碑。2016 年，印发《国务院关于加强困境儿童保障工作的意见》，以中央文件的形式规定了保障困境儿童的相关福利服务内容及其方式。按照这份文件，"因家庭贫困导致生活、就医、就学等困难的儿童，因自身残疾导致康复、照料、护理和社会融入等困难的儿童，以及因家庭监护缺失或监护不当遭受虐待、遗弃、意外伤害、不法侵害等导致人身安全受到威胁或侵害的儿童"等三类困境儿童都将得到必要的福利服务。除基本生活保障的津贴、监护责任落实的保护服务外，政府在城乡基层社会着力健全服务网络，为困境儿童提供一系列福利政策与服务。

一是政策倡导与资源链接。该意见要求城乡基层政府及村（居）民委员会系统开展困境儿童保障工作的政策宣传，帮助困境儿童及其家庭充分了解相关社会救助、社会福利方面的政策，协助有需要的儿童与家庭申领并获得相关政策服务。村（居）儿童主任与乡镇（街道）儿童督导员还要开展形式多样的儿童权益保护宣传，形成护童友童的良好社会环境。

二是建立信息台账并开展家庭探视和育儿指导。为及时掌握困境儿童及其家庭的动态变化情况，乡镇人民政府（街道办事处）相关机构为每一名困境儿童建立完备的信息台账，并按照一人一档案的要求进行动态管理。为此，村（居）民委员会特别是其儿童主任会动态全面排查属地困境儿童及其家庭状况，定期开展家庭探视并掌握儿童的家庭、监护与就学等情况。基层政府与村（居）民委员会根据家庭探视情况，对相关家庭的育儿行为进行必要的指导，确保家庭依法妥善养育儿童。信息台账、家庭探视与育儿工作的开展，是我国困境儿童福利服务中的基础性环节，对问题预防和处置具有重要作用。民政部门指导城乡基层政府根据当地实际情况开展此项工作。

三是医疗与教育保障。为确保困境儿童的健康成长，国家明确要求为困境儿童提供基本的医疗服务和教育保障服务。有鉴于困境儿童通常身患疾病或家庭功能不健全，国家对其在居民医疗保险、大病医疗保险、医疗救助、疾病应急救助和慈善救助等方面都给予一系列特殊政策。例如，对符合条件的困境儿童的医疗救助，国家明确要求适当提高其报销比例和封顶线，对经济困难家庭儿童的基本医疗保险给予全额资助等。在教育保障方面，国家对家庭经济困难儿童提供了"两免一补"等一系列助学政策，要求将随迁子女的义务教育纳入流入地政府的教育规划与财政保障，制度性允许随迁子女在流入地参加升学考试和接受中等职业教育免学费等，全面保障了困境儿童的发展权。

四是残疾儿童康复服务。对因自身残疾导致康复、照料、护理和社会融入等困难的儿童，国家制定了相应的康复救助制度。对6岁以下的残疾儿童和孤独症儿童，明确要逐步为其免费提供手术、康复辅助器具配置和康复训练等服务。意见将社会散居孤儿中的残疾儿童纳入"残疾孤儿手术康复明天计划"对象范围，明确要求在开展残疾人康复方面的基本公共服务项目时，优先回应和保障残疾儿童的需求。

意见的制定实施为我国困境儿童福利服务的发展提供了明确的目标、路径与制度框架。以此为指引，我国儿童福利服务快速拓展至困境儿童。2018年民政部印发的《儿童福利机构管理办法》明确规定，儿童福利机构应当收留"父母没有监护能力且没有其他依法具有监护资格的人的儿童""人民法院指定由民政部门担任监护人的儿童"以及"法律规定应当由民政部门担任监护人的其他儿童"。民政部等10部门在2019年印发的《关于进一步健全农村留守儿童和困境儿童关爱服务体系的意见》进一步要求加强基层儿童工作队伍建设，在村（居）民委员会配备"儿童主任"、乡镇人民政府（街道办事处）配备"儿童督导员"，通过政策宣传倡导、家庭探视、亲职教育、服务转介等方式，为当地留守与困境儿童提供必要服务。2023 年民政部等 5 部门联合印发《关于加强困境儿童心理健康关爱服务工作的指导意见》，要求切实把困境儿童心理健康关爱服务工作摆在更加突出的位置，强化关爱服务措施，提升关爱服务水平，更好促进困境儿童健康成长。在这些文件精神的指导下，各地创造性地开展了多种形式的困境儿童福利服务。例如，2021 年，上海以政府实事项目的形式为全市 300 名监护困境儿童提供支持服务：每名受助困境儿童都配备一名专业社会工作者，形成社会工作者与受助儿童的"一对一"长效支持机制，为儿童提供及时专业的福利服务。随着儿童福利制度建设的深入开展，困境儿童福利服务将成为未来我国儿童福利服务的重要组成部分。

二、儿童福利津贴政策及其拓展

进入 21 世纪，以 2008 年汶川地震致孤儿童的生活保障为起点，我国儿童福利津贴项目逐步重视直接向福利对象发放资金，并在高起点上得到较快发展。2010 年之后，我国先后建立起孤儿、艾滋病病毒感染儿童、受艾滋病影响儿童、残疾儿童、事实无人抚养儿童等群体的福利津贴制度，不仅推动了我国儿童福利制度的发展，也推动了具有中国特色的社会福利津贴制度的逐步发展。

2008 年汶川地震造成巨大财产损失与人员伤亡，引起社会各界高度关注。基于对汶川地震致孤儿童的生活保障，民政部和四川省人民政府在当年印发《关于汶川大地震四川省"三孤"人员救助安置的意见》，明确提出为所有在地震中不幸成为孤儿的孩子提供 600 元/人·月的生活补贴。这项福利津贴项目不做家庭收入与财产的核查，不分城乡，是地震致孤儿童这个特殊群体内的普惠型福利津贴。

地震致孤儿童生活补贴制度的设计及其施行广受好评，也为我国儿童福利津贴制度的推进奠定了基础。2010 年，在前期反复论证并确定散居孤儿与院内孤儿最低养育标准的基础上，印发《国务院办公厅关于加强孤儿保障工作的意见》，正式建立起孤儿基本生活保障、医疗康复保障、教育保障、成年后就业保障、住房保障和服务等制度。当年规定散居孤儿基本生活费为 600

元/人·月，机构养育孤儿、弃婴为 1000 元/人·月。意见还提出了孤儿基本生活费的增长机制。为了落实这项制度，中央财政设立专项转移支付补助地方，用于为孤儿发放基本生活费。2010 年，中央财政安排 21 亿元资金，按照东、中、西部每人每月 120 元、180 元、200 元的标准补助地方孤儿基本生活保障制度的推行。过去 10 余年，这项政策在全国得到了全面贯彻落实。2023 年底，全国登记孤儿 14.4 万人，其中，机构集中养育 4.2 万人，社会散居孤儿 10.2 万人。全国集中养育孤儿基本生活保障标准平均达到 1902.1 元/人·月，社会散居孤儿平均达到 1453.9 元/人·月，均按时足额发放到孤儿手中。孤儿基本生活保障制度是我国儿童福利津贴制度的基础，成为后来其他福利津贴项目推进的参照依据。同时，在孤儿助医、助学、生活安置，残疾孤儿康复方面，中央和地方政府推出相应政策，更好保障孤儿合法权益。国家实施"福彩圆梦·孤儿助学工程"项目和"明天计划"项目，切实保障孤儿的受教育权，实现了儿童福利保障从基本生活保障向康复、医疗、教育等综合保障的全面拓展。截至 2022 年底，已有 22.3 万人次孤残儿童通过手术治疗和康复训练提高了生存质量；国家累计安排彩票公益金 8.07 亿元，资助考入大中专院校的孤儿 8.07 万人次。

2012 年，国家将全国艾滋病病毒感染儿童纳入孤儿保障体系，参照孤儿标准对其基本生活予以保障。这不仅是对受艾滋病影响儿童福利保障水平的提升，也进一步扩大了我国儿童福利津贴项目的覆盖面。

2015 年，《国务院关于全面建立困难残疾人生活补贴和重度残疾人护理补贴制度的意见》全面建立两项补贴制度，填补了残疾人福利制度的空白，惠及了广大残疾儿童群体。

2018 年，国务院制定《关于建立残疾儿童康复救助制度的意见》，对符合条件的残疾儿童提供康复救助服务，填补了我国残疾儿童康复和残疾儿童就学方面的福利缺口，将儿童福利的对象范围进一步拓展至残疾儿童。

2019 年，民政部等 12 部门联合印发《关于进一步加强事实无人抚养儿童保障工作的意见》，明确提出"各地对事实无人抚养儿童发放基本生活补贴，应当根据本地区经济社会发展水平以及儿童关爱保护工作需要，按照与当地孤儿保障标准相衔接的原则确定补贴标准，参照孤儿基本生活费发放办法确定发放方式"。

2020 年，《民政部、公安部、财政部关于进一步做好事实无人抚养儿童保障有关工作的通知》，进一步拓展了福利保障对象，优化了父母失联的认定程序。

2021 年，民政部印发《关于开展孤儿、事实无人抚养儿童认定申请受理"跨省通办"工作的通知》，开始推行孤儿、事实无人抚养儿童认定申请受理的"跨省通办"，进一步便利了受助儿童的救助。截至 2022 年底，136 名儿童成功通过"跨省通办"获得救助。

进入 21 世纪，我国儿童福利津贴项目开始在较高水平上不断发展。津贴项目覆盖的对象从地震致孤儿童逐步扩展至全体孤儿、受艾滋病影响儿童、残疾儿童和事实无人抚养儿童等困境儿童。儿童福利津贴项目得到中央财政的全面支持，其补贴水平较高，均参照孤儿生活保障制度执行。儿童福利津贴项目大多没有对儿童的家庭收入与财产进行审核，而是采用身份认定制，即只要符合特定要求（如孤儿或事实无人抚养等）的儿童，无论其户籍与家庭背景如何，均可享有相应津贴，充分展示了国家在儿童福利领域平等无歧视保障儿童利益的理念原则。

三、儿童福利机构的发展

儿童福利机构是推进递送儿童福利服务的主要载体，承担着实际养育、照顾、服务儿童的重要职能。当前，我国儿童福利机构包括儿童福利院、社会福利院儿童部、SOS 儿童村、孤儿学校、残疾儿童康复中心、社区特教班等。截至 2023 年底，全国共有儿童福利机构 472 家。[①]

（一）儿童福利机构的发展历程

1994 年之前，孤儿、弃婴大多和残疾人、老人等其他需要社会救助的对象一起生活在综合性社会福利机构。福利保障主要包括基本生活保障、基本医疗康复和因地制宜提供的教育。1994 年第十次全国民政会议之后，民政部开始根据社会福利机构收养对象的不同，对福利院实行分类管理。

---

① 《2023 年民政事业发展统计公报》。

由此，儿童福利机构开始从综合性社会福利机构剥离，逐步实现自身的专业化发展。

1997 年 3 月，国务院召开专门会议，专题研究孤儿、弃婴安置和加强儿童福利机构建设问题。会后，民政部等 6 部门联合印发《关于进一步发展孤残儿童福利事业的通知》，明确孤残儿童福利事业是我国社会保障工作的重要组成部分，要求各级政府将孤残儿童福利事业列入国民经济和社会发展计划。该通知从加强基础设施建设、提高儿童福利机构儿童生活费标准、建立孤儿和弃婴救治制度、切实加强孤残儿童保护等方面对儿童福利保障提出了明确要求，初步解决了一些长期困扰儿童福利事业发展的困难和瓶颈，推动了我国儿童福利事业的发展。此后，国家开始着力加强儿童福利机构内部规范和管理。1999 年 12 月，民政部发布《社会福利机构管理暂行办法》，对儿童福利机构的举办、管理、监督作出具体规定。2001 年 3 月，国家开始施行民政强制性行业标准《儿童社会福利机构基本规范》，对儿童福利机构管理、设施设备、服务内容和标准等作了详细规定，推动了儿童福利机构建设规范化、专业化进程。

2006 年 10 月，民政部与国家发展改革委共同制定"十一五"儿童福利机构设施建设规划暨"儿童福利机构建设蓝天计划"，推动各地新建或改建一批儿童福利机构。同时，制定《儿童福利机构建筑设计规范》，指导地方兴建一批设施完善、功能齐全、环境优美的儿童福利机构。

在保障孤儿基本生活的同时，国家逐步拓展儿童福利内容，开始关注孤儿医疗等其他保障。2004 年 5 月，民政部启动"残疾孤儿手术康复明天计划"，为全国儿童福利机构内具有手术适应证的儿童开展手术矫治和康复。2007 年 12 月，民政部印发《关于建立"残疾孤儿手术康复明天计划"长效机制的通知》，明确了相关工作流程，调整了经费标准，提出了加强患儿术后康复的要求，建立了"明天计划"长效机制。由此，原来作为一项特别项目的"明天计划"转变为儿童福利保障的常规性政策。

2010 年之后，儿童福利机构开始将其服务向机构外的散居孤儿、事实无人抚养儿童等困境儿童拓展。2010 年 11 月，《国务院办公厅关于加强孤儿保障工作的意见》，明确将孤儿保障工作从机构养育孤儿拓展至包括社会散居孤儿在内的所有孤儿。儿童福利机构要为社会散居孤儿的养护提供更多的监督与支持。2019年，民政部等10部门联合印发《关于进一步健全农村留守儿童和困境儿童关爱服务体系的意见》，要求拓展儿童福利机构社会服务功能，探索向贫困家庭残疾儿童开放。从现实的情况看，部分被剥夺监护权等由民政部门担任监护人的困境儿童也由儿童福利机构实际养护。

2021年，针对我国儿童福利机构建设标准与能力不断提升、机构内养育儿童数量不断下降且病残儿童比例不断上升、儿童福利机构发展不平衡不充分等问题，民政部等14部门联合印发《关于进一步推进儿童福利机构优化提质和创新转型高质量发展的意见》，要求省、市级儿童福利机构优化提质，实现儿童养育、医疗、康复、教育、社会工作一体化发展，集中服务辖区内民政部门长期监护的未成年人；县级儿童福利机构加快转型，同步推进县级未成年人保护机构建设，向更广范围的未成年人提供关爱保护服务。这份文件是新时代指引我国儿童福利机构建设发展的纲领性文件。

（二）儿童福利机构建设的标准化

长期在福利院养护的儿童，大多有一定程度残障，对日常养护、教育、治疗与康复等有特殊需求。基于对其身心健康维护和成长发展的需要，儿童福利机构建设需要遵循特定标准与要求。为了更好地保障孤残儿童的生活、教育、康复等基本权益，2010年11月，国家制定实施《儿童福利院建设标准》，对儿童福利院的建设规模与项目构成、选址及规划布局、房屋建筑面积和用地指标、建筑标准及建筑设备等作了详尽具体的规定。例如，明确规定福利院儿童用房的层高应为3.0～3.3米，二层以上的儿童用房应设置电梯或无障碍专用通道，福利院应具有隔音设施、采暖设施、生活垃圾和医疗废弃物处置设施与办法等。2013年印发的《儿童福利机构基本规范》对相关规定作了进一步的细化规定。例如，明确规定儿童室外活动场所应按4～5平方米/床核定，地面应设置塑胶地坪和防护设施，卫生间及浴室地面应平坦、防滑，配有防滑垫，卫生间应有大小坐便器且男女分开等。这些系统细致的规定，为我国儿童福利机构的设施、设备建设配套及其运转提供了统一规范。按照这些规范，十余年来，我国儿童福利院建设始终强调以满足孤儿生活、教育、康复、医疗和就业等方面的基本需求为目标，确保相关设施建设与配套适合孤残儿童的身心特点并有利于其健康成长与社会融入。

（三）机构内部管理的规范化

2018 年制定的《儿童福利机构管理办法》用专章规范儿童福利机构的内部管理，明确了内部管理的各项制度建设要求。该办法要求儿童福利机构应当按照国家有关规定建立健全安全、食品、应急、财务、档案管理、信息化等制度；应当设置起居室、活动室、医疗室、隔离室、康复室、厨房、餐厅、值班室、卫生间、储藏室等功能区域，配备符合儿童安全保护要求的设施设备；应当落实岗位安全责任，在各出入口、接待大厅等区域安装具有存储功能的视频监控系统；应当实行 24 小时值班巡查制度，做好巡查记录；应当依法建立并落实逐级消防安全责任制，健全消防安全管理制度，按照国家标准、行业标准配置消防设施、器材，对消防设施、器材进行维护保养和检测；应当加强食品安全管理，保障儿童用餐安全卫生、营养健康；应当制定疫情、火灾、食物中毒等突发事件应急预案。2019 年 12 月，为规范儿童福利机构业务档案管理工作，民政部会同国家档案局制定了《儿童福利机构业务档案管理办法》，要求儿童福利机构建立并完善业务档案工作制度，对相关工作涉及的文字、图表、实物、音像、电子数据等不同形式和载体的业务档案实行集中统一管理，并设置专门的档案管理科室或者指定专门人员负责业务档案工作。

总体上看，改革开放以来，我国的儿童福利制度从无到有，不断发展。在这个过程中，儿童福利设施及其功能建设的标准得到显著提升，儿童福利保障对象从弃婴向孤儿、散居孤儿和事实无人抚养儿童不断拓展，儿童福利保障内容实现了生活保障和服务保障并重，对困难儿童的养育也实现了从机构集中养育到亲情化养育的转变。

第三节　儿童收养

收养是根据法定的条件和程序领养他人子女为自己子女的民事法律行为，涉及对未成年人的抚养教育、对老年人的赡养扶助以及财产继承等一系列民事法律关系。依法收养是安置弃婴、孤儿的主要办法。由于收养工作关系到儿童的基本权利和家庭基本关系的改变，长期以来，国家高度重视依法办理儿童收养登记。1991 年，全国人大常委会制定通过《中华人民共和国收养法》，对我国儿童收养事务作出了法律规定。1998 年，全国人大常委会对此法进行了更新修订，新的法律在 1999 年生效。2020 年，全国人大制定并通过《中华人民共和国民法典》，该法典在 2021 年 1 月生效，替代收养法来规范儿童收养工作，儿童收养工作的制度化、法治化水平进一步提升。在我国，儿童收养分为国内收养和跨国收养两种。

一、国内收养登记管理

儿童收养工作政策性强，群众高度关注。国家在法律与政策层面作了诸多制度化规定，推进了收养工作的规范化开展。

（一）相关法律政策框架及其实践情况

根据民法典，儿童的收养应当按照有利于被收养儿童的抚养、成长和保障被收养人和收养人的合法权益的原则进行，明确规定了收养关系成立与解除的条件及收养的效力：只有丧失父母的孤儿、查找不到生父母的未成年人、生父母有特殊困难无力抚养的子女 3 种未成年人才能被收养，只有孤儿的监护人、儿童福利机构和有特殊困难无力抚养子女的生父母 3 种公民或组织才能作为送养人，只有同时具备无子女或者只有一名子女（收养孤儿、残疾未成年人或者儿童福利院抚养的查找不到生父母的未成年人例外）、有抚养教育和保护被收养人的能力、未患有在医学上认为不应当收养子女的疾病、无不利于被收养人健康成长的违法犯罪记录以及年满三十周岁的公民才能作为收养人。

在上述基本框架下，法律对收养的具体工作作了进一步细致的规定。例如，无子女的收养人可以收养两名子女，有子女的收养人只能收养一名子女，但收养孤儿、残疾未成年人或者儿童福利机构抚养的查找不到生父母的未成年人，可以不受收养人无子女和收养一名的限制；无配偶者收养异性子女的，收养人与被收养人的年龄应当相差四十周岁以上；生父母送养子女须双方共同送养，有配偶者收养子女须夫妻共同收养；收养人收养与送养人送养，须双方自愿；收养年满八周岁以上未成年人的，应当征得被收养人的同意；未成年人的父母均不具备完全民事行为能力的，该未成年人的监护人不得将其送养，但父母对该未成年人有严重危害可能的除外；监护人送养未成年孤儿的，须征得有抚养义务的人同意。这些规定，一方面旨在确保被收养儿童利益的最大化，另一方面也防止借收养名义买卖未成年人的犯罪行为。

为了规范中国境内收养子女或者协议解除收养关系行为，1999 年，民政部制定印发了《中国公民收养子女登记办法》，对收养登记的具体办法流程和需要的材料等作了规定。为了确保收养能最大限度维护好儿童的最佳利益，确保收养法的相关规定落到实处，2021 年 1 月生效的民法典明确指出，县级以上人民政府民政部门应当依法进行收养评估。从现实情况看，我国收养评估工作还处于发展起步阶段。2006 年，上海在国内第一个开展收养评估试点工作。2012 年，民政部印发《关于开展收养评估试点工作的通知》，正式开启全国收养评估的试点工作。首批试点地区包括上海、江苏、湖北、广东和重庆等。民政部鼓励支持各省份积极探索收养评估模式、评估指标体系、评估监督体系、评估保障体系。2014 年，民政部下发《关于开展第二批收养评估试点工作的通知》，将试点地区推广到全国 23 个省份、37 家单位。在此基础上，2015 年民政部印发《收养能力评估工作指引》，为各地开展证据为本的收养评估工作提供了规范性的科学指引，推动了我国收养工作专业化水平的提升。2020 年，为进一步规范收养工作，民政部制定并实施《收养评估办法（试行）》，为收养工作的有效开展提供了指引性规范。

统计显示，近年来，全国每年办理的中国公民收养登记的件数仍然较高，但呈明显的总体下降趋势。如表 4-1 所示，2017—2023 年的 7 年间，全国办理的内地居民收养登记数分别为 1.7 万件、1.5 万件、1.2 万件、1.1 万件、

1.2 万件、0.8 万件和 0.8 万件，呈现总体下降趋势。收养登记总数的下降，主要与儿童福利机构内孤儿总数逐年下降相关。2017—2023 年，全国机构集中供养孤儿数分别为 8.6 万人、7.0 万人、6.4 万人、5.9 万人、5.7 万人、5.9 万人和 4.2 万人，数量也稳步下降。

表 4-1　2017—2023 年内地居民办理的收养登记数①

	2017 年	2018 年	2019 年	2020 年	2021 年	2022 年	2023 年
内地居民收养登记数（件）	17000	15000	12000	11103	12447②	8276	8000
全国机构集中供养孤儿（人）	86000	70000	64000	59000	57000	59000	42000

随着我国综合国力的不断增强，社会文明程度持续提升，儿童福利制度不断健全完善，国内的孤儿和弃婴数量大幅减少。《中国公民收养子女登记办法》等有关收养的政策法规不断修订完善，为收养孤残儿童的国内家庭获取支持服务提供了较好的制度环境，国内收养力度持续加大，收养登记管理更加规范，努力帮助很多失去父母的孤弃儿童重新回归家庭。

（二）国内公民收养子女登记规程③

按照民法典及相关法规的要求，我国国内公民收养子女登记应严格按照法律规范的程序进行。

1. 收养登记的实施机构

（1）收养登记机关为县级以上人民政府民政部门；（2）收养社会福利机构抚养的查找不到生父母的弃婴、儿童和孤儿的，在社会福利机构所在地的收养登记机关办理登记；（3）收养非社会福利机构抚养的查找不到生父母的弃婴和儿童的，在弃婴和儿童发现地的收养登记机关办理登记；（4）收养生父母有特殊困难无力抚养的子女或者由监护人监护的孤儿的，在被收养人生父母或者监护人常住户口所在地（组织作监护人的，在该组织所在地）的收

---

① 数据来源：民政部：《社会服务发展统计公报》（2017 年），《民政事业发展统计公报》（2018 年、2019 年、2020 年、2021 年、2022 年、2023 年）。

② 2021 年的此数据为全国办理收养登记的总件数，包括港澳台华侨收养登记与外国人收养登记。

③ 中国公民收养子女登记办法［EB/OL］．（2023-10-23）［2023-12-26］．https://xxgk.mca.gov.cn：8445/gdnps/pc/content.jsp？id=1662004999779995322.

养登记机关办理登记；（5）收养三代以内同辈旁系血亲的子女，以及继父或者继母收养继子女的，在被收养人生父或者生母常住户口所在地的收养登记机关办理登记。

2. 受理条件

（1）被收养人条件：不满十八周岁，孤儿、查找不到生父母的未成年人、生父母有特殊困难无力抚养的子女。（2）送养人条件：孤儿的监护人、儿童福利机构、有特殊困难无力抚养子女的生父母。（3）收养人条件：无子女或者只有一名子女；有抚养、教育和保护被收养人的能力；未患有医学上认为不应当收养子女的疾病；无不利于被收养人健康成长的违法犯罪记录；年满三十周岁。（4）特殊条件：收养年满八周岁以上的未成年人的，应当征得被收养人的同意。无子女的收养人可以收养两名子女，有子女的收养人只能收养一名子女。收养孤儿、残疾未成年人或者儿童福利机构抚养的查找不到生父母的未成年人的，可以不受以下限制：无子女或者只有一名子女；无子女的收养人可以收养两名子女；有子女的收养人只能收养一名子女；无配偶者收养异性子女的，收养人与被收养人的年龄应当相差四十周岁以上。

3. 办事流程

（1）提交收养材料。收养关系当事人应当亲自到收养登记机关办理成立收养关系的登记手续，并提交相应的收养材料。夫妻共同收养子女的，应当共同到收养登记机关办理登记手续；一方因故不能亲自前往的，应当书面委托另一方办理登记手续，委托书应当经过村民委员会或者居民委员会证明或者经过公证。（2）审查。收养登记机关收到收养登记申请书及有关材料后，应当自次日起 30 日内进行审查。审查时，收养登记机关可以进行有关的调查、对当事人进行必要的询问，调查应当制作调查记录，询问应当制作询问笔录。经初步审查收养登记申请有关材料符合《中华人民共和国民法典》《中国公民收养子女登记办法》要求的，书面告知收养申请人将对其进行收养评估，并在收养申请人确认同意进行收养评估之日起 60 日内完成对收养申请人抚养、教育和保护被收养人的能力的评估（收养评估时间不计入收养登记办理期限）。收养查找不到生父母的弃婴、儿童的，收养登记机关应当在登记前公告查找其生父母；自公告之日起满 60 日，弃婴、儿童的生父母或者其他监护人未认领的，视为查找不到生父母的弃婴、儿童。公告期间不计算在登记办理期限内。（3）发证。经审查，对符合民法典规定条件的，为当事人办理收养登记，发给收养登记证，收养关系自登记之日起成立；对不符合民法典规定条件的，不予登记，并对当事人说明理由。

（三）民间私自收留抚养问题的规范

因各种原因，我国一些地方存在私自收留抚养儿童的问题。为全面保障儿童合法权益，2008 年，民政部印发《关于解决国内公民私自收养子女有关问题的通知》，要求"区分不同情况，妥善解决现存私自收养子女问题"，并推进综合治理，建立依法安置弃婴的长效机制。据此，1999 年 4 月 1 日收养法修改决定施行前国内公民私自收养子女的，依据司法部《关于办理收养法实施前建立的事实收养关系公证的通知》《关于贯彻执行〈中华人民共和国收养法〉若干问题的意见》和公安部《关于国内公民收养弃婴等落户问题的通知》的有关规定办理。依据司法部《关于贯彻执行〈中华人民共和国收养法〉若干问题的意见》的规定，对当事人之间抚养的事实已办理公证的，抚养人可持公证书、本人的合法有效身份证件及相关证明材料，向其常住户口所在地的户口登记机关提出落户申请，经县、市公安机关审批同意后，办理落户手续。

1999 年 4 月 1 日，收养法修改决定施行后国内公民私自收养子女的，则根据收养人的抚养教育能力、是否符合收养条件等，区分不同情况分类处理。例如，收养人符合收养法规定的条件，私自收养非社会福利机构抚养的查找不到生父母的弃婴和儿童，捡拾证明不齐全的，由收养人提出申请，到弃婴和儿童发现地的县（市）人民政府民政部门领取并填写《捡拾弃婴（儿童）情况证明》，经收养人常住户口所在地的村（居）民委员会确认，乡（镇）人民政府、街道办事处审核并出具《子女情况证明》，发现地公安部门对捡拾人进行询问并出具《捡拾弃婴（儿童）报案证明》，收养人持上述证明及《中国公民收养子女登记办法》规定的其他证明材料到弃婴和儿童发现地的县（市）人民政府民政部门办理收养登记。私自收养生父母有特殊困难无力抚养的子女、由监护人送养的孤儿，或者私自收养三代以内同辈旁系血亲的子女，符合收养法规定条件的，应当依法办理登记手续；不符合条件的，应当将私自收养的子女交由生父母或者监护人抚养。对于不符合规定的国内公民私自收养，依据收养法及相关法律法规的规定，由当事人常住户口所在地的乡（镇）人民政府、街道办事处，动员其将弃婴或儿童送交社会福利机构抚养。

国家还积极推进综合治理，不断健全依法安置弃婴的长效机制。除宣传教育群众依法开展收养外，也要求加强和规范社会福利机构建设，提高养育水平，妥善接收并安置查找不到生父母的弃婴和儿童；要求公安部门依据有关规定及时为弃婴捡拾人出具捡拾报案证明，为查找不到生父母的弃婴和儿童办理社会福利机构集体户口，将已被收养的儿童户口迁至收养人家庭户口，并在登记与户主关系时注明子女关系，严厉打击查处借收养名义拐卖儿童、遗弃婴儿等违法犯罪行为；要求原人口计生部门积极配合民政部门做好收养登记工作，掌握辖区内居民的家庭成员情况和育龄人员的生育情况。该通知还规定，自通知下发之日起，公民捡拾弃婴的，一律到当地公安部门报案，查找不到生父母和其他监护人的一律由公安部门送交当地社会福利机构或者民政部门指定的抚养机构抚养。

按照上述规定，各地本着"以人为本、儿童至上、区别对待、依法办理"的原则，积极稳妥地解决了已经形成的民间私自收养问题。然而，由于正式收养的渠道相对有限且程序手续繁复等原因，民间私自收养的问题依然存在，这也部分导致被收养儿童的合法权益得不到及时有效的保障。此外，在收养问题上，部分宗教场所与机构也存在私自收留儿童的问题。为此，民政部等7部门在2013年印发了《关于进一步做好弃婴相关工作的通知》，民政部与国家宗教事务局联合印发《关于规范宗教界收留孤儿、弃婴活动的通知》，对相关问题作了进一步规范，明确规定公民捡拾弃婴后应及时向公安机关报案，不得自行收留和擅自处理。2021年新施行的未成年人保护法也明确规定，不得非法收养、送养未成年人。通过依法规范收养登记管理，在一定程度上杜绝或者减少了买卖未成年人犯罪，保护了未成年人合法权益。

二、外国人在华收养登记管理

跨国收养是我国儿童收养工作的组成部分。收养法1992年4月1日生效之后，国家尚未制定外国人在华收养子女的政策规定。为此，民政部于当年4月10日发出《关于外国人在中华人民共和国办理收养登记若干问题的通知》，对跨国收养作出临时的具体规定。通知要求申请办理收养登记的外国人以及送养人必须亲自到被收养人户籍所在地的省级人民政府的民政部门指定的收养登记机关办理收养登记，外国人收养社会福利机构抚养的孤儿，应亲自到该孤儿所在的社会福利机构，以便福利机构充分了解收养人的有关情况并做评估。通知规定，国际领养组织不得直接与社会福利机构联系领养事务，应当通过民政部进行。可见，自收养法实施之始，国家就高度重视跨国收养问题，既要求收养申请人前往一线福利机构，又把国际领养事务的具体职责直接由民政部承担。

1993年11月，司法部与民政部发布《外国人在中华人民共和国收养子女实施办法》，对外国人在华收养中国公民的子女事务作出正式明确规定，要求跨国收养既要遵守我国收养法，也不得违背收养人经常居住地国的法律，且收养人只能收养一名子女。外国人在华收养子女，须由该国政府或者其委托的收养组织向中国政府委托的收养组织转交收养申请并提交收养人的家庭情况报告和证明。该文件还首次明确规定了跨国收养涉及的收费及相关费用的使用。按照其要求，外国收养人在华收养子女，应当向登记机关、公证机关分别交纳登记费、公证费。中国收养组织可以收取服务费，收养人可以与送养人协商支付被收养人的抚育费。收养人向社会福利部门支付的抚育费，只能用于改善福利院设施，不得挪作他用。1999年印发的《外国人在中华人民共和国收养子女登记办法》对相关规定作了进一步修订完善，特别强调跨国收养要通过收养组织进行，进一步明确了相关手续和材料。

2000年11月30日，中国政府签署了1993年5月29日经海牙国际私法会议第17次外交大会通过的《跨国收养方面保护儿童及合作公约》（以下简称《海牙公约》）。2005年4月27日，第十届全国人大常委会第十五次会议批准由中华人民共和国政府代表签署的《海牙公约》，同时声明，中华人民共和国民政部为中华人民共和国履行《海牙公约》赋予职责的中央机关。我国作为《海牙公约》缔约国，始终秉持公约的精神和原则，承担相应责任和义务，加强与国际社会及相关国家的沟通联系，多次参加海牙国际私法会议，就完善跨国收养制度提出意见建议，发挥了积极而富有成效的作用。

开展跨国收养，客观上促进了孤残儿童回归家庭，使其享受到较好的医疗条件，在一定程度上增进了我国与收养国之间的了解，密切了民间友好往来。需要注意的是，无论全球还是我国，跨国收养量都在逐年下降。随着中国经济社会的发展，我国孤儿、弃婴数量显著下降，国家对国际送养的规范程度进一步提升，跨国收养登记的数量在 2008 年前后开始显著下降。2019 年 2 月，民政部单独设立儿童福利司，全面统筹国内收养和跨国收养工作。通过健全完善制度规定，明确了对外国人实施收养评估的具体要求，规范了跨国送养儿童寻根回访活动，建立了外国人和收养组织"黑名单"制度，强化了收养前审核和收养后跟踪了解，有效加强了对跨国收养工作的监督管理。统计显示，2015 年，外国人在华收养子女登记件数已经下降到 2942 件，2018 年降至 1685 件，2019 年、2020 年进一步快速下降至 970 件、63 件。[①]

跨国收养工作业务在快速收缩，但对跨国收养儿童的追踪服务仍然任重道远。为了更好地关心关爱被国际收养儿童，积极维系被收养儿童与我国亲情的桥梁纽带，培养被收养儿童对祖国、对家乡、对儿童福利机构的真挚情感，增进外国收养家庭对中国的了解，中国儿童福利和收养中心组织了外国收养家庭到儿童福利机构寻根回访活动。民政部办公厅于 2018 年印发了《关于进一步做好外国收养家庭到儿童福利机构寻根回访接待工作的通知》，对寻根回访活动的意义、指导思想与工作要求等作了明确规定，我国儿童跨国收养工作进一步拓展和深化。民政部加大与跨国收养国际组织、收养国政府主管部门的沟通联系，研究完善跨国收养制度机制，敦促相关国家切实保护被跨国收养儿童权益，采取必要措施，依法为被跨国收养儿童提供协助，共同维护被跨国收养儿童权益，展现负责任大国的形象。

2024 年 8 月，我国宣布调整跨国收养政策，今后除外国人来华收养三代以内旁系同辈血亲的子女和继子女外，不再向国外送养儿童。

[①] 数据来源：民政部：《社会服务发展统计公报》（2015 年），《民政事业发展统计公报》（2018 年、2019 年、2020 年）。

第四节　儿童保护

　　儿童保护是国家通过法律、政策与服务，对受到或可能受到忽视或虐待等不正当对待的儿童提供的救助、保护和服务。由于对儿童的不正当对待可能严重危害其生命安全，儿童保护几乎被所有国家视为最重要的托底性儿童福利政策。党和政府高度关注儿童保护。1991 年，全国人大常委会批准通过《中华人民共和国未成年人保护法》，明确以法律的形式对预防和制止儿童虐待等儿童保护问题作出安排。2020 年 10 月，全国人大常委会对未成年人保护法作了较大幅度修订，并于 2021 年 1 月正式实施。在政策实践层面，民政部自 2013 年起开展了儿童保护制度建设的系统努力，开启了我国现代儿童保护服务发展的历程，进行了一系列儿童关爱服务政策探索和拓展。

一、未成年人社会保护试点：我国现代儿童保护政策的开端

　　2013 年 5 月，民政部印发《关于开展未成年人社会保护试点工作的通知》，要求试点创新流浪儿童救助保护，推进未成年人社会保护试点工作。该通知中没有出现"流浪未成年人"或"流浪儿童"字样。代替它们的，是包含所有儿童在内的更一般用语"未成年人"。在实践层面，试点的相关政策服务确实已经超越了传统的流浪儿童救助服务。通知的主要内容包括建立未成年人社区保护网络、加强家庭监护服务和监督、保护受伤害未成年人、开展困境未成年人救助帮扶、健全未成年人社会保护工作机制、完善未成年人社会保护制度等 6 项，涉及现代儿童保护制度运转所需的主要元素。

　　从 2013 年至 2015 年的试点情况看，儿童保护政策服务的目标对象明显扩大。通知明确要求，各试点地区的救助机构要将政策与服务的对象主动拓展延伸到有需要的困境儿童，"开展流浪乞讨、失学辍学、留守流动、监护缺失等困境儿童的排查摸底和定期走访工作，为有需求的未成年人及其家庭提供临时照料、教育辅导、心理疏导、监护指导、政策咨询、亲职能力培训、帮扶转介等服务"。根据这个政策安排，大多数试点地区的方案都明确规定，

未成年人社会保护的范围不再局限于已经外出流浪的儿童，而进一步将因监护人服刑、重病、遗弃、外出流动等原因实际无人监护的儿童，以及遭受监护人经常性忽视和虐待等得不到适当监护的困境儿童及其家庭作为工作的对象。

在未成年人社会保护试点中，儿童保护政策服务的内容更加注重对家庭监护的干预。相关工作主要根据儿童父母与家庭的监护能力和意愿水平展开。通知要求要"加强家庭监护服务和监督"，对困境儿童进行排查摸底和定期走访，"建立受伤害未成年人发现、报告和响应机制"，"建立完善监测、预防、报告、转介、处置等保护体系"。参与试点的多个地区从探索建立家庭监护监督和干预制度的角度制定政策、开展服务，将监护缺失或监护失当未成年人列为重点工作对象，并通过建立监护案件干预处置机制、建立分类帮扶机制、建立专责保护机构等方式构建监护干预制度。[①] 2014年，参与试点的部分未成年人救助保护机构已经开展临时照料、看护服刑人员未成年子女。在我国儿童保护服务基础仍相对薄弱的当时，政策服务内容的如此拓展，具有鲜明的创新性和挑战性。

在项目试点中，儿童保护政策服务的可操作性得到更多关注。为了做好流浪儿童问题的源头预防、做好家庭监护监督和干预工作，民政部要求各试点地区要认真做好相关组织保障和工作机制建设，以切实推进政策服务转型。2014年5月、6月，民政部分别在湖北荆州、四川仁寿召开"全国未成年人社会保护试点工作讲习班暨经验交流会"，推动试点经验深度交流。

在组织机构建设方面，为了及时有效保护儿童，多地建立了专门的儿童社会保护机构。民政部积极推动试点地区将流浪未成年人救助保护中心更名为"未成年人社会保护中心"或"未成年人救助保护中心"，面向所有未成年人，特别是困境未成年人开展社会保护服务，继续救助外出流浪儿童的同时，为本地区得不到家庭监护的儿童提供临时或长期的养育。

以国家的力量干预家庭育儿情况，这是对传统育儿模式的变革和挑战。强调在家庭监护评估基础上对有需要的儿童及其家庭进行积极干预，是我国

---

① 民政部社会事务司：《未成年人社会保护试点工作进展情况梳理及工作建议》，2014年3月救助工作座谈会会议资料。

儿童保护服务的创造性发展。

二、农村留守儿童关爱保护工作：儿童保护政策与服务的突破

在推进未成年人社会保护试点的同时，农村留守儿童问题迅速成为社会广泛关注的公共议题。党中央、国务院高度重视农村留守儿童关爱保护工作，党的十八届三中全会作出"健全农村留守儿童、妇女、老年人关爱服务体系"的重大部署。2013年12月23日，习近平总书记在中央农村工作会议上发表重要讲话，强调要重视农村"三留守"问题。2019年，习近平总书记在参加十三届全国人大二次会议河南代表团审议时强调："要夯实乡村治理这个根基……完善农村留守儿童、妇女、老年人关爱服务体系。"根据有关文件，留守儿童是指父母双方外出务工或一方外出务工另一方无监护能力、不满16周岁的未成年人。相对于其他儿童，农村留守儿童缺少家庭关爱和照料，成长中面临更多实际困难。为加强农村留守儿童关爱保护工作，2016年2月，国务院印发《关于加强农村留守儿童关爱保护工作的意见》，全面部署推进农村留守儿童关爱保护工作。该意见明确提出支持农村家庭妥善育儿的政策思路，赋予政府，特别是基层政府深入家庭、对其育儿过程进行干预的公共权力与责任，明确提出国家要通过公开透明的机制适时干预家庭监护，并剥夺不负责任父母的监护权。从政策和实践看，这种干预主要包括对家庭监护情况的监督、支持和替代等3个方面。

（一）监护监督：监督家庭育儿

为了有效解决留守儿童得不到必要关爱保护的问题，意见提出了监督家庭育儿过程的明确措施。如，要求乡镇人民政府（街道办事处）和村（居）民委员会加强对监护人的法治宣传、监护监督和指导，督促其履行监护责任，提高监护能力；村（居）民委员会定期走访、全面排查，及时掌握农村留守儿童的家庭情况、监护情况、就学情况等基本信息，并向乡镇人民政府（街道办事处）报告等。这些规定明确了对农村留守儿童成长状况进行监督的必要性和具体做法。留守儿童的养育显然已经不再是其父母可任意对待的事情，此类家庭的育儿过程与方式完全置于国家的监管之中。基层政府通过探访、

巡查、建档动态管理等方式，全面掌握留守儿童家庭育儿状况，及时发现得不到家庭适当养育的儿童。

（二）监护支持：支持家庭育儿

为给予有需要的家庭以适当政策与服务支持，以协助其确保儿童的安全、健康与成长，意见提出，"对于监护人家庭经济困难且符合有关社会救助、社会福利政策的，民政及其他社会救助部门要及时纳入保障范围……为农民工家庭提供更多帮扶支持"。根据政策内容，监护支持主要表现在对经济困难家庭儿童的生活资助、医疗资助、教育资助和对农村留守儿童家庭的育儿指导。在该意见指引下，各地为有需要的困境儿童提供最低生活保障、申请特困补助、医疗救助等。从 2018 年起，民政部先后启动大规模的科学育儿宣传动员，印发《关于组织开展全国农村留守儿童关爱保护"百场宣讲进工地"活动的通知》，在全国 31 个省份的 100 个大型工地开展 100 场宣讲活动，宣传倡导儿童保护法规政策、亲情沟通政策、儿童安全自护教育等。

（三）监护替代：暂时或永久替代家庭养育儿童

意见指出，在家庭确无力养育儿童，或者长期拒不履行监护责任的，国家将依照法定程序为儿童提供替代性养育服务。这种接管，可以是基于政府和家庭的协商共识，也可以是基于国家权力的强制。最高人民法院、最高人民检察院、公安部和民政部于 2014 年底发布的《关于依法处理监护人侵害未成年人权益行为若干问题的意见》规定，凡是将孩子置于无人监护状态且屡教不改者、严重虐待儿童者，都可能被依法剥夺监护权。家庭确无监护能力者，可协商将儿童委托由他人或国家相关机构养育。儿童的家外安置，是保护儿童合法权益的有力武器，是悬置于父母监护权之上的正义之剑。按照现有的安排，儿童父母若是被剥夺监护权，他们将由未成年人保护机构、儿童福利机构等民政部门主管的照顾机构代为监护，国家可通过机构养育或送养的方式为儿童的永久安置寻找办法。

《关于加强农村留守儿童关爱保护工作的意见》印发之后，国务院批准建立由民政部牵头、27 个部门和单位参加的农村留守儿童关爱保护工作部际联席会议制度，加强对农村留守儿童关爱保护的组织领导和统筹协调。全国各省份以党委或政府名义印发关于加强农村留守儿童关爱保护工作的具体实施意见，各省级、地级市、县级层面都普遍建立了党委、政府有关领导牵头的农村留守儿童关爱保护工作领导协调机制。关于加强农村留守儿童关爱保护工作、发挥社会工作专业人才作用、健全关爱服务体系、发挥劳动密集型企业作用等方面的政策相继出台实施。各地及时传达中央关于农村留守儿童关爱保护的理念、政策和工作要求，普遍在乡镇（街道）一级设立儿童督导员，在村（居）一级配备了儿童主任，并开展了相关的培训，初步建成基层儿童工作者队伍。一些基层政府根据中央有关文件精神，制定了相关工作规范。例如，明确了农村留守儿童安全监护报告制度、留守儿童关爱服务站工作人员职责、留守儿童关爱服务站规章制度等，清楚列明了基层儿童工作者应对处置儿童遭遇无人监护、监护不当问题时的处置办法与流程，清楚列明了相关人员的责任与义务。至此，我国已初步形成了农村留守儿童关爱保护的政策与服务框架。

三、困境儿童保障工作：儿童保护制度建设的全面推进

2016 年，国务院印发《关于加强困境儿童保障工作的意见》，将困境儿童界定为"因家庭贫困导致生活、就医、就学等困难的儿童，因自身残疾导致康复、照料、护理和社会融入等困难的儿童，以及因家庭监护缺失或监护不当遭受虐待、遗弃、意外伤害、不法侵害等导致人身安全受到威胁或侵害的儿童"三类。文件印发以后，各级政府围绕这个可操作性定义制定并执行政策、推进服务、开展困境儿童保护工作。

针对困境儿童生存面临的突出问题和困难，该意见要求在保障困境儿童基本生活、医疗与教育的基础上，充分落实困境儿童的监护责任，全面做好困境儿童保护工作。对于失去父母、查找不到生父母的儿童，纳入孤儿安置渠道，采取亲属抚养、机构养育、家庭寄养和依法收养方式妥善安置。对于父母没有监护能力且无其他监护人的儿童，以及人民法院指定由民政部门担任监护人的儿童，由民政部门设立的儿童福利机构收留抚养。对于儿童生父母或收养关系已成立的养父母不履行监护职责且经公安机关教育不改的，由

民政部门设立的儿童福利机构、救助保护机构临时监护，并依法追究生父母、养父母法律责任。对于决定执行行政拘留的被处罚人或采取刑事拘留等限制人身自由刑事强制措施的犯罪嫌疑人，公安机关应当询问其是否有未成年子女需要委托亲属、其他成年人或民政部门设立的儿童福利机构、救助保护机构监护，并协助其联系有关人员或民政部门予以安排。对于服刑人员、强制隔离戒毒人员的缺少监护人的未成年子女，执行机关应当为其委托亲属、其他成年人或民政部门设立的儿童福利机构、救助保护机构监护提供帮助。对于依法收养儿童，民政部门要完善和强化监护人抚养监护能力评估制度，落实妥善抚养监护要求。

党的十八大以来，习近平总书记高度关注特殊儿童群体健康成长，极为关心事实无人抚养儿童等困境儿童保障情况。民政部门坚决落实习近平总书记重要指示批示精神，贯彻落实党中央重大部署，进一步深化事实无人抚养儿童精准保障工作。2019年，民政部、公安部、财政部等12部门联合印发《关于进一步加强事实无人抚养儿童保障工作的意见》。

我国困境儿童保障工作的主要内容，是对得不到家庭适当监护儿童及其家庭的监督、支持和替代。《关于加强困境儿童保障工作的意见》明确提出，困境儿童保障工作的重要任务是"建立面向城乡困境儿童包括强制报告、应急处置、评估帮扶、监护干预等在内的困境儿童安全保护机制"，其实质为儿童保护政策的一种，是由国家为得不到或可能得不到家庭适当养育的儿童（如贫困儿童、孤儿、流浪儿、残疾儿、受虐儿童、被忽视和遗弃的儿童等）提供的预防性和救济性的公共政策与服务。

四、新未成年人保护法与儿童保护制度建设方向

从未成年人社会保护试点，到农村留守儿童关爱保护，到困境儿童保障工作，民政儿童福利与保护政策服务始终具有逻辑的内在一致性，它们都致力于预防和制止儿童被忽视与虐待。未成年人社会保护试点的实质是我国儿童保护政策服务的试点，农村留守儿童关爱保护工作是关于农村留守儿童的保护工作，困境儿童保障工作则是关于困境儿童的保护工作。从这个意义上说，2013年以来民政部门在儿童保护方面所做的诸种试点工作和努力，实际

上都是我国现代儿童保护制度建设过程，是国家积极预防和制止针对儿童的忽视与虐待的过程。2020年10月，全国人大常委会修订《中华人民共和国未成年人保护法》，对儿童保护问题作了全面细致的修订，结合民政儿童福利和保护工作的制度探索，将新未成年人保护法相关要求转换为推动儿童保护的政策与服务，是未来民政儿童福利工作面临的重要任务。新未成年人保护法为儿童保护的开展创造了诸多的空间与可能，明确了新的制度框架与服务递送体系。

（一）新未成年人保护法为儿童保护政策与服务的开展明确了法律的合法性

无论是在法律层面，还是在文化层面，人们对监护不当或监护缺失家庭育儿过程的干预本身的必要性与合法性存在一定争议，并给2013年以来的改革实践带来诸多桎梏。从法律上明确现代儿童保护政策的合法性，成为时代发展的要求。对此，新未成年人保护法在总则上作出了明确而具体的回应。总则第七条第二款规定："国家采取措施指导、支持、帮助和监督未成年人的父母或者其他监护人履行监护职责。"在法律上明确了公共政策和服务干预家庭育儿过程的合法性，从法律上规定了政府监督干预家庭育儿的必要性与合法性，有利于营造全社会共同保护儿童的社会氛围。

（二）明确要求建立以家庭监护干预为核心的儿童保护制度

秉承总则关于国家介入育儿过程合法性的逻辑规定，新未成年人保护法明确要求建立家庭育儿监护监督制度。第四章第四十三条规定，村（居）民委员会要协助政府相关部门做好儿童保护、儿童养育的宣传与指导工作，要求村（居）民委员会监督儿童的监护人依法履行监护职责，并协助政府有关部门监督未成年人委托照护情况。在第二章第二十一、二十二、二十三条中，新未成年人保护法规定了委托监护的条件与程序，规定了委托人和被委托人的职责义务。明确要求建立儿童保护发现报告制度，总则第十一条规定普通组织与个人有权利举报、与儿童相关组织与个人有义务报告儿童受侵害问题。第六章第九十七条规定县级以上人民政府应当开通全国统一的未成年人保护热线以及热线的运营办法。这两项规定的落实，将为民众保护儿童创造可及的平台。明确要求发展家庭教育指导服务，第六章第八十二条明确各级政府要将家庭教育指导服务纳入城乡公共服务体系，第九十九条规定地方政府应当培育、引导和规范有关社会组织和社会工作者开展家庭教育指导等专业服务。第八章第一百一十八条指出对不依法履行监护职责的父母，执法与司法机关可以责令其接受家庭教育指导。明确要求建立替代性养育制度，详细地规定了国家对困境儿童的保障、对得不到家庭适当监护儿童予以临时或长期监护的办法。这些规定是对我国儿童福利机构服务对象与内容拓展的法律固化，是民政儿童福利工作的显著拓展。

（三）建立健全未成年人保护工作协调机制，全面落实机构建设与人员岗位设置

儿童福利与保护工作需要中央与地方的统筹协调，需要政府不同部门的分工协作。为此，新未成年人保护法明确规定，县级以上人民政府应当建立未成年人工作协调机制，负责未成年人保护工作的统筹、协调督促和指导。2021年4月，国务院批准成立由36个成员单位组成的未成年人保护工作领导小组，由国务院领导同志担任组长、副组长，这是新时代新征程上全面加强和改进未成年人保护工作的重大制度安排。截至2021年9月底，各省份及兵团县级以上人民政府全部建立了未成年人保护工作领导小组（委员会）。此外，新未成年人保护法用十分明确具体的文字规定了基层儿童保护机构与儿童福利机构的配置，阐明了村（居）民委员会、乡镇（街道）层面的人员与岗位设置。如何依法推进这些机构与岗位建设，特别是优化完善其功能与岗位职责，是儿童福利事业发展面临的另一个重要难题。新未成年人保护法提出村（居）民委员会应当设置"专人专岗"、乡镇（街道）应当设立未成年人保护工作站或者指定专门人员负责未成年人保护工作，这是一项重大法律制度创新。

（四）明确了"六位一体"的未成年人保护体系，高度强调儿童保护的统筹推进

儿童保护涉及儿童的多重需要，需要家庭、学校、社会和政府等共同努

力，需要政府不同部门之间的统筹协调。新未成年人保护法特别强调了儿童保护的协同性，分别用家庭保护、学校保护、社会保护、网络保护、政府保护和司法保护六个章节陈述不同主体在儿童保护中的权力、责任与义务，在相关章节中明确了不同主体协同配合的重要意义。在"政府保护"篇章，新未成年人保护法详细规定了不同政府部门之间的职责分工与关系模式。由此，一个致力于推动各方力量共同参与儿童保护的"六位一体"的未成年人保护工作格局得到初步确立。国务院未成年人保护工作领导小组在 2021 年 6 月印发的《关于加强未成年人保护工作的意见》中，更将"坚持系统谋划统筹推进"儿童保护工作作为未成年人保护工作的基本原则。在具体推进儿童保护工作的过程中，各级政府、不同行动主体要致力于统筹推进、协同保护，以切实保障儿童的最佳利益。

（五）强化城乡基层儿童保护服务的递送体系

儿童保护法律与政策的落实，需要在基层社会形成强大的服务递送体系、专业的儿童保护机构和人员队伍。为确保"六位一体"儿童保护体系的落地，特别是确保政府保护与社会保护的切实执行，民政部明确要求在县、乡镇（街道）和村（居）形成儿童保护的三级工作网络。2019 年，民政部等 10 部门印发《关于进一步健全农村留守儿童和困境儿童关爱服务体系的意见》，要求在全国范围内的村（居）民委员会设立"儿童主任"，在乡镇（街道）设立"儿童督导员"，在县（市、区、旗）设立"未成年人救助保护机构"，以形成县（市、区、旗）、乡镇（街道）、村（居）儿童保护三级工作网络。据统计，截至 2023 年底，全国已配备 4.3 万名儿童督导员，58.2 万名村（居）儿童主任。同时，全国未成年人救助保护机构也陆续开始了转型发展。各地县级民政部门将积极整合当地儿童福利机构、未成年人救助保护的资源，转型设置为相对独立的未成年人救助保护机构，切实担负起当地儿童保护工作职责。今后，各地将不断强化三级工作网络，在我国基层社会打造强有力的儿童保护服务递送体系。

新未成年人保护法规定的上述政策目标与内容，兼具预防性与救治性。它首先强调预防。在这个法律中，政府［包括受政府委托的村（居）民委员会] 对家庭育儿过程的监督，对儿童保护法律法规的宣传和家庭教育指导服务的开展，都意在促成父母等监护人形成良好的监护意识并妥善育儿。这些预防性的儿童福利服务，新未成年人保护法皆有着墨。在这个基础上，法律用较长的篇幅更加系统明确了忽视、虐待儿童问题的干预办法。这些规定的充分实践，将进一步推进我国儿童保护制度的现代化。

2021年4月，国务院成立未成年人保护工作领导小组，办公室设在民政部，由儿童福利司承担小组办公室日常工作（以下简称国务院未保办）。国务院未保办设立以来先后出台了《国务院未成年人保护工作领导小组关于加强未成年人保护工作的意见》《未成年人文身治理工作办法》等文件，推动县级以上人民政府全部建立未成年人保护工作协调机制，开展全国未成年人保护示范创建等工作，推动形成了基层未成年人保护工作体系的"四梁八柱"。2023年，国务院未成年人保护工作领导小组职责划入国务院妇女儿童工作委员会。

第五节　保障和支持体系

儿童福利与保护的制度与政策规定，需要依靠儿童福利机构、儿童福利工作者队伍等的专业工作与关爱服务递送，也需要社会力量的支持参与以及政府与社会的协同合作，共同构成儿童关爱服务的保障和支持体系。

一、机构保障

儿童福利机构与未成年人救助保护机构是儿童福利和保护递送的中坚力量。儿童福利机构是指民政部门设立的，主要收留抚养由民政部门担任监护人的未满18周岁儿童的机构，包括按照事业单位法人登记的儿童福利院、设有儿童部的社会福利院等。未成年人救助保护机构是指县级以上人民政府及其民政部门根据需要设立，对生活无着的流浪乞讨、遭受监护侵害、暂时无人监护等未成年人实施救助，承担临时监护责任，协助民政部门推进农村留守儿童和困境儿童关爱服务等工作的专门机构，包括按照事业单位法人登记的未成年人保护中心、未成年人救助保护中心和设有未成年人救助保护科（室）的救助管理站等。

民政部在2019年印发的《关于进一步健全农村留守儿童和困境儿童关爱服务体系的意见》中，要求推进未成年人救助保护机构转型升级，健全服务功能，规范工作流程，提升关爱服务能力。在基层，县级民政部门尚未建立未成年人救助保护机构的，要整合现有资源，明确救助管理机构、儿童福利机构等具体机构承担儿童保护的相关工作。县级民政部门及未成年人救助保护机构对乡镇（街道办事处）、村（居）民委员会开展监护监督等工作提供政策指导和技术支持。未成年人救助保护机构抚养照料儿童能力不足的，可就近委托儿童福利机构代为养育并签订委托协议。

儿童福利机构要积极拓展社会服务功能，要求各地因地制宜优化儿童福利机构区域布局，推动将孤儿数量少、机构设施差、专业力量弱的县级儿童福利机构抚养的儿童向地市级儿童福利机构移交。已经将孤儿转出的县级儿童福利机构，应设立儿童福利指导中心或向未成年人救助保护机构转型，探索开展农村留守儿童、困境儿童、散居孤儿、社会残疾儿童及其家庭的临时照料、康复指导、特殊教育、精神慰藉、定期探访、宣传培训等工作。鼓励有条件的地市级以上儿童福利机构不断拓展集养、治、教、康于一体的社会服务功能，力争将儿童福利机构纳入定点康复机构，探索向困难家庭残疾儿童开放。

新未成年人保护法还规定了基层政府儿童福利与保护机构的设置，明确要求，乡镇人民政府和街道办事处应当设立未成年人保护工作站或者指定专门人员，及时办理未成年人相关事务；支持、指导村（居）民委员会设立专人专岗，做好未成年人保护工作。多地已经标准化地建设了"儿童之家"，并努力使其成为服务当地儿童的中心。

二、儿童福利与保护工作者队伍

儿童福利与保护工作者队伍是指在一线开展儿童福利与保护服务的工作人员，包括在未成年人救助保护机构与儿童福利机构内工作的人员和在乡镇（街道）和村（居）民委员会设立的儿童督导员与儿童主任等。

按照国家规定，机构内的人力资源配置应满足儿童福利与保护机构服务的需要，工作人员与儿童的比例应为1∶1。机构的管理层应具有大专以上文化程度和相关工作经验，并经行业培训合格获得相关资质证书。国务院办公厅2010年印发的《关于加强孤儿保障工作的意见》指出，要科学设置儿童福利机构岗位，加强孤残儿童护理员、医护人员、特教教师、社会工作者、康复师等专业人员培训，实行对儿童福利机构工作人员的工资倾斜政策。将儿童福利机构中设立的特殊教育班或特殊教育学校的教师、医护人员专业技术职务评定工作纳入教育、卫生系统职称评聘体系，在结构比例、评价方面给予适当倾斜。教育、卫生部门举办的继续教育和业务培训要主动吸收儿童福利机构相关人员参加。积极推进孤残儿童护理员职业资格制度建设，支持开发孤残儿童护理员教材，设置孤残儿童护理员专业，对孤残儿童护理员进行培训。

从实践情况看，各地儿童福利机构相关工作人员的配备基本到位，但护理师、心理咨询师、特教教师和康复师等专业技术人员的激励与晋升体系还有待健全，部分机构面临专业人员流失问题。儿童福利与保护机构应当鼓励、支持工作人员参加职业资格考试或者职称评定，按照国家有关政策妥善解决医疗、康复、教育、社会工作等专业技术人员的职称、工资及福利待遇。

2016年以来，各地在城乡基层推动儿童督导员与儿童主任在内的儿童工作者队伍建设。按照相关文件精神，各地坚持选优配强，确保有能力、有爱心、有责任心的人员从事儿童关爱保护服务工作，做到事有人干、责有人负。明确由村（居）民委员会委员和专业社会工作者等人员负责儿童关爱保护服务工作，优先安排村（居）民委员会女性委员担任，工作中一般称为"儿童主任"；乡镇人民政府（街道办事处）要明确工作人员负责儿童关爱保护服务工作，工作中一般称为"儿童督导员"。新未成年人保护法明确规定，村（民）民委员会应当设置专人专岗负责未成年人保护工作，协助政府有关部门宣传未成年人保护方面的法律法规，指导、帮助和监督未成年人的父母或者其他监护人依法履行监护职责，建立留守未成年人、困境未成年人信息档案并给予关爱帮扶。在工作实践中，各地积极建立和完善儿童督导员、儿童主任工作跟踪机制，并依托全国农村留守儿童和困境儿童信息管理系统，对儿童督导员、儿童主任实行实名制管理。

儿童主任、儿童督导员在所有乡镇（街道）和村（居）民委员会实现全覆盖，负责将我国儿童福利政策与服务传递至有需要的儿童及其家庭，是儿童福利与保护的一线工作者。经过持续系统的培训和实践锻炼，让他们在政策宣传、家庭随访、亲职指导、问题的发现报告和初级评估干预等方面发挥积极作用。

三、社会力量参与

社会力量在提供和递送各类儿童福利服务方面发挥着重要作用。2013 年以来，民政部门始终高度重视社会力量对儿童福利工作的参与。在未成年人社会保护、适度普惠型儿童福利制度建设试点推动过程中，民政部特别强调了社会力量参与的积极意义。2014 年，民政部印发《关于建立儿童福利领域慈善行为导向机制的意见》，明确了建立儿童福利领域慈善行为导向机制的总体思路，鼓励社会力量在政府解决共性和普遍问题的基础上提供个性化、差异化、有针对性的救助和服务，鼓励社会力量在进行经济援助的同时更加侧重于提供服务。强调坚持"自觉自愿、注重引导""明确主体、公平开放""统筹安排、科学调配"的基本原则，逐步实现社会力量和政府力量在儿童福利领域的对象互补、项目互补、方式互补，鼓励社会力量积极探索对未纳入制度保障的困境儿童的救助和服务等。2016 年国务院印发的关于农村留守儿童关爱保护与困境儿童保障工作的两个意见，再次强调了社会力量参与的重要性。

推动社会力量参与儿童福利工作，需要积极鼓励并支持各地区及未成年人救助保护机构，要通过政府委托、项目合作、重点推介、孵化扶持等多种方式，积极培育儿童服务类社会工作服务机构、公益慈善组织和志愿服务组织。支持相关社会组织加强专业化、精细化、精准化服务能力建设，提高关爱保护服务水平，为开展儿童福利工作提供支持和服务。一些地方政府在场地提供、水电优惠、食宿保障、开通未成年人保护专线电话等方面给儿童社会组织的发展运营提供优惠便利条件，有效推动了当地儿童福利事业的发展。

通过政府购买服务的方式，可以强化社会力量参与儿童福利事业发展的能力，拓展其参与空间。各地已将农村留守儿童关爱保护和困境儿童保障纳入政府购买服务指导性目录，并结合实际需要做好资金保障，重点购买走访核查、热线运行、监护评估、精准帮扶、政策宣传、业务培训、家庭探访督导检查等关爱服务。近年来，各级民政部门加大购买心理服务类社会组织力度，有针对性地为精神关怀缺失、遭受家庭创伤等儿童提供人际调适、精神慰藉、心理疏导等专业性关爱服务，促进其身心健康。一些地区积极引导承接购买服务的社会组织优先聘请村（居）儿童主任协助开展上述工作，并适当帮助解决交通、通信等必要费用开支。儿童福利事业的发展需要全社会共同参与。不少地区积极支持社会工作者、法律工作者、心理咨询工作者等专业人员，针对农村留守儿童和困境儿童不同特点，提供心理疏导、亲情关爱、权益维护等服务，提升了儿童福利工作的合力。政府相关部门积极倡导企业履行社会责任，通过一对一帮扶、慈善捐赠、实施公益项目等多种方式，重点加强贫困农村留守儿童和困境儿童及其家庭救助帮扶，引导企业督促员工依法履行对未成年子女的监护责任。

值得注意的是，新未成年人保护法特别明确了儿童保护的专业服务属性与政社协作的必要性。它充分考虑了儿童保护的专业服务属性，强调了对监护人监护意识与监护能力的评估，明确指出儿童保护工作涉及家庭教育指导服务、心理辅导、心理干预、康复救助、监护及收养评估、法律援助、社会调查、社会观护、教育矫治、社区矫正等专业服务。这些专业服务，包括与特定儿童及其父母与家庭的信任关系建立、对具体问题与需求性质的判定、亲职教育与矫治等具体服务的提供，大多需要由受过专业训练并具备必要心理学、社会工作专业等学科知识与技能的专业人员完成。为此，新未成年人保护法明确提出，地方人民政府应当培育、引导和规范有关社会组织、社会工作者参与未成年人保护工作，开展家庭教育指导服务，为未成年人的心理辅导、康复救助、监护及收养评估等提供专业服务。

第六节 儿童福利和保护发展展望

2022 年"六一"国际儿童节前夕，习近平总书记在给中国儿童中心成立 40 周年的贺信中指出，广大儿童工作者要"做儿童成长的引路人、儿童权益的守护人、儿童未来的筑梦人"，揭示了儿童工作的初心使命和根本任务。踏上全面建设社会主义现代化国家新征程，要坚持以习近平新时代中国特色社会主义思想为指导，进一步完善儿童福利和保护制度，在中国式现代化建设中推进儿童福利和保护工作高质量发展。

一、牢牢把握新时代儿童福利和保护工作的使命任务

充分认识儿童福利和未成年人保护工作是培养中国特色社会主义事业建设者和接班人崇高事业的重要组成部分，是保障儿童权益、提高儿童福祉、促进人口长期均衡发展的重要实现途径，在推进基本公共服务均等化、构建多层次社会保障体系中发挥着重要基础性、兜底性作用。要以习近平总书记关于儿童工作的重要论述和指示批示为根本遵循，坚守为党育人、为国育才的初心使命，把党的领导贯彻到儿童福利工作全过程、各环节，深刻把握儿童福利和保护工作的政治属性、人民属性，确保始终服务党和国家工作大局。要强化思想引领，加强思想道德建设，引导广大儿童树立和践行社会主义核心价值观、厚植爱党报国情怀、筑牢理想信念根基。要坚持儿童优先，确保儿童得到特殊、优先服务保障，以促进儿童全面发展作为出发点和落脚点，在法律法规制定、政策规划实施、公共资源配置和公共服务供给等方面优先考虑儿童的利益和需求，始终把儿童全面健康成长放在首位，用心用情促进儿童健康成长、全面发展。

二、健全适度普惠型儿童福利制度

经济社会不断发展为儿童福利的发展创造了更好的条件，人民群众对儿童福利制度建设有更高的期待。新时代儿童福利的发展要立足现有国情，着

眼未来发展，量力而行、尽力而为，扎实履行基本民生保障兜底职能，不断推动完善儿童福利制度。要格外关注身处困境的儿童群体，不断扩大福利保障政策覆盖范围，努力提高精准化、精细化保障水平，着重保障好、解决好社会散居孤儿、事实无人抚养儿童、流动儿童、留守儿童的急难愁盼问题，积极推进健全完善基本生活、教育就学、医疗康复、心理健康、关爱服务等各方面的保障措施。在坚持家庭在儿童养育中的主体责任的基础上，以推动儿童成长全过程的基本公共服务均等化为目标，逐步建成与经济社会发展水平相适应的适度普惠型儿童福利制度体系，为儿童的安全、健康与成长创造必要条件。

三、全面完善未成年人保护体系

着眼新未成年人保护法和机构改革职能任务新拓展、新调整，深刻把握新时代未成年人保护工作的战略性、人民性、系统性、长期性和敏感性，加快健全未成年人保护工作体系，汇聚保护未成年人健康成长的强大合力，维护好、发展好广大未成年人合法权益。要全面贯彻落实新未成年人保护法，积极推进儿童保护政策与服务发展，进一步完善留守儿童、流动儿童、困境儿童关爱服务体系，着力完善有效预防和及时干预虐待儿童问题的公共政策体系。要从工作阵地、人员力量、工作机制、保障条件等多方面同向发力，织密兜牢未成年人保护安全网。要大力加强儿童主任队伍建设，充分发挥基层儿童主任直接面向儿童、直接服务儿童的职能作用，提升儿童主任专业素质和关爱服务能力，打通未成年人保护工作的"最后一米"。要积极搭建社会力量参与未成年人保护工作的平台，鼓励各地各单位通过政府购买服务、孵化培育为未成年人提供关爱保护服务的社会组织，引导社会组织、社会工作者、志愿者、"五老"、乡贤等社会力量积极参与，形成全社会共同关心关爱未成年人的浓厚氛围。

四、健全家庭育儿支持政策和服务体系

家庭在中国社会秩序组织中扮演不可替代的角色，对有需要家庭（儿童）的经济资助，对临时或长期不能照顾儿童的家庭提供的照顾服务，对缺乏育儿经验的父母等监护人予以亲职教育指导，探索完善符合我国社会发展

环境的家庭支持政策，是儿童福利和保护工作的重要任务。要以《中华人民共和国家庭教育促进法》为依据，加快发展亲职教育指导服务，协助家庭以科学的方法养育儿童，推进覆盖城乡的家庭教育指导服务体系建设，重点加强孤儿、事实无人抚养儿童、留守儿童、困境儿童、流动儿童等特殊儿童群体家庭教育指导。要对依法收养儿童福利机构内残疾儿童的家庭给予支持。各地儿童福利机构、未成年人救助保护机构为当地得不到家庭适当监护的儿童提供社会化照顾服务，包括机构照顾、亲属寄养、家庭寄养、类家庭养育、收养等，并不断提升这些服务的制度化、规范化与专业化水平。

五、提升儿童福利和保护服务专业化水平

新未成年人保护法界定了儿童福利与保护的专业服务属性，明确提出要在其中开展监护及收养评估、临时与长期监护、强制报告、社会调查、家庭寄养、委托监护、家庭教育指导、儿童保护热线与平台等一系列专业服务措施。要借鉴发达国家和地区经验做法，制定我国儿童福利与保护各项服务的技术标准，加快推动儿童福利与保护服务专业化。推动专业社会力量参与儿童保护，实现政社协作联动开展儿童保护服务，是未来我国儿童福利工作的重要发展趋向。要加大力度培育专业机构与人员，鼓励支持和规范相关社会组织和专业人员参与儿童福利和保护专业服务，全面提高家庭监护能力与意愿评估、儿童福利需求评估、受虐儿童的监护干预、儿童的心理治疗与辅导、亲子关系调适等服务工作的专业化水平。

相关政策文件：

1.《民政部办公厅关于转发中国儿童福利和收养中心开展"婴儿安全岛"试点工作方案的通知》（2013 年 7 月）

2.《家庭寄养管理办法》（2014 年 12 月）

3.《国务院关于加强农村留守儿童关爱保护工作的意见》（2016 年 2 月）

4.《儿童福利机构管理办法》（2018 年 10 月）

5.《民政部办公厅关于开展孤弃儿童养育情况大排查的通知》（2018 年 3 月）

6.《民政部 国家档案局关于印发〈儿童福利机构业务档案管理办法〉的通知》（2019 年 12 月）

7.《民政部关于切实保障儿童福利服务对象合法权益防范化解重大风险的通知》（2020 年 2 月）

8.《民政部办公厅关于进一步做好儿童福利机构未成年人救助保护机构疾病防控和救治工作的通知》（2020 年 2 月）

9. 民政部等 14 部门《关于进一步推进儿童福利机构优化提质和创新转型高质量发展的意见》（2021 年 5 月）

10. 民政部等 7 部门《关于进一步做好弃婴相关工作的通知》（2013 年 5 月）

11.《民政部 国家宗教事务局关于规范宗教界收留孤儿、弃婴活动的通知》（2014 年 4 月）

12.《民政部关于规范生父母有特殊困难无力抚养的子女和社会散居孤儿收养工作的意见》（2014 年 10 月）

13.《国务院办公厅关于解决无户口人员登记户口问题的意见》（2015 年 12 月）

14.《民政部 公安部关于开展查找不到生父母的打拐解救儿童收养工作的通知》（2015 年 8 月）

15.《民政部关于印发〈收养评估办法（试行）〉的通知》（2020 年 12 月）

16. 民政部等 7 部门《关于进一步促进残疾孤儿回归家庭的通知》（2024 年 1 月）

17.《国务院办公厅关于加强孤儿保障工作的意见》（2010 年 11 月）

18.《民政部 财政部关于发放孤儿基本生活费的通知》（2010 年 11 月）

19.《民政部关于进一步完善保障孤儿基本生活有关工作的意见》（2011 年 12 月）

20.《民政部 财政部关于发放艾滋病病毒感染儿童基本生活费的通知》（2012 年 10 月）

21.《国家卫生计生委办公厅 教育部办公厅 民政部办公厅关于进一步落实受艾滋病影响儿童医疗教育和生活保障等政策措施的通知》（2014 年 12 月）

22. 民政部等 12 部门《关于进一步加强事实无人抚养儿童保障工作的意见》（2019 年 6 月）

23.《民政部 公安部 财政部关于进一步做好事实无人抚养儿童保障有关工作的通知》（2020 年 12 月）

第五章　社会组织管理

　　社会组织管理是民政工作的重要组成部分，是政府社会事务管理的重要内容，涵盖党建、登记管理、年度检查、评估、抽查、行政执法等各个方面。改革开放以来，我国社会组织取得快速发展，整体规模不断增长，作用影响日益显著。在党的领导下，以社会团体、基金会、社会服务机构为主要类型的社会组织逐渐成为社会主义现代化建设中一支不可或缺的重要力量。随着《中华人民共和国慈善法》《中华人民共和国民法典》等法律和中央社会组织改革发展相关文件的陆续出台，中央对社会组织管理工作提出了更高的要求，人民群众对社会组织的功能作用发挥有了更高的期望。党的二十大报告指出："高质量发展是全面建设社会主义现代化国家的首要任务。"坚持积极引导发展和严格依法管理并重的原则，进一步发挥社会组织在推动协商民主、促进经济发展、繁荣社会事业、提供公共服务、保护生态环境等方面的积极作用，优化社会组织发展环境，把好社会组织登记关并加强综合监管，引导社会组织在新时代走向高质量发展，是推动我国社会组织科学规范管理的关键。

第一节　社会组织概述

　　社会组织是推进国家治理体系和治理能力现代化的重要主体，在服务经济发展、满足社会需求、参与公共文化服务供给和促进生态文明保护方面具有独特优势。社会组织概述部分将重点介绍社会组织的基础性内容，包括社会组织的概念、分类、特点、发展历程和功能作用等，有助于从整体上把握社会组织基本情况。

一、社会组织的概念

受文化传统和语言环境差异的影响，社会组织在不同的国家和地区有着不同的称谓，如第三部门、非政府组织、非营利组织、志愿者组织等。第三部门（Third Sector）的概念最早在1973年由美国学者西奥多·莱维特（Levitt）提出，统称处于政府和私营企业之间的社会组织。这些组织一般处于政府与企业之间，在这块"中间地带"发挥着服务社会的职能。[①] 非政府组织是另一个较为常见的称谓，美国学者莱斯特·萨拉蒙（Lester Salamon）教授将非政府组织定义为具有组织性、私有性、非营利性、自治性、自愿性、非宗教性和非政治性的组织或机构。[②]

在我国的话语体系下，最为常用的概念是"社会组织"。新中国成立至20世纪80年代末一般采用的概念是"社会团体"。1950年9月，中央人民政府政务院发布了《社会团体登记暂行办法》，明确社会团体的范围、成立登记等事项。1981年7月，中国儿童少年基金会在京成立，这是新中国成立后第一家国家级公募基金会。这一时期的统计中，基金会包含在社会团体中。伴随着基金会数量增多，1988年9月，国务院发布《基金会管理办法》，基金会从社会团体这一概念中独立出来。1988年，民政部社团管理司宣告成立；1997年，民政部社团管理司被撤销，成立"社会团体和民办非企业单位管理司"；1998年，在国务院机构改革大背景下，民政部又将其改名为民间组织管理局，"民间组织"这一概念作为社会组织整体概念在机构名称中得到确认。1998年10月，国务院发布《民办非企业单位登记管理暂行条例》，社会团体、基金会、民办非企业单位并列成为民间组织三种类型。

2002年以后，民间组织的概念已经不能适应现代政府的管理体系和职能转变需要，"社会组织"这一概念逐渐被运用。2004年国务院《政府工作报告》中首次明确使用"社会组织"这一基本概念，而这一概念在党的文件中使用，起始于2006年党的十六届六中全会。此次会议审议讨论通过的《中共

---

① The odore Levitt. The Third Sector：New Tactics for a Responsive Society ［M］. New York：Amacom，1973：9-10.

② 莱斯特·M. 萨拉蒙，等. 全球公民社会：非营利部门视界 ［M］. 贾西津，魏玉，等译. 北京：社会科学文献出版社，2002：11.

中央关于构建社会主义和谐社会若干重大问题的决定》明确将社会组织"服务社会"这一功能加以深化增强，要求坚持社会组织培育扶持和依法管理并重。社会组织的概念被正式写入党的文件中，并在党的十七大报告中再次得到确认。2016 年 3 月，全国人大通过《中华人民共和国慈善法》，将"民办非企业单位"统一改称为"社会服务机构"。2016 年 8 月，中共中央办公厅、国务院办公厅联合印发的《关于改革社会组织管理制度促进社会组织健康有序发展的意见》明确了社会组织的范围，主要包括社会团体、基金会和社会服务机构等组织形态。

学术界对社会组织的理解各有不同。有观点认为社会组织是指人们为实现特定目标而建立的共同活动的群体①，是多个个体为了实现共同目标，进行共同活动而组成的内部有序的社会群体结构状态，是人的活动的有序性②。也有观点指出，社会组织是指在政府与企业之外，向社会某个领域提供社会服务，并具有公益性、非营利性、自治性、志愿性等特点的组织机构。③

综合以上不同观点，可以把社会组织作如下定义：在县级以上民政部门依法注册登记的提供公共服务和社会服务的社会团体、基金会和社会服务机构以及依法登记注册的或在街道备案的，以满足社区居民服务需求为目的的组织，具有非行政性、非营利性、公益性或互益性的特点。社会组织管理是指各级民政部门为适应社会团体、基金会和社会服务机构以及依法登记注册的或在街道备案的组织的科学规范发展需要，为其提供的归口登记、双重负责、分级管理等监管与服务工作。

二、社会组织的分类

根据不同的产生来源、治理结构与功能发挥，社会组织可以分为社会团体、基金会和社会服务机构三种。

---

① 刘振国. 中国社会组织的治理创新：基于地方政府实践的分析 [J]. 经济社会体制比较，2010（3）：137 - 144.

② B. A. 科斯京，等. 关于"社会组织"概念的定义问题 [J]. 国外社会科学，2002（3）：116 - 117.

③ 刘永哲，高兴国. 新社会组织概念辨析 [J]. 人才资源开发，2014（20）：9 - 10.

（一）社会团体

2000 年发布的《民政部关于对部分团体免予团体登记的有关问题的通知》规定，社会团体的类型可分为不登记、免予登记和登记三类。参加中国人民政治协商会议的人民团体不用进行社团登记，例如中华全国总工会；部分社会团体经国务院批准可免予登记，例如中国文学艺术界联合会、中国作家协会等；绝大部分社会团体则需要在民政部门登记成立。公民、法人均可以申请成立社会团体，发起人数量不限，但国家机关和具有行政管理职能的事业单位不宜作为发起人，也不能成为会员。社会团体偏重于会员的共同意愿，成立社会团体对于会员的数量有特定的要求，社会团体应当包括 50 个以上的个人会员或者 30 个以上的单位会员，个人会员和单位会员混合而成，会员总数不少于 50 个。我国社会团体服务范围覆盖经济、文化、教育、农业、卫生、科技等各个领域。民政部公布的《2024 年 2 季度民政统计数据》显示，我国共有 37.7 万家社会团体。①

（二）基金会

根据 2004 年 3 月国务院发布的《基金会管理条例》对基金会的定义，基金会是利用自然人、法人或其他组织捐赠财产，以从事公益事业为目的的非营利性法人。有学者将基金会理解为在捐赠基础上形成的公益财产及其社会关系②。我国基金会普遍以公益事业为发起目的，将有关组织和个人捐赠的财物，用于扶贫济困、扶老救孤、恤病助残、优抚、突发事件救援、发展科教文卫、完善生态保护等领域，为社会和谐发展、全面建成小康社会作出了积极贡献。向基金会捐赠的财产按照类型可分为金钱、房产、股权、收藏品等③。《基金会管理条例》将基金会分为公募基金会和非公募基金会两类，只有前者可以面向公众公开募捐；而按照《中华人民共和国慈善法》的有关规定，基金会被划分为具有公开募捐资格的和不具有公开募捐资格的两种形式。

---

① 2024 年 2 季度民政统计数据［EB/OL］.（2024 - 08 - 02）［2024 - 11 - 15］. https://www.mca.gov.cn/mzsj/tjsj/2024/2024dejdtjsj.html.

② 王名，徐宇珊. 基金会论纲［J］. 中国非营利评论，2008，2（1）：16 - 54.

③ 徐家良，等. 第三部门概论［M］. 北京：北京大学出版社，2020：12.

基金会如果想要获得公开募捐资格，需要满足以下两个条件：其一，被认定为慈善组织；其二，认定为慈善组织满两年且经过相关评估。公开募捐资格不再成为公募基金会的特权。民政部公布的《2024年2季度民政统计数据》显示，全国共有9708家基金会。①

（三）社会服务机构

《中华人民共和国慈善法》中首次出现"社会服务机构"概念，实际对应的是以前使用的"民办非企业单位"概念。1998年10月，国务院发布的《民办非企业单位登记管理暂行条例》规范民办非企业单位的登记管理，保障了民办非企业单位的合法权益，然而民办非企业单位从字面上无法与基金会、社会团体作严格区分，不能反映公益属性，"民办"缺乏清晰的界限，因此，《中华人民共和国慈善法》将民办非企业单位统称为社会服务机构。社会服务机构是指自然人、法人或者其他组织为了公益目的，利用非国有资产捐助举办，按照其章程提供社会服务的非营利法人。社会服务机构一般包括民办教育机构、福利院、卫生院所、科研机构、文化艺术单位等。社会服务机构提供教育、医疗、科技、文化等领域的社会服务。民政部公布的《2024年2季度民政统计数据》显示，我国共有49.4万家社会服务机构。②

三、社会组织的主要特点

社会组织区别于政府和企业，其自身具有不同于其他组织的特性，主要有非行政性、非营利性、公益性或互益性三个特点。

（一）非行政性

社会组织的非行政性是相对政府而言的，它不是政府部门，本身没有公共权力，而是独立具有自主权的自治组织，没有行政职能。从组织运作上看，社会组织按照章程和自身内部管理程序独立运转，决策和行为不受政府的直

---

① 2024年2季度民政统计数据 ［EB/OL］.（2024 – 08 – 02）［2024 – 11 – 15］. https://www.mca.gov.cn/mzsj/tjsj/2024/2024dejdtjsj. html.

② 同①.

接介入，工作方式方法也与政府层级制运作方式不同。从活动内容上看，社会组织不参与政治活动，但可以接受政府的委托和授权，承接政府转移的职能，提供公共服务。在中国，社会组织成立党的组织，接受中国共产党的全面领导，有序开展经济、文化、教育、农业、卫生、科技等各个领域的服务工作，为国家各项事业建设贡献力量。

（二）非营利性

社会组织的非营利性是相对商业企业而言的，非营利性是指不以追求利润为主要目的，不进行分红或者利润分配。社会组织的非营利性并不等于没有收入和盈利。美国学者萨拉蒙在分析非营利组织时提出非营利不可分配性，组织可以盈利，但所得必须继续用于组织的使命，不能在组织的所有者和经营者之间进行分配。[①] 从资金的使用上看，除必要的行政办公支出，社会组织资金应主要投入与组织宗旨相关的事业。从资金的来源上看，社会组织的资金来源包括会员会费、政府资助、提供产品和服务收入、企业捐赠以及投资收益等。资源提供者向社会组织投入资金后，并不享有资金的所有权。

（三）公益性或互益性

根据服务宗旨和服务对象的不同，社会组织可以分成三种类型，分别是公益性组织、互益性组织、兼具公益性和互益性的组织。第一种类型是公益性组织。公益性组织以公共利益为目标追求，其服务对象为不特定多数人，可以是某一类特殊群体或困难群体，也可以是一个国家乃至全人类。这类公益性社会组织的典型代表是基金会和慈善会。第二种类型是互益性组织。互益性组织既包含校友会、行业协会、宗教团体等社会团体，也包括在社区内部开展活动的钓鱼协会、舞蹈团体等社区自组织。第三种类型是公益性和互益性组织。这类组织是既有互益性又有公益性的社会组织，一般也是会员制组织，但为组织成员提供服务的同时也从事有利于社会公共利益的活动。2020 年初的新冠疫情中，部分行业协会、校友会开展了大量款物捐赠和应急

---

① 李亚平，于海. 西方志愿工作及志愿组织理论文选：第三域的兴起［M］. 上海：复旦大学出版社，1998：27.

救援活动，从而成为兼具公益性和互益性的组织。有一些社会组织通过承接政府职能转移，尤其是承接政府购买公共服务项目等形式面向非特定社会群体提供服务，从而具备公益性的特点。

四、社会组织的发展历程

新中国成立之后，社会组织数量在国家公共政策的影响下呈现波浪式的增长状态。新中国成立初期《社会团体登记暂行办法》的出台，促进了社会组织的发展。1978 年 12 月，我国实行改革开放政策后，社会组织数量逐渐增多，在经济与社会发展中发挥着独特的作用。根据有特色的组织成立、活动开展、管理体制和有关政策变化等情况，可以把社会组织的演变过程分为低速发展时期、恢复发展时期、稳步发展时期、改革创新时期 4 个阶段。

（一）低速发展时期

1949—1977 年，社会组织发展处于低速运转时期。新中国成立初期，百废待兴、百业待举，为恢复经济发展，国家实行计划经济体制，由国家对国民经济进行宏观计划管理，重要物资按计划进行统一采购、统一调配、统一保管。与此同时，国营企业、公私合营企业、供销合作社及私营企业也推行计划管理，由国家规定国营企业的生产数量、质量和品种，并在 1950 年调整工商业的过程中，逐渐将私营企业的生产和销售纳入计划体制。这一时期的社会组织具有很强的政治性：一方面，国家对社会组织进行严格控制和管理，组织活动是国家政治事务的一部分；另一方面，社会组织作为国家计划经济管理的一部分，是负责资源计划生产、分配、调拨的管理组织。

在此阶段，社会组织主要呈现出两种特征：其一，组织与政府机关高度一致，缺乏独立性和自主性，并承担着党政机关自上而下的管理职能，一般由党政部门负责人担任社会组织负责人，负责组织活动的制定和具体执行，组织的相关制度被纳入国家行政制度，典型代表有全国妇女联合会、中华全国总工会、红十字会等；其二，社会组织作为党和政府在科技文化领域的领导机构而确立，这些组织代表党政机关，贯彻党的路线、方针、政策，执行党和国家的指示、决定，在科技文化领域开展多种多样的活动，例如中国科学技术协会、中华全国学生联合会等学术团体。

（二）恢复发展时期

1978—1995年是社会组织的恢复发展时期。改革开放为社会组织发展创造了时代机遇，社会组织在开放的社会环境中获得了初步发展，大批至今仍具有较强影响力的社会组织在这一时期纷纷成立，初步确立的归口登记、双重管理、分级负责的管理体制则成为日后我国社会组织管理的基本制度。

1. 示范性社会组织相继成立

改革开放后，社会组织数量越来越多，一批国内有代表性的社会团体和基金会诞生于这一时期，其影响力延续至今。社会团体方面，依据国务院提出的"按行业组织、按行业管理、按行业规划"思路，一批全国性行业协会于20世纪80年代获准成立，包括中国食品工业协会、中国电子音响行业协会等，在经济领域至今仍发挥重要影响的中国工业经济联合会和中国企业联合会也成立于这一时期。与此同时，受党中央"科学技术是第一生产力"的号召，全国范围内不同层级的科技和学术性团体纷纷涌现，包括中国统计学会、中国考古学会等。同样是在这一时期，基金会登上历史舞台——中国儿童少年基金会于1981年成立，成为我国第一家公募基金会。随后众多知名基金会成立，包括中国宋庆龄基金会、中国青少年发展基金会、中国扶贫基金会①等，为基金会蓬勃发展奠定了坚实基础。

2. 归口登记、双重管理、分级管理的管理体制确立

归口登记、双重管理、分级管理的管理体制是社会组织管理的基本制度。归口登记是指由县级以上民政部门注册登记。双重管理是指社会组织管理实行的是登记管理机关和业务主管单位双重负责制度，其中县级以上党政部门或授权的组织是有关行业、学科或业务范围内社会组织的业务主管单位，县级以上的民政部门是社会组织的登记管理机关。申请成立社会组织的第一道手续是先向业务主管单位提出申请，经业务主管单位审查同意，然后进入第二道手续，在民政部门注册登记。分级管理是指根据不同的行政区划分成县、地市、省和中央四级社会组织管理制度，不同层级的社会组织由不同层级的

_____

① 2022年6月，改为"中国乡村发展基金会"。

业务主管单位和登记管理机关实行管理。

归口登记、双重管理、分级管理制度的形成过程与民政部内设机构演变、法规政策的完善有一定的相关性。1978 年，中央政府恢复组建民政部。1988 年，民政部设立社团管理司，负责开展社会团体的登记管理，结束了社会团体审批权限分散在不同党政部门的局面。1989 年 10 月，国务院发布的《社会团体登记管理条例》明确民政部门和相关政府部门的职责，"归口登记、双重负责、分级管理"的登记管理体制初步确立。在此之前，1988 年 8 月和 1989 年 6 月，《基金会管理办法》和《外国商会管理暂行规定》两部行政法规先后发布，对于规范约束基金会和外国商会两种形态的社会组织起到了重要作用。在归口登记、双重管理、分级管理体制的规范下，社会团体和基金会的复查登记、社会团体清理整顿和重新登记成为这一时期社会组织管理工作的重要方向。

这一阶段，是社会组织管理工作的新起点，形成了社会组织归口登记、双重管理、分级管理体制，对社会组织管理产生了深远影响。众多行业领先的社会组织在这一时期先后成立，为社会组织可持续发展创造了非常好的环境与条件。

（三）稳步发展时期

1996—2012 年，社会组织步入稳步发展时期。在深化改革、扩大开放的大背景下，政府职能重新调整，为社会组织健康发展释放了一定的空间。这一时期受到法治环境完善和政府职能转变的积极影响，社会组织进入稳步发展阶段。

1. "三大条例"出台规范社会组织管理

这一时期发布的"三大条例"对我国社会组织管理体系建设产生深远影响，成为较长时期内我国社会组织管理所遵循的主要制度规范。"三大条例"指的是 1998 年 10 月国务院发布的《社会团体登记管理条例》《民办非企业单位登记管理暂行条例》以及 2004 年 3 月国务院发布的《基金会管理条例》。

社会团体方面，《社会团体登记管理条例》是对运行近 10 年的 1989 年 10 月发布的《社会团体登记管理条例》同名法规的调整与补充，明确了业务主管单位的具体职责范围，并对社会团体在会员数量、治理机构设置等方面提出更为明确的要求。

民办非企业单位方面，随着改革开放的不断深化，社会力量不断介入公共事务领域，出现了"民办事业单位"这种新的组织形式。为与由国有资产举办的传统事业单位相区分，1996年9月，中共中央办公厅、国务院办公厅下发的《关于加强社会团体和民办非企业单位管理工作的通知》正式提出了"民办非企业单位"概念。1998年10月发布的《民办非企业单位登记管理暂行条例》明晰了民办非企业单位的基本特征、活动规范和登记要求，标志着民办非企业单位系统性管理制度的形成。

基金会方面，与20世纪80年代迅速增长的情形不同，受多次社会组织清理整顿工作影响，基金会数量在21世纪初并未实现显著增长。2004年3月，国务院发布的《基金会管理条例》对登记条件、治理结构、财产使用等事项进行了详细规定，并首次提出公募基金会和非公募基金会的分类体系。

"三大条例"的制定成为我国社会组织管理制度规范化建设的重要节点。以"三大条例"出台为契机，政府进一步明确并完善了社会组织归口登记、双重管理、分级负责的管理体制，通过行政法规将其落实为本领域的基本制度。

2. 确保社会组织发展环境健康有序

国家对社会组织的重视程度持续提升，为社会组织发展创造了健康有序的社会环境。2002年，党的十六大提出推进政府管理改革创新，为社会组织发展释放了足够的空间。中央明确提出要按照社会主义市场经济要求，完善"经济调节、市场监管、社会管理和公共服务"职能。2006年，党的十六届六中全会对各类社会组织功能发挥提出了提供服务、反映诉求、规范行为等要求，表明中央对社会组织提出了更高的期待。《中华人民共和国国民经济和社会发展第十二个五年规划纲要》首次设专章"加强社会组织建设"，由此带动了地方性规划的陆续制定。

发展环境健康有序也体现在社会组织相关的配套性支持政策纷纷出台。2005年1月实施的《民间非营利组织会计制度》，为各类社会组织会计核算制度提供参照标准，确保社会组织的财务资产管理规范运作。2008年1月实施的

《中华人民共和国企业所得税法实施条例》在社会组织税收减免及公益性捐赠税前扣除等方面予以详细规定，构建起有利于社会组织发展的税务环境。

3. 社会组织积极汇集民间力量

这一时期，"希望工程""春蕾计划""幸福工程"等一批品牌项目在社会上引起强烈反响，有效激发公众对民间公益活动的热情。2001 年，中国加入世界贸易组织（World Trade Organization，WTO），中国社会组织逐步与国际接轨。2008 年，北京奥运会中 170 万名志愿者①参与奥运赛事筹备，向世界展示了中国的志愿精神和民间力量；同年的四川汶川地震中，社会组织在应急响应和灾后重建过程中发挥的关键性作用受到广泛认可。

这一阶段，"三大条例"的制定为社会组织管理提供了基础性制度保障。中国社会组织持续受到改革开放的积极信号影响，并以中国加入 WTO 为契机，迸发出较强的生机和活力。

（四）改革创新时期

2012 年以后是社会组织的改革创新时期。党的十八大以来，以习近平同志为核心的党中央高度重视社会组织的地位和作用，社会组织顶层设计全面展开。以党的十八大报告提出的"加快形成政社分开、权责明确、依法自治的现代社会组织体制"为标志，我国社会组织步入了改革创新的崭新时期。

1. 党的工作不断加强

为促进社会组织党组织和党建工作顺利开展，2015 年 9 月，中共中央办公厅印发《关于加强社会组织党的建设工作的意见（试行）》，明确社会组织党组织的功能定位、社会组织党建工作的管理体制和工作机制，为加强社会组织党建工作提供了基本原则和思路。党的十九大报告强调重视基层党组织建设，注重从社会组织中发展党员。2019 年 1 月，中共中央办公厅发布的《中共中央关于加强党的政治建设的意见》，要求在社会组织的章程中涵盖加强党的领导相关内容，社会组织党的建设工作不断增强。2021 年 9 月，民政部印发《"十四五"社会组织发展规划》，该规划将加强社会组织党的建设作

---

① 北京奥运会推动中国志愿者事业实现历史性的跨越［EB/OL］.（2008 – 08 – 18）［2023 – 12 – 26］. https://news. enorth. com. cn/system/2008/08/18/003644022. shtml.

为推动社会组织高质量发展的第一个主要任务，强调要以党的政治建设为统领，推动社会组织党建工作水平全面提升，推进社会组织党的组织和党的工作全覆盖。党的二十大报告就加强党的建设作出新的部署，"坚持大抓基层的鲜明导向"，强调"加强混合所有制企业、非公有制企业党建工作，理顺行业协会、学会、商会党建工作管理体制。加强新经济组织、新社会组织、新就业群体党的建设"，为新时代新征程做好基层党组织建设指明了发展方向、明确了重点任务、注入了强大动力。

为把社会组织党组织建设成党领导的坚强战斗堡垒，地方各级政府积极通过制度创新完善社会组织党建标准化建设工作。比如，广西壮族自治区党委办公厅于 2018 年印发了《关于全面加强新时代非公有制经济组织和社会组织党的建设的意见》，从 6 个方面提出 19 条措施，着力加强新兴业态非公有制经济组织和社会组织党的建设。云南省民政厅于 2021 年印发《关于加强社会组织党的建设工作的实施意见（试行）》，明确了加强社会组织党的建设工作的指导思想、基本原则、主要目标、重点任务和保障措施等，为推动完善社会组织党建工作管理体制和工作机制提供了指导意见。山东省民政厅于 2021 年印发《关于推进在社会组织章程中增加党的建设和社会主义核心价值观有关内容的通知》，明确了"党建入章"的工作要求、办理程序和督促指导等内容，为加强社会组织党的建设、践行社会主义核心价值观提供了具体措施。河北省委组织部于 2023 年印发了《关于加强全省非公有制经济组织和社会组织党支部标准化规范化建设的指导意见》，从组织设置、活动开展、队伍建设、保障配套、作用发挥等 5 个方面提出 17 条重点措施，增强非公有制经济组织和社会组织党组织政治功能和组织功能。

2. 纲领性文件保障社会组织健康有序发展

2016 年 8 月，中共中央办公厅、国务院办公厅发布的《关于改革社会组织管理制度促进社会组织健康有序发展的意见》对推动社会组织改革发展产生重大影响。意见明确提出"走出一条具有中国特色的社会组织发展之路"，为社会组织发展及作用发挥指明了正确的方向，具有长期指导意义。民政部为系统贯彻落实意见提出的主要任务，创新组织名称和架构改革，将社会组织改革发展工作放在突出位置。2016 年 8 月，民间组织管理局正式更名为民政部社会组织管理局，也被称为国家社会组织管理局。2017 年，原民政部社会工作司与原社会组织管理局合并，组建了新的社会组织管理局（社会组织执法监察局、社会工作司）。这一系列组织机构变迁，为民政部门持续推进社会组织管理制度改革打好了组织基础。

纲领性文件发布的同时，社会组织领域的基本法律体系也逐步完善。2016 年 3 月，第十二届全国人民代表大会第四次会议正式表决通过《中华人民共和国慈善法》，这是中国社会组织发展领域里程碑式的法律。该法赋予社会组织认定为慈善组织的权利，并可申请获得公开募捐资格，还提出了一系列针对慈善组织发展的促进措施。《中华人民共和国慈善法》在优化社会组织结构布局、撬动社会领域的供给侧结构性改革等方面发挥了重要作用。

3. 政社分开稳步推进

政社分开体现在行业协会商会脱钩与社会组织直接登记两个层面。脱钩层面，2015 年，全国性行业协会商会脱钩试点工作和相应的体制机制全面推行，传统的双重管理体制迎来改革创新。2015 年 7 月，中共中央办公厅、国务院办公厅印发的《行业协会商会与行政机关脱钩总体方案》提出了行业协会商会与行政机关实现机构、职能、资产、人员、党建外事五脱钩、五分离，为行业协会商会脱钩改革规划了清晰的发展路线。直接登记层面，2013 年前，社会组织直接登记工作在地方稳步有序试点。2013 年 3 月，党的十八届二中全会审议通过的《国务院机构改革和职能转变方案》提出行业协会商会类、科技类、公益慈善类和城乡社区服务类四类社会组织可直接向民政部门申请登记，无须业务主管单位审查管理，从中央层面为民政部门开展直接登记工作提供指导。江苏、上海、四川、山西等地相继出台了登记管理办法，同样规定上述社会组织可以直接向民政部门依法申请直接登记。

4. 鼓励扶持政策不断完善

为了切实加大对社会组织的培育扶持力度，民政部协同财政部等有关部门，先后围绕政府购买服务、税收优惠、人才建设出台相关文件。政府购买服务方面，2016 年 12 月，财政部与民政部联合印发的《关于通过政府购买服务支持社会组织培育发展的指导意见》，从切实改善准入环境、加强分类指导和重点支持、完善采购环节管理、加强绩效管理、推进社会组织能力建设等环节支持社会组织参与政府购买服务。税收优惠方面，2017年，新修订的《中华人民共和国企业所得税法》准予企业公益性捐赠支出超过年度利润总额12%的部分结转三年内扣除，为社会组织获取更多来自企业的大额捐赠创造条件。同时，民政部协同财政部在公益性捐赠税前扣除有关事项上出台了相应文件，海关总署、科技部等部门陆续发布了慈善捐赠免征进口税、科技创新进口税等政策。人才建设方面，为了保持社会组织人才队伍的稳定，民政部协同人力资源社会保障部先后出台了社会组织专职工作人员养老保险、工伤等文件，为社会组织人才建设提供了有效的政策保障。2015年10月，由国家职业分类大典修订工作委员会编写，中国劳动社会保障出版社出版的《中华人民共和国职业分类大典》将社会组织专业人员、社团会员管理员和劝募员纳入，为社会组织的专业化人才建设奠定了基础。

这一阶段，得益于党和政府的一系列重要举措，社会组织管理工作取得了巨大进步。社会组织法规政策日益完善，发展环境更加优化，党组织作用越发突出，逐步形成政社分开、权责明确、依法自治的现代社会组织管理体制。各类社会组织快速发展，截至2023年底，全国共有社会组织88.2万个，与1988年民政部恢复社会团体登记管理工作时的4446个相比，社会组织数量增长超过200倍。社会组织广泛活跃在教育、卫生、文化、科技、体育、社会服务和慈善等领域，已成为社会主义现代化建设进程中不可忽视的力量。

五、社会组织的功能与作用

改革开放以来，我国社会组织在服务国家、服务行业、服务社会和服务群众等方面发挥着不可替代的作用，为党和国家的政治建设、经济建设、社会建设、文化建设和生态文明建设作出了巨大贡献。

（一）政治层面：发挥决策咨询职能，推动社会主义协商民主

社会组织的政治作用体现在集中向党和政府反映群众的意见和诉求，发挥咨政建言的重要作用，进一步推动社会主义协商民主有序进行等方面。

1. 提供决策咨询，服务政府职能

政府将决策咨询、标准制定等职能及相关调研工作转移或委托给社会组

织承接，是党和政府科学民主决策，效益最大化的策略选择。以"思想库""智囊团"等形式活跃的智库型社会组织，通过深入基层，了解公众的需求信息，凭借专业、行业的政策研究优势，为党和政府提供智力支持，进而影响公共政策的制定，确保公共政策的科学性。

2017年5月，由民政部、中宣部等9部门联合出台的《关于社会智库健康发展的若干意见》明确了社会智库参与政府决策咨询的价值，指出要引导以社会团体、社会服务机构、基金会等组织形式注册的社会智库健康发展，并提出了拓展社会智库参与政府决策咨询服务的途径，为社会智库开展政府采购、直接委托、课题合作等形式的政策研究、决策评估和解读活动提供了基本依据。在决策咨询方面，社会组织可以发挥专业性强的学科优势，开展深入的调研和政策研究工作，集中反映群众的意见和诉求，发挥咨政建言的重要作用。比如，中国科学技术协会围绕京津冀协同发展国家战略，积极搭建科技界、产业界、金融界青年代表交流平台，为国家构建新发展格局献计献策。在服务政府方面，社会智库等社会组织有效减轻了政府部门的决策方案制订压力，促进政府将精力专注于领导与决策上，站在战略发展的视角选择专家与智库制订的最优方案，助推政府职能转变。

2. 推动协商民主广泛发展

探索开展社会组织协商，坚持党的领导和政府依法管理，健全与相关社会组织联系的工作机制和沟通渠道，引导社会组织有序开展协商，更好为社会和群众服务，是贯彻发展全过程人民民主理念的重要渠道。社会主义协商民主作为中国特色社会主义民主政治的独特形式，在推动我国治理体系和治理能力现代化中发挥着重要作用。党的十九大报告明确了社会组织民主协商的重要作用，首次将社会组织协商同政党协商等协商形式并列，标志着社会组织协商被纳入社会主义协商民主体系，成为推动社会主义协商民主广泛、多层、制度化发展的重要环节。党的二十大报告中提到"协商民主是实践全过程人民民主的重要形式"，为发展中国式协商民主提供了根本遵循。近年来，随着社会组织快速发展，其作为传递民意的重要载体、实现政治领域多元参与的功能越来越突出。一方面，政府在制定法律政策时，需要了解社会各方面情况，听取利益相关者的意见，作出最佳的方案选择，形成公共政策。① 另一方面，行业协会商会等社会组织作为利益相关者，可以发挥专业性优势参与公共政策的制定和执行过程，向政府部门传达成员和公众的意见及合理需求，确保公共政策的完整性和全面性，提升法规政策的公正性，推进政府决策民主化，确保国家治理体系与治理能力现代化。2019 年 3 月，国务院办公厅印发的《关于在制定行政法规规章行政规范性文件过程中充分听取企业和行业协会商会意见的通知》明确了各级政府听取行业协会商会意见的多种方式、意见研究采纳反馈机制等内容，为社会组织开展与政府的交流对话沟通提供了政策依据。据不完全统计，2019 年度，仅全国性行业协会商会就向政府部门提出政策建议 3074 项，参与法律法规文件修改制定 424 项，参与政策文件修订 724 件，参与国家标准制定 2499 项，参与国际标准和规则制定 364 项，接受政府部门委托项目 898 项，接受政府部门购买服务 1191 项。②

（二）经济层面：促进经济建设，发挥桥梁纽带作用

社会组织经济层面的功能体现在助推国内外经济合作、推动经济全球化等方面。另外，社会组织对带动市场经济主体之间的活跃性发挥了桥梁纽带作用，有效打造行业枢纽平台。

1. 推动经济建设功能

在推动经济建设方面，社会组织有着得天独厚的人才优势、资金优势、技术优势、专业优势。习近平总书记在党的二十大报告中明确指出："推动经济实现质的有效提升和量的合理增长。"围绕"两个一百年"奋斗目标，实现中华民族伟大复兴的中国梦，我国经济发展进入了新的历史阶段，也产生了一系列新的需求。社会组织不仅由于其志愿性特征可动员社会公众，具有深厚的社会认同基础；又由于其非营利性特征减少了服务供给的成本，具有较为显著的经济价值。因此，鼓励引导社会组织积极响应国家号召，整合自身优势资源，投身国家经济建设主战场，是推动我国经济建设、激发市场经

① 徐家良. 行业协会商会在涉企法规政策制定中发挥着不可或缺的作用［J］. 中国社会组织，2019（8）：8－10.

② 民政部对"关于加快落实企业和行业协会参与制度建设机制更好地保障企业合法权益的建议"的回复［EB/OL］.（2020－09－15）［2023－12－26］. http://xxgk. mca. gov. cn：8445/gdnps/pc/content. jsp？mtype＝4＆＝115728.

济活力的重要举措。比如，广西南宁市互联网协会利用"互联网＋"把更多优质教育资源、医疗资源送到贫困群众身边，将更多面朝黄土的贫困群众打造成善用互联网的新农民，让他们的劳动更便捷、有效地转化为收入，为贫困群众脱贫致富创新形式。①

除了促进国内经济建设，社会组织还能发挥链接国内外经济合作、推动经济全球化的重要功能。以行业协会为例，此类社会组织不仅可以指导、规范和监督会员企业的对外交往活动，还能在遇到贸易争端和利益冲突时，化解各类矛盾，帮助企业维护自身权益，组织会员企业做好反倾销、反补贴和保障措施相关工作，发挥调停者的作用。同时，社会组织还可以通过协助企业经贸投资"走出去"，参与全球治理和"一带一路"建设，扮演"柔性外交"的关键角色，在国际交往中展示出国家软实力。

2. 打造行业枢纽平台

社会组织尤其是行业协会商会能够在行业内有效聚合社会资源，辐射大中小市场经济主体，有效打造行业枢纽平台。枢纽型社会组织链接了政府和企业，主导着行业秩序规范，在不同企业与行业中促进合作调节，从而激发市场经济主体的活力。

行业枢纽平台的打造能够有效构建行业生态，形成行业秩序规范和优化服务。在行业生态方面，枢纽型社会组织联合政府部门以集聚发展的形式促进地方性社会组织之间的连接和沟通。创新园或孵化园作为培育发展社会组织的专业化、综合性、枢纽型支持平台，能够有效融合政府、企业多方资源，为区域社会组织发展提供场地设备、资金支持、能力培训等支持，进而激发社会组织活力，打造地方公益生态。在行业秩序规范方面，行业协会担负着实施行业自律的重要职责，围绕规范市场秩序，健全行业内部自律体系，规范会员行为，协调会员关系，维护公平、竞争的市场环境。社会组织通过制定团体标准等行为来维护行业信誉，引导行业良性健康发展，进而推动市场经济平稳运行。在服务提供方面，依托枢纽平台，社会组织对内着眼于会员利益诉求，代表本行业的利益，为会员提供各类服务，收集、发布行业信息，

---

① 致富路上跑出"光纤速度"：记广西南宁市互联网协会［EB/OL］．（2020－10－30）［2023－12－26］．https://www.mca.gov.cn/zt/n262/n370/c16620049999979989197/content.html.

组织人才、技术、管理、法规等主题培训，帮助会员企业改善经营管理；对外整合政府的需求，受政府委托承办或根据市场和行业发展需要举办交易会、展览会等，为企业开拓市场创造条件。

（三）社会层面：满足社会需求，参与社会治理

社会组织在社会层面发挥着满足社会需求的重要功能，具体体现在促进社会就业、反映利益诉求、化解社会矛盾等方面。另外，社会组织参与诸多领域的社会治理事务，在社区治理、应急救援中均有出色的表现。

1. 促进社会就业

社会组织的发展，有助于直接吸纳就业，满足社会各类人员就业需求，提供劳动岗位，缓解结构性就业矛盾。《中国民政统计年鉴：2023》显示，截至 2022 年底，全国共有社会组织 89.1 万家，比上年下降 1.2%；吸纳社会各类人员就业 1108.3 万人，比上年增长 0.8%。[①] 社会组织在促进社会就业板块中发挥着不可替代的作用，能够持续性地解决就业问题。

《中华人民共和国就业促进法》第九条规定，工会、共产主义青年团、妇女联合会、残疾人联合会以及其他社会组织，可以协助人民政府开展促进就业工作，依法维护劳动者的劳动权利。在应对新冠疫情特殊时期，我国社会组织面向特定人群开展就业促进工作。疫情期间，我国社会组织集中开展就业支援活动，帮助待就业人群度过就业"寒冬"。2020 年 3 月，为助力解决高校应届毕业生就业难问题，民政部社会组织管理局、民政部社会组织服务中心、北京市民政局主办了"2020 年春季社会组织与北京地区高校毕业生网络双选会"，双选会共动员 215 家社会组织参与，提供 1500 余个工作岗位，为北京地区应届高校毕业生尽早就业提供了一个重要渠道。[②] 社会组织为下岗人士和其他困难群众再就业发挥了重要的引导和支援作用，为困难人群提供就业保护、就业援助和服务，与政府和市场形成合力，优化就业公共服务，间接促进社会就业。

① 中华人民共和国民政部. 中国民政统计年鉴：2023 ［M］. 北京：中国社会出版社，2023：11.
② 1500 个岗位！社会组织助力高校毕业生就业 ［EB/OL］.（2020 - 03 - 25）［2024 - 10 - 25］. https://www.thepaper.cn/newsDetail_forward_6690802.

2. 反映利益诉求

社会组织可以促进社会群体参与公共政策的制定过程。从利益分析的视角理解公共政策，公共政策是以政府为核心的政策群体依据特定时期的目标，通过对社会中多元主体的各种利益矛盾进行协调、对利益诉求进行选择和整合，以有效增进与公平分配社会利益，实现利益平衡与和谐为目的的行为准则。[①] 公共政策执行也是多元主体利益整合的过程。社会组织作为公共政策执行、反馈过程中的重要参与主体，能够在群众中建立规范的对话和协商机制，引导群众理性表达利益诉求，以制度化的方式将公众的利益诉求和意愿反馈给政府，维护人民群众表达合理合法利益诉求的权利。

一方面，社会组织可以在医疗、养老、就业、环保等重要领域代表困难群体发声，为困难群体争取利益，成为畅通群众和政府诉求表达与沟通的渠道，推动建立共建共治共享的社会治理格局；另一方面，受公益性或互益性特点的影响，社会组织开展公共服务供给具备天然优势和能力，能以实际的社会服务回应群众利益诉求，实现政府和社会协同治理。

3. 化解社会矛盾

社会组织是转化疏解社会矛盾的重要载体。社会组织的存在能够调解和化解各种社会矛盾纠纷，保护公众合法权益，在维护国家长治久安、社会和谐稳定、夯实党的执政根基上发挥重要作用。

社会组织在化解社会矛盾中具有中介作用，具体体现在缓和政府与公众、企业与公众以及公众内部的矛盾上。在政府和公众的关系上，社会组织向民众传达党和政府的意见和方针，帮助民众了解政策主张，消除对政策的抵触情绪，增强民众的政治认同感。在企业和公众以及公众内部关系上，社会组织能够引导企业和公众以理性合法的形式表达利益诉求，进而把矛盾化解在萌芽状态与初始阶段，避免局部矛盾演变成不可调和的矛盾。

4. 参与社区治理

我国社会治理正面临从一元主体到多元共治的结构转型，蓬勃发展的社会组织已成为社区治理重要的参与主体。充分调动社会组织力量进而激活其在社区治理中的潜力，成为突破当前社区治理瓶颈的重要策略之一。

[①] 冯静，杨志云. 利益视角下的公共政策过程分析 [J]. 中国行政管理，2009（1）：26-30.

社会组织在激发社会活力、深化居民自治、创建和谐社区、繁荣社区文化等方面有重要影响。其一，社会组织具有扎根基层、服务群众的天然优势，能够广泛动员居民参与公共事务，引导社区居民积极参与社区建设，营造自主管理、自主服务的社会氛围。其二，社会组织的发展壮大及其服务项目的有效实施，能为社区居民提供个性化、多样化服务，为和谐社区建设提供了重要支持。比如，中国社会福利基金会主动作为，创新求变，推动成立"暖心工程社区服务站"，推动慈善事业更深入地走向助力基层社区治理的大格局中。[①] 其三，兴趣小组式的居民自组织是创新社区文化活动的载体，这些社会组织为居民搭建了参与平台，有助于提升居民生活品质、丰富群众性文化活动，在繁荣社区文化、完善公共文化服务体系等方面可起到积极作用。

5. 参与应急救援

近年来，我国自然灾害、公共卫生事件、事故灾难以及社会安全事件时有发生，开展应急救援工作是应对自然和人为风险的必要手段，也是社会治理的重要环节。社会组织作为社会力量的集合，在开展应急救援工作时可作为政府力量的补充。自汶川地震以来，我国社会组织在公共安全事件应急救援方面取得了长足发展。随着 2018 年应急管理部成立，我国的应急管理体系逐渐走向多元主体参与的方向[②]。2020 年，民政部等 4 部门发布《关于进一步推进社会应急力量健康发展的意见》，明确指出利用 3 年至 5 年的时间，初步建成布局合理、功能多样、治理有序、充满活力的中国特色社会应急力量体系，社会组织在其中势必承担更为关键的角色。在应对新冠疫情的过程中，社会组织体现出运作模式、资源供给、专业技能等方面的独特优势。运作模式方面，社会组织与地方党委政府主导的防控工作体系形成合力，凭借其灵活性在线上医疗、社区管理、物流运输等环节有效缓解疫情给政府部门造成的巨大压力。资源供给方面，一批校友会、基金会、行业协会商会发挥自身渠道优势，在疫情最紧急的时期快速响应，大批量采购、捐赠和运输口罩等医疗防护用品，保障医院及社区抗疫工作顺利开展。例如，武汉市美德青年

---

① 王冰洁. 为社区治理注入慈善力量：中国社会福利基金会"暖心工程"助力江城养老［N］. 中国社会报，2021 - 07 - 23（2）.

② 张海波. 新时代国家应急管理体制机制的创新发展［J］. 人民论坛·学术前沿，2009（5）：6 - 15.

志愿服务中心是在 2020 年抗击疫情期间成立和成长起来的志愿服务型社会组织，疫情期间，中心的数千位志愿者帮助了包括火神山、雷神山在内的 20 多家一线医院、9 家方舱医院、100 多家养老院等，受助人数超过 10 万人。[①] 专业技能方面，部分在心理援助、信息管理、特殊困难群体照护等方面具有丰富经验和较强专业能力的组织，持续地为相关需求群体乃至整个疫情应对提供人力和智力支持。

（四）文化层面：参与公共文化服务供给，传播慈善文化

在文化层面，社会组织作为慈善文化的重要传播主体，具有弘扬慈善文化和理念的重要功能。另外，社会组织通过多渠道、多方式开展公共文化服务供给，在公共文化服务体系中发挥着突出作用。

1. 参与公共文化服务供给

社会组织是公共文化服务的直接供给主体。2015 年 1 月，中共中央办公厅、国务院办公厅印发《关于加快构建现代公共文化服务体系的意见》，提出培育和规范文化类社会组织，大力推进文化志愿服务，将文化类社会组织发展摆在公共文化服务体系中的突出位置。2022 年，民政部和中央文明办联合下发《关于推动社区社会组织广泛参与新时代文明实践活动的通知》，引导社区社会组织充分发挥贴近群众生活、了解群众需求、服务灵活高效等优势，围绕丰富精神文化生活组织文化体育活动，聚焦群众急难愁盼提供便民服务，为社区社会组织有序参与新时代文明实践工作指明了方向。随着国家公共文化服务的推进，社会组织参与丰富了公共文化服务的供给主体，为居民提供了多样化的公共文化服务内容。社会组织供给公共文化服务已成为人民群众汲取文化营养的关键途径。

社会组织参与公共文化服务供给主要体现在以下两个方面：一方面，民办图书馆、博物馆、纪念馆、艺术院校、文化类行业协会以及社区文化站等组织逐渐增多，多渠道多范围满足人民群众精神文化需求。此类组织呈现出繁荣、活跃、创新、多元等发展特点。另一方面，文化类社会组织通过承接

---

① 王冰洁. 为社区治理注入慈善力量：中国社会福利基金会"暖心工程"助力江城养老 [N]. 中国社会报，2021 - 07 - 23 (2).

政府委托的公共文化服务项目满足居民的精神文化需求，在政府指定的任务之外，探索依靠社会化机制提供增量公共文化服务的可行性，并以此获得组织持续繁荣发展的生命力。

2. 推动科技创新发展

科技类社会组织是推动科技创新的重要力量，党的十八届三中全会把科技类社会组织列为重点培育和优先发展的四类社会组织之一。随着科学技术的迅猛发展，科技交流的广度和深度不断拓展，科技类社会组织在促进产学研协作创新、强化科技体系建设、深化国际科技文化交流合作、打造国家战略科技力量等方面作用突出。比如，全国工业技术创新战略联盟、全国高校科技成果转化联盟等社会组织实行关键核心技术"揭榜挂帅""赛马"等制度，推动产业链上中下游、大中小企业融汇创新，不断提升国家战略科技力量。

作为团结联系科技工作者的桥梁纽带，科技类社会组织为国家重大战略需要提供了智力支持和人才保障，促进学术繁荣和科技资源流动，推动国内外科技合作不断深化，为引导科技工作者更好服务中国式现代化建设发挥了重要作用。科技类社会组织在国际科技交流合作中扮演的重要角色，体现着中国科技发展的国际话语权和影响力，是发挥我国在全球科技治理中作用的实际行动和重要举措。比如，中国计算机学会、中国生物工程学会等社会组织打造的学术交流平台和活动，有助于中国科技发展与世界科技进步同频共振，推动中国科技工作者深度参与全球科技治理。

3. 传播发扬慈善文化

社会组织是慈善文化的宣传载体。慈善文化①在中国世代相承，是实现中华民族一家亲的强大文化纽带，是中华文化的重要组成部分。2016 年，《中华人民共和国慈善法》的立法目的之一是"弘扬慈善文化"，法律也明确提出"国家采取措施弘扬慈善文化，培育公民慈善意识"，"学校等教育机构应当将慈善文化纳入教育教学内容"，"广播、电视、报刊、互联网等媒体应当积极开展慈善公益宣传活动，普及慈善知识，传播慈善文化"。而在日常的慈

---

① 有学者认为慈善文化是人类在社会实践和意识活动中化育成的价值取向、审美情趣、思维方式凝聚而成的文化精神内核，其核心是人们对自身取得财富的态度，对他人特别是社会困难群体的关心程度，以及人们对于慈善行为的价值评价和社会认可度。肖国飞，任春晓. 论慈善文化的道德意蕴 [J]. 中州学刊，2007（1）.

善文化传播工作中，社会组织同样作为中坚力量发挥了重要作用。

社会组织通过平台构建和活动开展等形式传播和发扬慈善文化。在平台构建方面，社会组织构筑传播弘扬慈善知识和文化的平台，带动政府、企业、学界等社会各界人士合力慈善，关爱特殊群体，在力所能及的范围内伸出援手，发扬慈善文化扶贫济困、乐善好施的精神内核，提升社会公众的幸福感和获得感，促进社会主义和谐文化建设。在活动开展方面，社会组织开展的慈善活动是向大众普及慈善知识，传播慈善文化的重要途径。通过示范性的慈善活动影响他人，采取实际行动以善引善，助力慈善事业发展。通过活动开展能够帮助公众零距离接触慈善、体验慈善，进而深化公众对慈善价值的了解，支持慈善活动，在社会上弘扬慈善理念。例如，在北京市民政局指导下，首都公益慈善联合会主办了"慈善北京周"活动，宣传贯彻《中华人民共和国慈善法》，大力弘扬慈善文化，传播慈善理念，加强"慈善北京"建设，为社会各界参与慈善搭建了平台。①

（五）生态层面：投身生态环境保护，推动人与自然和谐发展

社会组织在生态层面发挥着动员社会力量保护环境、推动环境信息公开和决策透明化的重要功能；以实际行动推动人与自然和谐发展，推动生态文明现代化建设，探索我国转型发展新路径。

1. 投身生态环境保护

社会组织历来是生态环境保护活动的重要行动主体之一。2017 年 1 月，由环境保护部②、民政部联合印发的《关于加强对环保社会组织引导发展和规范管理的指导意见》明确指出环保社会组织的功能，要在生态文明建设和绿色发展中发挥重要力量。我国经济发展逐渐从高速发展向高质量发展转变，国内生产总值（GDP）持续增长的同时，一些地方经济发展依赖资源的过度消耗，生态环境遭受了严重破坏。然而环境保护工作并非靠政府的一己之力就能完成，需要社会组织作为重要的主体投身进来，释放活力，为我国环境

---

① 王斌．宣传贯彻慈善法，大力弘扬慈善文化：首都各界数千人"为慈善行走"［EB/OL］．(2018－09－06)［2023－12－26］．https://www.mca.gov.cn/zt/history/helpPoor/20180900011002.shtml.
② 2018 年 3 月改为"生态环境部"。

保护和治理工作献计献策。

环保社会组织不仅身体力行投入生态环境保护过程，还动员社会力量参与环境保护，在环境保护中发挥第三方监督作用。在动员社会力量方面，环保社会组织凭借专业化优势，向社会公众宣传和引导树立环保生活的价值观。社会组织扎根于社会公众，天然具有动员群众的优势，能有效聚合热心环保公益的大众参与生态文明建设，更好地发挥民间环保力量，推动绿色发展。在发挥第三方监督功能方面，环保社会组织长期致力于生态环境保护，能有效监督与跟进企业的污染排放情况，精准把握地方政府环保部门的污染治理质量，参与环保政策的制定与实施，推动环境信息公开和决策透明化，形成政府主导、多元社会力量共同参与的环境治理体系。

2. 推动形成人与自然和谐发展的现代化建设新格局

社会组织是连接人与自然和谐发展的中介枢纽。党的十九大报告将"坚持人与自然和谐共生"作为新时代坚持和发展中国特色社会主义基本方略的重要内容，并指出"我们要建设的现代化是人与自然和谐共生的现代化，既要创造更多物质财富和精神财富以满足人民日益增长的美好生活需要，也要提供更多优质生态产品以满足人民日益增长的优美生态环境需要"。环保类社会组织利用自身专业优势和较强的传播能力，能够在全社会树立起尊重和善待自然、保护和拯救自然以及遵循自然发展规律的理念，推动形成人与自然和谐发展的现代化建设新格局。

社会组织在推动人与自然和谐发展上发挥着宣传和引导作用。面向公众，社会组织开展环保主题宣传活动，引导公众尊重自然、顺应自然、保护自然，培养公众的生命共同体意识，从而树立起珍爱自然、保护生态的价值观，引导公众形成绿色消费、低碳出行的生活习惯。同时，环保类社会组织还可面向企业推介低碳发展与循环发展的理念，推动企业创新能源技术，发展低碳经济。

第二节　社会组织登记管理

社会组织作为社会治理的重要主体，不断加强党建工作、提升自身建设水平，在促进经济发展、繁荣社会事业、创新社会治理、助力脱贫攻坚等方面发挥着不可替代的作用。近年来，民政部门积极推进社会组织登记制度改革，为社会组织的发展提供了极大的便利，激发了社会创新活力。

一、社会组织登记管理的性质

社会组织登记管理制度改革是现代社会组织管理体制建设的重要内容。社会组织登记管理制度改变了原先的分散管理，转变为集中统一管理，同时监督与管理并重，为监督社会组织行为提供了合法性与合理性依据。我国长期实行业务主管单位和民政部门登记管理机关双重审查的社会组织登记制度。社会组织的登记管理机关是县级以上各级民政部门，其对社会组织负有管理监督和登记审批的职责。社会组织登记管理是指各级民政部门针对社会团体、基金会、社会服务机构等不同类型社会组织的设立、变更和注销等事宜开展的审核、批准、监督、检查等一系列管理与服务行为。

社会团体、基金会和社会服务机构登记工作分别依照《社会团体登记管理条例》《基金会管理条例》《民办非企业单位登记管理暂行条例》执行。以社会团体为例，社会团体的登记管理机关为县级以上民政部门，而同级的政府部门及政府授权组织则是相关行业或学科社会团体的业务主管单位。根据《社会团体登记管理条例》，社会团体如需要变更登记事项，首先必须经过业务主管单位审查，获得业务主管单位同意后必须于30日之内向登记管理机关提出变更申请。社会团体的注销登记首先需要经过业务主管单位审查同意，并向登记管理机关申请后完成。各级民政部门要依照《关于改革社会组织管理制度促进社会组织健康有序发展的意见》要求，健全登记工作程序，完善登记审查标准，切实加强社会组织名称、宗旨、业务范围、注册资金、活动场所、举办者和拟任负责人的审核把关，严格核准社会组织章程。

民政部门严把登记审查关，是提升社会组织登记管理工作质量的关键。社会组织"三大条例"赋予了作为登记管理机关的民政部门接收社会组织登记申请材料，作出准予或不予登记的职责。2018年，民政部起草的《社会组织登记管理条例（草案征求意见稿）》明确规定，严禁社会组织设立地域性分支机构，严禁各种社会组织之间以任何形式建立垂直领导关系。各级民政部门从严审批，认真审核材料，切实负起社会组织登记审查责任。社会组织登记审查是社会组织监督体系中的入口环节，不仅考验着民政部门作为登记管理机关的管理监督能力，也体现了行业主管部门和业务主管单位的责任落实情况。通过行业主管部门和业务主管单位、相关职能部门与登记管理机关的工作配合，推动形成社会组织监督工作各司其职、协调配合的综合监管体系。

二、社会组织登记政策

社会组织登记管理是社会管理工作的重要组成部分，是规范管理社会组织的基础性工作。2016年，《中共中央办公厅 国务院办公厅关于改革社会组织管理制度促进社会组织健康有序发展的意见》明确规定，稳妥推进行业协会商会类、科技类、公益慈善类、城乡社区服务类四类社会组织的直接登记工作，而直接登记范围以外的其他社会组织，仍实行登记管理机关和业务主管单位双重负责的管理体制。该措施标志着我国逐步建立起直接登记与双重管理相结合的登记管理制度。上述类型的社会组织登记和准入门槛降低，使这些社会组织在登记前就获得了较充分的自治空间。同时，现有制度仍然是直接登记与双重管理并行的局面，对于直接登记范围之外的社会组织，仍然实行的是登记管理机关和业务主管单位双重负责的管理思路。本部分结合登记政策，从社会组织成立登记、变更登记、注销登记等内容出发，指导社会团体、基金会、社会服务机构完善程序，持续优化各级民政部门登记管理工作机制，助力社会组织健康有序发展。

（一）成立登记

成立登记是社会组织登记管理的核心。本部分结合《社会团体登记管理条例》《基金会管理条例》《民办非企业单位登记管理暂行条例》《民办非企业单位登记暂行办法》等法律法规分别讨论社会团体、基金会和社会服务机构的成立登记要求，指导三类社会组织成立登记工作有序开展。

1. 社会团体成立登记

我国社会团体成立登记实行的是直接登记和双重管理相结合的登记制度。按照党中央重点培育四类社会组织的精神，行业协会商会与科技类社会团体可以直接登记，无须业务主管单位审核，仅通过登记管理机关审核即可。其中，行业协会商会是指由企业及其他经济组织自愿组成，实行行业服务和自律管理的社会团体，国家另有规定的以及涉及国家安全等特殊领域须有业务主管单位的除外。科技类社会团体则是指在自然科学和工程技术领域内从事学术研究和交流活动的科技类组织。除以上两种社会团体，其他社会团体成立则需要业务主管单位和登记管理部门双重管理。

按照《社会团体登记管理条例》规定，社会团体成立登记应当在会员数量、组织名称、业务范围和机构设置上符合要求。在此基础上，由发起人向登记管理机关申请成立登记，按照社会团体的类型和职责范围不同，选择去国务院民政部门或县级以上地方各级人民政府民政部门登记，需要携带相关材料，附加一份业务主管单位的批准文件，应确保社会团体达到业务主管单位的审核要求，方可接受登记管理机关审核。登记管理机关自收到社会团体全部有效文件之日起 60 日内，作出准予或者不予登记的决定。准予登记的，发给《社会团体法人登记证书》；不予登记的，应当向发起人说明理由。此外，若属于直接登记的社会团体，可在预先取得行业主管部门资质许可后，向登记管理机关依法申请登记，需要提交《社会团体自律承诺书》等材料。例如，参照《上海市社会组织直接登记管理若干规定》，登记管理机关应当自收到社会团体申请直接登记的全部有效文件之日起 30 日内，作出准予成立或不予成立的决定。准予登记的，发给《社会团体法人登记证书》；不予登记的，应当向发起人说明理由。登记管理机关受理登记申请，对需要征询意见的，应当以征询函的形式征询相关部门意见。

2. 基金会成立登记

我国实行直接登记和双重管理相结合的基金会登记制度。除了符合条件的基金会实行直接登记之外，其他基金会都实行双重管理登记制度。按照《基金会管理条例》的规定，若是国务院民政部门登记的基金会、境外基金会代表机构，则由国务院有关部门或者国务院授权的组织担任其业务主管单位。若是省、自治区、直辖市人民政府民政部门登记的基金会，则由省、自治区、直辖市人民政府有关部门或者省、自治区、直辖市人民政府授权的组织担任业务主管单位，具体负责基金会成立登记、变更登记、注销登记前的审查，监督指导基金会遵规守纪，负责基金会年度检查初审，协助登记管理机关和其他有关部门查处基金会的违法行为，以及会同有关机关指导基金会的清算事务等事宜，不向基金会收取费用。基金会登记管理机关负责基金会的成立登记、变更登记、注销登记、年度检查，以及对违反《基金会管理条例》的问题进行监督检查，对基金会违反《基金会管理条例》的行为给予行政处罚。一般国务院民政部门主要负责全国性公募基金会、拟由非内地居民担任法定代表人的基金会、原始基金超过 2000 万元而发起人向国务院民政部门提出设立申请的非公募基金会以及境外基金会在中国内地设立的代表机构四类基金会的登记管理。其他由省、自治区、直辖市人民政府民政部门负责。2013 年，十二届全国人大一次会议上公布的《关于国务院机构改革和职能转变方案的说明》提出，成立行业协会商会类、科技类、公益慈善类、城乡社区服务类社会组织，可直接向民政部门依法申请登记，不再需要业务主管单位审查同意。在《中华人民共和国慈善法》实施后，大部分基金会被视为慈善组织，符合公益慈善类属性，因此可直接登记成立。

基金会的成立登记，一般由申请人向登记管理机关申请成立登记，按照基金会类型和职责范围不同，选择去国务院民政部门或县级以上地方各级人民政府民政部门登记。审核侧重于基金会名称、住所、类型、宗旨、公益活动业务范围、原始基金数额和法定代表人。登记管理机关应当自收到全部有效文件之日起 60 日内，作出准予或者不予登记的决定。准予登记的，发给《基金会法人登记证书》；不予登记的，应当书面说明理由。

3. 社会服务机构成立登记

我国社会服务机构成立登记实行的是直接登记和双重管理的登记制度。依据党的十八届二中、三中全会精神，公益慈善类、城乡社区服务类的社会

第五章　社会组织管理

服务机构可直接登记，无须业务主管单位审核，仅通过登记管理机关审核即可。其中公益慈善类社会服务机构是指提供扶贫、济困、扶老、救孤、恤病、助残、救灾、助医、助学等服务的公益慈善类组织。城乡社区服务类社会服务机构是指为满足城乡社区居民生活需求，在社区内活动的城乡社区服务类组织。除以上两种外，其他社会服务机构成立需要经过申请筹备和申请成立登记两个阶段，接受业务主管单位和登记管理机关的双重管理。

在具体程序上，一般由法定代表人或者负责人向登记管理机关申请成立登记。其中，全国性社会服务机构登记管理机关为国务院民政部门，地方性社会服务机构则为相应的地方各级人民政府民政部门。社会服务机构申请成立登记需要携带申请筹备时的社会服务机构登记申请书、社会服务机构场所使用权证明、社会服务机构验资报告、社会服务机构拟任负责人的基本情况和身份证明、社会服务机构章程草案，以及业务主管单位的批准文件。登记管理机关应当自收到成立登记申请全部有效文件之日起60日内作出准予登记或者不予登记的决定。此外，若属于直接登记的社会服务机构，可在预先取得行业主管部门资质许可后，向登记管理机关依法申请登记，需要提交《社会服务机构自律承诺书》以及上述6份材料。参照《上海市社会组织直接登记管理若干规定》，登记管理机关应当自收到社会服务机构申请直接登记的全部有效文件之日起30日内，作出准予成立或不予成立的决定。准予登记的，发给《社会服务机构法人登记证书》；不予登记的，应当向发起人说明理由。登记管理机关受理登记申请，对需要征询意见的，应当以征询函的形式征询相关部门意见。

（二）变更登记

社会组织变更登记主要遵循《社会团体登记管理条例》《基金会管理条例》《民办非企业单位登记管理暂行条例》《民办非企业单位登记暂行办法》等相关法律法规，指导三类社会组织合法合理变更登记。

1. 社会团体变更登记

按照《社会团体登记管理条例》规定，社会团体变更需准备相关材料，经业务主管单位审查同意之日起30日内，报登记管理机关核准，最终完成变更事宜。修改章程同期进行，即在业务主管单位审查同意之日起 30 内，向登记管理机关核准。社会团体变更共有 6 个方面，分别为名称变更、住所变更、业务范围变更、法定代表人变更、活动资金变更和业务主管单位变更。

社会团体不予变更登记的事项主要分为以下三种情况：一是材料缺失。社会团体变更材料准备不当，有遗漏或未一式两份。二是弄虚作假。社会团体变更材料中有弄虚作假成分，不符合社会团体发展的目标、成员、财务、住所和效果等信息真实情况。三是程序失当。未经上会讨论或未通过业务主管单位审核，直接到登记管理机关申请变更。

2. 基金会变更登记

基金会变更登记应参照《基金会管理条例》。基金会变更主要包括名称变更、住所变更、业务范围变更、法定代表人变更、活动资金变更和业务主管单位变更 6 个方面。基金会变更需要经过基金会理事会表决通过，后再经业务主管单位审查同意，方可报所在登记管理机关批准，若登记管理机关准予变更登记，则需基金会交回原登记证书，领取变更后的新登记证书。对于时限规定，法定要求为基金会在业务主管单位审查同意之日起 30 日内，需要向登记管理机关申请变更登记，若涉及章程修改也是同期进行，在业务主管单位审查同意之日起 30 日内，向登记管理机关核准。

基金会不予变更登记的事项主要分为材料缺失、弄虚作假、程序失当和变化程度较大 4 种：一是材料缺失。基金会变更材料有缺失或非一式两份。二是弄虚作假。基金会变更材料中有弄虚作假成分，不符合基金会变更后的实际情况，出现成员信息做假、住所情况不属实等问题。三是程序失当。未经上会讨论或未通过业务主管单位审核，直接到登记管理机关申请变更。四是变化程度较大。如果基金会名称变更后，发生了业务范围和章程较大变化，不视为变更，应走注销程序，另外设立基金会。

3. 社会服务机构变更登记

社会服务机构变更登记应参照《民办非企业单位登记管理暂行条例》《民办非企业单位登记暂行办法》等政策法规。社会服务机构变更主要涉及名称变更、法定代表人变更、业务主管单位变更、住所变更和开办资金变更 5 个方面，对应章程若有相关内容也需要作出变更。社会服务机构若有需要变更的登记事项，须先经业务主管单位审查同意后方可申请，时间是在业务主管单位审查同意之日起30日内向登记管理机关申请变更登记。修改章程也是同期进行，即在业务主管单位审查同意之日起30日内向登记管理机关核准。

与基金会相似，社会服务机构遇到以下情况不得变更登记：一是材料缺失。社会服务机构变更材料有缺失或非一式两份。二是弄虚作假。社会服务机构变更材料中有弄虚作假成分，不符合社会服务机构变更后的实际情况，出现成员信息做假、住所情况不属实等问题。三是程序失当。未经上会讨论或未通过业务主管单位审核，直接到登记管理机关申请变更。四是变化程度较大。如果社会服务机构名称变更后，发生社会服务机构业务范围和章程的较大变化，不视为变更，应要求社会服务机构走注销程序，根据新的业务范围和章程重新设立社会服务机构。

（三）注销登记

根据《社会团体登记管理条例》《基金会管理条例》《民办非企业单位登记管理暂行条例》《民办非企业单位登记暂行办法》等相关法律法规规定，清除一批名存实亡的社会组织，整改一批内部混乱的社会组织，激活一批效能不高的社会组织，指导三类社会组织有序开展注销登记工作，是进一步优化社会组织结构、净化社会组织发展环境、防范化解社会组织风险、促进社会组织高质量发展的重要保障。

1. 社会团体注销登记

社会团体注销登记应当在会员大会或会员代表大会通过、业务主管单位指导清算之后，前往登记管理机关办理注销登记。

办理过程需要携带《关于社会团体注销登记的申请》，业务主管单位同意注销登记的批复，《社会团体法人注销申请表》，会计师事务所出具的社会团体清算审计报告，社会团体清算报告书（清算小组成员签字）、债权债务公告，税务证销户证明，银行账户销户证明，社会团体会员大会或会员代表大会会议决议，《社会团体法人登记证书》正、副本，社会团体印章和空白财务凭证等其他相关材料，共计9项13份文件。登记管理机关准予注销的，发给《关于同意社会团体注销登记的批复》；不予注销的，应发《不予社会团体注销登记决定书》，并说明缘由。

2. 基金会注销登记

基金会应当在理事会通过、业务主管单位指导清算之后，前往登记管理机关办理注销登记。办理过程需要携带《关于基金会注销登记的申请》，业务主管单位同意注销登记的批复，《基金会法人注销申请表》，会计师事务所出具的基金会清算审计报告，基金会清算报告书（清算小组成员签字）、基金会债权债务公告，税务证销户证明，银行账户销户证明，基金会理事会会议决议，《基金会法人登记证书》正、副本，基金会印章和空白财务凭证等其他相关材料，共计9项13份文件。登记管理机关准予注销的，发给同意注销登记的批复，即《关于同意基金会注销登记的批复》；不予注销的，应当发给申请人《不予基金会注销登记决定书》，并说明理由。

3. 社会服务机构注销登记

社会服务机构应当在理事会讨论通过注销事宜、办理好业务主管单位指导清算之后，前往登记管理机关办理注销登记。办理过程需要携带《关于社会服务机构注销登记的申请》，业务主管单位同意注销登记的批复，《社会服务机构法人注销申请表》，会计师事务所出具的社会服务机构清算审计报告，社会服务机构清算报告书（清算小组成员签字）、债权债务公告，税务证销户证明，银行账户销户证明，社会服务机构理事会会议决议，《社会服务机构法人登记证书》正、副本，社会服务机构印章和空白财务凭证等其他相关材料，共计9项13份文件。登记管理机关对不予注销的社会服务机构送达《不予民办非企业单位注销登记决定书》，对准予注销的社会服务机构送达《关于同意民办非企业单位注销登记的批复》。

对符合注销登记情形的社会组织，协调业务主管单位督促并指导社会组织成立清算组开展清算工作后，按法定程序办理注销登记手续。直接登记的社会组织和脱钩后的行业协会商会由其登记管理机关负责指导清算。

三、社会组织登记管理的基本原则

社会组织登记管理工作的开展遵从以下原则：夯实党的领导，加强依法管理,稳妥推进社会组织登记管理工作,推动各级民政部门严格依法履行登记管理职责,逐步建立统一登记、各司其职、协调配合、分级负责、依法监管的管理体制,进一步激发社会组织活力,提高便民服务水平。

(一)加强党的领导

各级民政部门要高度重视,提高政治站位,充分认识社会组织党的建设工作在登记管理中的重要意义,增强"四个意识",坚定"四个自信",做到"两个维护",强化责任担当,确保社会组织党的建设取得实效。

党中央、国务院高度重视社会组织党建工作。中央领导明确要求,要在社会组织中开展党建工作,达到党组织全覆盖和党的工作全覆盖,并要求在社会组织登记、年检和评估等管理工作中,同步开展党建工作。2015年,中共中央办公厅印发了《关于加强社会组织党的建设工作的意见(试行)》,规定"新成立的社会组织,具备组建条件的,登记和审批机关应督促推动其同步建立党组织",明确了登记管理机关在督促党建工作中的任务。2016年,中共中央办公厅、国务院办公厅印发的《关于改革社会组织管理制度促进社会组织健康有序发展的意见》,将坚持党的领导作为社会组织发展的基本原则,进一步要求"各有关部门要结合社会组织登记、检查、评估以及日常监管等工作,督促推动社会组织及时成立党组织和开展党的工作"。为贯彻落实文件精神,民政部研究制定了《民政部关于社会组织成立登记时同步开展党建工作有关问题的通知》,以督促地方登记管理机关推动社会组织建立党的组织,开展党的工作,落实党建责任。

(二)加强依法管理

各级民政部门应当严格按照法律法规开展社会组织登记管理工作,密切关注社会组织名称管理,加强乡镇、街道商会登记管理。

1.依法加强社会组织名称管理

社会组织名称管理特别是成立登记中的名称审核,是各级民政部门加强依法管理的重要环节。2018年6月,民政部印发了《关于在社会组织登记管理工作中加强名称管理有关问题的通知》,要求地方各级民政部门切实履行职责，严格依法依规审核名称，加强社会组织名称管理。中共中央办公厅、国务院办公厅《关于改革社会组织管理制度促进社会组织健康有序发展的意见》中强调，要"严格民政部门登记审查"，"对跨领域、跨行业以及业务宽泛、不易界定的社会组织，按照明确、清晰、聚焦主业的原则，加强名称审核、业务范围审定"，"严禁社会组织设立地域性分支机构"等。这些内容既是对社会组织分级登记管理的体现，也是对社会组织名称管理的内在要求。当前，我国社会组织名称管理已形成了良性发展格局，但仍存在有的未冠以所在地的县级以上行政区划名称，有的擅自冠以或者变相冠以"中国""全国""中华"甚至"亚洲""世界"等字样，有的应当包含字号的缺乏字号等问题，这对各级民政部门进一步强化法治意识，提高依法行政能力，依法依规做好社会组织名称管理工作提出了高要求和新挑战。

2. 依法加强乡镇、街道商会登记管理

2020年6月9日，民政部联合全国工商联印发了《关于加强乡镇、街道商会登记管理工作的通知》，提出各级民政部门和工商联对乡镇、街道商会实施双重登记管理的新要求。乡镇、街道商会是以乡镇、街道内经济组织为主体自愿组成，按照其章程规定开展活动的社会组织，是工商联特别是县级工商联在乡镇、街道开展工作的重要延伸和有力"手臂"，在政治引导、经济服务、权益维护、诚信自律、参与脱贫攻坚和光彩事业等方面具有重要职能作用。各级民政部门应当夯实登记管理职责，按照《社会团体登记管理条例》规定的条件审核乡镇、街道商会条件，实施严格申请成立登记管理，并加强社会组织规范化管理、负责人管理、日常监督和执法查处。

（三）依法稳妥推进

各级民政部门要严格按照中央有关文件要求，结合社会组织发展实际，扎实推进社会组织领域改革创新发展，稳妥推进直接登记试点工作，促进社会组织加强自身建设。

1. 稳妥推进直接登记试点工作

2013年，十二届全国人大一次会议上发布的《国务院机构改革和职能转变方案》提出，稳步推进直接登记的试点工作，规范管理四类直接登记社会组织，稳妥推进登记制度改革。已经成立的行业协会商会类、科技类、公益慈善类、城乡社区服务类四类社会组织，本着审慎推进、稳步过渡的原则，各级民政部门可试点逐步按照直接登记社会组织的管理方式进行管理。在各省（自治区、直辖市）党委和政府统一领导下，由民政部门具体负责组织实施地方性社会组织直接登记试点方案。规范管理直接登记社会组织，直接登记的四类社会组织的综合监管以及党建、外事、人力资源服务等事项，参照《行业协会商会与行政机关脱钩总体方案》及配套政策执行，落实"谁主管谁负责"的原则，切实加强事中事后监管。

2. 扎实推进社会组织领域"放管服"改革

按照深化行政审批改革的要求，民政部先后取消了对社会团体筹备成立和社会团体分支（代表）机构设立、变更、注销登记的审批，明确了取消商务部前置许可后的外国商会登记程序等。2013年11月8日，《国务院关于取消和下放一批行政审批项目的决定》取消了民政部对全国性社会团体分支机构、代表机构设立登记、变更登记和注销登记的行政审批项目。为了落实上述决定精神，民政部于2014年2月26日印发了《关于贯彻落实国务院取消全国性社会团体分支机构、代表机构登记行政审批项目的决定有关问题的通知》，明确民政部不再受理全国性社会团体分支机构（包括专项基金管理机构）、代表机构的设立、变更、注销登记的申请，不再换发上述机构的登记证书，不再出具分支机构、代表机构刻制印章的证明等，持续推动社会组织登记管理制度改革，持续优化行政审批流程，提高审批效率，编制社会组织管理专项权责清单等，体现了扎实推进社会组织改革创新的决心。

第三节　社会组织发展的促进政策

改革开放以来，党中央、国务院以及各地党委政府不断完善各项社会组织引导促进政策，为社会组织营造有序健康的发展环境，鼓励社会组织承接政府职能转移，加大对社会组织的财政资金支持，有效提升社会组织公共服务供给水平。推进社会组织改革创新，发展社区社会组织，为社会组织健康稳定发展提供制度保障。围绕支持社会组织提供公共服务、发挥积极作用等方面，民政部联合相关部门出台了一系列扶持政策。一是推动政府购买服务制度落地。鼓励将政府部门不宜行使、适合市场和社会提供的事务性管理工作及公共服务，通过竞争性方式交由社会组织承担，加大政府向社会组织购买服务的力度，改善公共服务供给。二是设立专项资金和财政支持社会组织发展，引导社会组织持续健康有序发展。三是激发社会组织活力，帮助社会组织提升综合素质和服务水平。四是持续稳步推进社会组织去行政化改革，持续稳步推行政社分开。五是大力发展社区社会组织，推动其成为创新基层社会治理的有力抓手。

一、鼓励社会组织承接政府职能转移

鼓励社会组织承接政府职能转移，是深化行政体制改革、推进改革创新的重要内容，也是培育发展社会组织、促进社会组织健康有序发展的重要举措。为了充分发挥社会组织的专业性、技术性和社会化优势，政府部门出台了一系列政策，鼓励社会组织承接政府职能转移，如《国务院办公厅关于政府向社会力量购买服务的指导意见》《财政部 民政部关于支持和规范社会组织承接政府购买服务的通知》《财政部 民政部关于通过政府购买服务支持社会组织培育发展的指导意见》等，推动社会组织提升服务能力和社会公信力。

（一）鼓励社会组织承接政府职能转移的必要性

政府职能转移是政府把原先自身承担的职能移交给政府以外的主体承担，就是向社会、向市场转移的过程。[①] 政府职能转移一方面是指通过合同的方式将政府履行的职能委托给社会、市场主体行使；另一方面是指对于社会可以自治的职能和市场可以自主提供产品的领域，政府交由社会和市场承担。

由社会组织承接政府职能，是简政放权、打造服务型政府的重要路径，也是激发社会组织活力、提升社会服务水平的有效手段。党的十八届三中全会指出要"激发社会组织活力，正确处理政府和社会关系，加快实施政社分

---

① 杨欣. 政府·社会·市场：论中国政府职能转移的框架 [J]. 经济体制改革，2008（1）：30－34.

第五章 社会组织管理

181

开，推进社会组织明确权责、依法自治、发挥作用"。实践中，随着人民物质和精神水平的提高，教育、慈善、文化、环保、医疗等公共服务供给还不充分与人民日益增长的美好生活需要还不够匹配。仅靠政府难以满足社会需求。与此同时，社会组织作为新的公共服务供给主体，其服务供给的范围正在逐步扩大。政府扶持社会组织发展壮大，将适合社会组织承担的事务委托给社会组织，在充分发挥社会组织作用的同时，能够为社会组织发展提供重要契机和空间。鼓励社会组织承接政府职能转移可以推动政府职能改革进一步深化，全面提升政府效能。

（二）鼓励社会组织承接政府职能转移的内容

我国政府部门积极支持社会团体、社会服务机构（民办非企业单位）等社会组织承接政府职能，供给公共服务。政府部门积极引导有关社团参与涉及专业性、技术性和社会化部分公共服务事项，取得了突出进展。2015 年，中共中央办公厅、国务院办公厅印发《中国科协所属学会有序承接政府转移职能扩大试点工作实施方案》，推动科技类社团常态化开展承接政府职能转移工作。2017 年，质检总局、民政部等联合印发的《团体标准管理规定（试行）》，引导社会团体在标准化领域发挥作用、提升中国标准。与此同时，各部门也出台了相应政策，积极引导相关领域社会团体在卫生、体育、教育、文化、环保、残疾人救助等方面提供公共服务。除了社会团体，社会服务机构（民办非企业单位）也是政府职能转移的重要主体。2020 年 9 月，中共浙江省委、浙江省人民政府印发的《关于推进新时代民政工作高质量发展的意见》明确提出民办非企业单位这一主体在承接政府职能转移、推进政府购买服务中的作用，成为地方党委政府积极推进民政事业高质量发展的重要体现。

（三）社会组织承接政府职能转移的主要特点

我国社会组织承接政府职能转移过程呈现出三个主要特点：一是职能转移过程的不同阶段，政府都发挥引导作用；二是职能转移以社会组织自身和转移过程的规范性为要求；三是政府职能转移工作建立在深入调研基础上，形成渐进性特征。

1. 政府引导职能转移全过程

在鼓励社会组织职能转移过程中，政府在职能转移的不同时间节点发挥引导作用。我国仍然处在社会主义发展初级阶段，受传统的管理体制和计划经济影响，社会力量相对薄弱。部分社会组织在运作和发展的过程中存在自主性不足、内部管理体制混乱、思想导向不明等问题，需要党和政府发挥关键性的引领和支持作用。政府引导具体包括承接前的导向作用、承接中的指导作用、承接后的督导作用。承接职能转移前，政府应以鼓励多组织参与、严格要求为主要工作，承接中指导解决出现的各类问题，承接完成后做好社会组织职能转移效果评估督导工作，推动社会组织和政府协同开展公共服务。

2. 社会组织自身和转移过程兼具规范性

规范性是指社会组织承接政府职能转移过程中，一方面坚持组织自身运作的规范性，另一方面应当保证职能转移全流程的规范性。在开展职能转移工作前，政府要做好社会组织项目的合法性审查，以社会组织评估等级等指标为参考，确保社会组织内部法人治理结构清晰、章程规范、资金和项目运作合法。职能转移过程，主要由作为委托方的政府部门要求社会组织提交自查报告、项目进展报告，同时财政部门实施预算监管，民政部门对社会组织实施抽查，确保转移程序合法，项目运作正常。

3. 转移工作以深入调研为基础具有渐进性

渐进性是指政府职能转移的过程是循序渐进的，是在深入调研基础上的统一部署，科学规划，有序推进。2014年12月，由民政部联合财政部等部门发布的《政府购买服务管理办法（暂行）》规定："购买主体应当根据购买内容的供求特点、市场发育程度等因素，按照方式灵活、程序简便、公开透明、竞争有序、结果评价的原则组织实施政府购买服务。"2020年1月，财政部发布的《政府购买服务管理办法》规定："购买主体应当根据购买内容及市场状况、相关供应商服务能力和信用状况等因素，通过公平竞争择优确定承接主体。"2023年3月，财政部印发《关于做好2023年政府购买服务改革重点工作的通知》，明确指出着力提升政府购买服务管理科学化规范化水平，加强合同管理，明确合同双方权利、义务和违约责任等要求。社会组织承接政府职能转移时间跨度久、辐射范围广、涉及部门杂，如果采取过于激进快速的职能转移过程，不注重对项目进度的把控，稍有不慎就会造成难以挽回的损失，甚至影响政府公信力。因此，政府职能转移应当在经过实际调查论证的基础上，渐进开展试点工作，试点成熟的领域再扩大范围推广。

二、对社会组织给予财政资金支持

党和政府通过加大对社会组织的财政支持，指挥和调动社会组织在社会服务领域发挥积极作用。民政部出台了多个文件，涵盖中央财政直接支持和税收优惠间接支持等多种方式。例如，2012 年 9 月起实施的《中央财政支持社会组织参与社会服务项目资金使用管理办法》、2020 年 7 月起实施的《2020 年中央财政支持社会组织参与社会服务项目实施方案》等文件为开展中央财政支持工作打下了坚实的基础。2008 年 12 月，由民政部、财政部、税务总局联合印发的《关于公益性捐赠税前扣除有关问题的通知》通过税收优惠间接为社会组织提供资金支持。为了应对新冠疫情，2020 年 4 月，民政部印发《关于调整优化有关监管措施支持全国性社会组织有效应对疫情平稳健康运行的通知》，明确对全国性社会组织加强资金支持，促进全国性社会组织平稳健康运行。

（一）对社会组织给予财政资金支持的必要性

充分的资金保障是社会组织生存和发展的基石，而政府的财政支持是社会组织重要的资金来源。资金缺乏是中国很多社会组织面临的突出问题，限制了社会组织的可持续发展。即便是政府主导成立或刚刚经历去行政化改革的社会组织，有的也存在资金短缺的问题。因此，政府应在社会组织成立初期予以适当支持，通过财政支持来引导和培育社会组织健康成长。

（二）政府对社会组织进行财政支持的方式

政府资助社会组织一般采取两种方式：一种是直接的方式，即政府拨款，包括整体资助和专项资助，或是采取政府购买社会组织服务的形式；另一种是间接的方式，包括给予社会组织税收优惠、金融支持和建立孵化基地等。

1. 直接支持

直接支持的第一种方式是政府给予社会组织资助，包括整体资助和专项资助两类。整体资助的常见形式是政府补贴和奖励。如上海市静安区人民政府于2016年发布《静安区社会组织发展专项资金管理办法》，明确对符合条件的社会组织给予房租经费补贴、人员与活动经费补贴等以及给予有突出表现的社会组织奖励，从而帮助其渡过难关，进一步激发社会组织发展创新活力。

专项资助是政府在某一特殊领域，以经济补助的方式，支持社会组织参与社会服务项目。2012年，开启了中央财政支持社会组织参与社会服务的先河，当年中央安排了2亿元专项资金，用于支持社会组织参与社会服务[①]，资助项目包括发展示范项目、承接社会服务试点项目、社会工作服务示范项目、人员培训示范项目四类。与政府购买社会组织服务不同，此类资金为政府扶持社会组织项目的补助资金，尽管管理方式类似于购买服务，但其本质是鼓励社会组织扩大已有公共服务规模。2019年，中央重点资助社会组织在"三区三州"等深度贫困地区开展社会服务等活动。中央财政支持社会组织参与社会服务至今，大批高质量的社会服务项目得以顺利开展，在扶老助老、关爱儿童、救助扶贫等重要领域发挥重要作用。

直接支持的第二种方式是政府购买社会组织服务。前文已较为详细地介绍了政府通过购买服务向社会组织转移职能的方式。政府购买社会组织服务的目的是创造一种契约式服务模式，要求政府作为购买方，两者之间保持独立。社会组织独立决策、独立工作和承担责任，政府根据条约进行管理并独立评估绩效。

2. 间接支持

间接支持以税收优惠为主要形式。间接支持指的是政府通过税收优惠、金融服务、消费券支持、孵化培育等手段，降低社会组织生产经营成本，满足社会组织融资需求，优化社会组织发展空间。

政府部门对社会组织采取间接支持的最典型方式是提供税收优惠。《中华人民共和国企业所得税法》《中华人民共和国个人所得税法》《中华人民共和

---

① 卫敏丽.2012年中央财政安排2亿元专项资金支持社会组织［EB/OL］.（2013-02-12）
［2023-12-26］.https://www.gov.cn/jrzg/2013-02/12/content_2331562.htm.

国公益事业捐赠法》等不同法律及其配套政策都涉及针对社会组织的税收优惠，与社会组织有关的税收优惠可以划分为针对社会组织本身的税收优惠和针对公益捐赠的税收优惠。社会组织自身可享受的税收优惠方面，基于《中华人民共和国企业所得税法》及其实施条例，2018年2月，由财政部、税务总局发布的《关于非营利组织免税资格认定管理有关问题的通知》列举了申请免税资格的社会组织需满足的七大条件，包括依法设立登记、从事公益性或非营利性活动、收入用于公益性或非营利性事业等。满足条件的组织可向所在地省级税务主管机关提出免税资格申请，以取得有效期为五年的非营利组织免税优惠资格，免缴企业所得税。公益捐赠税收方面，2019年4月修订的《中华人民共和国企业所得税法实施条例》规定，企业"通过公益性社会组织或者县级以上人民政府及其部门，用于符合法律规定的慈善活动、公益事业的捐赠"可称为公益性捐赠，企业当年发生以及以前年度结转的公益性捐赠支出，在年度利润总额12%以内的部分，准予扣除。2018年8月修订的《中华人民共和国个人所得税法》规定，"个人将其所得对教育、扶贫、济困等公益慈善事业进行捐赠，捐赠额未超过纳税人申报的应纳税所得额百分之三十的部分，可以从其应纳税所得额中扣除"。2020年，《财政部 税务总局 民政部关于公益性捐赠税前扣除有关事项的公告》明确规定了可取得公益性捐赠税前扣除资格的社会组织定义及其应符合的条件。同时，国务院还专门规定了个人支持灾后重建、重大项目以及向特定组织开展公益性捐赠时准许全额扣除的情况。税收优惠政策不会直接控制和干预社会组织的活动，它可以保持社会组织的相对独立性，提高税收和税收杠杆的影响力。

除了税收优惠之外，政府间接性支持还表现为金融支持、消费券支持、孵化培育支持等。金融支持是通过提供贷款和贷款信用担保的方式资助社会组织开展服务，协调商业银行实施定向授信贷款。消费券支持是指政府不直接向社会组织提供补助资金，而是发放提货券、折扣券、免费券或消费卡给社会组织的服务对象，这些服务对象可自行选择服务机构，服务机构再凭收集到的消费券向政府部门报销。孵化培育支持是指政府通过建立社会组织孵化基地的方式，为社会组织提供办公场地以及配套的政策咨询、系统培训、经验交流、成果展示等服务。一些地区先后出台了社会组织孵化基地管理办法，发挥政府部门在场地、政策、资金方面的支持作用和保障，搭建起"政府引导，社会组织自我孵化"的综合服务平台。

在非常态化时期，政府也会采取一些特殊措施降低社会组织生产经营成本。为了应对新冠疫情，2020 年 4 月，民政部办公厅印发了《关于调整优化有关监管措施支持全国性社会组织有效应对疫情平稳健康运行的通知》，通过"提前支付部分购买服务费用""纳入中央财政支持社会组织参与社会服务项目支持范围"等方式加强社会组织资金支持。地方政府采取的主要手段之一则是降低各项社会保险费率。如广州市人力资源社会保障局、广州市医疗保障局和国家税务总局广州市税务局就联合发布广州市阶段性减免企业社会保险费政策，将社会组织也囊括在适用对象当中，可按规定享受企业基本养老保险、失业保险和工伤保险单位缴费减免政策。

三、提高社会组织的能力

社会组织能够围绕公众普遍性的偏好需求，提供政府难以顾及而市场又缺乏动力提供的产品和服务，维护公众利益，在公共服务领域具有关键性作用。民政部和相关部门高度重视激发社会组织活力，出台了一系列政策，包括《关于加强和改进社会组织教育培训工作的指导意见》《关于加强和改进社会组织薪酬管理的指导意见》《关于加强国际科技组织人才培养与推送工作的意见》等，旨在提升社会组织队伍专业化水平。基于社会组织供给公共服务方式、领域的差异，民政部联合多部门创新性地面向不同类型社会组织，如环保社会组织、社会智库、社区社会组织等出台了相应的扶持政策，有效激发其供给公共服务的积极性。

（一）激发社会组织公共服务活力的必要性

公共服务原是指政府为满足国民共同需求而提供的，使社会成员公共受益的各项服务[①]。随着人民美好生活需求的日益增长，政府作为一元化公共供给主体的方式难以满足社会公共服务需求和我国建设服务型政府的需要。企业天然的逐利性特征，也导致其在供给公共服务方面存在弊端。我国党和政

---

① 政府购买基本公共服务财政政策研究［J］. 社团管理研究，2011（9）：15 - 18.

府高度重视发挥社会组织在公共服务中的积极作用，相关文件多次提及扩大公共服务有效供给、创新供给方式等内容。2014年11月，财政部、民政部印发的《关于支持和规范社会组织承接政府购买服务的通知》明确指出了社会组织承接政府购买服务工作的要求，包括"创新公共服务供给方式，提高公共服务供给水平和效率"。2019年1月，国家发展改革委、民政部、财政部等18部门发布的《加大力度推动社会领域公共服务补短板强弱项提质量 促进形成强大国内市场的行动方案》中进一步明确了行业协会、商会等社会组织在扩大公共服务有效供给中的重要性。激发社会组织公共服务活力，促进社会组织提升公共服务能力和水平，是提升社会组织公共服务绩效、满足社会大众美好生活需求的关键。

（二）激发社会组织公共服务活力的方式

1. 增强社会组织队伍专业化水平

社会组织以专业人员为基础提供各类服务，因此激发其公共服务活力的首要条件是保证社会组织人员队伍的专业化水平。2015年，民政部制定了《关于加强和改进社会组织教育培训工作的指导意见》，提出加快开发教育培训课程和教材、着力抓好教育培训师资建设、扎实推进教学方式方法改革、建立健全教育培训工作保障制度、切实做好教育培训工作的组织领导等措施，为各级民政部门加强社会组织的教育培训工作指明了方向。2016年，中共中央办公厅、国务院办公厅出台《关于改革社会组织管理制度促进社会组织健康有序发展的意见》，明确了社会组织人才培养工作的重要性，并从给予专门人才相关补贴、建立社会组织负责人培训制度等方面将社会组织专业人才工作纳入国家人才工作体系。为贯彻落实该意见精神，同年6月民政部印发《关于加强和改进社会组织薪酬管理的指导意见》，提出合理确定薪酬标准、及时足额兑现薪酬、推动薪酬水平正常增长、完善社保公积金缴存机制等一系列措施，有效提升了社会组织对人才的吸引力。同时，民政部鼓励培养国际化社会组织人才，并同中国科学技术协会于2016年4月联合印发了《关于加强国际科技组织人才培养与推送工作的意见》，为国际科技事业发展提供有力支撑。为提升社会组织从业人员专业化水平，近年来民政部和多地民政部门创新培训方式，面向社会组织负责人、财务人员等从业者大力开展教育培训工作，培训规模逐步扩大、培训效果不断增强，有效提升了社会组织队伍的专业化水平，为优质公共服务的供给打下人力资源基础。

2. 引导社会组织在不同领域提供公共服务

民政部和相关部门基于社会组织服务内容差异，出台了多样化的政策，有针对性地引导不同领域社会组织参与公共服务供给，有效激发了社会组织投身公共服务的热情。2013年4月，民政部印发《关于开展民办非企业单位塑造品牌与服务社会活动的通知》，引领民办非企业单位树立品牌意识，向社会提供多样化的公益服务，进而提升公共服务能力。针对环保类社会组织，2017年1月，民政部、环境保护部发布《关于加强对环保社会组织引导发展和规范管理的指导意见》，提出了完善政府环境购买服务指导性目录、强化资金保障等措施，积极促进环保社会组织提升社会公共服务供给积极性。针对社会智库，2017年5月，民政部等部门联合印发《关于社会智库健康发展的若干意见》，明确社会智库依法参与智库产品供给的合法性，积极引导社会智库参与政府部门以政府采购、直接委托、课题合作等形式开展的政策研究、决策评估、政策解读活动，全方位优化社会智库发展环境。针对社区社会组织，2017年12月，民政部发布《关于大力培育发展社区社会组织的意见》，要求社区社会组织在脱贫攻坚、就业创业、生产互助、卫生健康、文化体育、社会治安、纠纷调解、生活救助、减灾救灾、留守人员关爱等领域发挥作用，有序参与乡村治理体系建设。2022年2月，民政部、国家乡村振兴局印发《关于动员引导社会组织参与乡村振兴工作的通知》，持续优化社会组织参与乡村振兴支持体系，有效激发了社会组织投身乡村振兴的积极性。2012年以来，财政部和民政部联合推出"中央财政支持社会组织参与社会服务项目"，通过发展示范、承接社会服务试点、社会工作服务示范和人员培训示范四大类项目，给予社会组织一定资金资助，支持全国性和地方性社会组织在重点地区、领域、群体开展未成年人保护、孤儿关爱、农村留守妇女关爱等方面的社会服务，并引导地方政府以及社会各界构建起对社会组织的支持型发展环境，体现了党中央对社会组织健康有序发展的高度重视。

四、推进社会组织改革创新

以改革创新的方式释放社会组织活力，是党和国家引导社会组织更好发挥服务作用、融入现代化治理体系的主要思路。2013 年，党的十八届三中全会通过的《中共中央关于全面深化改革若干重大问题的决定》强调"激发社会组织活力"。民政系统积极响应，通过持续推进简政放权、稳妥实施直接登记改革、有序开展行业协会商会脱钩改革、加大社区社会组织培育力度等举措，激发社会组织活力，推动建立政社分开、权责明确、依法自治的现代社会组织制度。

（一）推进社会组织改革创新的必要性

受历史原因影响，对部分社会组织管理曾存在政社不分、管办一体、管理监督缺失等问题，社会组织的组织目标、行为方式、组织运作、治理结构等存在准政府组织的相关特征①。社会组织改革创新旨在建立政社分开、权责明确、依法自治的现代社会组织制度，推动社会组织充分发挥服务国家、服务社会、服务群众、服务行业的作用，促进社会组织健康有序发展，激发社会组织的活力和创造力，增强社会组织与政府、市场与社会的互动协作。

（二）社会组织改革创新的内容

行业协会商会脱钩是社会组织改革创新的重要内容。在党中央、国务院和各级党委政府的重视下，行业协会商会与行政主管机关脱钩改革作为社会组织改革创新的重心，取得了突出进展。1999 年 1 月，国家经贸委②印发了《关于加快培育和发展工商领域协会的若干意见（试行）》，对工商领域协会率先提出了政社分开的要求。2007 年 5 月，国务院办公厅出台的《关于加快推进行业协会商会改革和发展的若干意见》要求行业协会在职能、人员、财务方面与政府部门实现分离，切实解决行政化倾向问题。2015 年 6 月，中共

---

① 马全中. 社会组织的行政化：表征、生成机理及治理路径：基于 C 基金会的经验分析 [J]. 中共天津市委党校学报，2018（4）：71－80.
② 2023 年 3 月改为"商务部"。

中央办公厅、国务院办公厅印发的《行业协会商会与行政机关脱钩总体方案》，从机构、职能、资产财务、人员管理和党建、外事5个方面对行业协会与行政机关脱钩提出了规范要求。2015年7月，国务院成立了行业协会商会与行政机关脱钩联合工作组，民政部作为行业协会商会脱钩改革牵头部门，联合工作组成员单位，先后于2015年11月、2016年6月、2017年1月三阶段开展全国性行业协会商会脱钩试点，并有效指导了各省份推进脱钩工作。按照"试点先行、分步稳妥推进"的要求，全国性行业协会商会和地方行业协会商会脱钩试点工作有序开展，各地建立了由多部门组成的脱钩联合工作组，组长由副省级以上领导担任。

2019年6月，国家发展改革委、民政部等10部门联合印发《关于全面推开行业协会商会与行政机关脱钩改革的实施意见》，限期2020年底前基本完成各级行业协会商会与行政机关脱钩，这标志着脱钩改革从试点走向全面推广。文件提出全面贯彻落实"五分离、五规范"的改革要求，全面实现行业协会商会与行政机关脱钩，坚持"应脱尽脱"的改革原则。凡是符合条件并纳入改革范围的行业协会商会，都要与行政机关脱钩。并且进一步突出脱钩的五项具体任务，即机构分离、职能分离、资产财务分离、人员管理分离及党建外事分离等事项。截至2021年底，脱钩改革任务目标已基本完成，纳入脱钩改革范围的70428家行业协会商会实现了"应脱尽脱"。①

行业协会商会脱钩以厘清行政机关与行业协会商会职能边界为基础，按照试点先行、稳步推进的方式逐步推进。脱钩改革打破了行业协会商会与行政机关的从属依附关系，有利于激发行业协会商会内在活力和发展动力，进一步实现服务会员企业、服务行业、服务社会等功能。脱钩后的行业协会商会能够有效发挥政府助手、行业抓手、企业帮手的功能作用，更好地服务市场主体和企业，引导企业规范经营，服务于行业发展。

人事关系改革是社会组织去行政化改革的重要环节。1994年，国务院办公厅下发《关于部门领导同志不兼任社会团体领导职务问题的通知》，对部门领导同志不得兼任社会团体领导职务提出了明确规定。1998年，中共中央

---

① 王冰洁. 成功走出一条具有中国特色的社会组织发展之路 [N]. 中国社会报, 2022 - 09 - 16 (4).

办公厅、国务院办公厅印发的《关于党政机关领导干部不兼任社会团体领导职务的通知》将这一要求拓展到所有在职县（处）级以上领导干部。2007年，国务院办公厅下发《关于加快推进行业协会商会改革和发展的若干意见》，明确现职公务员不得在行业协会、商会兼任领导职务，确需兼任的要按规定接受审批，进一步减少政府直接干预行业协会商会运作的情形。2014年，广州市人民政府出台的《广州市社会组织管理办法》规定，现职国家公务员不得在行业协会、异地商会、民办非企业单位、基金会中兼职。这一系列措施在人事关系上有效促进了社会组织政社分开，弱化了行政化问题。

内部治理结构改革是克服社会组织行政化引起的管理僵化、效率低下、管理松散问题的重要途径。2016年，国家发展改革委等10部门联合下发的《行业协会商会综合监管办法（试行）》就行业协会商会完善法人治理机制、强化监督问责机制等方面提出要求，表明建立法人治理结构已成为行业协会商会发展的共识性方向。在内部治理机构改革中表现突出的深圳市慈善会，自2014年以来将自身的行业协会和商会功能分离，拆分成深圳经济特区慈善公益事业联合会和深圳市慈善基金会两个独立的社会组织法人，分别建立理事会等治理机构。改革后深圳市民政局回归业务指导和监管角色，不再参与市慈善基金会内部管理①。

五、大力培育发展社区社会组织

党和政府高度重视发展社区社会组织工作，2016年中共中央办公厅、国务院办公厅下发《关于改革社会组织管理制度促进社会组织健康有序发展的意见》，2017年中共中央、国务院下发《关于加强和完善城乡社区治理的意见》，就社区社会组织的培育方式和发展类型等内容作出系统性论述。为贯彻落实党中央精神，2017年12月民政部出台《关于大力培育发展社区社会组织的意见》，从明确发展重点、加大扶持力度、促进能力提升多个方面培育扶持社区社会组织，为加快建立健全统一登记、各司其职、协调配合、分级负责、依法监管的社区社会组织管理制度提供了行动指南。2020年12月，民政

---

① 中央民族大学基金会研究中心，等. 基金会改革的新浪潮［M］. 北京：社会科学文献出版社，2015：7.

部办公厅印发《培育发展社区社会组织专项行动方案（2021—2023年）》，部署从2021年开始，开展为期3年的专项行动，推动社区社会组织高质量发展，在基层治理中更好发挥作用。2022年，民政部、中央文明办联合印发《关于推动社区社会组织广泛参与新时代文明实践活动的通知》，为进一步发挥社区社会组织作用，助力拓展新时代文明实践中心建设提出了一系列具体举措，如加强指导服务、完善激励机制、强化考核评价等。在民政部和多省份民政部门的政策支持和实践引导下，我国城乡社区社会组织发展取得了突出成果。

（一）大力培育发展社区社会组织必要性

有学者认为社区社会组织是由社区组织或个人在社区范围内单独或联合举办的、在社区范围内开展活动的、满足社区居民不同需求的社会自发组织。[①] 也有学者将社区社会组织视作不包含营利性组织的社区亚类公益性单元。[②] 本书根据《民政部关于大力培育发展社区社会组织的意见》，将社区社会组织定义为"由社区居民发起成立，在城乡社区开展为民服务、公益慈善、邻里互助、文体娱乐和农村生产技术服务等活动的社会组织"。根据备案或注册的标准，社区社会组织被划分为在民政部门正式登记的组织、在街道或社区备案的组织、未注册也未备案的草根组织等不同类型。

大力培育发展社区社会组织能够满足居民多样化的公共服务需求，在整合社区资源、完善居民参与、发展社区文化等方面发挥着重要的作用。当下，一些基层社区利益冲突和社会矛盾时有发生，社区民众期待基层社区治理的更大作为。而社区社会组织是居民自下而上参与基层社区自治的主要渠道和载体，其发展有助于社区互助和管理服务协调，满足居民需要。

（二）培育发展社区社会组织的方式

围绕社区社会组织工作重点领域和关键环节，各省份民政部门高度重视

---

① 陈洪涛，王名. 社会组织在建设城市社区服务体系中的作用：基于居民参与型社区社会组织的视角［J］. 行政论坛，2009，16（1）：67-70.

② 吴素雄，郑卫荣，杨华. 社区社会组织的培育主体选择：基于公共服务供给二次分工中居委会的局限性视角［J］. 管理世界，2012（6）：173-174.

贯彻《关于大力培育发展社区社会组织的意见》的精神，开展了各具特色的创新探索，收获社区社会组织发展的丰硕成果。2014年，福建省民政厅积极探索社区社会组织发展模式，出台了《关于大力发展社区社会组织的指导意见》，按"3＋X"①模式建立社区社会组织体系，有效推动福建省建立起以县（市、区）民政部门为中心、街道（乡镇）为主体、村（居）民委员会为基础的三级管理模式。福建省晋江市民政局创新社区社会组织培育平台建设思路，在市本级建成面积3800多平方米的市社会组织孵化园，为入驻社会组织提供场所设备、登记指导、专家督导、培训交流等支持服务。整合街道社区服务中心、城乡社区服务站资源，搭建社区社会组织综合服务平台，为社区社会组织开展公益服务提供办公场地，成为社区社会组织发展的重要支援力量。2018年，重庆市民政局联合多部门出台《关于大力培育发展社区社会组织的实施意见》，鼓励通过建立社区社会组织综合服务平台、设立社区发展基金会等措施有效促进社区社会组织蓬勃发展。截至2018年12月，重庆市共培育社区社会组织4278家，建成城乡社区社会工作室（站）2275个，渝中区、巴南区实现所辖城乡社区全覆盖。②资金支持方面，山东省民政厅联合多部门出台《关于大力培育发展社区社会组织的指导意见》，明确了福利、体育彩票公益金可用于支持资助社区社会组织开展扶老、助残、救孤、济困、体育、健身等服务，并加大政府购买服务资金投入，有效引导社区社会组织向特定领域服务倾斜，满足其发展资金上的需求。

① "3"指一个社区社会组织联合会、一个社区居家养老服务站（中心）、一个社区志愿者服务协会；"X"指社区结合实际成立的包括社区服务、社区事务、慈善救助、文化体育等类型社会组织。
② 重庆市深化"三社联动"增强城乡社区治理服务效能［EB/OL］.（2018－12－30）［2023－12－26］. https://www.mca.gov.cn/n152/n168/c74484/content.html.

第四节　社会组织监督体系建设

民政部和有关部门高度重视社会组织的立体化监督体系建设，通过党建引领、政府监管、内部自治、社会监督等方式，不断加强对社会组织人员和活动的全方位监督，促进社会组织健康有序发展，更好地服务经济社会发展。

一、党建引领

党建引领是构筑社会组织监督体系根基的重要手段。在监督体系建设过程中，民政部积极推进党组织和党的工作有效覆盖，制定出台一系列措施将社会组织党建融入社会组织监督体系，保证社会组织健康运行。

（一）推进社会组织党组织和党的工作有效覆盖

党的二十大报告就加强党的建设作出部署，加强城市社区党建工作，加强混合所有制企业、非公有制企业党建工作，加强新经济组织、新社会组织、新就业群体党的建设，为做好新时代新兴领域党建工作指明了前进方向。加大社会组织中党组织的组织建设力度，实现党的组织和工作全领域、全行业、全过程覆盖，是保障社会组织健康有序发展的前提条件。2015 年 9 月，中共中央办公厅印发《关于加强社会组织党的建设工作的意见（试行）》，对社会组织党建工作作出顶层设计，提出社会组织党建工作的总体要求、管理体制以及工作机制，进一步明确社会组织党组织和党的工作有效覆盖的判断标准和实现方式，并针对党组织有效性和党务工作者队伍建设各项事业列出要点要素。同年 10 月 16 日，中央组织部召开全国社会组织党的建设工作座谈会，全面部署加强社会组织党建工作。

我国社会组织党的组织和党的工作目标正在由有形覆盖向有效覆盖转变。以新时代党建工作的目标为立足点，民政部于 2018 年 4 月 18 日发布了《民政部业务主管的社会组织党的组织和党的工作有效覆盖评价指标体系》，从组织设置和制度落实情况、党员教育管理情况、作用发挥情况、党风廉政建设情况 4 个方面 35 个指标，对已设立党组织的部管社会组织党建覆盖有效性制定科学化、标准化的界定标准，为社会组织党组织和党的工作开展指明了发展方向，体现出民政部切实履行"部管社会组织"业务主管单位党建工作职责的担当精神。2018 年 8 月，民政部将《社会组织登记管理条例（草案征求意见稿）》向社会公开征求意见建议，将"在社会组织中，根据中国共产党章程及有关规定，建立中国共产党的组织并开展活动。社会组织应当为中国共产党组织的活动提供必要条件"等关于加强党的建设的内容写入了《社会组织登记管理条例（草案征求意见稿）》的相关条款。

（二）切实履行党建工作职责

民政部坚持以习近平新时代中国特色社会主义思想为指引，联合党建工作机构和业务管理部门，从社会组织登记、年检（或年度报告）和评估等环节，稳步推进社会组织党建工作，以党建引领做好新时代社会组织监督管理工作。

在社会组织登记环节，2016 年，民政部发布的《关于社会组织成立登记时同步开展党建工作有关问题的通知》，从成立登记环节对社会组织建立党组织和开展党的工作提出了规范性、公开性要求。新成立的社会组织须填写《社会组织党建工作承诺书》《社会组织党员情况调查表》，从源头上引导社会组织树立坚持中国共产党领导的政治立场。同时，该通知还明确了党建工作机构、业务主管单位开展党建工作指导和相关工作办理的职责。实行双重管理的社会组织，由业务主管单位负责做好党建相关工作的办理；直接登记的社会组织由社会组织党建工作机构负责指导开展党建工作，有效落实了社会组织党建工作的管理责任，为社会组织有序开展党建工作提供了基本规范。2018 年 4 月，民政部发布《关于在社会组织章程中增加党的建设和社会主义核心价值观有关内容的通知》，明确要求将党建基本要求和社会主义核心价值观相关内容写入社会组织章程中，同时明确规定业务主管单位、党建领导机关、登记管理机关在审查和章程核准工作中的责任。

在年检或年度报告环节，民政部根据不同的社会组织情况，加强社会组织党的建设。针对实施年检的社会组织，在年检的内容中除遵守法律法规和有关政策的情况以及登记、备案、核准事项履行相关手续情况、自身建设情况、开展业务活动情况、财务状况和资金来源使用情况、负责人和从业人员情况和作用发挥情况，还有"党建工作情况"这一部分，严格要求社会组织填写党建工作开展的真实情况，并将整改建议书发放给党建工作仍需进一步完善的社会组织，在合格、基本合格和不合格三种年检结果中，对党建工作没有做好的社会组织实行一票否决。针对实施年度报告的社会组织，在"机构建设情况"中就有"党组织建设情况"的内容要求填写。

在评估环节，民政部门对社会组织评估中党建工作开展情况的重要性进行了强化，将党的建设工作开展情况设定为社会组织等级评估的重要指标之一。社会组织党建工作与开展业务活动同步进行，引导社会组织党组织发挥政治核心作用。

二、政府监管

政府监管①是形成社会组织监督体系的制度保障。县级以上人民政府民政部门是本级人民政府的社会组织登记管理机关，对社会组织履行监督管理职责。民政部门按照管理权限对社会组织进行登记管理和执法监督。在监督体系制度化运行过程中，各级民政部门和有关部门通过加强日常监管和执法监督的举措将社会组织嵌入多维监督体系中，促进社会组织健康有序发展。

（一）日常监管

建立社会组织资金监管、负责人管理、实施年度检查和抽查等措施是加强政府监督管理的重要环节。切实加强政府对社会组织工作的日常领导和管理，建立健全社会组织综合监管体系，强化民政部门和其他部门的协作配合是推动社会组织高质量发展的必要保障。

1. 加强资金监管

社会组织的资金多数来源于社会捐赠、政府资助，接受其他主体委托开展活动；再加上社会组织具有非营利性特征，所获资金不得用作分红和利益

---

① 监管一词来源于英文"regulation"，国外有学者认为管制是由行政机构制定并执行的直接干预市场配置机制或间接改变企业和消费者的供需决策的一般规则或特殊行为。丹尼尔·F. 史普博. 管制与市场［M］. 余晖，等译. 上海：格致出版社，2017：32.

分配，因此加强对社会组织资金的监管，确保社会组织妥善使用资金，驱动社会组织提高资金使用效率和规范性，是从根本上保证社会组织规范运作的重要途径。2004年，财政部印发《民间非营利组织会计制度》，制定了民间非营利组织的会计核算制度，对依照国家法律、行政法规登记的社会团体、基金会、民办非企业单位等民间非营利组织须按照章程规定的业务范围使用经费予以规定，对实际发生的经济业务事项实行会计核算和财务报告编制等措施，引导社会组织主动完善资金管理工作。2014年，民政部、财政部、中国人民银行印发《关于加强社会团体分支（代表）机构财务管理的通知》，对社会团体分支（代表）机构提出了专用存款账户的名称、会计核算方式、会费与捐赠票据、财务管理制度等明确要求。为加强对社会组织资金的管理，我国逐步建立起以民政部门为主导，财政、税务、金融等多个部门联合参与的社会组织资金监管机制。

2. 加强负责人管理

加强对社会组织负责人①的任职管理，并就违规行为予以处罚，是保证社会组织合法合规运行的关键。1998年中共中央办公厅、国务院办公厅印发的《关于党政机关领导干部不兼任社会团体领导职务的通知》、2014年中共中央组织部发布的《关于规范退（离）休领导干部在社会团体兼职问题的通知》等文件对公务员兼任社会团体负责人的行为作出了明确限制。2015年，民政部印发《全国性行业协会商会负责人任职管理办法（试行）》，从基本任职条件、身份审核、选举、聘任方式等方面对行业协会商会负责人任职管理提出了规范性要求。2016年出台的《中华人民共和国慈善法》规定了不得担任慈善组织负责人的法定情形，"有下列情形之一的，不得担任慈善组织的负责人：（一）无民事行为能力或者限制民事行为能力的；（二）因故意犯罪被判处刑罚，自刑罚执行完毕之日起未逾五年的；（三）在被吊销登记证书或者被取缔的组织担任负责人，自该组织被吊销登记证书或者被取缔之日起未逾五年的；（四）法律、行政法规规定的其他情形"。2016年，中共中央办公厅、

---

① 根据2014年出台的《广州市社会组织管理办法》有关规定，社会组织负责人，属于社会团体的为担任该组织秘书长以上职务的成员，包括但不限于会长、副会长、监事长、秘书长；属于民办非企业单位的为担任该组织理事长、理（董）事、监事等职务的成员；属于基金会的为担任该组织理事长、副理事长、秘书长等职务的人员。

国务院办公厅的《关于改革社会组织管理制度促进社会组织健康有序发展的意见》则从建立负责人不良行为记录档案，推动建立社会组织负责人任职前公示制度与法定代表人述职制度，建立社会组织活动异常名录和严重违法失信名单等措施入手，对社会组织负责人过错责任追究提出了更高的要求。2006年以来，民政部与财政部、工业和信息化部等部门共同开展有偿中介清理工作，规范行业协会商会收费行为。

2016年，中共中央办公厅、国务院办公厅印发的《关于加快推进失信被执行人信用监督、警示和惩戒机制建设的意见》明确限制失信被执行人发起设立社会组织，并将其落实为民政部的责任。之后，多地民政部门和相关部门基于本地实际状况，创新社会组织负责人管理机制。2018年，陕西省民政厅印发《关于建立社会组织失信被执行人信用监督警示和惩戒机制的通知》，明确限制由失信被执行人担任社会组织负责人的情形。2019年，河北省社会组织党委研究制定《河北省省属社会组织负责人人选审核办法（试行）》，从政治表现、遵纪守法和廉洁自律等方面严格社会组织负责人信息审查工作。2020年10月，吉林省民政厅与省委组织部、省社会组织联合党委共同举办社会组织负责人示范培训班，引导负责人坚定理想信念，助推社会组织持续健康发展。2022年，浙江省委办公厅、省政府办公厅印发《关于推进清廉社会组织建设的实施方案》，明确部署推动清廉社会组织建设，严格"关键少数"清廉准入，强化社会组织发起人、负责人和党组织负责人的审核审查，引导社会组织负责人树立底线思维。

3. 实施年度检查和抽查

社会组织年度检查是登记管理机关通过接收报送材料或实地检查等方式，依法按年度对社会组织一年内遵守法律法规和依章程开展活动情况进行监督检查，并作出结论的一整套制度规范。年度检查制度是了解社会组织运行的基本情况，发现社会组织运行过程中存在的问题的重要方法。登记管理机关通过对社会组织的年度检查，能够及时了解社会组织上一年度的工作情况，包括组织的业务活动开展、财务状况、内部治理、信息公开、制度建设等方面。如社会组织出现一年内无业务活动、经费不足、违反章程或财务规定、内部矛盾突出、办公地点和人员的变更违反程序、出现乱收费、弄虚作假等情况，登记管理机关将按照《社会团体年度检查暂行办法》的相关规定，将年度检查评定为不合格。

在年度检查基础上，社会组织的抽查工作也在逐步规范化、制度化。为指导各级民政部门做好社会组织日常监管规章，进一步提升监管效能，民政部在总结各地实践经验基础上，出台了《社会组织抽查暂行办法》，在合理确定抽查比例基础上对抽查的社会组织主体、对象、方式、程序等作出了明确要求。抽查制度的建立，集中反映出民政部对社会组织监管的程序和方式不断优化。

（二）执法监督

各级民政部门负责社会团体、基金会、民办非企业单位的执法监督，依法对本机关登记的社会组织的违法违规活动进行行政处罚，依法查处和取缔未经登记、擅自以社会组织名义进行活动的非法社会组织，引导社会组织有序健康发展。

1. 收费规范治理

收费规范治理是针对社会团体类社会组织的专项行动。随着我国以按劳分配为主体的社会主义市场经济体制的建立和完善，我国行业协会商会以稳定且快速的速度不断发展，整体规模得到了扩大、整体素质有较大的提升，在加强行业自律、提供决策咨询、服务企业发展、创新社会治理等方面发挥了积极作用。但在发展过程中，却出现了部分行业协会商会违规收费和过度收费等问题。2006年，民政部与财政部、工业和信息化部等部门共同开展有偿中介清理工作，规范行业协会商会收费行为。2017年11月，民政部联合国家发展改革委、财政部、国资委发布《关于进一步规范行业协会商会收费管理的意见》，从收费标准调整、收费项目限制等方面进一步加强对行业协会商会的正面引导和规范管理，减轻企业负担。为深入贯彻党中央、国务院推进减税降费的决策部署，全面落实国务院关于坚决制止"乱收费"的工作要求和《国务院办公厅关于进一步规范行业协会商会收费的通知》精神，2021年，民政部、国家发展改革委、市场监管总局印发《关于开展行业协会商会乱收费专项清理整治工作的通知》，组织实施"我为企业减负担"专项行动、加大行业协会商会违规收费的监管查处力度等举措，进一步加强行业协会商会专项清理整治工作。为进一步提升行业协会商会收入规范化水平，各地民政部门进一步加大惩处力度，始终保持对行业协会商会违法违规收费的高压态势。2023 年，云南省民政厅印发《关于持续强化行业协会商会乱收费治理助力市场主体减负纾困的通知》，要求重点围绕行业协会商会会费标准制定和修改程序、基本服务项目设置、票据使用等内容，加强常态化监督检查。

2. 评比达标表彰活动治理

评比达标表彰活动治理是针对部分社会组织违规开展评比达标表彰活动的专项行动。一些社会组织违规开展评比达标表彰活动，甚至借机收取费用牟利的事件时有发生，民政部积极采取有效措施，持续加强对违法违规社会组织的监管，切实规范社会组织基于评比达标表彰活动的收费行为。2012 年 4 月，全国评比达标表彰工作协调小组颁布《社会组织评比达标表彰活动管理暂行规定》，从报批程序履行、费用收取等方面对社会团体、基金会、民办非企业单位等社会组织开展评比达标表彰活动提出明确要求。2015 年 8 月，全国评比达标表彰工作协调小组办公室公布《全国评比达标表彰保留项目目录》，只有在保留目录内的评比达标表彰活动才可以开展。社会组织要开展相关活动，必须严格控制在章程规定的业务范围内，坚持非营利原则和公平、公正、公开原则，并严格履行相应的审批手续。2022 年 5 月，经中央批准，全国评比达标表彰工作协调小组印发《社会组织评比达标表彰活动管理办法》，对社会组织开展评比达标表彰活动的适用范围、申报条件、审批机制、程序要求、禁止情形、监管体制、违规处置、荣誉撤销等作出全面规定，为加强社会组织评比达标表彰活动管理、规范社会组织评比达标表彰活动开展提供了制度遵循。

3. 整治非法社会组织

民政部门还多次会同公安部门，在全国范围内开展打击整治非法社会组织专项行动，集中取缔一批非法社会组织。以 2018 年 3 月民政部和公安部联合启动的打击整治非法社会组织专项行动为例，近一年时间共查处 5845 家非法社会组织，其中依法取缔 1340 家，劝散及自行解散 1650 家，引导登记 903 家，移交相关部门以其他方式处理 1952 家。[1] 2021 年，北京市民政局大力开

---

[1] 黄树贤. 民政改革 40 年 [M]. 北京：中国社会出版社，2018：229.

展打击整治非法社会组织专项行动，全市累计查处非法社会组织相关线索和案件 436 件，专项行动期间取缔劝散非法社会组织及其分支机构 106 家，关停非法社会组织账号 68 个，清理相关网页、音视频等 927 个，实现了"发现一批、取缔一批、曝光一批、惩戒一批"的既定目标，切实保障了人民群众财产安全，有力维护了首都安全和社会稳定。① 2023 年，民政部会同相关部门深入贯彻落实党中央决策部署，持续发力，精准打击，公布 2023 年第一批涉嫌非法社会组织名单，请社会公众提高警惕，避免上当受骗（见表 5 – 1）。这些专项行动对于营造有利于社会组织健康发展的外部环境，防止个别非法社会组织行为对国家安全和社会稳定造成危害具有重要意义。

表 5 – 1　2023 年第一批涉嫌非法社会组织名单

序号	组织名称
1	中国舞蹈艺术教育家协会
2	中国羊毛商会
3	全国质量认证品质发展委员会
4	中国人事劳动保障学会
5	中国品牌发展促进联合会
6	中国基础教育发展研究学会
7	中国农村发展基金会
8	中国产品质量认证认可监督管理中心
9	中国产品质量认证中心
10	中国品牌质量发展管理中心
11	中国质量企业评价管理委员会

4. 整治"僵尸型"社会组织

"僵尸型"社会组织挤占社会资源，耗费行政和社会管理成本，既有潜在风险，也有显性风险，给社会组织健康有序发展带来了负面影响。为了贯彻落实中共中央办公厅、国务院办公厅《关于改革社会组织管理制度促进社会组织健康有序发展的意见》决策部署，民政部于 2021 年 7 月开始在全国范

---

① 安娜. 北京市委社会工委市民政局有序推进 31 项重点任务，深入开展"我为群众办实事"实践活动：通过解难题让群众看到变化得到实惠 [N]. 中国社会报，2021 – 07 – 15（1）.

围内开展"僵尸型"社会组织专项整治行动，将连续不参加年检、不开展业务活动、无法取得联系的三类社会组织纳入重点整治范围。根据社会组织的实际情况，依法采取撤销登记、吊销登记证书、注销登记、限期整改等措施进行分类整治，清除一批名存实亡的社会组织，整改一批内部混乱的社会组织，激活一批暂时停摆的社会组织，进一步优化社会组织结构，净化社会组织发展环境。

三、内部自治

社会组织内部治理结构和诚信自律机制是发挥社会组织的自主性，做好社会组织监督工作的内驱力，是社会组织监督体系不可或缺的要素。民政部联合多部门出台了多部政策法规，高度重视引导社会组织完善法人治理机制和诚信自律机制建设，通过提升自治水平创新社会组织监管方式，推动社会组织有序发展。

（一）完善法人治理机制

建立健全权责明确、运转协调、有效制衡的社会组织法人治理结构和治理机制，是推动社会组织自主监督的重要手段。为指导社会组织完善内部治理结构，民政部针对不同类型社会组织特点，先后制定了《社会团体章程示范文本》《基金会章程示范文本》《民办非企业单位（法人）章程示范文本》《行业协会商会章程示范文本》，为社会组织内部章程调整提供了基本遵循。

民政部和相关部门制定了多部政策文件，持续加强对重点领域、重要类型社会组织的监管，把完善社会组织法人治理结构摆在监管的突出位置。2016 年 12 月，国家发展改革委、民政部等 10 部门联合发布《行业协会商会综合监管办法（试行）》，规定协会商会根据《总体方案》要求调整完善章程，健全会员大会（会员代表大会）、理事会（常务理事会）、内部监事会（监事）以及党组织参与协会商会重大问题决策等制度。2016 年，中央网信办、民政部印发《关于加强网信领域社会组织建设的通知》，提出网信、民政部门加强指导网信领域社会组织法人治理结构和运行机制，加强网信领域社会组织日常活动的监督管理。2017 年 5 月，民政部、中央宣传部联合印发

《关于社会智库健康发展的若干意见》，提出完善社会智库的法人治理机制，推动其成为依法自办、权责明确、运转协调、制衡有效的法人主体，并明确要健全社会智库的内部监督机制，加强其自我管理。

（二）加强社会组织诚信自律建设

诚信是社会组织健康发展的源泉，加强诚信自律建设有助于提升社会组织依法自治的水平，对进一步增强社会公信力，更好地服务经济发展和社会建设具有积极的推动作用。民政部和相关部门高度重视社会组织的行业诚信激励和自律机制建设。2013年3月，民政部下发《关于开展行业协会行业自律与诚信创建活动的通知》，提出通过加强组织领导、加大宣传、建立激励机制、加强督促检查等一系列措施引导行业协会深入开展自律与诚信创建活动，进而强化诚信自律的意识，树立服务社会的理念，将诚信自律作为价值观融入组织血液之中。2014年，《关于推进行业协会商会诚信自律建设工作的意见》的出台则更进一步明确行业协会商会枢纽型社会组织的战略定位，引导行业协会商会要根据行业发展要求，研究制定自律规约、职业道德准则、国家标准、行业规划等，对行业协会商会自律机制建设提出了更高要求。针对社会服务机构（民办非企业单位），民政部相继印发了《关于开展民办非企业单位自律与诚信建设活动的通知》《关于开展民办非企业单位塑造品牌与服务社会活动的通知》，引导民办非企业单位增强自律性和诚信度，加强自身建设和规范管理。2014年，民政部出台《关于加强社会组织反腐倡廉工作的意见》，对所有社会组织提出诚信自律建设要求，把社会组织廉洁自律教育作为一项基础性工作推进。

四、社会监督

社会监督①是一种参与主体广泛的监督形式，社会组织的社会监督可由公民个人、法人或者其他组织实施。《中华人民共和国慈善法》第九十七条提

---

① 社会监督是指人民群众通过社会团体和社会组织、舆论机关、各种群众自治组织和公民对党和国家制定政策、法律，采取行政行为和司法行为等情况，提出批评、建议；对国家工作人员违法、犯罪、错误、官僚主义、不道德行为进行申诉、控告、检举、谴责，甚至罢免的一种监督活动。蔡定剑. 论社会监督的主要形式 [J]. 法学评论, 1989 (3): 5-9.

出，"国家鼓励公众、媒体对慈善活动进行监督，对假借慈善名义或者假冒慈善组织骗取财产以及慈善组织、慈善信托的违法违规行为予以曝光，发挥舆论和社会监督作用"，用法律形式将慈善领域针对社会组织的社会监督作用予以明确。2018年8月，民政部发布的《社会组织登记管理条例（草案征求意见稿）》也鼓励公众、媒体对社会组织进行监督，对违法违规行为予以曝光，发挥舆论和社会监督作用。民政部积极探索建立专业化、社会化的第三方监督机制，鼓励支持新闻媒体、社会公众对社会组织的监督，推动形成全社会共同参与的社会组织监督体系。

（一）鼓励支持新闻媒体对社会组织监督

鼓励支持新闻媒体对社会组织监督，大力实施有效的舆论监督，是保障社会组织在阳光下运行的重要渠道。当前日益兴起的新闻媒体对社会组织监督，体现了社会主义民主政治的发展和社会文明进步。民政部高度重视社会组织信息公开，积极推动"互联网＋社会组织"平台建设，鼓励调动多方传播媒介力量监督社会组织，并取得了突破性进展。

新闻媒体监督社会组织已体现在多部法律政策当中。《中华人民共和国慈善法》将媒体对慈善活动进行监督以及曝光慈善组织的违法违规行为写入法条；2016年3月，国家工商行政管理总局①、国家互联网信息办公室、工业和信息化部、住房和城乡建设部、交通运输部、国家新闻出版广电总局②等共同发布《公益广告促进和管理暂行办法》，明确了公共媒体的舆论监督作用；《公开募捐平台服务管理办法》则规定，广播、电视、报刊以及网络服务提供者、电信运营商等媒体在发现慈善组织开展公开募捐时有违法违规行为的，应当及时向批准其登记的民政部门报告，为慈善组织提供公平、公正的信用评价服务，采集和记录其信用情况。总的来说，媒体监督在净化社会组织发展秩序、维护社会组织活动参与各方合法权益、提升社会组织公信力等方面具有显著作用。

此外，民政部门还注重打造自媒体监督平台。中国社会组织公共服务平台作为民政部社会组织管理局主办的，为登记管理机关、社会组织以及社会

---

① 2018年3月已整合为"国家市场监管总局"。
② 2018年3月改为"国家广播电视总局"。

公众提供信息服务和工作交流的政务网站，经过不断改造升级，已成为全国社会组织信用信息等内容的"一网式"查询平台，有效加强了社会组织信息和资讯在互联网的传播。民政部社会组织管理局紧跟互联网发展潮流，于2017年开设"中国社会组织动态"微信公众号，并在其中开设投诉举报专栏，发挥舆论监督的作用。公众号持续更新社会组织政务管理信息、公益慈善等资讯，关注人数、阅读数不断增加，向社会传播社会组织的社会价值，有效提升社会组织公信力。江苏、广东、山东、陕西、天津等多个省份社会组织管理局纷纷开设社会组织动态微信公众号、微博账号等，社会组织正面发声和负面预警不断加强，为社会组织发展营造了良好的舆论氛围。

（二）广泛动员公众对社会组织监督

动员社会公众对社会组织开展监督，是推动社会组织为公众所知、为公众服务的重要途径。各级民政部门严格要求社会组织向公众公开信息，并面向公众建立起社会组织违法违规行为举报及受理机制，一系列措施对提升社会组织透明度，强化公众对社会组织的关注，培育公众的责任意识，建立针对社会组织的公众监督机制起到了不可忽视的重要作用。

民政部和各级民政部门积极引导社会组织信息公开，助推社会组织监督渠道多元化。2018年1月，民政部出台《社会组织信用信息管理办法》，发布社会组织活动异常名录和严重违法失信名单，开展社会组织信息信用管理。同年，广东省民政厅出台的《社会组织信息公开办法（试行）》明确规定了社会组织的基础信息、年报信息、财务信息、活动信息以及其他信息的公开义务，并对公开渠道提出了便于公众查询的要求。2016年8月，民政部制定《社会组织登记管理机关受理投诉举报办法（试行）》，要求各级民政部门负责对其登记的社会组织违法违规行为投诉举报的受理和查处工作，并提供电话投诉、邮寄投诉、电子邮件投诉、传真投诉、当面投诉举报等监督渠道，鼓励社会公众主动参与社会组织监督工作。公众可以通过拨打举报电话、发送邮件等形式开展非法社会组织及违法行为举报工作，也可以查阅中国社会组织政务服务平台获取非法社会组织名单等相关信息。

第五节　社会组织发展展望

回顾社会组织创新发展的历程，得益于各级党委和各级民政部门的管理，中国社会组织体制改革稳步推进，政策法规不断完善，为社会组织发展营造了良好的外部环境。其中，民政部作为社会组织管理的核心政府部门，始终对社会组织坚持鼓励和监管并重，持续推进管理体制机制创新。民政部通过多种渠道为社会组织争取支持资源，协同其他部门出台鼓励社会组织发挥作用的政策，例如政府购买服务、税收优惠等，为培育社会组织发展提供了良好的支持环境。除了鼓励引导社会组织，民政部还将社会组织监管放在突出位置。引导社会组织依法开展党建工作，通过对社会组织实行年度检查或年度报告、强化评估、开展专项治理等手段实现了对社会组织的有效监管。

当前，社会治理现代化工作正在持续推进中，社会组织应当在中国特色社会主义新时代发挥更重要的作用。然而，我国社会组织在内部治理、党建引领、信息公开等方面尚未满足社会各界的期望和治理现代化建设的要求，社会组织改革仍有较大空间。展望未来，应坚持"走出一条具有中国特色的社会组织发展之路"这一重大方针不动摇，引导社会组织在全面建设社会主义现代化国家新征程中发挥积极作用。为实现上述目标，需要党和政府，尤其是民政部门积极做好以下 5 个方面的工作。

一、完善党领导社会组织的制度

自 1994 年党的十四届四中全会"两新组织党建"这一概念提出以来，党中央高度重视社会组织党建工作。2002 年 11 月，党的十六大强调，加大在社会团体和社会中介组织中建立党组织工作力度。2012 年党的十八大对社会组织党建提出扩大党组织和党的覆盖面的要求。2015 年，中共中央办公厅印发的《关于加强社会组织党的建设工作的意见（试行）》，把社会组织党建工作的地位和作用提高到了新的高度。加强社会组织党建工作，把提升组织力作为重点，将社会组织建设成贯彻党的决定、团结动员群众、助力社会治理的坚强战斗堡垒。

实践表明，我国社会组织党建工作仍处于摸索性前进阶段，有很大的进步空间。社会组织已经成为我国社会主义现代化建设的一支重要力量。但是，从全国各地实践上看，仍然存在一些薄弱环节，如党建工作方式单一、党建与其他工作融合度不够等。发现和破解社会组织党建工作中的新问题，完善党领导社会组织制度，是推动社会组织与党政部门合作互动，加强党政部门对社会组织监管的关键途径，将会成为未来社会组织管理领域的重要策略，对于促进社会组织健康有序发展具有较高的理论意义和较强的实践价值。

二、加快社会组织法律制度建设

深入研究和总结我国社会组织法律制度建设的成功经验，持续推进社会组织法律制度建设，不断夯实民政事业发展的法律支撑和制度保障，为社会组织健康发展提供良好的法治保障。我国社会组织顶层法律体系不断完善，尤其是2016年《中华人民共和国慈善法》出台以来，《慈善组织认定办法》《慈善组织公开募捐办法》等配套政策相继出台，为社会组织法律制度体系建设提供了良好的发展基础。

各级民政部门贯彻落实好习近平总书记对民政工作的重要指示精神，关注社会组织法律制度建设，通过法律进一步加强社会组织日常管理工作规范。贯彻落实新修订的《中华人民共和国慈善法》，推进《社会组织登记管理条例》出台，持续出台相应配套政策并优化现行政策，为社会组织管理提供系统性、全面性的法律支持，不断夯实民政事业发展的法律支撑和制度保障，提升民政事业发展水平。

三、提升社会组织服务能力

改革开放以来，我国社会组织迅速发展，在公共服务供给方面发挥着越来越重要的作用。提升社会组织服务能力，引导社会组织提升内部治理能力、运营管理能力、业务管理能力，是社会治理现代化背景下推动社会组织可持续发展的基础。

当前，我国社会组织仍存在内部治理结构不完善、筹资量不足、业务能力不突出等问题，需要政府相关部门依据法规政策科学规范和妥善引导，提高社会组织综合能力素质。在众多社会组织能力中，社会组织内部治理能力、运营管理能力、业务管理能力建设尤为重要。内部治理能力建设，需要规范社会组织的治理结构，厘清理事会、监事会的权责关系；完善财务规制、报备制度、会议制度、监督制度、信息公开制度等日常管理制度，实现社会组织规范化治理。运营管理能力建设，重点引导社会组织提升募资能力、服务供给能力，鼓励社会组织发挥资源平台优势，获取政府、企业和社会等多元主体的资源支持，增强社会组织的自主性。业务管理能力建设，需要加强社会组织在项目设计、项目管理等方面的优势，扩大服务项目影响力和公信力。通过一系列的管理制度和引导措施，确保社会组织所提供的服务适应社会经济发展的需要，为中国式现代化建设发挥应有的作用。

四、健全社会组织综合监管体系

2013 年，党的十八届三中全会明确提出全面深化改革的总目标是"完善和发展中国特色社会主义制度，推进国家治理体系和治理能力现代化"。社会治理体制创新在国家治理现代化中的功能定位具有重要现实意义。2018 年，党的十九届四中全会进一步对社会治理现代化作出部署，强调必须加强和创新社会治理，完善党委领导、政府负责、民主协商、社会协同、公众参与、法治保障、科技支撑的社会治理体系。

健全社会组织综合监管体系，充分发挥登记管理部门、业务主管单位或业务指导单位、行业管理部门、综合职能部门的监管责任，形成各司其职、协调配合的社会组织综合监管体系。强化风险防范，把打击非法社会组织纳入民政事业常态化治理。加强社会组织资金管理，严格把控违法收费问题；加大执法力度，严厉打击非法社会组织。完善社会组织综合监管体系，构建结构合理、功能完善、竞争有序、诚信自律、充满活力的社会组织新发展格局，引导社会组织在社会治理现代化进程中发挥积极作用。

五、优化社会组织结构布局

优化社会组织结构布局，重点培育行业协会商会类、科技类、公益慈善类、城乡社区服务四类社会组织。

行业协会商会是国家治理现代化体系中不可缺少的重要组成部分，也是社会主义市场经济体制下实现市场经济健康发展的关键力量。我国行业协会商会处在脱钩改革历史时期，建立健全脱钩后行业协会商会管理的新体制，坚持放管并重，是培育行业协会商会发展的关键。此外，大力加强社会组织党的工作，建立健全由中共中央社会工作部和各省（自治区、直辖市）、市、县委社会工作部统筹全国性行业协会商会党的工作的体制机制。

大力发展科技类社会组织，进一步发挥科技类社会组织在科技决策咨询、科技创新、知识普及等方面的重要作用。加强对科技类社会组织的支持力度，完善科技人才引进机制建设，加大科技类社会团体投入支持和政策引导，努力提升科学技术协会、学会的创新能力，助推我国创新驱动发展。

引导公益慈善类社会组织规范有序高质量发展，鼓励其依法开展慈善活动是民政服务民生建设的重要体现。党的十九大报告明确提出"要完善慈善事业制度"。党的十九届四中全会首次提出"重视发挥第三次分配作用，发展慈善等社会公益事业"，公益慈善类组织是慈善事业发展中不可或缺的主体。党的二十大报告提出"引导、支持有意愿有能力的企业、社会组织和个人积极参与公益慈善事业"，"加强新经济组织、新社会组织、新就业群体党的建设"等重要要求，为新时代新征程社会组织发展提供了科学指引。下个阶段民政部门和相关政府部门可持续创新建立社会组织孵化基地，为社会组织提供活动服务场所，推进政府购买公益服务项目向慈善组织倾斜，开展工作人员业务培训，扩大慈善组织的影响力，拓展慈善组织的服务范围，助力党和政府民生事务管理。

鼓励发展城乡社区服务类社会组织，在进一步激发基层活力、扩大慈善资源供给、服务民生等方面发挥积极作用。提高社区社会组织扶持力度，创新统筹协调、人才培育等鼓励政策，引导社区社会组织做好内部治理、分类管理、夯实党建等工作。

相关政策文件：

1.《中共中央关于加强和改进党的群团工作的意见》（2015 年 2 月）

2.《中共中央关于加强社会主义协商民主建设的意见》（2015 年 2 月）

3.《行业协会商会与行政机关脱钩总体方案》（2015 年 7 月）

4.《中共中央办公厅关于加强社会组织党的建设工作的意见（试行）》（2015 年 9 月）

5.《中共中央办公厅 国务院办公厅关于改革社会组织管理制度促进社会组织健康有序发展的意见》（2016 年 8 月）

6.《中共中央办公厅 国务院办公厅关于加强文化领域行业组织建设的指导意见》（2017 年 5 月）

7.《中华人民共和国民法典》（2020 年 5 月）

8.《中华人民共和国慈善法》（2023 年 12 月修改）

9.《中华人民共和国境外非政府组织境内活动管理法》（2017 年 11 月）

10.《社会团体登记管理条例》（2016 年 2 月）

11.《外国商会管理暂行规定》（2013 年 12 月）

12.《国务院办公厅关于进一步规范行业协会商会收费的通知》（2020 年 7 月）

13.《国务院办公厅关于全面实行行政许可事项清单管理的通知》（2022 年 1 月）

14.《国务院关于加快推进政务服务标准化规范化便利化的指导意见》（2022 年 2 月）

15.《社会组织信用信息管理办法》（2018 年 1 月）

16.《社会组织登记管理机关行政处罚程序规定》（2021 年 9 月）

17.《"十四五"社会组织发展规划》（2021 年 9 月）

18.《社会组织助力乡村振兴专项行动方案》（2022 年 5 月）

第六章　慈善事业

　　慈善事业是一项利国利民的崇高事业，是中国特色社会主义事业的重要组成部分。党的十八大以来，以习近平同志为核心的党中央高度重视慈善事业，慈善事业在党和国家整体工作中的地位不断提高。在第三次分配、促进共同富裕、推动社会和基层治理现代化、应对突发事件以及培育和践行社会主义核心价值观等方面发挥着越来越重要的作用。党的二十大报告提出，坚持按劳分配为主体、多种分配方式并存，构建初次分配、再分配、第三次分配协调配套的制度体系，引导、支持有意愿有能力的企业、社会组织和个人积极参与公益慈善事业，为全面推动慈善事业的高质量发展提供了行动指南。

第一节　慈善概述

一、慈善的内涵和特征

　　我国有着悠久的慈善历史。在中华民族的传统文化中，历来尊崇厚仁贵和、敦亲重义，并将乐善好施、扶贫济困奉为美德。无论是儒家"仁爱""民本"的思想，还是道家"上善若水"的思想，抑或佛教"慈悲为怀"的信仰观念，都显示了慈善在诸种文化思想中的重要地位。我国著名慈善家熊希龄曾经说："吾国立国最古，文化最先，五千年来养成良善风俗者，莫不由儒、释、道之说所熏陶。"① 历朝历代民间出现的"义仓""义学""义诊"

---

① 周秋光．熊希龄集：下［M］．长沙：湖南人民出版社，1996：2002．

"善堂"等，都是这些思想的体现和延续。晚清时期受西学东渐的影响，我国出现了现代意义上的慈善组织的雏形。

慈善一词，最早出现在《魏书·崔光传》中所讲的"光宽和慈善"。慈善是什么？《辞源》的解释是：仁慈善良；《现代汉语词典》的解释是：对人关怀，富有同情心。尽管慈善对我们生活的方方面面的影响比起其他大多数事情影响更大，但人们对其他事情的了解都比对慈善的了解更深入。① 这就不难理解对于什么是慈善，为什么给不出准确的定义。慈善就是被英国哲学家加利称为"实质上存在争议的概念"的例证。②

法律上并没有给出慈善的明确定义。2016 年 9 月 1 日起施行的《中华人民共和国慈善法》第三条以列举的方式明确了慈善活动的方式，从而间接定义了慈善。这就是："本法所称慈善活动，是指自然人、法人和其他组织以捐赠财产或者提供服务等方式，自愿开展的下列公益活动：（一）扶贫、济困；（二）扶老、救孤、恤病、助残、优抚；（三）救助自然灾害、事故灾难和公共卫生事件等突发事件造成的损害；（四）促进教育、科学、文化、卫生、体育等事业的发展；（五）防治污染和其他公害，保护和改善生态环境；（六）符合本法规定的其他公益活动。"③ 由此可见，慈善活动，主要是指扶贫、济困、救灾方面的义行善举，这是我国慈善事业的重点，同时也包括其他有利于社会公共利益的活动。这一界定，为慈善事业的进一步发展提供了广阔的空间④。

慈善与政府举办的社会救助和社会福利事业，主要目的都是扶贫济困，但是慈善作为一项民间非营利性的公益事业，有着自己独有的特征。根据《中华人民共和国慈善法》对慈善活动、慈善组织和慈善服务等的界定，慈善的主要特征可以概括为政治性、公益性、自愿性等方面。

一是政治性。慈善事业具有鲜明的政治属性。在私有制阶级社会中，马

① 罗伯特·L. 佩顿，迈克尔·P. 穆迪. 慈善的意义与使命 [M]. 郭烁，译. 北京：中国劳动社会保障出版社，2013：17.

② GALLIE W B. Essentially Contested Concepts [J]. Proceedings of the aristotelian society，1956，3 (56)：168 – 169.

③ 中华人民共和国慈善法 [M]. 北京：法律出版社，2023：3.

④ 李建国. 关于《中华人民共和国慈善法（草案）》的说明 [N]. 人民日报，2016 – 03 – 10 (4).

克思、恩格斯曾批判资产阶级的伪慈善，肯定无产阶级真慈善。在社会主义市场经济条件下，慈善事业是坚持党的领导、践行党的宗旨、响应党的号召、当好党的助手、坚持中国特色社会主义道路的真慈善。

二是公益性。出于对公共利益或公众利益的利他考量，现代慈善通过慈善组织或慈善信托作为捐赠人（委托人）与受益人之间的中介，坚持主体间人格平等，通过物质+服务+精神的综合帮扶，提供服务促进发展。

三是自愿性。慈善的崇高之处在于它以广泛的社会参与为基础，受社会责任和个人自我实现驱动，以实现人的全面发展、社会全面进步为目标。

二、慈善事业的功能和作用

（一）发挥第三次分配作用，助力全面建设社会主义现代化国家和促进共同富裕的重要方式

慈善事业以爱心捐赠为基础，具有第三次分配的重要调节功能，是解决贫困问题、缩小收入差距、促进共同富裕的重要手段，是关系经济发展和国家治理的重要制度安排①，在助力全面建设社会主义现代化国家方面发挥了重要作用。党的十九届四中全会首次把"按劳分配为主体、多种分配方式并存"上升为基本经济制度，并首次明确要求"重视发挥第三次分配作用，发展慈善等社会公益事业"②。一般认为，初次分配主要由市场机制形成，再次分配主要由政府调节机制起作用，第三次分配主要由社会机制进行补充。所谓第三次分配，它"是在道德、文化、习惯等影响下，社会力量自愿通过民间捐赠、慈善事业、志愿行动等方式济困扶弱的行为，是对再分配的有益补充"③。随着我国经济发展和社会文明程度提高，全社会慈善意识日渐增强，慈善发挥第三次分配的作用更加突出。

共同富裕是社会主义的本质要求，是中国式现代化的重要特征。2021年

---

① 贾晓九. 重视发挥第三次分配作用 推动慈善事业迈上新台阶 [N]. 中国社会报, 2019 - 11 - 25 (2).

② 中共中央关于坚持和完善中国特色社会主义制度 推进国家治理体系和治理能力现代化若干重大问题的决定 [N]. 人民日报, 2019 - 11 - 06 (1).

③ 刘鹤. 坚持和完善社会主义基本经济制度 [N]. 人民日报, 2019 - 11 - 22 (6).

8月17日，习近平总书记主持召开中央财经委员会第十次会议，专题研究扎实促进共同富裕问题。助力全面建设社会主义现代化国家和促进共同富裕，参与巩固脱贫攻坚成果、实施全面乡村振兴战略，是公益慈善事业服务国家、服务社会、服务群众、服务行业的重要体现，也是公益慈善事业发展壮大的重要舞台和现实途径。在脱贫攻坚期间，全国慈善组织用于扶贫济困的支出年均500亿元左右，广泛投入生活救助、助医助学、文化扶贫、消费扶贫、易地扶贫搬迁等领域。[①] 2021年2月25日召开的全国脱贫攻坚总结表彰大会，授予10名同志、10个集体"全国脱贫攻坚楷模"荣誉称号，对全国1981名脱贫攻坚先进个人、1501个先进集体进行了表彰。其中，社会组织领域有1名同志获"全国脱贫攻坚楷模"称号，23名同志获"全国脱贫攻坚先进个人"称号，20个集体获"全国脱贫攻坚先进集体"称号。[②] 2021年11月，第九届中国公益慈善项目交流展示会启动，围绕巩固拓展脱贫攻坚成果同乡村振兴有效衔接，以"汇聚慈善力量，助力乡村振兴"为主题，集中展示慈善力量助力乡村振兴的积极成果，共促成项目捐赠、消费帮扶产品采购及乡村振兴产业投资项目等意向对接合作近230项，意向对接金额逾37.4亿元，其中消费帮扶产品采购及产业投资等项目达20多亿元。[③]

（二）推动社会和基层治理现代化，促进社会创新发展的重要力量

社会治理和基层治理是国家治理的重要方面。党的十九届四中全会提出"必须加强和创新社会治理，完善党委领导、政府负责、民主协商、社会协同、公众参与、法治保障、科技支撑的社会治理体系，建设人人有责、人人尽责、人人享有的社会治理共同体"的目标任务。[④]《中共中央 国务院关于加强基层治理体系和治理能力现代化建设的意见》明确提出，建立起党组织统一领导、政府依法履责、各类组织积极协同、群众广泛参与，自治、法治、

---

① 民政工作这十年：慈善社工篇 [N]. 公益时报，2022 – 09 – 27（1 – 2）.
② 全国脱贫攻坚战社会组织群英谱 [N]. 中国社会报，2021 – 03 – 06（2）.
③ 第九届中国慈展会成果丰硕 对接慈善资源逾37亿元 [EB/OL].（2021 – 11 – 29）[2023 – 12 – 26]. http://mzj. sz. gov. cn/gkmlpt/content/9/9407/post_9407590. html.
④ 中共中央关于坚持和完善中国特色社会主义制度 推进国家治理体系和治理能力现代化若干重大问题的决定 [N]. 人民日报，2019 – 11 – 06（1）.

德治相结合的基层治理体系。^① 慈善事业以慈善组织为主要组织载体，慈善组织是社会力量的重要组成部分，是社会治理格局中的重要成员。慈善组织有不同的宗旨和业务范围，能够聚焦更多领域主体利益诉求。慈善组织具有专业性、规范性，聚集着专业化人才队伍，能够提高社会治理的专业化和精细化水平。实践证明，慈善组织参与社会治理能够促进社会和谐稳定，特别是在应对自然灾害、事故灾难和公共卫生事件等突发事件中，慈善事业在募集款物和困难救助等方面表现突出，成为不可忽视的重要力量。2020 年新冠疫情发生后，全国共有 5289 个慈善组织、红十字会开展了慈善募捐，累计筹集捐赠资金 396.27 亿元，捐赠物资 10.56 亿件。1000 多万名志愿者投身疫情防控，服务时间超过 2.4 亿小时。^② 同时，慈善力量作为社会创新^③的发起者、主导者，抑或是参与者，在扶贫济困、扶老救孤、恤病助残、突发事件、生态保护等领域，均创造性地运用多种新的理念、手段、方法、方式解决复杂的社会问题、提供公益性的社会服务，满足多样化的社会需求，并已探索出不同的社会创新模式，有效弥补政府服务不足。

（三）弘扬中华民族传统美德，培育和践行社会主义核心价值观的重要载体

慈善是最广泛的道德实践活动，具有涵养道德文化的重要功能。习近平总书记早在担任浙江省委书记时就强调："树立慈善意识、参与慈善活动、发展慈善事业，是一种具有广泛群众性的道德实践。无论是个人还是组织，无论是贫穷还是富裕，不管在什么条件下，不管做了多少，只要关心、支持慈善事业，积极参与慈善活动，就开始了道德积累。……各类组织和各界人士积极加入到这一爱心事业中来，人人心怀慈善，人人参与慈善，我们的社会一定会更加文明、更加和谐。"^④

---

① 中共中央 国务院关于加强基层治理体系和治理能力现代化建设的意见［N］. 人民日报，2021 – 07 – 12（1）.

② 闫薇. 法治引领，壮大善的社会力量和专业力量："十三五"时期慈善社会工作事业发展综述［N］. 中国社会报，2020 – 12 – 25（1）.

③ 社会创新是相关组织或个体利用新的理念、手段、方式来解决社会问题、改变社会关系、创造共享价值、增加社会福利、提高社会效率的系统性变革的过程。

④ 习近平. 之江新语［M］. 杭州：浙江人民出版社，2007：252 – 253.

在新时代坚持和发展中国特色社会主义的伟大事业中，发展慈善事业，全社会支持慈善、参与慈善，是对中华民族优秀美德的传承和弘扬，是对社会主义核心价值观的培育和践行。在全社会提倡、支持和鼓励助人为乐、团结友爱、无私奉献的友善精神，有助于社会成员在义行善举中不断累积道德力量，将社会主义核心价值观内化于心、外化于行，为实现中华民族伟大复兴的中国梦提供持久精神力量。

三、慈善事业的发展历程

新中国成立以来特别是改革开放以来，我国现代慈善事业从无到有，不断发展壮大，大体可以划分为 5 个阶段。

（一）慈善事业调整改造阶段（1949—1977 年）

新中国初期的慈善事业，是在旧中国存留下来的慈善机构的基础上发展起来的。对旧有的慈善机构进行调整与改造，是慈善事业发展的必要举措。为了改革旧有的慈善机构，1950 年 9 月政务院制定了《社会团体登记暂行办法》，1951 年 3 月内务部制定了《社会团体登记暂行办法实施细则》，标志着新中国慈善法律体系建设的开端。

（二）慈善事业复苏重建阶段（1978—1992 年）

我国慈善事业的兴起，是以改革开放为标志的。改革开放开启的经济体制改革推动了政治体制改革，政府职能转变、权力下放、向社会让渡空间，为我国慈善事业发展创造了比较宽松的环境。1981 年 7 月 28 日，中国儿童少年基金会成立，这是我国第一个全国性基金会，标志着我国以专业组织运作为特征的现代慈善事业的开启。

1982 年，改革开放后的第一部宪法颁布实施，为慈善事业的发展和慈善法治建设提供了宪法依据。宪法明确规定，中华人民共和国公民具有结社的自由，同时规定："中华人民共和国公民在年老、疾病或者丧失劳动能力的情况下，有从国家和社会获得物质帮助的权利。国家发展为公民享受这些权利所需要的社会保险、社会救济和医疗卫生事业。国家和社会保障残废军人的生活，抚恤烈士家属，优待军人家属。国家和社会帮助安排盲、聋、哑和其他有残疾的公民的劳动、生活和教育。"① 此后，以官方为主导的慈善组织陆续出现，如1985年在南京成立的爱德基金会，1988年成立的中国妇女发展基金会，1989年成立的中国青少年发展基金会，等等。中国青少年发展基金会于1989年10月发起实施的"希望工程"助学项目，通过在贫困地区设立学校、改善教学条件等方式，帮助上不起小学的学生完成学业。这项工程曾经得到邓小平的支持——他手书了"希望工程"，并于1992年6月10日和10月6日两次以"一位老共产党员"的名义向"希望工程"捐款。② 这一阶段成立的慈善组织，数量比较少，慈善捐赠处于自发状态。

（三）慈善事业巩固提高阶段（1993—2003年）

1993年1月，我国出现了首家以慈善为名字的组织——吉林省慈善总会。1994年，中华慈善总会成立。1994年2月24日，《人民日报》发表了《为慈善正名》这篇特别的社论，以主流媒体的身份为"慈善"正名。社论指出："社会主义需要自己的慈善事业，需要自己的慈善家。"③ 以这篇社论为发端，社会的爱心能量和公众的慈善热情被释放。1995年习近平在任福州市委书记时发起"千家企业建千校"爱心活动，对捐建的延安杨家岭福州希望小学，习近平两次给师生们回信，两次专程到学校看望师生。1999年，《中华人民共和国公益事业捐赠法》颁布实施，在一定程度上为我国公益慈善事业发展奠定了法治基础。2001年，"发展慈善事业，加强对捐助资金使用的监管"写入国家"十五"计划纲要。这一阶段，以"慈善"命名的慈善组织开始涌现，慈善事业得到社会各界的逐步认可，捐赠总额有所提高，社会的慈善意识不断增强。1998年8月16日，中华慈善总会、中国红十字会、中央电视台联合举办中国第一个电视募捐专场晚会，筹集了3亿多元的善款和物资。特别是2003年4月、5月发生"非典"疫情的紧急时刻，全国人民万众一心，积极捐款，仅部本级接受"非典"捐款就达3524.8万元。全年接受捐款捐物

① 中华人民共和国宪法（1982年12月4日第五届全国人民代表大会第五次会议通过 1982年12月4日全国人民代表大会公告公布施行）[N].人民日报，1982-12-05（1）.
② 石国亮.慈善教育论纲[M].北京：中央编译出版社，2020：19.
③ 孙月沐.为慈善正名[N].人民日报，1994-02-24（4）.

折合人民币 34.6 亿元，接收衣被 1.9 亿件，使 4242.8 万人（次）困难群众受益。（2003 年民政事业发展统计公报）

（四）慈善事业快速发展阶段（2004—2011 年）

2004 年，国务院颁布《基金会管理条例》，将基金会从社会团体中分列出来，对基金会实行分类管理，允许设立非公募基金会。这一阶段，民政部采取了一系列新举措，推动慈善事业发展。2005 年，举办了首届"中华慈善奖"评比表彰活动。2008 年民政部设立社会福利和慈善事业促进司，这是我国首次设立慈善的专门机构，地方民政部门也相应设立了管理慈善事务的内设机构。同年，胡锦涛同志在接见中华慈善大会代表时强调，"慈善事业是改善民生、促进社会和谐的崇高事业"，为慈善事业发展指明了方向。慈善事业开始作为社会保障体系的重要补充，写入党中央文件。党的十六届四中全会通过的《中共中央关于加强党的执政能力建设的决定》明确提出"健全社会保险、社会救助、社会福利和慈善事业相衔接的社会保障体系"，这是慈善事业第一次写进党的重要文件。党的十七大报告进一步明确将慈善事业作为社会保障体系的重要补充。2011 年，民政部颁布《中国慈善事业发展指导纲要（2011—2015 年）》，明确了慈善事业发展的方针、目标、原则和措施。在这一阶段中，2008 年是我国慈善事业发展具有里程碑意义的一年，汶川大地震激发了全社会慈善热情，根据《中国慈善捐助报告》，2008 年全国慈善捐赠总额达 1070 亿元，首次突破千亿元。

（五）慈善事业蓬勃发展阶段（2012 年至今）

党的十八大以来，以习近平同志为核心的党中央高度重视慈善事业。习近平总书记主持召开中央政治局常务委员会会议，听取全国人大常委会党组关于慈善法立法工作的汇报，提出明确要求。2019 年 11 月 20 日，在希望工程实施 30 周年之际，习近平总书记寄语希望工程，充分肯定了希望工程取得的显著成绩、发挥的重要作用、展现的社会价值，深刻指明了希望工程在新时代的前进方向。①

这一阶段，慈善法治建设取得重大标志性成果。2014 年 11 月 24 日，国务院出台了《关于促进慈善事业健康发展的指导意见》，成为中华人民共和国成立以来首个以中央政府名义出台的慈善综合性文件。2016 年 3 月 16 日，第十二届全国人民代表大会第四次会议审议通过《中华人民共和国慈善法》，自 2016 年 9 月 1 日起施行，慈善领域有了一部可供遵循的基本法。慈善法是社会领域的重要法律，是我国慈善制度的基础性、综合性法律。慈善法的出台，是我国慈善事业迈入法治化轨道的标志，成为我国慈善事业发展史上的一座里程碑。2016 年《中华人民共和国慈善法》共 12 章 112 条②。其中，有 12 条属于解释性条款，内容为概念定义和情况说明；余下 100 条包含明确的法律责任、工作要求或者指导意见。

为贯彻落实慈善法，民政部或单独或联合相关部门迅速出台一系列配套政策措施，慈善法治的立体面向逐渐清晰，基本构建起了我国慈善事业的制度体系。根据 2020 年 10 月 15 日全国人大常委会执法检查组的统计，《中华人民共和国慈善法》制定后，中央和地方共出台 400 余份配套法规规章和规范性文件，基本涵盖了慈善组织认定登记、公开募捐、慈善信托、活动支出、信用管理、志愿服务、信息公开和财产保值增值等主要环节。③ 全国人大及全国人大常委会修订的《中华人民共和国民法总则》《中华人民共和国企业所得税法》《中华人民共和国红十字会法》以及编撰的《中华人民共和国民法典》等，都充分考虑了与慈善法的衔接。在抗击新冠疫情的人民战争、总体战和阻击战中，国务院有关部门出台了专门政策，促进了慈善力量参与疫情防控。2023 年 12 月 29 日，十四届全国人大常委会第七次会议表决通过关于修改慈善法的决定，自 2024 年 9 月 5 日起施行。此次慈善法的修改，坚持问题导向，积极回应社会关切，对健全应急慈善制度、完善促进措施、规范慈

① 习近平寄语希望工程强调 把希望工程这项事业办得更好 让广大青少年充分感受到党的关怀和社会主义大家庭的温暖 [N]．人民日报，2019 – 11 – 21（1）．

② 2023 年 12 月《中华人民共和国慈善法》修改后共 13 章 125 条。

③ 张春贤．全国人民代表大会常务委员会执法检查组关于检查《中华人民共和国慈善法》实施情况的报告：2020 年 10 月 15 日在第十三届全国人民代表大会常务委员会第二十二次会议上 [EB/OL]．（2020 – 10 – 16）[2023 – 12 – 26]．http：//www．npc．gov．cn/npc/c1773/c6680/csfzfjc009/202010/t20201016_308157．html．

善活动、加强监督管理等作了规定。修改后的《中华人民共和国慈善法》共13 章 125 条，对健全应急慈善制度、完善促进措施、规范慈善活动、加强监督管理等社会关切的重点问题作了规定，将为慈善事业健康有序发展提供更加有力的法治保障。

民政部采取一系列重大举措，推动慈善事业创新发展。2012 年，民政部、国资委、全国工商联、广东省人民政府、深圳市人民政府共同发起举办了中国公益慈善项目交流展示会，成为国内唯一的国家级、综合性、国际化的慈善盛会。2016 年 9 月 1 日，南通中华慈善博物馆隆重开馆，充分发挥了展示窗口、教育课堂、交流平台和研究基地作用。2016 年 7 月 27 日，民政部办公厅印发《关于做好慈善法实施和首个"中华慈善日"专题宣传工作的通知》，对做好慈善法实施和首个"中华慈善日"专题宣传工作作出部署。此后，每年的"中华慈善日"都围绕一个主题，开展特色鲜明的"中华慈善日"活动。2019 年 9 月 2 日，在第四个"中华慈善日"到来之际，民政部办公厅印发《"中华慈善日"标志使用管理办法》，正式启用"中华慈善日"标志，该标志入选"伟大历程 辉煌成就——庆祝中华人民共和国成立 70 周年大型成就展"。2017 年 8 月 17 日，全国慈善信息公开平台——"慈善中国"上线运行。

2019 年 1 月 25 日，中国机构编制网正式对外发布《民政部职能配置、内设机构和人员编制规定》。根据该规定，慈善事业有关职能得到进一步明确和加强，设立了慈善事业促进和社会工作司，且内设慈善组织处和慈善事业发展（综合）处，慈善事业的相关工作集中到慈善事业促进和社会工作司。全国所有省级民政部门和大部分地市级民政部门，都设立了相应管理机构。2023 年 11 月 10 日，中国机构编制网发布新版《民政部职能配置、内设机构和人员编制规定》。根据该规定，民政部慈善事业促进和社会工作司更名为慈善事业促进司，专门组织拟定促进慈善事业发展政策，指导社会捐助工作，负责福利彩票管理工作，走上更加专业化的慈善事业监管道路。

各地积极开展实践探索，推动慈善事业的改革创新。这一阶段，我国慈善组织规模和社会捐赠总额继续扩大，慈善事业发展逐渐步入法治化、规模化的轨道，也进入新的蓬勃发展阶段。全国慈善信息公开平台数据显示，截至 2024 年 10 月，各级民政部门认定和登记的慈善组织已达 15689 家，其中具有公开募捐资格的 3319 家。另有已领取公募资格证书的红十字会 1435 家。通过慈善组织和慈善信托募集的社会捐赠总额年均保持在 1500 亿元左右。

第二节　慈善事业发展

慈善事业是中国特色社会主义事业的重要组成部分。党的十八大以来，在习近平新时代中国特色社会主义思想的指引下，我国慈善事业取得巨大进展和突出成效。我国独特的慈善文化传统和独特的国情，决定了我国慈善事业走的是一条具有中国特色的发展道路。

一、法规政策取得重大突破

法治是治国理政的基本方式，慈善事业发展最根本的是靠法治。《中华人民共和国慈善法》及一系列配套措施的颁布实施，推动我国慈善事业走上了依法治善的新阶段。

（一）有关法律法规日益完善

改革开放以来，党和国家对慈善事业发展高度重视。人们越来越深刻认识到，慈善事业是社会保障体系的重要补充，在第三次分配中具有重要作用，对于实现共同富裕、推动社会治理体系和治理能力现代化、推动践行社会主义核心价值观具有重要意义。伴随慈善理念变迁，慈善政策持续变革。全国人大及其常委会先后审议通过或修订红十字会法、公益事业捐赠法、信托法、企业所得税法、个人所得税法、慈善法，民政部先后推动制定《社会团体登记管理条例》《民办非企业单位登记管理暂行条例》《基金会管理条例》《志愿服务条例》，从不同角度、不同方面为慈善事业发展提供了支持措施和法治保障。

（二）慈善促进和引导政策陆续出台

《国务院关于促进慈善事业健康发展的指导意见》出台前后，民政部联合有关部门出台了支持中央企业、民营企业投身慈善事业、建立完善慈善表彰奖励制度、积极发挥新闻媒体作用做好慈善事业宣传工作、鼓励实施慈善款物募用分离、建立儿童福利领域慈善行为导向机制等多项政策，构成了慈善政策制度体系。

（三）慈善法配套政策不断完善

《中华人民共和国慈善法》颁行后，民政部等相关部门相继出台了关于慈善组织登记认定、慈善组织公开募捐、慈善活动年度支出和管理费用、慈善组织信息公开、慈善组织保值增值、慈善组织税收优惠等方面的政策措施，推动慈善组织的健康发展。

二、慈善组织持续健康发展

慈善事业的发展需要以慈善组织为实践载体和依托，慈善组织为公益慈善事业的发展提供组织机制上的保障。

（一）《中华人民共和国慈善法》设专章对慈善组织进行规范

第一次从法律层面明确了慈善组织的概念、范围、权利义务，解决了过去没有解决的很多问题。其中，第八条规定，慈善组织是指依法成立、符合慈善法规定，以面向社会开展慈善活动为宗旨的非营利性组织。慈善组织可以采取基金会、社会团体、社会服务机构等组织形式。这一界定，从依法成立、以慈善为宗旨、非营利属性、独立主体地位等多个基本属性入手，很好地界定了慈善组织的定义，同时厘清了慈善组织与社会组织现有的三种组织形式的关系。具备法定条件的慈善组织，可以向民政部门申请登记。已经成立的基金会、社会团体、社会服务机构也可以由民政部门认定为慈善组织，适用《慈善组织认定办法》（民政部令第58号）。同时，《中华人民共和国慈善法》还对慈善组织的募捐、财产管理、信息公开、促进措施、监督管理和法律责任等进行了规范。

（二）慈善组织快速发展

在习近平新时代中国特色社会主义思想的指导下，各级党委和政府将党的全面领导贯彻落实到慈善事业发展之中，引领广大慈善事业的参与者与党同心同德、与社会主义现代化建设事业同向同行，强化慈善组织党建工作，慈善组织党组织的功能进一步明确，党建工作体制和工作机制不断健全，慈善组织的党组织和党的工作有效覆盖面不断扩大。坚持党的领导和社会主义核心价值观普遍纳入了慈善组织的章程。慈善组织负责人和党组织负责人双向进入、交叉任职已经成为常态。随着党对慈善组织的全面领导得到加强，我国慈善事业取得长足发展，慈善事业整体规模不断扩大。

（三）作用发挥日益显著

我国慈善力量围绕中心、服务大局，在扶贫济困、扶老救孤、助残优抚、科教文卫、环境保护等方面，开展了一大批特色鲜明、具有广泛社会影响力的品牌项目，发挥了积极作用，在脱贫攻坚、疫情防控、抗灾救灾这几个方面的作用尤其突出。在脱贫攻坚方面，慈善组织用于扶贫济困的支出年均达到了 500 亿元左右，广泛投入生活救助、助医助学、文化扶贫、消费扶贫、易地扶贫搬迁等领域，有效支持了深度贫困地区的脱贫攻坚。在疫情防控方面，2020 年疫情防控过程中，广大慈善组织、爱心企业、爱心人士累计捐赠的资金达到 396.27 亿元，物资达到 10.97 亿件，为打赢武汉保卫战、湖北保卫战，为全国抗击疫情发挥了十分重要的作用。在救灾方面，慈善力量发挥的作用可圈可点。2021 年河南郑州的特大洪涝灾害，慈善组织、红十字会等社会各界，对河南郑州等地的资金捐赠达到 83 亿元。慈善组织已经成为企业履行社会责任、个人回报社会、百姓奉献爱心、困难群体寻求帮助、社会公众凝聚正能量的重要平台。同时，慈善行政执法工作有序开展，各级民政部门依法处理慈善组织违法违规行为，重点打击非法公开募捐活动，努力为慈善活动提供良好法治环境。

三、慈善新形态发展迅速

创新是慈善事业发展的重要推动力。要实现慈善事业的可持续发展，必须探索新的发展模式，不断提高慈善事业的影响力。

（一）慈善信托落地生根

作为有别于慈善捐赠的一种制度安排，慈善信托是社会各界参与慈善事业的载体之一，是汇聚慈善资源和推动慈善事业创新发展的重要方式。慈善信托不同于慈善组织和慈善捐赠，具有自身的独特优势且与中国的文化良好契合。《中华人民共和国慈善法》专设"慈善信托"一章，涵盖慈善信托的定义、慈善信托备案和受托人的规定、受托人的信义义务及监察人制度等。《中华人民共和国慈善法》规定，慈善法所称慈善信托属于公益信托，是指委托人基于慈善目的，依法将其财产委托给受托人，由受托人按照委托人意愿以受托人名义进行管理和处分，开展慈善活动的行为。这一规定，弥补了我国现行制度中存在资金保值增值难、慈善组织成立标准高的不足，更有利于引导社会的慈善热情，有助于慈善资源的合理分配及利用，对慈善事业的健康发展具有重要意义。《中华人民共和国慈善法》还明确规定，对慈善信托其他方面本章没有规定的，适用本法其他有关规定，本法没有规定的，适用《中华人民共和国信托法》的有关规定。

为贯彻落实慈善法的要求，2016 年 8 月 25 日，民政部会同银监会①发布《关于做好慈善信托备案有关工作的通知》，作为慈善法生效的配套措施，确定具体的备案管辖机关、明确程序和要求，对慈善信托的依法监管、信息公开与组织保障等问题进行了详细规定，为慈善信托的备案工作奠定了基础，指明了方向。2016 年 9 月 21 日，北京市率先出台全国首个地方性慈善信托管理办法。2017 年 7 月 7 日，银监会和民政部联合印发《慈善信托管理办法》，共 9 章、65 条，涵盖了总则、慈善信托的设立、慈善信托的备案、慈善信托财产的管理和处分、慈善信托的变更和终止、促进措施、监督管理和信息公开、法律责任、附则 9 个方面的内容。办法的颁布实施，进一步明确和细化了慈善信托业务流程，制定了鼓励政策，标志着我国慈善信托规制体系基本建立。

近年来，随着信托等金融方式与慈善的进一步结合，民众对慈善活动的热情和参与度得到了有效激发。2016 年 9 月 1 日，《中华人民共和国慈善法》正式施行首日，就有 4 家机构推出 5 款慈善信托。全国慈善信息公开平台数

---

① 2018 年 3 月改为"中国银行保险监督管理委员会"。

据显示，截至 2021 年 3 月 23 日，全国共备案慈善信托 554 单，财产总规模共33.6 亿元。2019 年在兰州市民政局备案的"光信善·昆山慈善信托 1 号"的财产规模达 5 亿元，成为自《中华人民共和国慈善法》颁布以来我国最大规模的货币资金类慈善信托。《2020 年中国慈善信托发展报告》显示，2020 年，多家信托公司设立了以抗击新冠疫情为目的的慈善信托，共 92 单，财产规模为 1.48 亿元。① 截至 2022 年末，我国慈善信托累计备案数量达到 1184 单，累计备案规模达到 51.66 亿元。其中，2022 年备案数量达到 392 单，比 2021年增加 147 单，创历年新高。② 慈善信托已经成为慈善组织、金融机构及社会公众参与慈善事业的重要渠道。慈善信托资金的支持领域已经从医院、教育、养老、儿童福利、扶贫济困、环境治理等传统领域逐步拓展到行业支持、公益金融、社会企业等新兴慈善领域。

（二）互联网慈善加快发展

进入 21 世纪，互联网逐渐成为人类命运共同体新的生态条件，深刻改变着人们的社会交往及思维模式。而在慈善领域，互联网的兴起对人们的慈善理念、慈善参与意识、捐赠方式以及慈善项目的运作等都带来重要影响。"互联网＋慈善"等新形态不断创新发展，取得显著成效，对其的引导和监管也更加科学规范。

2014 年 12 月 18 日，国务院下发了《国务院关于促进慈善事业健康发展的指导意见》，指出要积极探索培育网络慈善等新的慈善形态，引导和规范其健康发展。2016 年 8 月 30 日，民政部、工业和信息化部、国家新闻出版广电总局、国家互联网信息办公室联合印发了《公开募捐平台服务管理办法》，对平台行为进行规范。2016 年 9 月，《中华人民共和国慈善法》正式实施，国家对互联网慈善加强了法律法规规范。《中华人民共和国慈善法》明确规定，慈善组织应当在国务院民政部门统一或者指定的慈善信息平台发布募捐信息。鼓励公众对慈善活动进行监督、曝光。对于为不具有公开募捐资格的组织或者个人开展公开募捐，通过虚构事实等方式欺骗、诱导捐赠的行为，

① 舒迪.《2020 年中国慈善信托发展报告》发布［N］. 人民政协报，2021－02－02（9）.
② 张晶晶. 2022 年我国慈善信托发展迈上新台阶［N］. 中国社会报，2023－01－16（1）.

由民政部门予以警告、责令停止活动，退还违法财产，并处罚款。2016 年 8 月、2018 年 5 月和 2021 年 11 月，民政部分别公布了三批官方认定的互联网募捐信息平台，除去后来退出的 3 家机构，共有 29 家互联网募捐信息平台为慈善组织提供募捐信息发布服务。同时，民政部还制定了《公开募捐平台服务管理办法》以及《慈善组织互联网公开募捐信息平台基本技术规范》和《慈善组织互联网公开募捐信息平台基本管理规范》两项行业规范，为互联网慈善平台的运营和监管提供政策支持。

个人网络求助与慈善事业互相促进、互相影响。2018 年 10 月，民政部动员爱心筹、轻松筹、水滴筹三大平台联合发布了《个人大病求助互联网服务平台自律倡议书》和《个人大病求助互联网服务平台自律公约》，第一份行业自律书诞生。2020 年 8 月，民政部集合上述三家平台和 360 大病筹，发布并签署了《个人大病求助互联网服务平台自律公约》2.0，针对增强平台督促义务、加强平台内部管理、对个人网络大病求助的发起人和求助人加强身份审核等社会热点问题进行了回应和规范。"互联网 + 慈善"等慈善新形态步入更多主体参与、更高底线要求、更加规范进步的新阶段。

（三）社区慈善蓬勃兴起

近年来，随着社区建设与社区治理水平的不断提升，政府在倡导政社分开、部分职能下放社区、鼓励社区社会组织协同社区治理过程中，立足社区发展慈善事业，把慈善思想和慈善行为融入社会生活的各方面，被越来越多的社会民众所接受，逐步成为慈善事业发展中的重要内容，成为基层治理体系和治理能力现代化的有机组成部分，不断为基层治理开创新局。社区慈善超市、社区慈善救助站、社区基金（会）等社区慈善形式应运而生，社区慈善与基层政权建设和群众自治组织及社区服务有机结合，不仅符合中国"由内而外，由亲及疏"的文化传统，而且通畅了社会成员参与社区治理的途径，增进了社会团结，最大限度上调动社区活力、助力社区发展。

四、慈善事业表彰激励助推发展

慈善表彰奖励是推动慈善事业健康发展的重要举措，是慈善文化培育的

重要方式。这既是重要的国际经验，也为我国慈善事业的实践所印证。"我国
有着悠久的慈善文化，崇德向善、乐善好施、积善成德都是中华文化中提倡
的观念。慈善典型人物以自身的实践将乐善好施、乐于奉献的传统慈善文化
活生生地呈现出来，是对慈善文化最好的传承方式。而且，他们的慈善创举
还不断丰富着我国的慈善文化。"①《中华人民共和国慈善法》明确规定，"国
家建立慈善表彰制度，对在慈善事业发展中做出突出贡献的自然人、法人和
其他组织"予以表彰。

　　民政部从 2005 年开始设立"中华慈善奖"。2005 年民政部颁布实施
《"中华慈善奖"评选表彰办法》，开展"中华慈善奖"评选表彰活动。"中华
慈善奖"实际是由"爱心捐助奖"更名而来②，它是中国慈善领域政府最高
奖，旨在表彰我国慈善活动中事迹突出、影响广泛的个人、单位、慈善项目、
慈善信托等，由民政部负责实施。2014 年、2017 年和 2019 年，民政部先后
三次修订《"中华慈善奖"评选表彰办法》，进一步明确评选的标准、条件、
程序和方法，提高活动参与度、透明度和公信力，严肃评选纪律，建立惩罚
机制和奖项撤销机制，评选更加严格规范科学。根据最新修订的《"中华慈
善奖"评选表彰办法》，"中华慈善奖"每两年评选表彰一次。奖项设置慈善
楷模、慈善项目和慈善信托、捐赠企业、捐赠个人等类别。表彰名额原则上
不超过 150 个。"中华慈善奖"评委会办公室不接受自荐，只接受推荐单位的
推荐。"中华慈善奖"评委会办公室汇总各方推荐，进行形式审查后，形成
"中华慈善奖"候选名单，由"中华慈善奖"评委会评委对候选名单进行评
价。社会公众同时对候选名单进行网络投票，网络投票时间为 5 个工作日。
民政部一般于 9 月 5 日举办"中华慈善奖"表彰活动。到 2023 年，民政部已
经连续举办 12 届"中华慈善奖"评选表彰活动，共表彰了 1000 多个单位、
个人、慈善项目、慈善信托，并授予李嘉诚、邵逸夫等人"中华慈善奖终身
成就奖"。"中华慈善奖"评选表彰活动得到了党中央、国务院的高度肯定和
社会各界的广泛认可，对建立中国慈善表彰奖励机制、发挥先进典型的示范

---

　　①　石国亮. 慈善教育论纲［M］. 北京：中央编译出版社，2020：205 - 206.
　　②　全国"爱心捐助奖"是民政部依据公益事业捐赠法设立的社会捐助政府奖，2003 年进行了
首次表彰，208 个先进集体和个人获得"爱心捐助奖"。2004 年，10 个单位和 10 个个人获得全国
"爱心捐助奖"。

作用、弘扬慈善精神、传播现代慈善文化和理念发挥了重要作用。根据 2023 年 11 月民政部最新"三定"方案，慈善事业促进司内设慈善事业发展处，加强对"中华慈善奖"的激励和促进。

在"中华慈善奖"的带动下，各地也开展了相应的慈善表彰活动。自 2011 年以来，全国已有部分省（自治区、直辖市）以省级政府或民政部门等名义，开展了针对慈善事业的评选表彰活动，表彰奖励了一大批为慈善事业作出突出贡献的个人、企业、机构和项目。个别地方还与党委宣传部门联办，均取得了很好的效果。为完善慈善表彰奖励制度，2015 年 7 月 16 日，民政部、人力资源社会保障部联合出台《关于建立和完善慈善表彰奖励制度的指导意见》，对各级政府开展的慈善表彰奖励工作进行规范和指导，主要包括做好立项工作、确保表彰质量、规范工作程序、创新工作方式和严肃评选纪律等方面。在贯彻落实《国务院关于促进慈善事业健康发展的指导意见》和《中华人民共和国慈善法》的过程中，很多省份以政府名义制发了当地促进慈善事业的意见或实施意见，均在其中设立或者再次强调了当地的政府慈善表彰制度，比如"浙江慈善奖""湖南慈善奖""三秦慈善奖"等。还有许多地市也建立了相应的表彰奖励制度。这些制度的不断完善，必将激发社会各界更好地践行慈善，推动形成人人慈善的文化氛围。

慈善文化是慈善事业发展的根基，弘扬和传播先进慈善文化是促进慈善事业不断向前发展的内在驱动力。正是基于先进慈善文化弘扬和传播的必要性和重要性，中央高度重视慈善文化建设，对慈善文化建设作出一系列重要部署。《中国慈善事业发展指导纲要（2011—2015 年）》将"慈善文化全面普及"作为鼓励和支持慈善事业发展的一项重要目标。《国务院关于促进慈善事业健康发展的指导意见》明确将"慈善文化全面普及"的目标界定为"推动慈善文化进机关、进企业、进学校、进社区、进乡村"，强调"完善慈善表彰奖励制度"。《中华人民共和国慈善法》明确规定，"国家采取措施弘扬慈善文化，培育公民慈善意识"；"广播、电视、报刊、互联网等媒体应当积极开展慈善公益宣传活动，普及慈善知识、传播慈善文化"；将每年 9 月 5 日确定为"中华慈善日"。这些规定，为慈善宣传工作和慈善文化建设提供了法律保障。民政部高度重视慈善文化培育与宣传工作，联合有关部门积极营造"人人关心慈善、支持慈善、参与慈善"的良好氛围。

一是加强慈善文化教育。2015年4月，民政部与清华大学联合创办成立清华大学公益慈善研究院，以联合办学形式着力培养慈善专业人才。国内已成立了多家公益慈善研究院（学院），专门培养慈善领域的专业人才。2016年9月1日，首个国家级慈善专题博物馆——南通中华慈善博物馆在江苏省南通市开馆。中华慈善博物馆由国务院办公厅批准冠名，民政部和江苏省委、省政府共同推进，南通市具体承建。博物馆位于近代著名慈善家、中国首家公共博物馆创立者张謇先生创办的大生纱厂旧址，总建筑面积为2.4万平方米，总投资2.78亿元。中华慈善博物馆恪守"祈通古今、以宏慈善"使命，6个展厅全面、集中、生动地展示了中华民族传统慈善文化和当代慈善事业显著成就，将努力打造成中华慈善文化的展示窗口、教育课堂、交流平台和研究基地。教育部也一直把慈善文化教育作为德育的重要内容，通过课堂教学和相关活动深入开展包括慈善文化在内的中华民族传统美德教育。各地各校积极开展慈善文化教育，评选"美德少年""十佳少年"，树立"扶贫济困"典型，以主题班会、帮做家务、到敬老院志愿服务等形式，引导学生尊爱老人，形成扶贫济困的良好氛围，促进了中小学生传统慈善美德的养成。

二是健全慈善宣传政策。2015年7月20日，民政部联合国家互联网信息办公室、国家新闻出版广电总局等有关部门制定了《关于积极发挥新闻媒体作用做好慈善事业宣传工作的通知》，明确了慈善宣传工作的主要任务、方式方法及工作要求。

三是持续打造慈善文化交流传播平台。中国公益慈善项目交流展示会是国内唯一的国家级、综合性、国际化的慈善行业盛会，是推动我国慈善事业发展的重要创新，集中展示我国公益慈善事业发展成果，有利于弘扬中华民族的传统美德和现代慈善精神。交流展示会每届聚焦一个主题，其中从2018年起连续三年聚焦"脱贫攻坚"的主题。自2012年举办首届中国公益慈善项目交流展示会，至2023年已经成功举办10届，成为宣传贯彻习近平新时代中国特色社会主义思想、动员社会力量助力脱贫攻坚、引领慈善事业高质量发展，以及慈善文化交流传播的重要平台。

四是做好《中华人民共和国慈善法》宣传教育和"中华慈善日"活动。

"中华慈善日"是进一步普及慈善法、培育公众慈善意识、提高慈善事业社会参与度的重要抓手。自 2016 年设立至 2023 年底，已经成功举行 8 次"中华慈善日"活动。每次活动，都会围绕主题，开展特色鲜明的"中华慈善日"活动，在全社会传播慈善意识，组织和动员全民参与慈善。2019 年 8 月 29 日，民政部办公厅发布《关于做好"中华慈善日"标志使用管理工作的通知》，正式启用和推广使用"中华慈善日"标志。

五是创新慈善宣传和教育方式。民政部历来重视发挥报刊、广播、电视等媒体作用，鼓励新闻界积极报道慈善活动，制作刊播慈善公益广告，开设慈善公益节目或专栏，宣传报道慈善人物的先进事迹、慈善活动的积极影响、优秀慈善组织服务社会的作用和成果等，培育了良好的社会氛围。有效应用微信、微博、互联网论坛等新媒体传播慈善文化，加强社会互动，扩大慈善文化的传播范围，增强慈善宣传效果。中央网络安全和信息化领导小组①办公室也充分发挥互联网的传播、技术和平台优势，整合线上线下公益资源，开展了很多工作。

五、慈善组织监管不断健全

（一）进一步规范慈善组织公开募捐

2016 年 8 月 31 日，民政部颁布《慈善组织公开募捐管理办法》，进一步明确了具备公开募捐资格所需要的条件，规范了公开募捐资格的审查，界定了公开募捐方案备案的责任。慈善组织通过互联网开展公开募捐的，应当在全国慈善信息公开平台——"慈善中国"发布募捐信息，并可以同时在其网站发布募捐信息。2016 年 8 月 30 日，民政部、工业和信息化部、国家新闻出版广电总局和国家互联网信息办公室联合出台了《公开募捐平台服务管理办法》，重点围绕对管理范围、平台行为规范以及各部门的监管职责等进行了规定。2016 年以来，民政部先后三批遴选指定 29 家互联网募捐信息平台，截至 2022 年 9 月，已累计带动超过 510 亿人次的网民参与，募集善款超过 350 亿

---

① 2018 年 3 月改为"中国共产党中央网络安全和信息化委员会"。

元。① 2017 年 7 月 20 日，民政部发布《慈善组织互联网公开募捐信息平台基本技术规范》和《慈善组织互联网公开募捐信息平台基本管理规范》两项推荐性行业标准。全国 31 个省（自治区、直辖市）和新疆生产建设兵团全面启动了慈善组织认定登记、公开募捐资格审批、公开募捐方案备案等工作。

（二）进一步明确慈善组织财产使用管理

《中华人民共和国慈善法》规定，慈善组织应当积极开展慈善活动，充分、高效运用慈善财产，并遵循管理费用最必要原则，厉行节约，减少不必要的开支。2016 年 10 月 11 日，民政部、财政部和国家税务总局联合印发《关于慈善组织开展慈善活动年度支出和管理费用的规定》，明确了慈善组织慈善活动支出和管理费用的列支原则和列支范围，以及各类慈善组织年度慈善活动支出和管理费用的列支比例，规定在计算比例时可以用前三年平均数额代替上年数额以及上年总收入的调整方式，并提出了相应的监管要求。其中，规定慈善组织中具有公开募捐资格的社会团体和社会服务机构，年度慈善活动支出不得低于上年总收入的 70%；年度管理费用不得高于当年总支出的 13%。对慈善组织中不具有公开募捐资格的基金会、社会团体和社会服务机构，年度慈善活动支出和年度管理费用的标准，按上年末净资产不同数额，分四档作了详细规定，其中年度慈善活动支出不低于上年末净资产的 6%～8%，年度管理费用不高于当年总支出的 12%～20%。针对小规模慈善组织运转的实际特点，规定慈善组织的年度管理费用低于 20 万元人民币的，不受有关年度管理费用比例的限制，也即可以超过 20% 的规定。

（三）进一步强化慈善组织信息公开的义务和责任

信息公开是慈善组织的基本义务，是慈善组织接受各方面监管的基础，也是慈善组织公信力的关键所在。"慈善财产虽然来源于私有，但参与公共事务、涉及公众利益，一旦捐出就成为社会公共财产，慈善捐赠、慈善活动又

---

① 颜小钗. 迈向"慈善＋"新生态：我国慈善事业发展十年透视 [N]. 中国社会报，2022 -
09 - 30（1）.

享受国家、社会给予的各种优惠便利，必须依靠公开透明来接受全社会监督。"① 2016 年《中华人民共和国慈善法》在第八章②对各类慈善主体的信息公开行为作了专章规定，并在其他各章还有 20 个条款明确了信息公开的要求，构建了慈善信息公开制度体系。为落实慈善法的要求，2018 年 8 月 6 日，民政部又出台《慈善组织信息公开办法》，明确信息公开的目的和原则、内容和渠道，以及相应的监管措施。新冠疫情期间，民政部进一步提高了对慈善组织信息公开频率的要求，开展公开募捐活动的慈善组织需要至少每三天向社会公布一次捐赠款物的接收分配情况。实际工作中，许多慈善组织都做到了一天一公布。在建立健全信息公开制度的同时，民政部大力加强信息公开基础设施建设，开发建设了全国慈善信息公开平台——"慈善中国"，集中展示慈善组织最新信息，动态公开慈善募捐和慈善活动进展情况，还指定了29 家互联网公开募捐信息平台，确保公开募捐信息的公开透明。2023 年 9 月，民政部组织实施了"阳光慈善"工程，进一步提升慈善事业的公信力。

（四）进一步健全慈善组织全方位综合监管体系

民政部会同有关部门健全综合监管体系，加强事前事中事后监管，引导慈善组织规范发展。这些措施主要包括：建立完善慈善组织负责人管理制度、跨部门资金监管机制、异常名录和黑名单制度、联合执法制度、年度报告制度、信息公开制度、第三方评估机制、涉外合作规则、投诉举报受理机制、退出机制，落实对慈善组织和慈善信托人员、资金、活动的管理。2018 年 2 月 11 日，国家发展改革委、民政部等 40 个部门签署《关于对慈善捐赠领域相关主体实施守信联合激励和失信联合惩戒的合作备忘录》。慈善领域成为继纳税信用 A 级纳税人、青年志愿者之后，第三个对个人、企业和有关组织给予信用激励的领域。备忘录的签署，标志着慈善领域正式纳入社会信用管理的总体范畴。

---

① 马昕. 关于《慈善组织信息公开办法》的有关问答［J］. 中国社会组织，2018（16）：8-9.
② 2023 年 12 月《中华人民共和国慈善法》修改后为第九章。

第三节　慈善事业发展展望

　　我国慈善事业走过了一个迎难而上、持续深入、不断跨越的发展历程，法治建设、发展规模、群众基础都迈上了新台阶，在参与脱贫攻坚、创新社会治理、推动经济社会发展等方面发挥着重要作用。进入全面建设社会主义现代化国家的新阶段，慈善事业将迎来从量变到质变的跃升，在推进第三次分配、助力共同富裕中起到更大作用。

一、提高慈善事业法治化水平

　　《中华人民共和国慈善法》实施以来，我国慈善事业发展获得新活力。2020年8月至9月，全国人大常委会慈善法执法检查组分赴5个省份，对慈善法实施情况进行了检查，同时为下一步修改法律奠定基础。检查组充分肯定了慈善法实施以来我国慈善事业取得的成绩，也指出了存在的主要问题以及下一步的努力方向。[①] 谋划新时代慈善事业高质量发展，必须深刻学习领会习近平总书记关于慈善工作的重要论述和重要指示，切实提高政治站位，完善现有政策法规，保障慈善事业蓬勃发展。

　　一是尽快出台党和国家促进慈善事业发展的意见，落实共同富裕的要求，明确新时代慈善事业发展的总体要求、重点举措和保障机制。

　　二是推动修订后《中华人民共和国慈善法》的宣传，修改完善配套法规制度，建立健全慈善事业领导体制和工作机制，完善互联网慈善管理制度、慈善组织登记认定制度和慈善组织公开募捐制度，建立慈善力量应急机制，加快培育发展慈善组织、鼓励发展慈善信托，完善慈善事业发展的激励措施，加强与民法典、公益事业捐赠法、红十字会法以及相关行政法规的协调。

　　三是提高各级党委政府对慈善事业的重视程度，将慈善事业纳入本地区经济社会发展的整体规划，制定促进慈善事业发展的地方政策和措施。

---

　　① 倪弋. 依法促进慈善事业健康发展：全国人大常委会对慈善法开展执法检查［N］. 人民日报，2020－10－12（12）.

二、加强慈善组织培育管理

慈善组织是慈善事业的主力军，健全有力的慈善组织体系是发展慈善事业的基本保证。因此，加强慈善组织建设是加强慈善事业的首要任务和前提基础。

一是加强慈善组织内部治理。坚持党的领导与慈善组织依法自治相统一，把党的工作融入慈善组织运行和发展全过程，更好地组织、引导、团结慈善组织及其从业人员。指导慈善组织以章程为核心，健全决策、执行、监督机构权责明确、制衡有效、运转协调的法人治理机制。引导慈善组织建立内控机制和合规管理体系，健全各项管理制度，加强自我管理、自我约束、自我监督，严守公益初心和非营利性底线，有效防范慈善活动中的法律风险和道德风险。加强慈善组织的专业化运作和公信力建设，打造一批具有良好社会声望、较强专业能力、完善治理结构、合理梯次分工的现代慈善组织，将成为推动慈善事业高质量发展的重点任务。

二是构建多层级、多类别的慈善组织体系。国家"十四五"规划提出，发挥慈善等第三次分配作用，改善收入和财富分配格局。习近平总书记2021年在中央财经委员会第十次会议上强调共同富裕是社会主义的本质要求，是中国式现代化的重要特征，要坚持以人民为中心的发展思想，在高质量发展中促进共同富裕。慈善事业发展迎来新机遇。在民政部的推动和多部门的合作下，慈善力量将得到有序增长，慈善资源动员能力逐步提升，慈善组织——特别是枢纽型、资助型、行业性社会组织的培育将会进一步加强，逐渐形成枢纽型社会组织发挥协调、引导、支持、平台等作用，其他社会组织对专业人才和社会资源"引得进、留得住、用得好"的健康行业生态。

三是加大慈善人才培育力度。首先要加强政府主导，形成慈善行业人才发展统一规划；其次要进行专业化人才教育尝试，鼓励高等学校培养慈善专业人才，也可以与高校进行合作，在高校建立合作中心或设置下属专业院系等方式，进行专业化人才教育尝试，积极培养慈善专业人才；再次要紧抓需求，开展慈善人才职业化教育，借助行业性慈善组织平台和枢纽的作用，培养慈善人才专业能力，开展如项目管理、会计管理、慈善法律法规和政策、社区公益等不同类别的培训；最后要改善慈善人才待遇，加大对入职慈善组织超过一定年限的慈善专业人才在薪酬、落户、住房、子女入学等方面的政策支持力度，畅通社会组织人员向国有企事业单位流动的渠道，将慈善人才纳入社会组织人才荣誉、地方政府特殊津贴人员，甚至党代表、人大代表选拔体系中。

四是加强慈善组织综合监管。首先，加强党对慈善事业的全面领导。各级党委要深刻认识慈善事业的重要作用，强化政治引领、把牢政治方向，将加快发展慈善事业列入重要议事日程；各级政府要将慈善事业发展纳入本地区经济社会发展规划，根据实际情况制定专项规划；各相关部门党组（党委）要加强对慈善工作的组织领导，抓好本系统、本行业、本领域慈善工作。其次，加强政府管理部门综合监管。在审批管理上，要坚持依法办事，坚守定位，但也"不能光踩刹车、不踩油门；不能仅设路障、不设路标"。加强对慈善组织、行业的服务和支持。加强分类施策、科学管理。坚持放管结合，优化服务，细化政策，对会议论坛、公开募捐、重大活动等进行分级分类管理，提高监管效率。最后，加强社会监督。健全新闻媒体、公众等社会力量监督和制约机制，加强社会对慈善组织运作的外部监督，尤其要高度重视筹募后善款善物使用的规范透明及高效，有效管控"黑天鹅"类风险。

三、推动慈善事业创新发展

谋划新时代慈善事业高质量发展，就必须格外关注和鼓励具有前瞻性和发展性的慈善事业新形态，这是慈善事业快速发展的潜在生长点。

一是规范和普及慈善信托。2016年实施的《中华人民共和国慈善法》把公益信托改造为慈善信托，作为提升社会治理水平、从事慈善事业的优良工具加以规定，取得了非常明显的社会效果。随着对慈善信托的认识不断成熟，慈善信托的税收制度、登记制度、监管体制、监察人设置、退出条件不断规范，其发展初期遇到的一些障碍和制约也将得到极大改善，促进慈善信托的功能得到更大发挥。

二是加快发展和完善"互联网＋慈善"监管。互联网的开放性、便捷性和低成本优势，将在慈善事业中得以进一步显现。我国已成为全球网络慈善的引领者，"互联网＋慈善"深度融合，"人人公益、随手公益、指尖公益"

成为潮流。随着民政部门对互联网慈善的进一步引导和规范，未来这一慈善新形态将不断发展壮大，在基本民生保障、基层社会治理、基本社会服务等领域发挥更大作用。

三是推动社区慈善、大众慈善、基层慈善等发展。从长期的社区治理实践来看，社区社会组织有着灵活性强、扎根社区和服务及时便捷的突出优势，在推动社区自治、激发社区活力、引领社区志愿服务等方面都发挥着积极的作用。一方面，促进社区基金会和社区慈善信托加快发展。放宽准入标准，把基层社区的慈善资金、专业能力、志愿服务等慈善资源组织起来，就近解决社区群众看得见、摸得着、感受得到的区域性公共议题，不仅支持传统的扶贫济困、扶老救孤、助医助学等公益慈善项目，也资助社区环境治理、矛盾调解、文化活动等社区新型项目。另一方面，促进社区慈善与基层群众自治有机结合。进一步完善社会力量参与基层治理的激励政策，创新社区与社会组织、社会工作者、社区志愿者、社会慈善资源的联动机制；进一步完善基层志愿服务制度，开展邻里互助服务和互动交流活动，更好满足群众需求。

四、营造慈善事业良好社会氛围

《中华人民共和国慈善法》的普及宣传和配套法规的修订完善，为慈善事业的健康持续发展营造了更加良好的政策环境与社会氛围，要继续坚持宣传引导和表彰激励并重。

一方面，不断扩大每年颁发的"中华慈善奖"的影响力和公信力，鼓励各地挖掘和宣传慈善家群体典型，加大对慈善模范、机构和企业组织典范的表彰宣传力度，创新嘉许形式和方式，激发更多力量投身慈善事业，扩大其获得国家荣誉表彰和当选两会代表（委员）的比例。

另一方面，鼓励社会各界运用传统媒体和新兴媒体，讲好慈善故事，营造慈善生态，以群众喜闻乐见的方式，大力宣传各类慈行善举和正面典型，以及慈善事业在服务困难群众、促进社会文明进步等方面的积极贡献。通过开展"中华慈善日"主题宣传活动、组织"慈善一日捐"等活动，培育以善为荣、以善为乐的慈善价值理念，引导社会公众关心慈善、支持慈善、参与慈善，为慈善事业和志愿服务营造良好的社会氛围。

相关政策文件：

1.《中华人民共和国公益事业捐赠法》（1999 年 6 月）

2.《中华人民共和国慈善法》（2023 年 12 月修改）

3.《中华人民共和国红十字会法》（2017 年 2 月）

4.《中华人民共和国境外非政府组织境内活动管理法》（2017 年 11 月）

5.《中华人民共和国民法典》（2020 年 5 月）

6.《基金会管理条例》（2004 年 3 月）

7.《国务院关于促进慈善事业健康发展的指导意见》（2014 年 11 月）

8.《慈善组织认定办法》（2016 年 8 月）

9.《慈善组织公开募捐管理办法》（2016 年 8 月）

10.《社会组织信用信息管理办法》（2018 年 1 月）

11.《慈善组织信息公开办法》（2018 年 8 月）

12.《慈善组织保值增值投资活动管理暂行办法》（2018 年 10 月）

13.《"中华慈善奖"评选表彰办法》（2019 年 8 月）

14.《慈善信托管理办法》（2017 年 7 月）

15.《社会组织抽查暂行办法》（2017 年 3 月）

16.《公开募捐平台服务管理办法》（2016 年 8 月）

17.《民政部 中国银行业监督管理委员会关于做好慈善信托备案有关工作的通知》（2016 年 8 月）

18.《关于慈善组织开展慈善活动年度支出和管理费用的规定》（2016 年 10 月）

19.《民政部关于慈善组织登记等有关问题的通知》（2016 年 8 月）

20.《民政部关于进一步加强基金会专项基金管理工作的通知》（2015 年 12 月）

21.《民政部关于发布慈善组织互联网公开募捐信息平台名录的公告》（2018 年 6 月）

22.《民政部关于指定第三批慈善组织互联网募捐信息平台的公告》（2021 年 11 月）

23.《民政部 中国红十字会总会关于红十字会开展公开募捐有关问题的通知》（2017 年 9 月）

24.《财政部 税务总局 民政部关于公益性捐赠税前扣除有关事项的公告》（2020 年 5 月）

25.《财政部 税务总局 民政部关于公益性捐赠税前扣除资格确认有关衔接事项的公告》（2021 年 2 月）

26.《财政部 税务总局关于公益慈善事业捐赠个人所得税政策的公告》（2019 年 12 月）

27.《财政部 税务总局关于公益股权捐赠企业所得税政策问题的通知》（2016 年 4 月）

28.《财政部 税务总局关于公益性捐赠支出企业所得税税前结转扣除有关政策的通知》（2018 年 2 月）

29.《财政部 税务总局关于非营利组织免税资格认定管理有关问题的通知》（2014 年 1 月）

30.《财政部 民政部关于进一步明确公益性社会组织申领公益事业捐赠票据有关问题的通知》（2016 年 2 月）

31.《民政部 海关总署关于社会团体和基金会办理进口慈善捐赠物资减免税手续有关问题的通知》（2016 年 2 月）

32.《民政部 全国工商联关于鼓励支持民营企业积极投身公益慈善事业的意见》（2014 年 1 月）

33.《民政部 国资委关于支持中央企业积极投身公益慈善事业的意见》（2015 年 5 月）

34.《中央统战部关于深入推进新时代光彩事业创新发展的意见》（2021 年 8 月）

35.《国家宗教事务局 中共中央统战部 国家发展和改革委员会 民政部 财政部 国家税务总局关于鼓励和规范宗教界从事公益慈善活动的意见》（2012 年 2 月）

36.《关于对慈善捐赠领域相关主体实施守信联合激励和失信联合惩戒的合作备忘录》（2018 年 2 月）

37.《民政部关于进一步加强基金会专项基金管理工作的通知》（2015 年12 月）

38.《民政部直管社会组织重大事项报告管理暂行办法》（2018 年 7 月）

39.《民政部主管社会组织内部审计工作暂行办法》（2020 年 11 月）

40.《民政部办公厅关于开展部管社会组织分支（代表）机构与专项基金清理整治行动的通知》（2022 年 4 月）

第七章　福利彩票

彩票是国家为筹集社会公益资金，促进社会公益事业发展而特许发行、依法销售，自然人自愿购买，并按照特定规则获得中奖机会的凭证。20世纪80年代末，随着改革开放事业不断取得新的成就，我国福利彩票诞生并逐步发展为社会爱心人士参与公益慈善事业的重要桥梁，成为丰富人民群众文化娱乐生活的重要手段，成为筹集公益金支持社会福利和公益慈善事业发展的重要平台，为增进社会和谐、改善民生、推进民政事业发展作出了积极贡献。

第一节　福利彩票概述

自创设以来，我国福利彩票坚持发行宗旨，坚持正确发展方向，积极探索市场规律，不断提升管理水平，逐步成为支持我国社会福利事业和公益事业发展不可或缺的重要力量，成为广大社会公众积极参与公益慈善的平台，为建设和弘扬公益慈善文化、丰富和发展社会主义精神文明发挥了积极作用，为保障和改善民生作出了有益贡献。

一、彩票和福利彩票的概念内涵

现代彩票诞生至今已有数百年，但对彩票的定义却一直没有统一。彩票之所以在全世界有如此旺盛的生命力，主要是能缓解各国政府财政压力，造福社会公益事业[①]。各国、各地区发行彩票集资的目的多种多样，社会福利、公共卫生、教育、体育、文化是主要目标。以合法形式、公平原则，重新分

---

① 陈群林. 福利彩票［M］. 北京：中国社会出版社，1996：20.

配社会的闲散资金，使彩票具有了一种特殊的地位和价值。世界上100多个国家和地区发行彩票便是明证。

在英国，彩票被解释为通过抽签授奖，凭机会在一定范围的人群中分配奖品或奖金的办法。法国认为政府发行彩票是向公众推销机会和希望，公众认购彩票是"微笑纳税"。在我国，商务印书馆出版的《现代汉语词典》（第7版）指出，彩票是"一种证券，上面编着号码，按票面价格出售。开奖后，持有中奖号码彩票的，可按规定领奖"。

2009年5月4日，国务院发布《彩票管理条例》。该条例指出，彩票是"指国家为筹集社会公益资金，促进社会公益事业发展而特许发行、依法销售，自然人自愿购买，并按照特定规则获得中奖机会的凭证"。由此，我国彩票发行管理工作有了基本遵循。

业界普遍认为，彩票释放了人偏好机会游戏的天性。彩票游戏参与门槛低，参与者不受体力、智力、地位、文化水平、社会背景、经验阅历、宗教信仰、种族、性别、偏好等的限制，均可以参与彩票活动这种纯粹的机会游戏。

彩票的定义是纷繁的。有从内涵入手的，有从外延入手的；有从功能入手的，有从发行过程入手的……很难说哪个更为准确、合理，但这不妨碍对彩票概念的探讨：首先，彩票是一种或然中奖的凭证，拥有者按照游戏规则享有中奖的权利；其次，彩票游戏根据事先确定的规则进行，无论规则具体如何规定，只要参与其中，就相当于承诺遵守规则；再次，彩票游戏由人们基于自愿原则参加，参与者不受胁迫；最后，彩票发行是基于公共目的，是为发展社会公共事务服务的。

中国福利彩票的前身是中国社会福利有奖募捐券，中国社会福利有奖募捐委员会是其管理部门。《中国社会福利有奖募捐委员会章程》在"总则"部分开宗明义，提出开办社会福利有奖募捐的宗旨是"团结各界热心社会福利事业的人士，发扬社会主义人道主义精神，筹集社会福利资金，兴办残疾人、老年人、孤儿等福利事业和帮助有困难的人"。据此，我国福彩的发行宗旨被归纳为"扶老、助残、救孤、济困"。

二、福利彩票发展历程

中华人民共和国成立以后，我国社会福利事业有了很大发展。但由于资金不足和渠道单一，社会福利事业的发展仍不能适应社会发展的需要。为解决社会福利领域这一棘手问题，1984年，民政部部长崔乃夫在与一位热心中国民政事业的海外华人会谈时找到了一条思路，那就是发行彩票。此后，一系列的国际调查表明：世界上的国家，不论其意识形态如何，经济发展水平如何，都不同程度地以发行彩票的方式筹集资金，弥补国家财政对福利事业拨款的不足。

（一）在改革潮头中诞生

1986年12月26日，民政部向国务院报送了《关于开展社会福利有奖募捐活动的请示》。其中提到，"从目前我国城乡人民的收入水平和承受能力来看，每年发行十亿元的有奖募捐券是可行的。考虑到个人承受能力，面额不宜过大，以一元为好。经初步测算，发行收入扣除奖金、印刷、发行等费用后，每年可筹集到资金五至六亿元……为了做好有奖募捐券的发行工作，我们建议批准成立中国社会福利有奖募捐委员会"。

1987年6月3日，经党中央、国务院批准，中国社会福利有奖募捐委员会正式成立，由中顾委常委、全国政协副主席程子华任名誉主任，民政部部长崔乃夫任主任。在人民大会堂举行的中国社会福利有奖募捐委员会成立大会上，名誉委员、全国政协副主席赵朴初表示："这个有奖募捐，我非常赞成、拥护，祝愿这个事业成功。"会后，赵朴初还挥毫题写了"有奖募捐利国利民"八个大字①。

1987年7月27日，新中国第一张福利彩票（时称"中国社会福利有奖募捐券"）在河北省石家庄上市。凭借党和国家领导人的高瞻远瞩、社会观念的转变、民政人的努力探索、社会各界的大力支持、人民群众的积极参与和对境外彩票发展经验的借鉴，中国福利彩票走上了一条具有中国特色的发展之路。

（二）从实物兑奖到"大奖组"

彩票发行之初，我国正处于改革开放初期，商品经济尚不发达。此时，彩票工作者开始尝试将家电等紧俏商品引入即开型彩票设奖，逐步出现了用

---

① 李学举. 福利彩票发行与管理［M］. 北京：中国社会出版社，2009：30.

实物商品替代现金设奖销售即开型彩票的案例。1989年，部分地区"实物兑奖销售法"的经验推广后，该方法逐步遍及全国。

1991年11月，中国社会福利有奖募捐委员会在重庆召开会议，总结了广东用网点经营的方法销售传统型奖券和河南、天津、长春等地实物兑奖的经验，明确提出了即开型彩票销售的"大奖组"概念，并正式在全国推广，为中国福利彩票的大发展奠定了基础。

1995年8月，中国福利彩票发行管理中心召开全国福利彩票业务研讨会，总结、肯定并在全国推广新疆的"大奖组销售法"。提炼出"四大一突"的"大奖组"销售特点，即"大奖组、大奖群、大宣传、大场面，突击销售"。这种方法在全国推广并获得了成功，当年全国彩票销量达57.3亿元。1996年突破60亿元。

1998年10月，国务院批准在全国范围内发行50亿元赈灾专项福利彩票，所筹资金全部用于华东洪水的灾后重建。赈灾专项募集得到了全国人民的响应和支持，掀起了中国福利彩票发行史上群众踊跃购票的热潮。在时间紧、任务重的情况下，"大奖组"的销售能力得到了充分发挥，创造了辉煌的业绩。5个多月的"大奖组"销售顺利完成了50亿元赈灾额度，按时上交了15亿元赈灾资金，使1998年度（实际发行期为1998年9月至1999年6月）中国福利彩票发行额达到110亿元，解了灾区人民的燃眉之急，减少了地方政府的财政压力，在中国彩票史上留下了光辉的一页。

"大奖组"销售方式为中国彩票事业的高速、健康发展作出了重要贡献。由于其具有实物设奖和集中宣传的特点，广大民众在较短的时间内了解了中国福利彩票"扶老、助残、救孤、济困"的发行宗旨，同时，也为各地彩票发行机构积累了资金，为推行计算机管理的彩票发行方式奠定了必要的物质基础。

（三）各地"风采"百花齐放

1995年4月28日，随着计算机技术的逐步应用，深圳市首次试点发行销售计算机管理的传统型福利彩票。这种彩票是在传统型彩票玩法的基础上引入乐透型彩票按比例分配高等奖、高奖额滚动累积和奖金分享等机制后创造出的一种彩票，其源于传统型彩票和乐透型彩票而又不同于二者。

1999年10月1日，第一张通过计算机销售的乐透型福利彩票"上海风采·幸运七"在上海面市，开创了福利彩票乐透型彩票和高奖额的先河。同年12月11日，中国福利彩票发行管理中心在江苏省苏州市召开"风采系列"电脑福利彩票座谈会，推广上海电脑彩票的发行销售经验。之后在上海进行了准热线销售系统的试点运行，建成了全国电脑彩票系统监控中心，制定、出台了一系列规范性文件，为网点销售形式的再次推广奠定了基础。

此后，全国各地以"风采"命名的电脑福利彩票如雨后春笋般涌现。这些著名的地方品牌游戏展现了我国福利彩票的风采，拉动了全国福利彩票市场的发展，也为开发全国联销游戏打下了坚实的基础，积累了丰富的经验。

经过不断的开拓、创新、调整、完善，从排列型玩法到排列型、组合型和数字型等多种玩法，从简单设奖到复合设奖，从每周两次开奖到每周多次开奖，从准热线到全热线、电话投注，福利彩票的玩法更加丰富多彩，更加多样化。电脑福利彩票的玩法越来越贴近市场。

（四）品牌游戏畅销全国

自2003年以来，中国福利彩票发行管理中心着眼于福利彩票在新世纪的发展需求，明确提出品牌战略，并逐步落实到彩票销售和宣传工作中，先后上市了"双色球""3D""刮刮乐""七乐彩"和福彩视频票等品牌游戏，初步建立了多个全国性品牌游戏相互支撑的市场格局。这些品牌的树立，增强了福利彩票的社会影响力，形成了品牌效应，同时也使福利彩票的发行方式实现了由以各省份分散销售为主到以全国联合销售为主的转变。

2003年2月16日，第一个全国联合销售的乐透型彩票游戏"双色球"在全国22个省份正式发行。"双色球"游戏的上市对于中国福利彩票整体形象的提升、市场份额的扩大及销量的增加、各省份玩法的整合重组都具有重要作用。

2004年10月，数字型"3D"游戏在全国13个省份上市，并凭借固定设奖、天天开奖的特点获得了良好的市场反响，在全国各地发展起来。2005年，天津市等17个省份及深圳市上市销售"3D"游戏。至此，中国福利彩票"3D"游戏在全国范围内发行。

2003年，基于网点销售的即开票销售模式在上海、湖北试点成功。2005

年，中国福利彩票发行管理中心开始全面推广即开票网点销售，并将即开型福利彩票命名为"刮刮乐"，"刮刮乐"作为福利彩票家族中的重要品牌正式诞生。至 2008 年 12 月，西藏自治区技术改造工作的完成标志着网点销售模式实现了全国覆盖。

2007 年 1 月 1 日，第三个全国联合销售的"七乐彩"游戏开始发行。这种补充型、辅助型游戏的推出，进一步整合和完善了电脑福利彩票的游戏品种结构，电脑福利彩票形成了大、中、小（"双色球""七乐彩""3D"）三大全国联销品牌游戏相互补充的合理结构，开辟出一个以全国联销游戏为主，地方游戏为补充，二者合理配置、共同发展的市场发展新格局。

（五）福利彩票持续发展

2009 年以来，《彩票管理条例》及其实施细则颁布实施，《彩票发行销售管理办法》等一系列部门规章、规定陆续出台，明确了管理体制，构建了较为完备的彩票管理政策制度体系。党的十八大以来，在以习近平同志为核心的党中央坚强领导下，在习近平新时代中国特色社会主义思想的科学指引下，福彩系统在自我革命中实现凤凰涅槃、浴火重生，推动新时代福利彩票事业发生历史性变革、全方位变化，迈向高质量发展新阶段。

一是党的建设全面加强。坚决贯彻落实习近平总书记关于彩票工作的重要指示批示精神，逐项推进、全面完成十八届中央第九轮巡视整改任务；纵深推进全面从严治党，一体推进不敢腐、不能腐、不想腐，重构风清气正的政治生态；深入学习贯彻习近平新时代中国特色社会主义思想和党中央部署，服务党和国家工作大局，以实际行动捍卫"两个确立"，做到"两个维护"。

二是规范管理有力强化。扎实推进业务专用、技术支撑等各类标准规范的制定修订工作，标准化管理稳步推进；修订、新建内部管理制度、业务管理制度 50 余项，管理制度体系更加完善；严格游戏风险管理，严格执行限号销售要求，防范、化解资金风险和社会风险；加强日常管理运营风险防控，建立健全监督管理机制，抓好关键领域关键环节的责任落实，强化专项检查，健康发展能力显著提升。

三是市场转型扎实推进。坚持社会效益优先，研发上市博弈性更低、趣味性更强的"快乐8"新游戏，推出更多展现中国历史之美、山河之美、文化之美的即开票游戏；传统网点提质增效，自营网点示范作用有力发挥，兼营渠道开发闯出新路，网点总数达到约20万个，销售渠道体系更完善、结构更合理；营销资源整合实现突破，系统上下联动持续加强，市场营销与形象宣传融合发展，全链条责任彩票建设有力推进，新彩民群体有效开发，健康发展能力不断增强。

四是高质量发展能力加快形成。坚定不移、稳妥推进支持全票种的统一系统建设，加快形成独立自主的技术队伍，为福彩业务发展提供稳定、可靠、高效的技术保障；推动统一聚合支付平台、投注终端统一身份认证平台、数据封存、彩票随机数检测等新技术运用，持续提升网络安全和运维保障能力。树牢公益理念，不断增强干部职工从事公益事业的责任感、使命感、荣誉感，开展多层次、多主题、多方式培训，打通专业技术岗位成长通道，加强年轻干部培养，锻炼形成忠诚干净有担当的干部队伍。制定实施全面推进福利彩票高质量发展的政策文件，研究推动省级以下福彩机构体制机制优化改革，建立健全"一对一"结对帮扶机制，推动解决区域发展不平衡不充分问题，稳步提升福彩发行销售工作的整体性、协同性、规范性。

总的来说，通过持续努力，福利彩票管理更加规范、发展更加健康、安全更有保障，初步实现发展理念由强调销量提升向更加注重社会责任和综合效益的内涵式增长转变，发展动力由游戏驱动为主向渠道、品牌、管理、技术全方位驱动转变，市场管理从粗放型向精细化转变，市场运营从行政化向服务型转变，高质量发展的基础逐步形成。

三、福利彩票的主要贡献

福利彩票自发行以来，始终坚持为发展福利事业筹集资金的目的不变，发挥着筹集公益资金、促进公益事业发展的功能。2023年全年销售福利彩票1944亿元、筹集公益金约580亿元，在保障基本民生、推动经济发展等方面发挥了重要作用。

30多年来，福彩公益金资助各类公益项目30多万个，涵盖社会福利、社会公益、社会保障、教育、卫生、体育、文化、救灾、救济、扶贫、法律援助等众多领域，资助了中小学生校外研学实践活动、乡村学校建设、教育助学、低收入家庭高校毕业生就业帮扶、医疗救助、居家和社区基本养老服务提升、欠发达革命老区乡村振兴、文化公益事业、残疾人事业、红十字事业、法律援助、低收入妇女"两癌"救助、出生缺陷干预救助、罕见病诊疗水平能力提升、支持地方社会公益事业发展等项目，支持了新疆、西藏、江西、福建、广东、贵州、宁夏、山东等省（区、市）革命老区和贫困地区专项社会福利事业，使数亿人次受益。除了利用公益金开展的公益活动，长期以来，各级福彩机构还利用结余业务费广泛开展公益活动和公益宣传，如中国福利彩票发行管理中心组织开展的"福彩有爱""福彩圆梦"系列公益活动，各地福彩中心组织开展的资助贫困学子、慰问困难群众、关爱环卫工人、帮助农民工春节返乡等活动，打造了"福泽潇湘""温暖贵州""幸福辽宁"等公益品牌，为我国社会福利和社会公益事业发展作出了应有的贡献。

同时，经过多年发展，福利彩票发行销售已成为涵盖产品研发、测试、生产、渠道建设、市场营销、终端销售、开奖兑奖等各个环节，包括市场管理、资金管理、技术安全保障等多个方面，涉及印刷、设计、软件开发、系统运维、信息、通信、运输物流、广告传媒、咨询培训等相关产业，由主管及监管部门、发行机构、销售机构、产品或服务供应商、市场管理员、彩票销售员、彩民、专家学者、媒体、收藏爱好者等多方共同参与的整体彩票产业链。目前，福利彩票创造就业岗位30多万个，惠及残疾人、下岗职工等广大困难人群，取得了显著的经济效益，为经济发展和社会大局稳定作出了积极贡献。

第二节　福利彩票的发行管理

发行福利彩票，筹集福利彩票公益金，是国家为发展社会福利事业制定的一项特殊政策，也是国务院赋予民政部门的一项重要职责。

一、福利彩票相关业务

根据《彩票管理条例》，国务院民政部门和省、自治区、直辖市人民政府民政部门负责全国和本行政区域的福利彩票管理工作，依法设立的福利彩票发行机构和福利彩票销售机构负责福利彩票发行销售工作。相关具体职责如下。

（一）民政部门

民政部负责制定全国福利彩票的发展规划和管理制度，用于指导福利彩票的中长期发展；设立福利彩票发行机构——中国福利彩票发行管理中心；审核彩票品种开设、变更、停止的申请，制定代销合同示范文本等。各省级民政部门设立福利彩票销售机构，使用本部门福利彩票公益金。

（二）福利彩票发行机构

中国福利彩票发行管理中心负责全国的福利彩票发行和组织销售工作。一是制定彩票发行销售的发展规划。从全国彩票市场的实际出发，结合福利彩票的具体情况，制定福利彩票发行销售的发展规划。二是统一彩票发行。负责彩票游戏的研发，向彩票管理和监管部门提出彩票品种开设、变更、停止的申请。三是统一技术标准。在管理制度、工作规范和技术等方面制定标准，实施统一管理。四是统一组织销售。具体包括建立彩票发行销售系统，完善彩票管理规范体系，包括销售系统数据、资金归集结算、设备和技术服务、销售渠道和场所规划、印制和物流、开奖兑奖、彩票销毁、形象建设、彩票代销、营销宣传、业务培训、人才队伍建设等各项工作。

（三）福利彩票销售机构

省、自治区、直辖市人民政府民政部门依法设立的福利彩票销售机构负责本行政区域的福利彩票销售工作。一是制定管理制度。负责本地的彩票销售工作，制定本地的销售管理办法、工作规范等。二是建立销售网络。根据本省（自治区、直辖市）的实际情况，建立省级以下行政区域的销售网络。三是实施销售管理。包括本省、自治区、直辖市的彩票销售系统建设、运营和维护工作，具体负责销售系统数据、资金归集结算、开奖兑奖工作，不能委托其他单位或者个人。同时，还要做好销售渠道和场所规划、物流管理、形象建设、彩票代销、营销宣传、业务培训、人才队伍建设等工作。四是彩票发行建议。可根据当地彩票市场情况，向彩票发行机构提出变更或者停止彩票品种的建议。

二、福彩游戏的主要类型

（一）传统型彩票

传统型彩票属于"被动型"彩票，即每期彩票的发行总量固定，事先编组，号码事先印制在票面上，中奖等级、奖数和奖金额均在销售前规定并公示于众，彩民可自主选择购买彩票，但不能改变彩票上的号码。这类彩票统一印刷、统一编号，先销售、后开奖，一般情况下在预定的发行量销售完毕后，集中开一次奖，也可按期开奖，彩民按开奖号码对号入座确定是否中奖。

（二）即开型彩票

即开型彩票是指彩票发行机构在某一固定奖组的彩票中，将中奖符号印制在彩票介质上加以遮盖，并事先公告中奖符号，彩民选购同一奖组的彩票后，即时刮开遮盖以确定是否中奖和兑奖的彩票游戏，如"刮刮乐"彩票。

（三）乐透型彩票

乐透型彩票是指由彩民从 M 个号码中选取 N 个号码（M > N）的组合为一注彩票进行投注，并与彩票机构在当期销售结束后随机抽取的开奖号码进行对比，以确定是否中奖和中奖奖级的彩票游戏，如"双色球"游戏。

（四）数字型彩票

数字型彩票是指彩民选择一组 N 位自然数，每一位从 0 至 9 共 10 个号码中选择 1 个，构成一组 N 位的排列号码为一注彩票进行投注，并与彩票机构在当期销售结束后随机抽取的开奖号码进行对比，以确定是否中奖和中奖奖级的彩票游戏，如"3D"游戏。

（五）视频型彩票

视频型彩票是指通过计算机网络和视频技术发行的彩票游戏，彩民在彩票销售厅内使用投注卡在投注终端上完成购票、开奖和兑奖。

（六）基诺型彩票

基诺型彩票是一种自选数字彩票，彩民自己选择购买号码的个数，如从 80 个号码区域中选 1 至 10 个号码作为一注并进行投注。一般开奖号码个数多于投注号码的个数，每期在数分钟之内开奖。从广义上说，基诺型彩票属于乐透型彩票的一种。如"快乐 8"游戏。

第三节　福利彩票的资金使用

《彩票管理条例》规定，彩票资金包括彩票奖金、彩票发行费和彩票公益金。彩票资金构成比例是政府调控彩票市场的一项重要政策，由国务院决定。政府通过调控彩票资金构成比例，统筹实现三个政策目标：一是合理控制彩票的刺激性，保护广大彩民的根本利益；二是积极筹集彩票公益金，支持发展社会公益事业；三是有效打击非法彩票、赌博等违法犯罪活动，维护社会秩序[①]。

一、彩票资金构成

（一）彩票奖金

彩票奖金是指用于支付彩民的中奖奖金，不同的彩票品种和彩票游戏，其返奖奖金比例有所不同。2004 年之前，我国对所有彩票游戏实行统一的资金构成比例，即彩票奖金占 50%、彩票发行费占 15%、彩票公益金占 35%。随着彩票市场不断发展，不同类型的彩票游戏资金构成比例有所不同，目前，乐透型彩票的返奖比例通常在 50% 左右，即开型彩票的返奖率则可达 65%。

---

① 　财政部综合司．彩票管理知识问答［M］．北京：经济科学出版社，2012：84.

（二）彩票发行费

彩票发行费是专项用于彩票发行机构、彩票销售机构的业务费用支出以及彩票代销者的销售费用支出。其中，业务费用实行收支两条线管理，按月缴入中央财政专户和省级财政专户；销售费用则由彩票发行机构、彩票销售机构与彩票代销者按照彩票代销合同的约定进行结算。

（三）彩票公益金

彩票公益金是专项用于社会福利、体育等社会公益事业，按照政府性基金管理办法纳入预算，实行收支两条线管理的资金。逾期未兑奖的奖金，也纳入彩票公益金。

二、彩票公益金的使用

管好用好彩票公益金是维护福利彩票公益属性的必然要求，也是打造"阳光福彩"的重要举措。彩票公益金作为政府性基金纳入预算，实行收支两条线管理。

目前，根据国务院批准的彩票公益金分配政策，彩票公益金在中央和地方之间按各50%的比例分配，专项用于社会福利等社会公益事业。其中，中央集中的彩票公益金，在全国社会保障基金、中央专项彩票公益金、民政部和国家体育总局之间分别按60%、30%、5%和5%的比例分配。地方留成彩票公益金，由省级财政部门商民政、体育等有关部门研究确定分配原则。

为加强对民政部门所使用的彩票公益金的管理，近年来，更加注重全链条长效监管机制建设。2017年，民政部会同财政部出台了《中央集中彩票公益金支持社会福利事业资金使用管理办法》；按照这一办法，此后制修订了《民政部彩票公益金使用管理办法》《民政部彩票公益金民政部项目立项和评审办法》《民政部彩票公益金项目督查办法》《民政部彩票公益金使用管理信息公开办法》《民政部彩票公益金服务和其他类项目管理办法》《民政部彩票公益金培训项目管理办法》《民政部彩票公益金预算操作规程》等，形成了相对完善的制度体系，实现了对资金使用事前、事中、事后的有力监管。

第四节　福利彩票发展展望

党的二十大、二十届三中全会对在发展中保障和改善民生提出了新要求，为推进新时代福利彩票事业高质量发展指明了前进方向。新时代新征程，各级民政部门和福利彩票发行机构应始终坚持"取之于民、用之于民"的发展理念，坚决贯彻落实党中央决策部署，进一步明确自身定位，继续做好转型升级，推进福利彩票事业高质量发展。

一、坚持公益属性，规范彩票公益金使用、加强社会责任建设

在中国式现代化的进程中，福利彩票事业要始终坚持公益属性，进一步规范公益金的分配使用和管理，加强彩票公益品牌建设和公益传播，为全民共享的共同富裕贡献力量。要加强制度规范建设，加强对地方留成公益金的管理，丰富项目分配内容，优化资源协调配置。要增强彩票发行销售环节和公益金分配使用环节的联系，推进彩票品牌建设和传播，提升福利彩票的认可度和美誉度，强化我国福利彩票社会责任建设。

二、坚持安全运行，加强福利彩票发行销售监督管理

随着彩票的产品结构、渠道管理和营销方式日益丰富，彩票工作的复杂性和艰巨性也在增加。要加强福利彩票发行销售全过程监督管理，加大对购彩行为和彩票市场发展变化的针对性研究力度，不断完善权责清晰、规范有序、运转高效的市场机制，从开奖安全、数据安全、技术安全和资金安全等方面夯实福利彩票安全发展根基。

三、坚持创新发展，推动数字赋能彩票产业变革

当前，新一轮科技革命和产业变革深入发展，数字化正推动人类生产方式、生活方式与治理模式的迭代升级。福利彩票兼具人民性、国家性、公益性等多重属性，面临数字技术持续赋能、多产业融合、广阔市场支撑的机遇。

新时代福利彩票事业发展应抓住数字化机遇，要充分利用数字技术，通过技术融合、产品融合、业务融合以及市场融合等方式推动福利彩票的产业发展。进一步探索区块链等技术在彩票价值链中的应用，包括区块链彩票前端管理系统、彩票公益金终端治理系统等，加强对彩票产业的科技赋能。

相关政策文件：

1.《彩票管理条例》（2009 年 7 月）

2.《民政部关于民政部门利用福利彩票公益金向社会力量购买服务的指导意见》（2014 年 10 月）

3.《民政部办公厅、财政部办公厅关于调整福利彩票发行机构和福利彩票销售机构业务费比例的通知》（2016 年 7 月）

4.《财政部、民政部、国家体育总局关于修改〈彩票管理条例实施细则〉的决定》（2018 年 8 月）

5.《财政部关于修订〈彩票发行销售管理办法〉的通知》（2018 年 11 月）

6.《财政部关于印发〈彩票公益金管理办法〉的通知》（2021 年 5 月）

7.《财政部关于印发〈彩票市场调控资金管理办法〉的通知》（2021 年 5 月）

8.《财政部、民政部关于印发〈中央集中彩票公益金支持社会福利事业资金管理办法〉的通知》（2024 年 5 月）

9.《民政部办公厅关于印发〈民政部彩票公益金使用管理办法〉的通知》（2024 年 6 月）

第八章　行政区划和地名管理

行政区划是国家产生、发展的重要标志，地名是人类历史的活化石，行政区划和地名管理是历史悠久的专项行政管理活动。改革开放以来，行政区划和地名管理逐步细化为行政区划管理、行政区域界线管理和地名管理三个专项工作。行政区划管理强调适应经济、政治、文化、社会、生态文明建设需要，运用科学方法和手段不断完善行政区划体系，实现国家统一、有效的管理；行政区域界线管理强调依法勘定界线、管理界线，维护边界地区和谐稳定；地名管理强调地名标准化建设、规范化管理，开展地名公共服务，推动地名文化保护与传承。

习近平总书记高度重视区划地名工作，多次作出重要指示批示，强调行政区划并不必然是区域合作和协同发展的障碍和壁垒。行政区划本身也是一种重要资源，用得好就是推动区域协同发展的更大优势，用不好也可能成为掣肘。这就需要大家自觉打破自家"一亩三分地"的思维定式，由过去的要求对方为自己做什么，变成大家抱团朝着顶层设计的目标一起做。要坚持党中央集中统一领导，稳妥审慎调整区划，尤其不能把有文化底蕴的区划地名改掉。要加强党中央集中统一领导撤县建市工作，搞好机制与规划，避免盲目无序化。新时代新征程，全面贯彻落实习近平总书记重要指示批示精神和党中央决策部署，必须牢牢把握行政区划的资源属性，全面加强党对行政区划和地名管理工作的领导，坚持以人民为中心的发展思想，着力构建与区域协调发展及社会治理需要相适应的行政区划结构体系，加强与人民群众要求及和谐社会建设需要相适应的行政区域界线管理，提升与文化建设及信息化发展需要相适应的地名公共服务水平，奋力推进行政区划和地名管理工作谱写新篇章、开创新局面。

第一节　行政区划管理概述

我国行政区划历史悠久，自夏朝建立历史上第一个奴隶制国家以来，行政区划延绵不断，演变至今，现已形成具有当代特色的行政区划体系。行政区划是党领导人民依据宪法法律推进国家治理体系和治理能力现代化的重要内容。面对新形势、新任务，必须增强做好新时代行政区划管理工作的使命感、责任感，着力把握行政区划的丰富内涵，明确方针原则，深入研究论证，严格变更程序，推进优化设置，健全制度体系，全面提升行政区划管理科学化、规范化、制度化水平。

一、行政区划概述

行政区划内涵十分丰富，既有从古至今不断演变发展的长度，也有影响因素之多、涉及面之广的宽度，还有从顶层国家结构到基层社会治理上下贯通的厚度。为了更好发挥行政区划在服务全面建设社会主义现代化国家中的作用，应当从与经济、政治、文化、社会、生态文明建设的结合中把握行政区划的含义与特点，明确行政区划管理工作的目的与使命、职责与担当。

（一）行政区划的含义

行政区划伴随国家的产生而出现。恩格斯指出："国家和旧的氏族组织不同的地方，第一点就是它按地区来划分它的国民……第二个不同点，是公共权力的设立。"[①] 夏、商、周形成了我国奴隶制社会的不完整行政区划，经春秋战国的大变革、大发展，由秦统一中国实行郡县制，开始了长达 2000 多年的专制主义中央集权时代，其间逐步形成了比较完善的行政区划体系。新中国成立以来，我国行政区划逐步走上规范化的轨道。

行政区划是国家对行政区域的划分。具体讲，行政区划是国家结构形式

[①] 中共中央马克思恩格斯列宁斯大林著作编译局. 马克思恩格斯选集：第 4 卷［M］. 北京：人民出版社，2012：187.

的制度安排，是国家为了统一、有效管理需要，按照宪法及有关法律、法规和政策的规定，依据政治、经济、民族、人口分布、地理环境、历史传统、国防建设等因素，将国家领土划分为若干层次不同、规模各异的行政区域，赋予专门的行政建制，分别设置行政机关，实施行政管理和社会治理。行政区域划分所形成的地域单元就是行政区划单位，也称行政单位、建制单位、行政区、政区等。行政区划的基本要素包括：行政管辖的人口、行政区域、行政建制、行政机关、行政级别、行政隶属关系、行政区划名称。

（二）行政区划的特点

行政区划具有下列主要特点。

1. 政治性

行政区划是国家政治及行政体制的重要内容，体现了国家政治统治意志。行政区划必须坚持中国特色社会主义最本质的特征，适应国家政治与区域战略需要，着力解决人民日益增长的美好生活需要和不平衡不充分的发展之间的矛盾，促进区域协调、城乡一体、各民族共同繁荣进步。

2. 地域性

行政区划作为地域空间上的社会现象，与一定的地理环境密切相关。行政区划必须与地域条件相结合，注重地理现象的地域分布规律。不同的国家与不同的区域，其地域条件的差异导致经济、人口、资源、文化等呈现不同的分布，这些因素都会作用于行政区划。

3. 层级性

对国家领土划分层级实行管理是行政区划的基本要求。层级越多，权力越集中，行政效率越低，不利于调动下级积极性和创造性；层级少，行政区划结构呈扁平化形态，有利于增强地方主动性与活力。管理层级与管理幅度相互制约，成反比关系。层级过多或过少都不利于管理，应以适度为原则。

4. 稳定性

长期政治生活的影响形成了特有的政治地域环境，长期经济建设的影响形成了难以分割的地域经济实体，长期社会文化的影响形成了相似的民俗文化和传统习惯，各种因素在历史长河中共同作用，使得行政区划的稳定性、继承性不断增强。

5. 综合性

行政区划涉及面很广，涵盖经济、政治、文化、社会、生态文明等多方面，既关系国家政权的稳定大局，又影响群众日常生产生活。行政区划往往牵一发而动全身，需要综合分析多种因素、稳步实施改革调整，保证行政区划经得起历史和实践的检验。

（三）行政区划的目的和作用

行政区划的根本目的，是对国家实行分层次、分区域的统一有效管理。行政区划是党领导人民依据宪法法律推进国家治理体系和治理能力现代化的重要内容，其作用主要表现在：一是行政区划是国家政权建设的基本支撑。作为国家结构形式的制度安排，行政区划反映了中央与地方、整体与局部的总体格局与关系。行政区划决定着中央能否有效统率地方、地方能否依法有效行政，关系到国家政权稳定和长治久安。二是行政区划是经济空间布局的基本依据。我国宪法规定，地方各级人民政府依法在本行政区域开展经济活动、推进开发建设。行政区划承担着经济空间布局的重要任务，客观上要求顺应经济发展规律和地域特点实行优化设置，为有效配置资源提供合理的空间单元。三是行政区划是促进改革发展的基本手段。行政区划本身也是一种重要资源，能够引导人力、物力和财力投入地方建设、促进改革发展。通过科学合理变更行政区划，有利于加快城镇化、现代化进程，形成以城市群为主体形态、大中小城市和小城镇协调发展的新格局。四是行政区划是公共管理服务的基本条件。根据不同管理对象和资源环境，如城市、农村、民族地区等，推进行政区划优化设置，实施相应的公共管理和社会治理，更好服务人民群众。

（四）行政区划管理的职责

民政部负责全国行政区划的具体管理工作，国务院其他有关部门按照各自职责做好全国行政区划相关的管理工作。县级以上地方人民政府民政部门负责本行政区域行政区划的具体管理工作，县级以上地方人民政府其他有关部门按照各自职责做好本行政区域行政区划相关的管理工作。行政区划管理的主要职责有：起草或修订与行政区划有关的法规政策，监督行政区划法律法规政策的贯彻，解释行政区划法规政策；组织开展行政区划变更调研、论证、征求意见、申报、审核；推进行政区划变更批复的落实；开展行政区划理论研究，编制行政区划规划和改革方案；建立完整的行政区划档案；编辑行政区划图书；加强行政区划信息化建设。

二、中国行政区划的演变

夏朝建立了我国历史上第一个奴隶制国家。《左传》记载："芒芒禹迹，画为九州，经启九道。""九州"成为我国行政区划的源头。商朝官僚机构按地域分为"内服"和"外服"，"服制"成为我国行政区划的雏形。秦朝建立了我国历史上第一个统一的专制主义中央集权的封建国家，郡县制的实施奠定了我国 2000 多年来县制相对稳定的基础。元朝首创行省即省制，形成了我国 700 多年来省制作为最高层政区相对稳定的基本格局。新中国成立以后，随着社会主义制度的建立和发展，行政区划主要经历了四个大的阶段。

全国行政区划

全国共有 34 个省级政区，即 4 个直辖市、23 个省、5 个自治区、2 个特别行政区；333 个地级政区，即 293 个地级市、7 个地区、30 个自治州、3 个盟；2843 个县级政区，即 977 个市辖区、394 个县级市、1301 个县、117 个自治县、49 个旗、3 个自治旗、1 个特区、1 个林区；38602 个乡级政区，即 8984 个街道、21389 个镇、7116 个乡、957 个民族乡、153 个苏木、1 个民族苏木、2 个区公所。（注：数据截至 2022 年 12 月 31 日）

（一）1949 年至 1954 年的过渡阶段

1949 年，全国设立华北、东北、西北、华东、中南和西南 6 个行政区，50 个省级政区、304 个地级政区、2381 个县级政区、368 个市辖区。1954 年，中央政府决定撤销大行政区。省级政区总的趋势是数量由多变少，规模由小变大。县级政区的变化主要表现为有些地方并小县、分大县，旨在均衡县的面积和人口规模，也有地方设立了少量新县。

（二）1955 年至 1965 年的发展阶段

第一届全国人大一次会议通过了新中国的第一部宪法，对全国行政区划作出统一规定。此阶段的显著特征是民族自治地方蓬勃发展。1955 年成立新疆维吾尔自治区，1958 年成立广西僮族自治区（1965 年改名为广西壮族自治区），1958 年成立宁夏回族自治区，1965 年成立西藏自治区。根据宪法规定，民族地区规范设立了自治州、自治县，还建立了一批民族乡。省级政区有一些变化：1955 年撤销热河、西康两省，其区域分别划归邻省；1958 年将天津市由直辖市改为河北省辖。有的地方实行专区与地级市合并、由市领导县的体制。1960 年左右，县级政区变化较大，先合并一大批，后又重新分设。1958 年起，农村将区乡改为政社合一的人民公社。1965 年底，全国设立 29 个省级政区、293 个地级政区、2217 个县级政区、305 个市辖区。

（三）1966 年至 1977 年的停滞阶段

由于受"文化大革命"的冲击，正常行政区划工作几乎处于停滞状态；市、镇数量增加很少，只因"三线"建设等特殊情况增设少量市镇，甚至出现逆城市化现象。1967 年，天津恢复为直辖市。根据 1975 年修改的宪法规定，原作为省、自治区政府派出机关的专区改为革命委员会管辖的地区。由于地方各级革命委员会是地方各级人民代表大会的常设机关，同时又是地方各级人民政府，这样就出现了省、地、县、公社的实四级。按照 1978 年修改的宪法，地区又回归派出机关。1977 年，全国设立 30 个省级政区、311 个地级政区、2243 个县级政区、396 个市辖区。

（四）1978 年至今的改革阶段

为了适应改革开放新形势，行政区划作了较大幅度调整。一是 1979 年恢复了内蒙古自治区 1969 年以前的行政区域，1988 年设立海南省，1997 年将重庆市升为直辖市，1997 年设立香港特别行政区，1999 年设立澳门特别行政区。二是理顺地级行政管理体制，1982 年开始试行市领导县体制并逐步推开，至世纪之交，地级市管县和代管县级市已成为我国地方行政区划的主要形式。三是调整优化中心城市行政区划，解决城区布局不合理问题，推进撤县（市）设立市辖区。四是 1979 年开始县改市，整县改市成为主导，设市模式得到极大发展，1997 年县改市暂停审批，2013 年重启撤县设市，2022 年后严控撤县建市设区。五是设立部分自治州、自治县等民族自治地方和民族乡。六是为配合国家及地方重点项目建设、服务城市发展需要和解决地质灾害问题等，开展部分地方政府驻地迁移。七是 20 世纪 80 年代初开展撤销公社、建立乡镇政府，后开展撤区并乡；进入 21 世纪以来，各省份陆续开展乡镇撤并，服务农业农村现代化。

三、行政区划变更的原则及法定程序

《行政区划管理条例》于 2018 年 10 月 10 日公布，并自 2019 年 1 月 1 日起施行。出台该条例是贯彻落实习近平总书记关于行政区划工作重要指示批示精神的重要举措，在行政区划史上具有里程碑意义。《行政区划管理条例实施办法》自 2020 年 1 月 1 日起正式实施，为在新起点上做好行政区划管理工作提供了坚实法治遵循和法治保障。《行政区划管理条例》指出："行政区划管理工作应当加强党的领导，加强顶层规划。行政区划应当保持总体稳定，必须变更时，应当本着有利于社会主义现代化建设、有利于推进国家治理体系和治理能力现代化、有利于行政管理、有利于民族团结、有利于巩固国防的原则，坚持与国家发展战略和经济社会发展水平相适应、注重城乡统筹和区域协调、推进城乡发展一体化、促进人与自然和谐发展的方针，制订变更方案，逐级上报审批。行政区划的重大调整应当及时报告党中央。"2022 年 6 月 22 日，习近平总书记主持召开中央全面深化改革委员会第二十六次会议，审议通过了《关于加强和改进行政区划工作的意见》。会议强调，党的十八大以来，全国行政区划设置和调整工作总体稳慎有序推进。要加强党中央对行政区划工作的集中统一领导，行政区划的重大改革、重要政策、重大调整由党中央研究决策。要加强战略性、系统性、前瞻性研究，组织研究拟定行政区划总体规划思路，提升行政区划设置的科学性、规范性、有效性，确保行政区划设置和调整同国家发展战略、经济社会发展、国防建设需要相适应。要把历史文化传承保护放在更重要位置，深入研究我国行政区划设置历史经

验，稳慎对待行政区划更名，不随意更改老地名。要坚持行政区划保持总体稳定，做到非必要的不调、拿不准的不动、时机条件不成熟的不改。要完善行政区划调整标准体系，加强行政区划同相关政策、规划、标准的协调衔接，依法加强行政区划管理。

（一）行政区划变更的权限

1. 行政区划变更的类型

行政区划的变更，主要包括行政区划的设立、撤销，行政区划隶属关系的变更，行政区域界线的变更，人民政府驻地的迁移，行政区划名称的变更，行政区划简称的变更，行政区划排列顺序的变更。行政区划的设立、撤销，一般指行政建制单位的设立、撤销。行政区划隶属关系的变更，指行政区划整建制由其原上级行政区划划归另一个上级行政区划管辖；在不改变行政区划隶属关系的情况下，将行政区划整建制委托另一行政区划代管或者变更代管关系，参照行政区划隶属关系的变更办理。行政区域界线的变更，指将一个行政区划的部分行政区域划归另一行政区划管辖。人民政府（含派出机关，下同）驻地的迁移，指县级以上地方人民政府驻地跨下一级行政区划的变更和乡、民族乡、镇人民政府、街道办事处驻地跨村（居）民委员会管辖范围的变更。行政区划名称的变更，指改变行政区划专名。

2. 行政区划变更的权限

行政区划变更实行逐级上报审批制度。全国人民代表大会审批权限：省、自治区、直辖市的设立、撤销、更名。国务院审批权限：省、自治区、直辖市的行政区域界线的变更，人民政府驻地的迁移，简称、排列顺序的变更；自治州、县、自治县、市、市辖区的设立、撤销、更名和隶属关系的变更以及自治州、自治县、设区的市人民政府驻地的迁移；自治州、自治县的行政区域界线的变更，县、市、市辖区的行政区域界线的重大变更；凡涉及海岸线、海岛、边疆要地、湖泊、重要资源地区及特殊情况地区的隶属关系或者行政区域界线的变更。省级人民政府审批权限：县、市、市辖区的部分行政区域界线的变更，县、不设区的市、市辖区人民政府驻地的迁移，批准变更时报送国务院备案；乡、民族乡、镇的设立、撤销、更名，以及行政区域界线的变更、人民政府驻地的迁移。另外，依法设立的地方人民政府的派出机关的撤销、更名、驻地迁移、管辖范围的确定和变更，由批准设立该派出机关的人民政府审批。

(二) 行政区划变更的程序

1. 制订行政区划变更方案与申报

行政区划的设立、撤销，由拟设立行政区划或者拟撤销行政区划的上一级地方人民政府（或行政公署，下同）制订变更方案。在撤销的同时设立新的行政区划且行政区域不变的，可以由拟撤销行政区划的地方人民政府制订变更方案。涉及设立行政区划的，应当在变更方案中明确拟设立行政区划的名称、建制类型、隶属关系（含代管关系）、管辖范围和人民政府驻地。涉及撤销行政区划的，应当在变更方案中明确行政区划撤销后其所辖行政区域的归属。变更行政区划隶属关系和变更行政区域界线，由有关地方人民政府先行协商并共同制订变更方案；如未能取得一致意见时，可以由单方、多方或者共同的上一级人民政府制订变更方案。变更人民政府驻地和变更行政区划名称，由本级地方人民政府制订变更方案。地方人民政府应当就行政区划变更事项组织开展专家论证、风险评估、征求公众意见，制订行政区划变更组织实施总体方案。在此基础上，形成行政区划变更申请书并提交上一级人民政府。

2. 开展行政区划变更审核审批

县级以上地方人民政府按程序逐级向上级人民政府提交行政区划变更申请书及相关申报材料，地方人民政府民政部门按要求组织评估审核，提出审核意见报同级人民政府审定。对于省级人民政府审批的行政区划变更，完成申报材料的审核后，省级人民政府依法下达行政区划变更批复，或授权省级人民政府民政部门下达批复。对于国务院审批的行政区划变更，完成申报材料的审核后，国务院依法下达行政区划变更批复，或授权国务院民政部门下达批复。

3. 落实行政区划变更批复

地方人民政府在收到行政区划变更批复后，应及时向社会公告审批机关批准行政区划变更的信息。行政区划变更信息向社会公告之日起 1 个月内，国务院民政部门或者省级人民政府民政部门应当根据行政区划代码编码规则，确定、公布变更后的行政区划代码。行政区划变更后，应当依法勘定行政区域界线，并更新行政区划图。有关地方人民政府应当自审批机关批准行政区划变更之日起12个月内完成变更，完成实施工作后，向审批机关上报完成行政区划变更情况报告。

4. 实施行政区划变更备案管理

县、市、市辖区的部分行政区域界线的变更，县、不设区的市、市辖区人民政府驻地的迁移，国务院授权省级人民政府审批；批准变更时，报送国务院备案，备案材料径送国务院民政部门。对于依照法律、国家有关规定设立的地方人民政府的派出机关的撤销、更名、驻地迁移、管辖范围的确定和变更，由批准设立该派出机关的人民政府审批；批准变更时，报送省级人民政府备案，备案材料径送省级人民政府民政部门。

（三）行政区划变更的论证评估

根据行政区划变更程序规定，应当开展行政区划变更的论证评估工作，包括专家论证、风险评估、征求公众意见和评估审核。着重论证行政区划变更的必要性、科学性、合理性和经济社会效益，可行性和可能存在的风险，以及变更方案与组织实施的意见建议等。着重评估行政区划变更的合法性、可行性、风险性、可控性以及有关方面的影响，提出消除和应对风险的举措。可以采取座谈会、实地走访、书面征求意见、问卷调查等方式征求社会公众的意见，着重对收集到的有关信息资料进行归纳、分析、整理，进一步完善变更方案与措施。

第二节　行政区域界线管理

行政区域界线管理主要包括行政区域界线勘定、行政区域边界争议与纠纷处理、行政区域界线联合检查、行政区域界线日常管理和平安边界建设等工作。这些工作政策性、业务性较强，需要严格遵循法规政策、严格执行操作规范，着力实现界线管理法治化、规范化、精准化。通过卓有成效的界线管理工作，为政府依法行政提供依据，为社会信息化提供支撑，为维护边界地区和谐稳定彰显作用。

一、行政区域界线管理概述

（一）行政区域界线的含义

行政区域界线，简称边界线，是毗邻行政区域之间的分界线，具体讲，是指国务院或者省、自治区、直辖市人民政府批准的行政区域毗邻的各有关人民政府行使行政区域管辖权的分界线。行政区域界线通过文件和实地标志物表现出来。文件包括行政区域界线勘界协议书、标绘行政区域界线的地形图、界桩成果表等；实地标志物包括界桩等人工标志物和被认定承载边界线走向的山脉、河流等自然标志物。我国行政区域界线分为省、自治区、直辖市、特别行政区之间的行政区域界线，自治州、县、自治县、市、市辖区之间的行政区域界线，乡、民族乡、镇之间的行政区域界线。根据地方各级人民代表大会和地方各级人民政府组织法设立的地方人民政府派出机关，其管理范围界线不是一级行政区域界线，只能参照相应的行政区域界线实施管理。

（二）行政区域界线管理的作用

行政区域界线管理的作用主要体现在：一是实现界线准确定位的有效手段。行政区域界线是对行政区域的界定，通过勘定行政区域界线将粗放的习惯线转化为精准的法定线，为地方政府提供明确的行政活动范围。二是推进依法行政的基础性工作。民族区域自治法、森林法、草原法、矿产资源法、土地管理法、渔业法、环境保护法、海洋环境保护法、文物保护法、统计法、民事诉讼法、刑事诉讼法等都明确规定，按照行政区域予以实施，法定准确的界线是依法行政的基本前提。三是推动社会信息化建设的基本支撑。界线为社会各界提供了基本的公共活动空间指向信息，利用勘界数据资料和信息技术建立的行政区域界线信息管理系统，已成为社会信息化基础平台或重要共享内容。四是维护边界地区和谐稳定的重要举措。勘定行政区域界线、妥善处理边界争议和纠纷、开展平安边界建设、加强行政区域界线日常管理，有利于保持边界地区和谐稳定，为经济社会发展营造良好环境。

（三）行政区域界线管理的职责任务

根据国务院 2002 年出台的《行政区域界线管理条例》、1989 年出台的《行政区域边界争议处理条例》等法规政策及相关文件规定，省、自治区、直辖市之间的行政区域界线，在国务院领导下，由毗邻省、自治区、直辖市人民政府共同管理；省、自治区、直辖市范围内的行政区域界线，在省、自治区、直辖市人民政府领导下，由毗邻的自治州、县（自治县）、市、市辖区人民政府共同管理。行政区域界线管理的具体职责任务如下。

1. 政府职责

（1）宣传、贯彻和落实法定的行政区域界线，执行行政区域界线批准文件和行政区域界线协议书的各项规定。（2）公布勘定的行政区域界线。（3）分工管理界桩。（4）勘定经批准变更的行政区域界线。（5）协商跨行政区域界线的生产、建设用地事项。（6）建立行政区域界线联合检查制度，组织联检工作。（7）处理边界争议与纠纷。（8）纠正和查处违反《行政区域界线管理条例》的行为和事件。（9）把界线管理经费纳入政府财政预算。（10）建立健全维护行政区域界线附近地区稳定的协调处理机制。

2. 民政部门职责

（1）承担上述政府职能的落实工作。（2）标定行政区域界线实地位置。（3）处理行政区域界线实地位置认定不一致引发的边界争议。（4）组织修测发生变化的界线标志物，确定新的标志物。（5）整理、保管行政区域界线档案资料。（6）编制行政区域界线详图。（7）负责处罚违反行政区域界线管理条例的行为。（8）向有关部门提供勘界成果。（9）组织行政区域界线管理工作联合调研，通报界线管理工作有关情况。

3. 相关部门职责

根据《国务院办公厅转发民政部等部门关于加强行政区域界线管理工作意见的通知》，民政部、科技部、国家民委、公安部、监察部①、财政部、国

---

① 2018 年 3 月设立中华人民共和国国家监察委员会，不再保留监察部。

土资源部①、水利部、农业部②、林业局③、海洋局④、测绘局⑤等部门在行政区域界线管理工作中都承担了相应职责。同时明确规定：省、自治区、直辖市之间的行政区域界线管理经费纳入省、自治区、直辖市政府财政预算；自治州、县（自治县）、市、市辖区之间的行政区域界线管理经费纳入自治州、县（自治县）、市、市辖区政府财政预算。另外，行政区划调整后的勘界经费，原则上省级界线由中央财政负担，县级界线由地方财政负担，市州级界线由省财政适当补贴。

二、行政区域界线的勘定

（一）行政区域界线勘定的含义

行政区域界线勘定，简称勘界，是指毗邻行政区人民政府在上一级人民政府的领导下，实地明确划定毗邻行政区之间的界线，在实地竖立界桩，形成准确反映实际行政区域界线走向的文件、资料和地形图，按照规定的程序将行政区域界线确定下来，以达到稳定边界和方便管理的目的。为了探索从根本上解决边界争议的途径，经国务院批准同意，民政部协同相关部门及省份从 1989 年开始勘界试点工作，在 6 条约 5000 千米省界线上进行勘界试点。经过相关各方共同努力，1995 年完成勘界试点工作，共勘定省界 3800 多千米，占试点界线总长的 82%。勘界试点探索了路子、积累了经验，为后来的勘界工作奠定了基础。总体上讲，勘界分为全面勘界和局部勘界。全面勘界特指 1996 年至 2002 年我国开展的全面勘定省、县两级陆地行政区域界线的活动；局部勘界是指对现有未经勘定的行政区域界线进行勘定的过程，包括全面勘界中未勘定的乡级行政区域界线、海域行政区域界线、日常行政区划调整形成新的行政区域界线。

---

① 2018 年 3 月调整为"自然资源部"。
② 2018 年 3 月改为"农业农村部"。
③ 2018 年 3 月调整为"国家林业和草原局"。
④ 2018 年 3 月调整为"自然资源部"。
⑤ 2018 年 3 月调整为"自然资源部"。

(二) 行政区域界线勘定的方针原则

1. 勘界的指导方针

坚持以习近平新时代中国特色社会主义思想为指导,坚持以人为本、实事求是、顾全大局、互谅互让、尊重历史、立足现实的原则思路,从国家和人民的根本利益出发,依据有关法律、法规和技术规范,明确划定行政区域界线。勘界不是重新调整行政区划,而是以行政区域现状为基础,明确行政区域界线的实地位置,即核实法定线、勘定习惯线、解决争议线,用法律形式将行政区域界线固定下来,从根本上消除因界线不清引发的边界隐患,有效提升界线管理法治化、精准化、规范化水平,维护社会和谐稳定,促进经济社会发展和国家长治久安。

2. 勘界的原则

坚持有利于各族人民的团结,有利于国家的统一管理,有利于保护、开发和利用自然资源的总体原则,按照实事求是、顾全大局、互谅互让的基本原则,遵循下列具体原则:(1) 已明确划定或者核定的边界线,按照有关文件、协议、地图核定的边界线执行。(2) 在国家土地利用现状调查中,经双方县级以上人民政府核定一致,并签订协议,无争议的界线,应予认定。(3) 未划分过边界线,但已形成传统习惯边界线的地段,以传统习惯边界线为基础确定边界线。(4) 未划分过边界线,传统习惯边界线粗略,实地不清的地段,应当选择能够反映行政区域实际管辖现状的地图为基础确定边界线。根据国务院《关于开展勘定省、县两级行政区域界线工作有关问题的通知》规定,省级行政区域界线由国务院组织毗邻两省(自治区、直辖市)人民政府勘定,县级行政区域界线由各省(自治区、直辖市)人民政府组织勘定。

3. 勘界的标准

参照有关习惯做法,勘界遵循下列基本标准:(1) 以山脉为界的,边界线以山脉分水岭划分。(2) 以河流为界的,通航的河流,边界线以主航道中心线划分;不通航的河流,边界线以河道中心线划分;滚动的河道,边界线以主航道中心线或者河道中心线划分,双方应当商定维持边界线稳定的办法。界河中的岛屿和沙洲,依勘界前的归属确认。(3) 以永久性地物为界的,边界线以关隘、堤塘、桥梁、沟渠、道路和其他坚固建筑物划分。（4）无明显地貌地物的地段，边界线以经纬度或者相邻界桩之间的连线划分。（5）对骑线的地物、文物、自然保护区及不可分割的自然资源，在划分边界线的同时由双方根据有关法律、法规和政策的规定，明确管理和使用的办法。

（三）行政区域界线勘定的程序

行政区域界线勘定，一般分为三个阶段。一是准备阶段。主要是建立勘界组织机构、部署勘界任务、制定勘界配套政策规定，落实勘界专项经费和交通、通信、测绘等后勤与外业工作设施，做好勘界的宣传和培训等工作。二是实施阶段。主要是进行行政区域界线调查与论证、制订联合勘界工作实施方案、确定行政区域界线、组织实地勘界、制作并埋设测定界桩、标绘行政区域界线。三是收尾阶段。主要工作是检查验收勘界测绘成果资料、起草联合勘定的行政区域界线协议书及说明、标绘界线协议书附图、填写界桩成果表、起草毗邻行政区人民政府关于报批联合勘定的行政区域界线协议书的请示、形成勘界工作总结和勘界测绘技术工作总结、整理勘界成果档案、界线协议书的审定上报与审批、上报勘界档案资料等。另外，对于依法批准变更的行政区域界线，应当进行勘界，按照勘界测绘技术规范进行测绘、埋设界桩、签订协议书，并将协议书上报批准变更该行政区域界线的机关备案。

（四）行政区域界线勘定的技术规范

勘界的技术规范，主要指在勘界测绘过程中用以获取和表述行政区域界线位置、走向等信息的技术方法及要求，包括界桩的设置、边界线的标绘、边界协议书附图的绘制、边界线走向和界桩位置说明、测绘成果的检查和验收、勘界档案的建立等。以省级行政区域界线勘界为例，勘界的技术规范如下。

1. 界桩的设置

选定界桩类型（三面型或双面型）、材质、埋设位置、埋设方式等，明确界桩的编号与书写。

2. 边界线的标绘

将双方确定的边界线、界桩点的位置准确地标绘在规定的地形图上。

3. 边界协议书附图的绘制

根据实测的界桩点坐标、协商确定或裁定的边界线及边界线的调绘成果，认真标绘、整理协议书附图。

4. 边界线走向和界桩位置说明

明确描述边界线实际走向和界桩位置说明。

5. 成果整理与检查验收

由双方勘界工作机构组织对测绘成果成图资料的完整性和正确性进行全面检查、整理，并由双方负责人签名。国务院勘界工作主管部门组织对上报成果进行检查验收。

其他级别的勘界技术规范以此作为参照。

（五）行政区划变更后的勘界工作

依法批复行政区划变更后，应组织行政区域界线勘定工作。省、自治区、直辖市之间行政区域界线发生变化的，由民政部组织勘定；省、自治区、直辖市范围内行政区域界线发生变化的，由省、自治区、直辖市组织勘定。行政区划变更批准之日起一年内完成勘界。省级之间行政区域界线勘定后，由有关省级人民政府签订协议书，并将协议书及其附图复印件和界桩成果表联合上报国务院备案，同时抄送民政部。省内行政区域界线勘定后，由有关的自治州、县（旗、自治县）、市、市辖区人民政府签订协议书，并将协议书及其附图复印件和界桩成果表联合上报省级人民政府备案，同时抄送省级民政厅（局）；其中由国务院批准行政区划变更的，由省级人民政府共同上报国务院备案，并抄送民政部。必须注意：全面勘界期间是上报审批，行政区划变更引起的是上报备案。关于勘界经费，省级界线勘界经费由中央财政负担；省内界线勘界经费由地方财政负担。

三、行政区域边界争议与纠纷的处理

（一）行政区域边界争议与边界纠纷的含义

行政区域边界争议，是指省、自治区、直辖市之间，自治州、县（自治县）、市、市辖区之间，乡（民族乡）、镇之间，双方人民政府对毗邻行政区

域界线的争议。参与边界线争议的是双方人民政府,而不是个人或者企业,非政府的争议不是边界争议。因为边界是指行政区域的界线,行政区域是行政机关或者地方政府管辖的地域范围,所以边界争议是双方政府对行政区域管辖权之争。边界争议的实质是资源之争。边界争议分为两类:一类是行政区域界线未经法定,因行政区域界线不清引发的争议;另一类是行政区域界线已经勘定,双方因行政区域界线实地位置认定不一致引发的争议。

行政区域边界纠纷,是指自然人、法人或其他组织对位于边界线附近资源管理使用的范围与权属认定不一致引发的有关争议,需要由边界资源纠纷主管部门按照有关资源管理的法律法规处理,目的在于明确资源管理使用的范围与权属。

(二) 行政区域边界争议的处理

1. 未勘定行政区域边界争议的处理

该争议的处理适用《行政区域边界争议处理条例》。边界争议处理有赖相关文件和材料,有的文件和材料可以作为依据,有的只能作参考。

(1) 作为处理边界争议依据的文件和材料:①国务院(含政务院及其授权的主管部门)批准的行政区划文件或者边界线地图。②省、自治区、直辖市人民政府批准的不涉及毗邻省、自治区、直辖市的行政区划文件或者边界线地图。③争议双方的上级人民政府(含军政委员会、人民行政公署)解决边界争议的文件和所附边界线地图。④争议双方人民政府解决边界争议的协议和所附边界线地图。⑤发生边界争议之前,经双方人民政府核定一致的边界线文件或者盖章的边界线地图。

(2) 作为处理边界争议参考的文件和材料(新中国成立直至发生边界争议之前):①根据有关法律规定,确定自然资源权属时核发的证书。②有关人民政府在争议地区行使行政管辖的文件和材料。③争议双方的上级人民政府及其所属部门,或者争议双方人民政府及其所属部门,开发争议地区自然资源的决定或者协议。④根据有关政策的规定,确定土地权属的材料。除上述规定以外的任何文件和材料,均不作为处理边界争议的依据和参考。

(3) 争议处理的程序:①争议双方人民政府控制事态发展,稳定争议地区局势。②划定行政区域界线。③边界协议生效。④行政区域界线实地勘测。⑤上报备案。⑥行政区域界线协议贯彻落实。

2. 已勘定行政区域边界争议的处理

(1) 争议产生的主要原因。①承载行政区域界线的实地地貌、地物发生变化。②界桩在毗邻方不知晓的情况下发生位移或丢失。③行政区域界线协议书与附图不一致。④双方实地判定人员技术水平差异。

(2) 争议处理的依据。①国务院或省级人民政府批准的联合勘定的行政区域界线协议书及其附图、附表、界桩登记表。②勘界过程中,国务院或省级人民政府及有关部门划定行政区域界线的批复、协调处理意见及其附图。③对勘定的界线进行联检的有关报告和双方日常管理工作中形成的协议。

(3) 处理程序。①争议双方人民政府控制事态发展。②实地标定行政区域界线。③形成实地标定的认定记录。④上报该行政区域界线的批准机关备案。

(4) 几种特殊情况的处理惯例。①行政区域界线协议书文字与附图不一致的,以附图为准认定。②签字的协议书原图与复印图不一致的,以原图为准认定。③界桩实地位置与界桩成果表和登记表记录的位置不一致的,以界桩成果表和登记表记录认定。如果双方协议书或双方共同上级人民政府另有规定的,从其规定。

(三) 行政区域边界纠纷的处理

行政区域边界纠纷,是因边界附近地区的自然人、法人或者其他组织对土地、矿产、森林、草原等资源管理使用范围权属不清而引发的争执,应当由自然资源、水利、农业、林业、海洋等有关资源行政主管部门处理。必要时,民政部门协助认定纠纷地区的行政区域界线。

处理边界纠纷应遵循下列原则:

一是对于界线附近地区归一方使用的跨界资源,要确定跨界资源范围,明确管理、使用方式;对于界线附近地区各方共同使用的道路、河流、不可分割的建筑物及其他资源,有关主管部门要切实维护各方的合法权益,保护共同使用现状,避免引发资源纠纷。

二是地方人民政府要密切关注界线附近地区生产建设中的新情况、新问题，防止引发纠纷；行政区域界线勘定确认属于某一行政区域但不与该行政区域相连的地域，或者由一方使用管理但位于毗邻行政区域界线内的地域，其使用管理按照各有关人民政府签订的行政区域界线协议书有关规定或者该行政区域界线批准机关的决定执行。

三是横跨行政区域界线的生产、建设用地的管理使用纠纷，根据上报该行政区域界线的批准机关备案的审批手续处理；对在国家土地详查过程中双方已达成协议的，按照协议确定跨界资源范围，明确管理使用方式；双方没有达成协议的，要依法确定跨界资源范围，明确管理使用方式。

四是有关资源管理法律规定中确定的其他依据。

四、行政区域界线的联合检查

（一）行政区域界线联合检查的含义

行政区域界线联合检查，简称联检，是指毗邻的人民政府联合组织对已经勘定的行政区域界线管理情况进行检查，并对发现问题进行处理的一项法定工作制度。同一条行政区域界线的联检，每5年进行一次。遇有影响行政区域界线实地走向的自然灾害、河流改道、道路变化等特殊情况，由行政区域界线毗邻的各有关人民政府共同对行政区域界线的特定地段随时安排联合检查。

（二）行政区域界线联合检查的内容和依据

省级界线的联检由民政部统一部署，在毗邻的省级人民政府共同领导下，由省级人民政府民政部门组织实施。县级界线的联检由省级人民政府部署，由省级人民政府民政部门组织毗邻县级人民政府实施。联检的内容有：已勘定行政区域界线贯彻落实情况，界桩及其方位物变化和界桩的维护情况，指示行政区域界线走向的其他标志物及与行政区域界线实地位置有关的地物、地貌变化情况和组织修测情况，跨行政区域生产建设和管理及有关问题的处理情况，其他与行政区域界线管理有关的情况。通过联检，明确法定界线实地位置，强化保护界线标志意识，保持界线标志完整清晰，消除边界争议隐患，维护界线附近地区社会稳定。联检的依据是：国务院或省级人民政府批准的毗邻双方人民政府联合勘定的行政区域界线协议书及其附图、附表，界桩登记表；国务院或省级人民政府及有关部门划定行政区域界线的批复、协调处理意见及其附图；历次联检报告、毗邻方人民政府及有关部门日常管理活动中形成的一致意见。

（三）行政区域界线联合检查的程序、方法和内容

1. 联检程序和方法

行政区域界线联合检查，一般按照下列程序和方法开展。

（1）部署联检工作任务。

（2）成立联检组织领导机构。

（3）制订联检实施方案并上报备案。

（4）开展联检宣传。

（5）进行实地联检。

2. 联检内容

（1）对界桩及其方位物进行维护。

（2）对承载行政区域界线发生变化的地物、地貌进行检查，修测地形图。

（3）发现并通知有关人民政府责成业务主管部门处理未依法办理审批手续而越界从事生产建设活动。

（4）确因生产建设需要局部变更行政区域界线的，按照有关法规办理。

（5）检查其他与行政区域界线管理有关的情况。

（6）联检资料汇总，组织起草联检报告。

（7）上报联检报告备案。联检的结果，由参加联检的各地方人民政府共同上报该行政区域界线的批准机关备案，其中省级界线联检报告由毗邻省级人民政府联合上报国务院备案。

（8）联检成果资料整理归档。

五、行政区域界线的日常管理

（一）界桩及其他标志物管理

界桩及其他标志物，主要指在实地承载行政区域界线并通过协议书文字、

图表等形式表示出来的界桩、地物及地貌，一是表示行政区域界线实地位置专门设置的界桩，二是勘界时实地已经存在并有明显特征的地貌与地物，如河流、山脉、沟渠、道路等。

1. 界桩的管理

（1）界桩管理要求。任何组织和个人不得擅自移动或者损坏界桩；非法移动界桩的，其行为无效；界桩原则上只能增设，不能减少；界桩修复、移动或者增设的，要符合规定的程序；要保持界桩周围环境清洁、通透，界桩上的注记要保持清晰。允许采取制作界桩标示牌、笼罩措施等保护界桩。

（2）界桩管理方法。毗邻方人民政府按照联合勘定的行政区域界线协议书中的规定进行分工管理。

（3）界桩修复程序。界桩轻度损坏，通过修补等方式能够恢复为标准界桩的，则进行修复。界桩双方应约定时间共同到场修复，形成记录存档。

（4）界桩原地重新埋设的程序。双方应依照标准、约定时间共同埋设，并记录存档。

（5）界桩移动或增设的程序。双方应协商一致，约定时间共同埋设，记录存档，并上报备案。

2. 其他标志物的管理

（1）行政区域界线毗邻的任何一方不得擅自改变作为行政区域界线标志的河流、沟渠、道路等线状地物；因自然原因或者其他原因改变的，应当保持行政区域界线协议书划定的界线位置不变，行政区域界线协议书另有约定的从其约定。

（2）除界桩及线状地物，行政区域界线协议书中明确规定作为指示行政区域界线走向的其他标志物，应当维持原貌。因自然原因或者其他原因使标志物发生变化的，有关县级以上民政部门应当组织修测，确定新的标志物，并上报该行政区域界线的批准机关备案。

（3）原界桩方位物消失，但不影响界桩实地位置的确定，可以不再新增界桩方位物。

（二）跨界生产建设用地的管理

行政区域界线勘定后，因地方发展需要存在生产、建设用地跨行政区域界线的现象，应当规范管理。首先，明确跨界管理的前提：毗邻各方人民政府对行政区域界线实地位置认定一致；不存在跨界资源；符合法定的程序。其次，明确跨界管理的程序：用地方制定完善的用地生产、建设规划；用地方事先征得毗邻各有关人民政府的同意，并按照有关规定分别办理有关审批手续；用地方会同毗邻的各有关人民政府共同将用地审批文件、用地协议书等有关材料上报该行政区域界线的批准机关备案。

（三）行政区域界线公布和详图编制

行政区域界线公布方式包括通告和编制行政区域界线详图两种。通告是以文字和表格形式通过新闻媒体公布，内容包括界线序号、名称、编码、长度、审批文号等。行政区域界线详图是以编制出版行政区域界线专题地图形式公布，包括向各级地方人民政府及界线附近地区群众公布与联合勘定的行政区域界线协议书附图同比例尺的行政区域界线详图，向社会公布依据联合勘定的行政区域界线协议书附图编制的小比例尺的行政区域界线标准画法图和行政区划等专题地图。行政区域界线详图分为与协议书附图等比例尺的详图和根据协议书附图编制的小比例尺的行政区域界线专题地图。前者可作为各级人民政府及有关部门处理边界争议、认定行政区域界线实地位置的依据；后者作为编制出版同类比例尺地图上行政区域界线画法的依据，不能作为各级人民政府及有关部门处理边界争议、认定行政区域界线实地位置的依据。

（四）行政区域界线档案管理与信息化建设

行政区域界线档案，是指在行政区域界线勘定和日常管理过程中直接形成的具有保存价值的各种文字、图表、音像等不同载体的历史记录。行政区域界线信息化，是对行政区域界线勘定和日常管理中形成的成果资料进行规范化、标准化和数字化处理，通过建立行政区域界线地图图库、行政区域界线和界桩数据库、协议书和有关文字资料的文档数据库，并建立动态更新机制，为行政区域界线的管理和勘界成果的开发利用提供高效、快捷的手段。以勘界档案为主体的界线管理档案是国家档案的重要组成部分，必须加强界线档案管理，应做到以下三点：一要保持档案完整性；二要实行多套异地保管，双方共同的上级民政部门保管原件，毗邻双方民政部门各保管一套复印件；三要按照档案资料逐步递增的原则做好相关工作，适时向同级国家综合档案馆移交。行政区域界线信息系统建设，由相应民政部门组织实施并负责更新。

（五）行政区域界线行政执法

《行政区域界线管理条例》对有关处罚情形作出了专门规定。

违反本条例相关规定的，根据不同情节，对有关国家机关工作人员依法给予记大过、降级或者撤职的处分；致使公共财产、国家和人民利益遭受重大损失的，依照刑法关于滥用职权罪、玩忽职守罪的规定，追究刑事责任。

违反本条例的规定，故意损毁或者擅自移动界桩或者其他行政区域界线标志物的，应当支付修复标志物的费用，并由所在地负责管理该行政区域界线标志的人民政府民政部门处1000元以下的罚款；构成违反治安管理行为的，依法给予治安管理处罚。

违反本条例的规定，擅自编制行政区域界线详图，或者编制地图的行政区域界线的画法与行政区域界线详图的画法不一致的，由有关人民政府民政部门责令停止违法行为，没收违法编制的行政区域界线详图和违法所得，并处以1万元以下的罚款。

六、平安边界建设

（一）平安边界建设的目标

维护行政区域界线的清晰稳定是平安边界建设的前提条件，其根本任务在于维护边界地区的和谐稳定。平安边界建设的目标，是在边界地区各级党委、政府的统一领导下，把平安边界建设工作作为平安建设工程的重要组成部分，纳入总体规划，制定具体目标，明确相关任务，扎实推进工作，积小安为大安，实现国家长治久安。

（二）平安边界建设的职责任务

平安边界建设的主要职责任务是：（1）全面落实工作责任制。（2）提高行政区域界线联检质量和水平。（3）推动平安边界建设纳入平安建设工程总体规划和考核目标体系。（4）建立健全各项规章制度和长效机制，保证各项工作每个环节都有章可循、有制可守。（5）认真做好界线管理各项日常工作。（6）充分发挥勘界和界线管理成果为经济社会发展服务的作用。（7）充分利用各种媒体加强宣传工作。

（三）平安边界建设的基本方法

第一，加强组织领导，落实工作责任。各级党委、政府要加强领导，把开展平安边界建设、维护边界地区稳定作为"一把手"工程，做好组织协调，明确职责任务，严格检查考核，提供保障条件。第二，发挥部门作用，形成工作合力。按照中央综治办等10部门发布的《关于开展平安边界建设的意见》要求，相关部门各司其职、各负其责、密切配合，共同维护边界地区社会稳定。第三，加强宣传教育，营造良好氛围。加大有关法规政策的宣传力度，教育基层干部群众维护法定行政区域界线权威，引导群众参与平安边界建设，为地方经济社会发展营造良好环境。第四，坚持示范引领，努力实现共赢。组织毗邻地区广泛开展多种形式的平安边界创建活动，加强友好往来与合作，促进资源的保护与开发利用，努力实现共建共赢。

（四）平安边界建设的协调机制

为了从根本上消除影响边界地区稳定的矛盾和风险，必须建立健全维护边界地区和谐稳定的长效机制。各级地方人民政府和有关部门要建立完善的边界地区纠纷应急处理机制；边界毗邻地方人民政府及有关部门要建立联席会议制度；健全界线附近地区热点、难点问题排查、处理机制；建立界线附近地区群防群治的治安联防机制；健全信息资源共享机制；建立以政府为主导、吸收当地有影响的少数民族代表参加的社会治安协调机制；提倡边界双方政府及有关部门签订边界地区综治协作与治安联防协议书，毗邻的基层乡镇、村签订睦邻友好公约。通过建立健全系列机制，努力消除边界争议、纠纷及有关隐患，筑牢边界地区和谐稳定、繁荣发展的社会基础。

第三节　地名管理

　　地名管理是国家行政管理工作的重要组成部分，是中国特色社会主义建设不可缺少的一项基础性工作。自 1977 年中国地名委员会成立以来，各地相继成立了地名委员会或地名领导小组，并下设办公室。我国先后开展了两次全国地名普查，启动实施了城乡地名标志设置、地名公共服务工程、地名文化遗产保护工程等重大项目，逐步开展了南极、海底、月球等国际公有领域地名工作，进一步规范和提升了地名管理的法治化、规范化、标准化、科学化、信息化水平，积极推进地名工作重心从管理转向服务，地名工作在我国经济社会发展中发挥了重要作用。自 1977 年中国首次派出代表团出席联合国第三届地名标准化会议以来，我国参加了历届联合国地名会议。在 2007 年第九届地名标准化会议上，在中国等国家的推动下，大会作出决议："地名属非物质文化遗产。"我国在地名公共服务工程、地名普查、地名文化遗产保护等方面的成果，多次受到联合国地名专家组的赞誉。通过持续参与国际地名交流合作，我国地名事业步入了世界地名科学发展的轨道。

一、地名概述

　　地名是人们赋予某一特定空间位置或自然人文地理实体的专有名称，其一般由通名和专名两部分组成，通名是地名中用来区分地理实体类别的词，专名是地名中用来区分各个地理实体的词。地名伴随着人类社会的产生而产生，追随着人类社会发展的脚步而不断发展，一定程度上，地名是时间和空间、历史与地理、人文与自然的统一与融合。

　　地名存在多种分类标准与规则，各种不同的分类都以国家标准为基础来进行。在国家标准规范下，地名分类遵循一定的分类原则并具有独特的分类方法：一是选择地名最基本、最稳定的属性为分类依据，保证分类体系的稳定性；二是以地名学、地理学的学科分类为基础，尽可能采用相关国际、国家、行业分类标准，充分吸收新的科研成果，体现分类体系的科学性、继承性、兼容性；三是在体现科学性的前提下，按地名及相关行业对地名分类的习惯，以及不同类别地名的数量和使用频率，在具体分类时作适当调整，提高分类体系的实用性、通俗性；四是在同一层面使用统一的分类方法，保证分类体系的系统性、完整性。根据国家标准，地名类别总体上分为自然地理实体和人文地理实体两大部分。地名具有地域性、社会性、指位性、历史性、稳定性、时代性、民族性等特点，其中，地名的指位性、社会性是其本质属性。

地名的功能主要表现在两个方面：一方面地名是人们工作、生活、交往不可缺少的工具；另一方面地名为语言学、地理学、历史学、民族学等学科的研究提供宝贵资料。基于地名的主要功能，其对于社会各领域具有广泛的应用价值，人们的日常生活和所有的社会活动一刻也离不开地名。例如，自古以来，任何一种交通制度都在地名上留下印记；邮电通信的发展离不开精准的地名；地名在维护国家主权和领土完整、维护社会稳定中具有重要作用；地名为人类文明探索提供条件，在极地、海底、月球及太阳系等的探索与研究中亦离不开最基础的地名。可以说，地名不仅为经济社会发展提供便捷、规范、有效的服务，也为公众参与政治经济和文化活动创造了良好的条件，还为日益频繁的国际国内交流创造了和谐的社会环境。地名还具有重要而独特的文化价值。地名是文化的一个组成部分，是传承文化的一种手段，但同时受到文化的影响和制约。地名能生动地反映历史文化及人们的文化心理、生活方式、风俗习惯等方面的内容，不仅反映中华民族共有的文化特征，也反映各地特有的地域文化特征。

二、地名标准化

随着社会的不断发展演变，地名的数量和种类越来越多，含义越来越丰富，覆盖面越来越广，其社会价值和应用价值也越来越高。地名称谓的不一致、书写和译写的不统一、一地多名、一名多地（重名）、一名多写等不规范现象的存在，会对经济社会发展、社会交往和国际交流带来不良影响。经济快速发展之下，人们对地名标准化的要求越来越迫切。

（一）标准地名与地名标准化

地名有 5 个基本要素，即音、形、义、位、类，分别代表地名的读音、地名的字形、地名的含义、地名的地理位置以及地名所指代地理实体的类别。2022 年国务院修订发布的《地名管理条例》第三章第十五条第三款把标准地名定义为："按照本条例规定批准的地名为标准地名。"同时第四款规定："标准地名应当符合地名的用字读音审定规范和少数民族语地名、外国语地名汉字译写等规范。"

地名标准化一般是指地名的称谓、书写、译写的统一和规范，包括地名国家标准化和地名国际标准化两个部分。地名国家标准化是用本国官方或通用文字统一地名的书写形式。地名国际标准化则是在国家标准化的基础上，通过国际协议规定国际通用的地名书写形式，即在全球范围内统一、规范地名的书写，实现地名的单一罗马化。

在地名标准化方面，我国积极推进地名用字、书写、罗马字母拼写、少数民族语地名译写等地名标准化工作。1997 年 12 月 8 日，经国家标准化主管部门批准，成立了全国地名标准化技术委员会，有力推动了我国地名标准化建设。

（二）地名标准化处理的总体要求与主要内容

地名标准化的总体要求主要有以下几点：一是地名的文字书写（包括汉字书写、汉语拼音书写、少数民族语书写）要符合正字、正音的规定；二是地名含义健康；三是命名、更名履行法定批准手续；四是译名（非汉语地名的汉字译写）符合国家规范要求。

地名标准化处理的主要内容就是要根据上述要求对地名进行正字、正音、正义、正序和正译方面的工作。

（三）中国地名的罗马字母拼写

1977 年我国代表团出席联合国第三届地名标准化会议，提出了用汉语拼音方案作为中国地名罗马字母拼写的国际标准的提案，获得大会通过。汉语拼音方案是使用罗马字母拼写中国地名的统一规范，它不仅适用于汉语和国内其他少数民族语，同时也适用于英语、法语、德语、西班牙语、世界语等罗马字母书写的各个语种；地名罗马字母拼写具体规范由民政部会同国务院有关部门负责修订。

（四）各国管辖范围外区域的地理实体和天体地理实体

联合国地名组织考虑到空间探索对全人类的重要性，要求各国做好星球、海底等地理实体地名标准化工作。国际公有领域地名命名工作，不仅可以提高命名国在该领域的国际影响力，还能塑造国家形象及宣传国家文化。经过多年的努力，民政部已组织地名研究所等相关机构，完成了359个南极洲中国命名的地理实体名称的标准化工作。为满足月球探测、科学研究和社会应用的需要，解决当前月球地名使用中的混乱现象，实现月球地名标准化，民政部正式向社会公布了第一批月球地名标准汉字译名468条。2011年7月，中国提交的"鸟巢海底丘陵""白驹平顶山"等7个位于太平洋的海底地名提案，收入国际海底地名名录，实现了中国向国际组织提交海底地名提案零的突破。但是，与世界发达国家相比，我国在国际公有领域的地名工作开展较晚，规模也不大，极地、海底、太空等领域需要在今后的工作中积极开拓，这也将引领我国的地名工作进入一个新的历史发展阶段。

第一批冥卫一地名标准汉字译名表（共12个）

为推进天体地名标准化，满足科学研究和社会应用需要，根据国务院地名管理的有关规定，经标准化译写和审核，2018年7月23日民政部发布《关于公布第一批冥卫一地名标准汉字译名的公告》。

序号	标准汉字译名	国际通用名
1	阿尔戈深谷	Argo Chasma
2	巴特勒山	Butler Mons
3	卡莱巫切深谷	Caleuche Chasma
4	克拉克山脉	Clarke Montes
5	多萝西坑	Dorothy Crater
6	库布里克山	Kubrick Mons

序号	标准汉字译名	国际通用名
7	曼杰特深谷	Mandjet Chasma
8	纳斯尔丁坑	Nasreddin Crater
9	尼摩坑	Nemo Crater
10	珀珂斯坑	Pirx Crater
11	离婆底坑	Revati Crater
12	萨特阔坑	Sadko Crater

7 个海底地名提案获得通过，实现了我国海底地名提案零的突破

在 2011 年国际海底地名分委会第二十四次会议上，经国务院批准，国家海洋局首次提交国际海底命名提案，提案采用的数据均来自我国大洋 1 号等调查船历年在太平洋海域开展的大洋海底调查所获取的大量数据资料。最终经会议审议通过了我国的 7 个海底地名申请：鸟巢海底丘陵、彤弓海山群、白驹平顶山、徐福平顶山、瀛洲海山、蓬莱海山和方丈平顶山。其中"鸟巢"位于东太平洋海隆，其他位于西太平洋。此次 7 个海底地名申请通过，不仅体现了我国对海底地名国际合作事务的积极参与和贡献，也从另一个侧面体现了我国综合国力的增长及国家对海洋事业的重视。

三、地名命名和更名

地名的命名既是一种文化现象又是一种社会现象，鲜明地反映了不同的历史、地理、文化、民族、社会的特征，情况的多样性决定了命名任务的复杂性；地名的更名既是地名演变的一种社会现象，又是地名管理中进行地名规范化工作的一种技术行为，引起地名更名的因素也具有多样性。因此，做好地名命名、更名工作是地名管理的首要任务。在地名命名、更名管理方面，我国逐步加强了对政区名称、居民地名称、自然地理实体名称命名、更名的统一管理。1999 年民政部下发《关于加强地名管理工作的通知》，要求加强对自然地理实体名称和城镇地名命名、更名管理。国务院 1986 年发布、2022 年修订的《地名管理条例》对各类地名命名、更名都作出了原则规定。

（一）地名命名、更名的基本遵循

新修订的《地名管理条例》对地名管理工作提出总的原则要求："地名管理应当坚持和加强党的领导。县级以上行政区划命名、更名，以及地名的命名、更名、使用涉及国家领土主权、安全、外交、国防等重大事项的，应当按照有关规定报党中央。地名管理应当有利于维护国家主权和民族团结，有利于弘扬社会主义核心价值观，有利于推进国家治理体系和治理能力现代化，有利于传承发展中华优秀文化。地名应当保持相对稳定。未经批准，任何单位和个人不得擅自决定对地名进行命名、更名。"同时，对地名的命名、更名作出新的规定。这些原则规定成为地名命名、更名的基本遵循。

（二）地名命名、更名的审批权限与相关要求

按照新修订的《地名管理条例》第十二条的规定，地名命名、更名的审批权限为："（一）具有重要历史文化价值、体现中华历史文脉以及有重大社会影响的国内著名自然地理实体或者涉及两个省、自治区、直辖市以上的自然地理实体的命名、更名，边境地区涉及国界线走向和海上涉及岛屿、岛礁归属界线以及载入边界条约和议定书中的自然地理实体和村民委员会、居民委员会所在地等居民点的命名、更名，由相关省、自治区、直辖市人民政府提出申请，报国务院批准；无居民海岛、海域、海底地理实体的命名、更名，由国务院自然资源主管部门会同有关部门批准；其他自然地理实体的命名、更名，按照省、自治区、直辖市人民政府的规定批准；（二）行政区划的命名、更名，按照《行政区划管理条例》的规定批准；（三）本条第一项规定以外的村民委员会、居民委员会所在地的命名、更名，按照省、自治区、直辖市人民政府的规定批准；（四）城市公园、自然保护地的命名、更名，按照国家有关规定批准；（五）街路巷的命名、更名，由直辖市、市、县人民政府批准；（六）具有重要地理方位意义的住宅区、楼宇的命名、更名，由直辖市、市、县人民政府住房和城乡建设主管部门征求同级人民政府地名行政主管部门的意见后批准；（七）具有重要地理方位意义的交通运输、水利、电力、通信、气象等设施的命名、更名，应当根据情况征求所在地相关县级

以上地方人民政府的意见，由有关主管部门批准。"

由于地名命名、更名的审批权限分属不同行政层级和行政主体，地名命名、更名的申报、审核、审批、备案程序应遵照执行新修订的《地名管理条例》以及有关法律法规政策。

四、地名公共服务

地名服务是服务经济社会发展和人民群众生产生活需要的公益性基础工程，是集地名规范、地名规划、地名标志、地名信息化、地名文化与地名教育等于一体的系统工程。地名服务的主要任务有以下六项：一是建立完善的地名管理法规、规章及相关技术的标准、规范。二是在全国统一设置比较完善的城乡系列地名标志，为人们生产和生活等实际需要提供帮助。三是依法对城乡未来需要的新地名进行前瞻性规划论证，编制地名命名、更名规划，从源头上把好地名命名关和更名关。四是建立功能完备的省、市、县三级地名信息数据库，为社会公众提供快捷、及时、准确的地名信息服务。五是为传承中华优秀传统文化，做好地名文化的挖掘保护和宣传弘扬工作。六是开展地名教育，服务经济社会的发展，促进民众地名知识的普及。地名是重要的公共产品，改革开放以来，地名工作以两次全国地名普查为支撑，以强化管理、提升服务为主线，进入了加速发展、不断拓展的新阶段，管理方式日益规范、服务内容更加丰富、开发利用不断深入。党的十八大以来，为适应城镇化快速推进、大量新生地名不断涌现的现实，地名工作重心逐渐由管理转向服务，地名管理服务与文化建设持续加强，初步形成了多层次、广覆盖、较规范的地名服务体系。

自 1986 年 1 月 23 日国务院颁布并实施《地名管理条例》以来，我国的地名法规建设不断完善，在理顺地名管理体制、规范地名管理程序、提高地名管理依法行政水平、提供社会满意的地名服务等方面，都发挥了积极的推动作用。近 40 年以来，民政部启动实施了地名公共服务工程，修订完善了地名管理法规及相关技术规范，印发了《关于加强地名标志设置和管理的指导意见》，创新设置新型地名标志，为社会提供了更加便捷的地名标志导向服务；规范地名命名、更名、译写和用字读音，制定了朝鲜语等系列外语地名译写导则、南极地名命名等国家和行业标准，公布了 32 个藏南地区公开使用地名、13220 个我国部分海域海岛标准名称、12 个"冥卫一"地名标准汉字译名，命名了一批国际公有领域地名，开展了"一带一路"沿线部分国家和地区地名译写审核工作；分级分类分批开展了古县、古镇、古村落等地名文化遗产保护；37 个试点地区圆满完成地名地址库建设试点等工作。

伴随着经济社会的发展进步，地名服务的范畴与内涵将不断拓展，尤其在地名文化与地名调查的合作、共享、交流、融合等方面将不断深化，因此，不仅要提供看得见、摸得着的物质（实体）服务，还要提供精神层面的服务；不仅提供硬件服务，还要提供软件服务。新时代新征程，地名工作要以建成完善的地名服务体系为目标，进一步加强地名规范化管理，全面加强地名服务，加速推进地名工作由传统型向现代型、由管理型向服务型转变并实现跨越式发展。

（一）地名规划

地名规划是为推动区域地名标准化而进行的一定区域内地理实体命名、地名更名与保护的总体设计思路、过程与结果。地名规划作为地名工作实践于 20 世纪 80 年代后期才出现。1991 年 6 月 4 日至 6 日召开的全国地名管理工作会议要求城镇地名的命名、更名要与城镇的总体规划同步进行，政府审批城市规划方案的同时也要审批地名的设计方案。之后全国各省、自治区、直辖市在地名命名、更名时，注意整体布局，把地名的命名、更名与城乡建设规划结合起来。2005 年召开的全国民政厅（局）长会议提出拟在全国实施"地名公共服务工程"，地名规划被列入 4 个专项任务之一。2005 年 5 月 17 日，民政部、建设部①下发《关于开展城市地名规划工作的通知》，要求从当年开始，用 5 年时间完成全国城镇地名规划工作。随着城镇化进程的推进，地名规划的必要性越来越得到社会认可，规划效用日益凸显。

1. 地名规划的分类

地名规划可从区域、内容和时间等不同角度划分不同类型。按规划区域可划分为总体地名规划和分区地名规划；按规划内容可划分为综合地名规划

---

① 2008 年 3 月改为"住房和城乡建设部"。

和单项地名规划；按规划时间可划分为长期地名规划、中期地名规划、近期地名规划。

2. 地名规划的原则

制定地名规划，要从有利于城市建设发展和树立良好形象等角度出发，严格遵守国务院《地名管理条例》、民政部《地名管理条例实施办法》等法规政策。应遵循以下 4 个原则：一是城市地名规划与城市建设规划同步。二是坚持继承与创新并举。对于旧城区历史遗留下来的地名，要慎重处理，一般应尽量予以保留。同时，地名规划还要将当地人文景观、历史文化与现代发展相融合，体现一个地区功能形象定位，做到与时俱进，开拓创新。三是体现地方特色与地域文化。一个地区内的地名，要反映和突出当地的自然或人文特色。要将地名规划同地域文化结合，创造出易为群众接受且具有生命力的地名。四是以提高地名标准化水平为目标。地名规划要着力实现整个规划区域的地名标准化、层次化、序列化。

3. 地名规划的编制内容

根据地名规划的目的任务和实施要求，一般地名规划的内容应包括 5 个方面：一是规划总则。该部分内容应包括地名规划编制背景、规划总原则、指导思想、规划方法、规划依据、规划期限等，可结合具体情况，对地名体系构建、规划重难点等内容进行适当阐述。二是地名资源分析。应简要说明规划区域发展特征，介绍拟规划的城市片区或城镇的历史沿革和地名群随之形成、演变的情况；简要介绍区域地名资源的基本特征；分析区域内地名文化遗产的基本特征和文化价值，为规划编制提供理论支撑。三是地名文化遗产保护。在历史文化名城保护区域和地名文化遗产集中区，应编制地名文化遗产保护规划。该部分应包括地名文化遗产保护原则、标准、内容、评估体系、保护名录以及相应配套措施。四是名称设计方案。这一部分是依据总体规划的设计意见，具体设计各类地名中每条地名的命名、更名方案，一般应划分片区或根据地理实体类别分类展开。五是规划实施计划。应在该部分说明规划效力和配套实施计划。

（二）地名标志设立

地名标志是地名的物质载体和直观标识物，1986 年国务院《地名管理条例》颁布后，全国地名标志设置工作陆续展开。根据各地不同情况，采取分期分批方式，逐步健全完善地名标志体系。1995 年 12 月，民政部、交通部①、公安部、建设部②部署了在国道两侧的村镇统一设置村镇名称标志的工作。2000 年，为贯彻执行《地名标牌　城乡》（GB 17733.1—1999）国家标准，民政部联合交通部、国家工商局③、国家质量技监局④下发《关于在全国城市设置标准地名标志的通知》，决定用 5 年时间在全国城市设置标准地名标志（即街、路、巷、楼、门牌）。在第二次全国地名普查中要求按照 GB 1773—2008《地名　标志》国家标准和《地名标志管理试行办法》设置、更新地名标志。根据实际需要，对重要地理实体增设地名标志，对原设地名标志区域进行查漏补缺，更新已损坏的地名标志。

1. 地名标志的概念与分类

《地名标志管理试行办法》对地名标志进行了法律上的定义："本法所称地名标志，是指为社会公众使用所设立标示地理实体名称的标志。"GB 1773—2008《地名　标志》中规定，地名标志是标示地理实体专有名称及相关信息的设施。地名标志通过标记某个地名的名称、读音、方向（走位）、位置，直观地向人们提供地理实体的方位、地址。地名标志按照内容分类，可以分为单一标名型、多种内容复合型；按照造型分类，可以分为标牌式、匾额式、碑碣式、建筑式等；按照设置形式分类，可以分为立柱式、壁挂式、悬吊式、矗立式、牌坊式、灯箱式等。

2. 地名标志的制作

地名标志制作必须严格执行 GB 1773—2008《地名　标志》国家标准，做到规范、统一、美观、牢固。地名标志的制作有具体的要求，主要涉及版面内容、版面布局、颜色、尺寸规格、外观和性能这几个方面。

3. 地名标志的设置

《地名标志管理试行办法》中规定了设置地名标志的范围和设标的基本原则，GB 1773—2008《地名　标志》中也规定了设置地名标志的各项要求，

---

① 2008 年 3 月改为"交通运输部"。
② 2018 年 3 月改为"住房和城乡建设部"。
③ 2018 年 3 月已整合为"国家市场监督管理总局"。
④ 2018 年 3 月已整合为"国家市场监督管理总局"。

各级地名主管部门应按照上述规定设置地名标志。因地制宜设置地名标志，根据不同区域基础设施和人流车流情况，合理确定地名标志设置的位置、数量和密度，以确保能够充分发挥其指位导向功能。地名标志应放在地理实体的明显位置，如行政区域名称标志应设在位于主要交通道路的行政区域界线上；居民地地名标志应设在居民地的主要出、入口处；街（路、巷）名称标志应设在街（路、巷、胡同、里弄）的起止点、交叉口处，起止点之间设置地名标志的数量要适度、合理。

4. 地名标志的管理与维护

地名标志是法定的国家标志物。首先，要以《地名管理条例》和相关的国家标准为依据，对地名标志依法管理。其次，应建立部门协调机制。具体事项由民政部门负责，协调其他相关部门展开工作。最后，应建立日常管护制度，保障地名标志以完好、整洁、规范的形象为经济社会发展服务。

（三）地名信息化服务

地名信息作为基础地理信息之一，是国家信息化建设中的重要部分，也是一个国家综合竞争力的重要内容。地名信息化就是发展以互联网为核心的地名信息服务体系，充分优化整合地名信息资源，实现地名资源的信息化管理，为社会公共管理、人民生产生活提供地名信息服务，为国家现代化治理作出贡献。

1990 年 4 月，中国地名委员会印发《中国地名信息系统技术规范》。从 1998 年开始，民政部地名研究所启动了地名数字化建设工程，建立了中国地名网站，进行了中国地名信息系统建设规划。2001 年，民政部筹备地名数据库的建设工作。2005 年，民政部启动地名公共服务工程，其中包括数字地名专项任务。2006 年，第十二次全国民政会议强调要"加快建设标准规范、方便及时、适应社会需要的地名公共服务工程，建立国家、省、市（地）、县四级地名数据库和全国地名信息服务网络，完善地名信息化公共服务体系"。同年，国家地名数据库管理系统完成并推广使用。2010 年，我国成功推出了国家地名数据库版 3.0 系统，并于 2011 年正式启用。截至 2011 年底，28 个省级、260 个地级、1985 个县级政区建立了本级地名数据库并完成了属性数据录入工作。

2014 年，民政部依托第二次全国地名普查成果，组织完成了"中国·国家地名信息库"建设，覆盖范围涉及普查标准时点的全国 2854 个县级行政区，包括陆地水系、陆地地形、行政区域等 11 大类 49 个中类地名类别，约 1300 万条地名数据；完成了全国除港澳台外 31 个省份普查标准时点省、市、县三级行政区域界线界桩的矢量化和处理工作，共处理界线 5500 余条、界桩 28500 余颗。2019 年 5 月 7 日，"中国·国家地名信息库"在第二次全国地名普查总结电视电话会议上启动开通，这是中国首次公布全国地名信息，首次公布全国省、市、县三级界线界桩信息，首次公布全国地名专用字、专读音信息，首次公布全国地名原读音信息。持续更新完善国家地名信息库，提升数据质量。国家地名信息库标准地名信息纳入国务院部门共享数据第五批责任清单，标准地名信息共享应用取得新成效，地名信息基础性、服务性作用有力发挥。

着眼推进城乡融合发展，开展"深化乡村地名服务 点亮美好家园"试点活动，优先选择国家乡村振兴重点帮扶县、民政部对口支援县、数字乡村建设重点县、历史文化和特产等资源比较丰富的县（市、区）作为试点地区。按照《地名管理条例》的规定，结合当地地名管理实际，对"有地无名"的规范命名，对"有名无标"的设置地名标志，织密乡村地名网，健全乡村地名标志导向体系。引导当地群众在互联网地图平台自主采集上传农家乐、种养殖基地、农业合作社、快递物流点等惠农助农兴趣点。深入挖掘乡村地名文化资源，采编地名故事，在互联网上宣传推广当地优秀地名文化、文化旅游资源和特色农产品，助力乡村特色产业发展。在试点工作基础上，2023 年 5 月，部署开展"乡村著名行动"，以乡村地名采集上图、加强信息服务能力为牵引，全面提升乡村地名建设水平，助力乡村振兴。

五、地名文化保护

地名是一种特殊的文化，是宝贵的民族文化遗产。我国开展地名工作初期，通过编辑出版地名图书，开展地名学术活动，追溯地名命名的来历、沿革、渊源等方式，将地名工作成果转化为文化产品。第一次全国地名普查结束后，中国地名委员会和民政部组织编纂出版了《中华人民共和国地名词典》（每省一卷）、《中华人民共和国地名大词典》（5 卷）、《中国古今地名大词典》和《中国海域地名志》等图书，陆续出版了《外国地名译名手册》《世界地名录》等规范化地名工具书。我国第一代地名图、录、典、志系列地名工具书计 2500 多种、900 余万册，高达 12.5 亿余字，为地名文化保护提供了重要的基础资料。

我国在 2004 年试点基础上启动了"中国地名文化遗产保护工程"，开始加强地名文化遗产的研究和保护。2004 年，联合国地名专家组中国分部和民政部联合启动"中国地名文化遗产·千年古县"评选活动。从 2005 年评审认定河北井陉县为第一个"千年古县"至 2022 年底，已认定 99 个千年古县。与此同时，积极参与联合国地名标准化会议。在我国及其他国家的积极推动下，2007 年第九届联合国地名标准化会议确认"地名为非物质文化遗产，适合《保护非物质文化遗产公约》"，有效推动了世界各国地名文化遗产保护工作。2012 年，民政部相继制定出台了《关于加强地名文化建设的意见》、《地名文化遗产鉴定》（MZ/T 033—2012）和《全国地名文化遗产保护工作实施方案》，为加强地名文化建设、推进地名文化遗产保护提供了基本遵循。

2016 年，民政部发布《关于进一步加强地名文化遗产保护工作的通知》，要求各地结合实际进一步完善地名文化遗产评价、鉴定、确认的标准和程序，逐步建立国家、省、市、县四级地名文化遗产名录。2016 年 2 月，国务院第二次全国地名普查领导小组在全国范围内部署开展了加强地名文化保护、清理整治不规范地名活动。在全国范围内摸底调查地名文化遗产约 2.7 万个，基本做到了底数清、情况明，为推进地名文化遗产分级、分层、分类保护，建立健全地名文化遗产保护名录和资源库奠定了基础。2017 年 1 月，中共中央办公厅、国务院办公厅印发《关于实施中华优秀传统文化传承发展工程的意见》，明确提出要推进地名文化遗产保护。2021 年 9 月，中共中央办公厅、国务院办公厅印发《关于在城乡建设中加强历史文化保护传承的意见》，将地名文化遗产列为重要保护传承对象。各地也逐渐加大地名文化的保护力度，全社会对地名文化的保护意识有效增强。

（一）地名文化的特性

地名文化积淀了丰富的历史文化内涵，反映出某一地域社会形态、历史文化、伦理道德、民俗风情等文化现象，是一个地区文化发展的象征。

地名文化具有历史性。地名作为一种社会文化形态和文化载体，反映着社会历史区域的特征和时代信息，记录着社会发展历程、变迁与融合。比如历代行政区域的置废分合，从"九州""十二州"说、郡县制，到后来的路府州县、行省制、布政使司等，为行政区域的沿革提供了记录保障，客观、真实反映了文明进程。流传至今的"永乐""永安"等体现人们美好意愿的具体地名成为如实反映民俗风貌的隐形坐标，背后都是历史文脉的叙述。地名作为历史印迹的记录者，由口传变为文字，由文字转为历史的刻痕，经过历史长河的洗涤，每一个地名，其实都是贯穿时代的人文史，成为历史、社会、民族、风俗等研究的珍贵资料。

地名文化具有区域性。我国幅员辽阔，地理环境复杂多样，地名文化受地理环境影响较大。地名中反映地形的字眼有很多，如口、峰、原、源、山、甸、阜、丘等。同时，受不同地区方言影响，很多相同的地物在不同区域称呼亦有所不同。同样是四周陡峭、顶部较平的山，山东称为"崮"，如"孟良崮"；黄土高原地区称为"塬"，如"孟塬"。此外，地名还常常反映地域的经济和交通特征，如反映经济特征的通名有津、店、镇、集等，反映交通特征的则有关、桥、渡、港、津等。

地名文化具有稳定性。地名文化的稳定性即地名寿命长短的问题，一方面，地名的稳定性与所采纳的命名的理据有密切的关系，一般来源于自然地理特征和史实、民间传说的地名寿命较长；另一方面，地名是用语言表现的，一个地名一旦约定俗成被普遍称呼之后，就具有相对稳定性。地名不仅是一个符号，更承载着人们的情感、观念，因此不到非改不可的地步，一般不会轻易更改。

地名文化具有时代性。地名是人类社会发展到一定历史阶段的产物，并随着时代的发展而演变，许多地名打上了时代的烙印。

地名文化具有民族性。不同的民族文化影响了各民族地区地名命名思路，不同的地名又反映了当地民族文化特征。一个地方有多种民族语，地名则反映出多民族共居的客观事实。民族融合的地名在多民族共居的地区十分常见，如云南普洱的那落蓄河，那落是壮语，"蓄"是苗语"大竹林"之意，"河"是汉语，说明其地有壮、苗、汉三族杂居。

（二）地名文化遗产的挖掘、整理与保护

在民政部发布的《地名文化遗产鉴定》标准中，"地名文化遗产"被界定为"具有突出的普遍价值的地名文化"。地名文化遗产应符合下列特征：一是历史悠久，具有重要的传承价值。二是地名语词文化内涵丰富，或具有重要的研究价值，处于濒危状态。三是地名实体文化内涵丰富，具有突出的普遍价值。四是知名度高，长期稳定，或需要长期保持稳定。

对地名文化遗产的挖掘、整理与保护应做到以下几点。

首先，地名普查摸底是地名文化遗产保护的基础工作。通过调查，全面查清本地区地名文化遗产情况，详细收集地名的拼写、读音、位置以及历史沿革、来历含义等文化属性信息，系统掌握地名文化遗产的资源数量、分布、现状和存在问题。在调查现有地名的同时，要注重调查已消失不用的老地名，保护珍贵的历史地名。其次，组织专家对地名文化遗产进行评估论证，评价估测出各类地名文化遗产存量、分布、特征、形成年代、地名文化含量、保护与利用价值等。最后，在全面调查、科学论证的基础上，结合地名规划编制和修订工作，制定地名文化遗产保护规划。同时要加快完善地名文化遗产评价、鉴定、确认的标准和程序，逐步建立国家、省、市、县四级地名文化遗产保护名录，分级分类分批开展重点地名文化遗产认定工作。

（三）地名文化保护方式的多样性探讨

一是完善地名管理法规。加大对地名文化遗产的保护力度，将地名文化遗产保护纳入地方地名管理条例或办法。二是深化地名文化遗产研究和利用。支持高校、科研机构、社会组织和专家学者深入开展专题研究，开发特色地名文化产品，打造地名文化品牌。三是保护老地名，规范新地名。要对具有历史保护价值的老地名进行梳理，由地名、文化、规划等部门的专家进行鉴定，及时向社会公布其名称、文化艺术价值、历史背景等内容。新生地名或地名更名要避免在工作中出现随意性、盲目性，确保新地名的科学性、规范性。四是推进地名文化开发、宣传，激励公众参与。要建立和完善地名文化遗产转化制度，广泛调动社会力量参与地名工作，发挥社会公众的积极性、主动性、创造性。

中国地名大会

《中国地名大会》是中央广播电视总台和中华人民共和国民政部联合举办的中国首档大型地名文化类节目，以地名知识为载体，从地理、历史、语言、民俗、文学等各个角度全方位展现中华大地多彩多姿的风貌，领略地名背后的历史、生活、情感和信仰，感受源远流长的中华优秀传统文化。《中国地名大会》（第一季）自 2019 年 11 月 16 日起每周六 19:00 在中央电视台中文国际频道首播，于 2020 年 2 月 15 日收官；《中国地名大会》（第二季）自 2021 年 1 月 23 日起每周六 19:00 在中央电视台中文国际频道首播，于 2021 年 4 月 10 日收官；《中国地名大会》（第三季）自 2022 年 12 月 17 日起每周六、周日 17:30 在中央电视台中文国际频道首播，于 2023 年 1 月 28 日收官。节目播出后受到社会广泛关注和好评，《中国地名大会》（第一季）获第 26 届电视文艺"星光奖"电视综艺节目奖，三季节目累计覆盖观众超过 11 亿人次。

第四节　行政区划和地名管理发展展望

我国社会主义现代化建设已经进入新发展阶段，国家空间治理格局和社会治理环境正在发生重大变化。为了不断满足人民日益增长的美好生活需要，必须坚持以习近平新时代中国特色社会主义思想为指引，坚持中国式现代化的本质要求、基本特征、重大原则，深入推进行政区划改革创新，全面提升行政区域界线管理水平，拓展地名管理服务和地名文化建设，努力增强行政区划和地名管理的规范性、科学性和有效性。

一、推进行政区划改革创新

(一) 服务区域发展战略与支持城镇化

按照国家区域发展战略和新型城镇化战略需要，创新行政区划思路原则和举措，增强服务大局的意识和主动性、创造性。着眼激发、挖掘和发挥地区发展优势，依托地方基础条件和特色资源，推动行政区划优化设置、彰显功能，促进区域优势互补和协调发展。根据不同区域及其不同类型、不同特点，科学谋划符合地方实际的行政区划战略规划，推进行政区划改革创新，助力形成以国内大循环为主体、国内国际双循环相互促进的新发展格局。坚持以人为核心的新型城镇化，着眼统筹城市规划、建设、管理以及合理确定城市规模、人口密度、空间结构，精心谋划、稳步推进行政区划调整变更，促进大中小城市和小城镇协调发展，为加快农业转移人口市民化提供有效载体。加强顶层规划，优化行政区划设置，发挥中心城市和城市群带动作用，建设现代化都市圈，推进以县城为重要载体的城镇化建设，不断提升我国城镇化质量和水平。

(二) 完善行政区划结构体系

根据推进国家治理体系和治理能力现代化的新形势新要求，着力构建适应现代空间治理需要的行政区划结构形式。着眼提高中心城市和城市群综合承载和资源优化配置能力，依据区域发展需要逐步完善国际中心城市、国家中心城市、区域中心城市行政区划布局。有序推进市辖区设置或优化城区功能区分。在城镇化水平较高地区推进乡镇改设街道，提高管理效率、提升服务品质。顺应农村规模化、集约化、现代化发展趋势，在具备条件的地方有序实施撤乡设镇和乡镇合并。通过统筹城乡行政区划改革创新，构建符合新时代发展要求的高效率行政区划结构体系。

(三) 优化行政区划空间格局

根据党中央、国务院重大决策部署和重大区域战略，依据国家国土空间开发新形势新要求，努力推动行政区划改革调整形成新局面。按照国家新型城镇化战略要求，着眼构建以城市群为主体形态、大中小城市和小城镇协调发展的城镇格局，合理设置各级各类城市建制，不断完善城市行政区划布局。按照"一带一路"建设、京津冀协同发展、长江经济带发展、粤港澳大湾区发展、长三角一体化发展、黄河流域生态保护和高质量发展等战略要求，立足现代经济与现代治理有机结合、城市建制与地域建制有机结合，创新理念、科学规划，打造符合高质量发展要求的行政区划模式。按照东部率先发展、西部大开发、中部崛起、东北振兴等战略要求，本着分类指导、分步实施的原则，优化行政区划空间形态。按照国家乡村振兴战略要求，统筹城市建制与乡村建制设置，促进城乡生产要素自由流动和公共资源均衡配置，实现城乡一体与融合发展。

（四）推进行政区划管理措施创新

为了加强新时代行政区划管理，应当创新制度建设和保障措施。完善有关行政区划法律法规，为行政区划改革创新提供法律依据。健全城市建制设置标准，创新传统建制设置条件，不断完善行政区划标准体系。科学制定行政区划变更的动议、决策、论证、评估、审核、实施等制度，确保行政区划变更事项合理合法、优质高效。推进行政区划效果评估、备案管理、图书编制、信息公告、信息化服务、档案管理、监管指导、规划编制等专项制度建设，全面提升行政区划日常管理科学化、规范化水平。加强行政区划理论与战略研究，努力形成高质量研究成果，带动研究人员队伍建设和相关学科建设。行政区划制度建设具有复杂性、长期性、艰巨性的特点，必须循序渐进、坚持不懈、久久为功；管理措施创新具有基础性、科学性、时代性的特点，必须随着形势发展变化不断改进、完善，为建立新时代中国特色行政区划体系提供有力支撑。

二、提升行政区域界线管理水平

（一）着力推进界线管理法治化

按照法治政府建设要求，深入推进行政区域界线管理法治化。第一，提高行政区域界线的权威性和严肃性，坚持法定的行政区域界线，即国务院或省级人民政府批准的界线，包括有关双方签订的勘界协议书及其附图。第二，适应形势发展需要，不断完善界线管理具体制度规范，逐步建立完善新时代行政区域界线管理制度体系，为界线管理法治化提供基本依据。第三，认真遵守和执行国务院及相关部门关于界线管理的法规政策，以及地方人民政府出台的界线管理的政策制度，着眼更好服务全面建设社会主义现代化国家需要，切实增强法治意识，依法开展界线管理，推进界线管理法治化落实落地落细。全面提高运用法治思维、法治方式开展界线管理工作的能力，将界线联合检查、边界争议处理、界线日常管理与服务纳入法治化轨道，助力推进法治国家、法治政府、法治社会建设。

（二）全面提升界线管理与服务水平

坚持管理与服务并重，创新界线管理方式，提升界线服务效能。一是加强省级、县级行政区域界线联合检查，巩固维护勘界成果，积极稳妥做好行政区域界线风险隐患防范工作，及时处置因行政区域界线认定不一致等引发的边界争议；二是加强行政区域界线界桩管理和维护，及时修复更换损毁、移位界桩；三是适应新变化、新要求，做好行政区划变更后的行政区域界线勘定工作；四是引导社会各界特别是界线两侧的组织和个人自觉遵守界线的法律地位，严格依法从事生产经营活动，让法定权威界线为边界地区经济社会发展提供有力保障和支撑。同时，深入推进行政区域界线信息化、智慧化、精细化管理，努力将界线信息系统打造成社会信息的基础平台，使之成为整合各种空间信息的重要依托，实现界线空间地理信息和属性说明信息的多项检索与查询，使之能够充分满足界线管理与服务、争议处理及领导决策的需要，全面拓展界线服务功能。

（三）建立健全界线管理长效机制

建立健全党委领导、政府负责、部门配合、社会参与、各司其职、协调推进的界线管理工作机制，切实加强界线管理，维护边界社会稳定。第一，加强组织领导。将界线管理纳入地方政府目标责任制，列为构建和谐社会的重要内容，作为造福一方的"民心工程""一把手工程"抓好抓落实；营造良好氛围,利用多种形式搞好宣传,积极争取各级党委政府部门对界线管理工作的重视和支持,争取社会各界及广大民众参与和配合界线管理。第二,搞好部门配合。在党委及政府主导下,充分发挥各级政法委、综治委及相关部门的作用,采取有力措施排查矛盾和问题,强化治安防范,打击违法犯罪,共同维护边界地区的安定团结。第三,完善体制机制。建立健全界线管理法规政策体系和日常管理机制,健全边界地区纠纷应急处理机制,建立界线联席会议制度,完善边界地区信息交流、治安协作及友好公约等机制,从制度上保证边界地区长治久安。

三、加强地名管理服务和地名文化建设

(一) 健全地名法规制度和体制机制

第一,加强地名法规制度建设,根据国务院新修订的《地名管理条例》制定完善的配套规章制度,建立健全地方地名管理法规制度体系。第二,加快完善地名领域的国家标准和行业标准,健全地名标准体系。第三,加强地名命名、更名管理,完善相关政策规程,建立健全评估论证、征求意见和备案公告等制度,增强地名管理的规范性、科学性。第四,积极宣传推广标准地名,加强对地名使用的监督管理,引导社会各界规范使用地名。第五,充分调动各部门、社会各界参与地名管理服务的积极性、主动性和自觉性,加大地名管理专业人才培养力度,建立地名管理专家库。第六,参与联合国地名标准化工作,推进我国地名国际标准化建设。

(二) 拓展地名公共服务和地名文化保护利用

大力发展地名公共服务,推进城乡地名设标工作,加强地名标志设置和质量管理,建立健全地名标志巡检制度,探索应用电子信息新技术开发具有电子定位和物联网功能的新型地名标志,拓展服务形式和内容,提升地名管理服务效能,构建系统完备、标准规范的地名公共服务体系,为社会提供更加准确、便捷的地名导向和信息服务。积极开展地名文化保护、利用工作,健全地名文化遗产保护名录制度,完善地名文化遗产价值评定体系,推动建立地名文化遗产保护名录,加强地名文化遗产保护,传承和弘扬优秀传统地

名文化。创新地名文化平台建设，探索地名文化保护弘扬形式，积极发展地名文化产业，丰富地名文化产品和服务。

（三）深入推进区划地名信息化建设

建立完善区划地名信息化标准规范，在现有国家标准、行业标准基础上，制定"互联网＋区划地名"相关数据编码、格式标准、共享规范等标准规范，推动标准规范的应用和实施。制定符合地方实际需求的区划地名信息化地方标准，建立健全区划地名信息更新维护长效机制。完善"中国·国家地名信息库"，推动构建统一规范、各具特色、协调推进、上下贯通的"国家—省—市—县"四级地名信息库体系。加强区划地名信息大数据应用，推动区划地名与相关部门、社会主体实现数据共享，支持经济社会发展。应用电子地图、遥感影像、三维仿真等技术手段，拓展利用云平台、大数据、物联网等技术方式，通过民政数据共享交换平台，为社会提供高效、优质、便捷的信息服务。有效利用人工智能、区块链等新技术，推进区划地名管理与服务创新。

相关政策文件：

1.《行政区域边界争议处理条例》（1989 年 2 月）

2.《行政区域界线管理条例》（2002 年 5 月）

3.《行政区划管理条例》（2018 年 10 月）

4.《地名管理条例》（2022 年 3 月）

5.《省级行政区域界线联合检查实施办法》（2005 年 6 月）

6.《行政区域界线界桩管理办法》（2008 年 8 月）

7.《行政区划管理条例实施办法》（2019 年 12 月）

8.《民政部 国家档案局关于印发〈地名档案管理办法〉的通知》（2001 年 7 月）

9.《民政部 国家档案局关于印发〈行政区域界线档案管理办法〉的通知》（2012 年 1 月）

10.《民政部关于印发〈"互联网＋区划地名"行动方案〉的通知》（2018年12月）

11.《民政部关于开展"乡村著名行动"助力乡村振兴的通知》（2023年5月）

12.《地名管理条例实施办法》（2024年3月）

第九章　养老服务和老龄工作

加快完善养老服务体系，推动养老事业和产业协同发展，是满足亿万老年人日益增长的美好生活需要的必然要求，是建成中国特色社会保障体系的必由之路，是我国积极应对人口老龄化战略的重要举措。新中国成立至今，我国养老格局经历了从家庭承担、单位负责到"家庭尽责、政府主导、社会参与"的发展过程。党的十八大以来，以习近平同志为核心的党中央把增进民生福祉作为发展的根本目的，着眼于在发展中解决养老梗阻难题，部署推进一批惠民助老政策落地实施，初步形成了以居家社区机构相协调、医养康养相结合的养老服务体系。党的二十大报告中明确提出，实施积极应对人口老龄化国家战略，发展养老事业和养老产业，优化孤寡老人服务，推动实现全体老年人享有基本养老服务。这一重大战略部署，为我国养老服务发展指明了方向，提供了根本遵循，对于人口老龄化加剧形势下实现好、维护好、发展好最广大人民的根本利益，使人民群众获得感、幸福感、安全感更加充实、更有保障、更可持续具有重要意义。

第一节　养老服务概述

养老服务是基本公共服务和老年保障体系的重要组成部分，随着我国人口老龄化进程不断加速，其重要性以及面临的需求与日俱增。养老服务外延广泛，但其核心内容是围绕解决"照护依赖"问题层层展开的，并以居家、社区、机构三种形式作为基础分类。党和国家历来高度重视养老服务工作，特别是2013年以来，相关政策密集出台，推动养老服务质量迈上新台阶。

一、养老服务的概念

养老服务是一项由多元业务组成的综合性工作，需要从理论和实践出发，对其内涵与外延、递送形式以及基本性质和责任划分进行梳理。

（一）养老服务的概念内涵与外延

广义的养老服务涵盖一系列旨在帮助老年人尽可能舒适、独立生活的服务，包括生活照料、健康管理、康复护理、精神慰藉、紧急呼叫与救援等具体项目，以及免费乘车、游园等老年优待政策。从其概念本质来看，养老服务虽然包容广泛、边界模糊，但其根本出发点是解决"照护依赖"问题。按照世界卫生组织的界定，照护依赖（Care Depends）是指"频繁地需要他人的帮助和照护，超出了健康成人的正常需求"。与之对应的长期照护（Long-term Care）是由非专业护理人员（家庭成员、朋友或邻居）或专业护理人员进行的照护活动，以保证生活不能完全自理的人能继续享有较高的生活质量，按照个人意愿，尽可能获得最大限度的独立、自主、参与、个人满足及人格尊严。综上所述，养老服务是以长期照护为中心，依据老年服务需求的刚性、规模以及急迫性，综合考量经济发展程度、福利财政水平与社会普遍共识等因素，逐渐丰富拓展其外延的"圈层"服务集合。在工作实践中，日常生活能力量表（Activity of Daily Living Scale，ADLS）是评估照护依赖程度并给予适当照护服务的基础工具，为我们界定养老服务基本内容提供了参考框架。按照一般规律，服务对象的照护依赖程度越高，服务项目越接近于养老服务的核心部分；相反，服务对象的照护依赖程度越低，服务项目越靠近可伸缩的外围部分。

从基本性质来看，养老服务既包括公共或准公共的服务项目，也包括使用者付费的市场服务。就前者而言，应该强调发挥政府在基本养老服务中的主导作用，并探索民营化、政府购买服务等多样化政府责任实现方式；后者则应充分发挥市场在资源配置中的决定性作用。在民政实践领域，养老服务一般是指在家庭成员承担赡养、扶养法定义务的基础上，由政府基本公共服务、社会组织的公益性和互助性服务、企业的市场化服务共同组成的为老年人提供的社会化养老服务。可以看出，民政养老服务更接近公共或准公共产品，同时严格区别于传统家庭养老以及计划经济时代的单位（或集体）养老，体现了"社会福利社会办"基本理念。

（二）养老服务的基本形式

按照养老场所不同，养老服务可以分为居家、社区、机构三种基本形式。从三种养老形式的集合关系来看，通常需要依托社区养老服务设施和资源提供居家养老服务，所以在地方政策实践中，居家养老、社区养老经常被放置在同一框架中讨论，或统称为"居家社区养老"；机构养老是在一定的专门社会服务机构内为老年人提供护理、食宿、生活服务的养老服务方式，是一种以入住机构方式提供给老年人的综合服务。机构养老服务是居家社区养老服务的重要补充，对少部分没有条件在家庭、社区中养老的孤寡、高龄、失能、贫困老人，可以入住专门的养老机构接受各类服务。从互动关系来看，居家养老更多地作为一个服务空间和焦点对象，其实际效果取决于社区、机构输送资源的渠道和能力；居家养老同社区养老密不可分、互为表里，但它并不排斥与养老机构的直接联系；社区和机构在概念上泾渭分明，但就养老服务专业化而言，社区离不开机构的辐射、支持。

（三）养老服务基本功能

在人口快速老龄化和经济社会发展转型升级的背景下，加快发展养老服务有助于切实提高老年群体生活质量，促进社会代际和谐，扩大老年消费市场。

首先，扩大专业养老服务覆盖面，可以有效提高老年群体生活质量。一是降低受伤和死亡风险。意外跌倒、突发病症等紧急状况是导致老年人受伤甚至死亡的主要因素，紧急呼叫与救援，以及老人防护服、穿戴式跌倒预警器、远程健康监测等辅助技术，可以有效防止意外发生，守护居家老人安全健康。二是改善健康，延缓老化。全方位、便捷化的居家养老服务能够使健康生活变得更加"触手可及"，从而提高老年人生活质量，延缓衰老过程。例如，"互联网＋送餐服务"可以将适宜营养摄入量的膳食送到家门口，并通过改善老年人营养状况，预防和控制心脑血管、糖尿病、骨质疏松等慢性疾病的发生。三是减少排斥，促进参与。在专业护工、志愿者、社会工作者提供服务过程中，可以实现情感互动，排解老年人孤独感。同时，随着信息通信技术可及性和可负担性的改善，特别是智能手机的快速普及，越来越多的老年群体得以融入信息社会。

其次，可以促进社会和谐。在我国，社会转型与人口老龄化相互影响，人口老龄化加剧了社会转型的复杂性和难度，可能会带来更多的挑战。如何应对人口老龄化的挑战，防范和治理老龄社会风险，已经成为我国经济社会发展过程中的重要任务。党的十九大报告提出，要积极应对人口老龄化，打造共建共治共享的社会治理格局。党的二十大报告进一步强调，要实施积极应对人口老龄化国家战略，发展养老事业和养老产业，优化孤寡老人服务，推动实现全体老年人享有基本养老服务。我国养老服务目前的发展还难以充分满足老年人的各类需求。养老服务发展的不充分、不协调、不公平可能导致老龄社会风险的产生。养老服务体系的完善与否，还影响老年人与年轻人的代际关系，事关家庭和谐与代际和谐。在我国，老年群体是一个数量庞大且日益增长的群体，满足其合理的需求和诉求，也是实现人民对美好生活的向往奋斗目标的应有之义。因此，必须引起高度重视并认真加以应对，积极加强养老服务体系建设。

最后，能够扩大消费市场。随着老年人口规模和比例持续上升，养老服务需求与日俱增，推动养老产业蓬勃发展，为经济增长提供了新引擎。据测算，2018 年全球长期照护市场规模为 9466 亿美元，预计 2019—2026 年将以 7.5% 的复合年均增长率扩张。2019 年全球智能居家健康护理市场（smart home healthcare market）规模为 87 亿美元，预计到 2030 年将达到 962 亿美元，2020—2030 年复合年增长率高达 26.2%。

二、养老服务发展历程与成就

党中央、国务院高度重视养老服务事业发展，新中国成立以来，我国养老服务工作不断丰富完善，主要经历了三个重要阶段，发展至今，以居家社区机构相协调、医养康养相结合的多层次养老服务体系建设目标逐渐清晰，养老服务政策支持体系初步形成，养老机构标准化建设取得显著成效，长期护理保险制度试点有序推进。

（一）以保障特殊困难老年人基本生活为重点的福利服务发展阶段（1949—1992 年）

改革开放前，我国沿袭着长期以来以计划经济、单位制为主要特征的经济社会体制，老年人的照料主要由家庭和单位承担，政府着力解决的是"三无"、五保等特殊困难老年人的基本生活保障问题，主要通过兴办城市福利院和农村敬老院提供集中供养服务。新中国成立初期，由内务部接管改造的大批救济性福利机构，经过一系列整顿和调整，成为专门收养残疾人和老年人的残老院，其明确性质为社会福利机构，并更名为社会福利院或养老院。1979 年，城市老年人社会福利工作开展孤老职工的自费收养工作，使城市老年人社会福利服务对象第一次冲破了"三无"对象的局限。1984 年 11 月，民政部在福建漳州召开全国城市社会福利事业单位整顿经验交流会议，首次提出"社会福利社会办"的指导思想，提倡社会福利事业由国家包办向国家、集体、个人一起办转变，支持城市社会福利院和农村敬老院向社会老年人开放。1992 年，邓小平在视察南方期间谈到人口老龄化的问题，指出我国解决老龄化问题不能走欧洲福利国家的路子，还是要走以家庭养老为主的路子。在这个阶段，养老服务概念尚未出现，各级政府文件大部分以老年人福利服务定义养老服务。

（二）以生活照顾和护理服务为主要形式的狭义的养老服务发展阶段（1993—2012 年）

在改革开放和市场经济不断深化的推动下，我国单位办福利体制逐步转变为社会化服务机制，城市老年人居家社区服务随之出现，由于此类服务不同于以城市福利院、农村敬老院为主的老年福利机构服务，被定义为"养老服务"。1993 年，民政部、国家计委等 14 个部门联合发布的《关于加快发展社区服务业的意见》第一次提出"养老服务"概念。该文件将养老服务项目纳入社区服务业范畴，确立了到 20 世纪末实现"85% 以上街道兴办一所社区服务中心、一所老年公寓（托老所）、一所残疾人收托所和一所以上托幼机构"的发展目标。这一时期，养老服务、养老服务业被提出并纳入了政府议事日程。

因为养老服务发展不成熟及语言习惯，养老服务与老年人福利服务概念在这个时期并存使用。在前期，老年人福利服务概念外延大于或等于养老服务，有观点甚至认为，凡是为老年人提供的服务都是福利服务。2000 年《国务院办公厅转发民政部等部门关于加快实现社会福利社会化意见的通知》中既称老年人福利设施，也称养老服务机构。在后期，逐步将养老服务、养老服务业视为外延更大的概念，养老服务既包括体现政府职责的、非营利性的福利服务，也包括市场化、社会化的服务；养老服务业既包括养老服务事业（老年人福利服务），也包括养老服务产业。总的看来，无论是老年人福利服务还是养老服务，都主要是指为老年人提供的生活照顾和护理服务，即狭义的养老服务概念。该通知下发后，民政部制定下发了《社会福利机构管理暂行办法》《老年人社会福利机构基本规范》《老年人建筑设计规范》《农村敬老院管理暂行办法》等一系列规章、标准，推动着传统的老年人社会福利服务向养老服务转变。养老机构作为社会福利机构的一类，依据《社会福利机构管理暂行办法》，开始建立行政审批准入制度。2000 年 4 月，民政部在广东召开了全国社会福利社会化工作会议。会议全面回顾了改革开放以来我国社会福利事业发展的历史进程，总结了社会福利社会化的探索成果和实践经验，分析了新时期社会福利事业面临的形势，明确了今后一个时期社会福利的发展战略、目标任务和政策措施。2000 年 8 月，国务院在北京召开了全国老龄工作会议。会议全面分析了我国人口老龄化的发展趋势，总结交流了老龄工作经验，进一步明确了老龄工作的指导思想、方针原则和工作目标。党的十六大报告作出了我国"老龄人口比重上升"的判断，重视人口老龄化对全面建设小康社会的重大影响。

2003 年，《政府工作报告》提出要进一步做好老龄工作。2005 年，为进一步推进社会福利社会化，解决老年人的养老服务问题，促进社会福利由补缺型向适度普惠型转变，民政部启动了全国养老服务社会化示范活动，积极倡导和推进养老服务社会化。2005 年《国务院关于发布实施〈促进产业结构调整暂行规定〉的决定》，第一次将"养老服务"视为一个业态。文件在"提高服务业比重，优化服务业结构，促进服务业全面快速发展"中提出："加快教育培训、养老服务、医疗保健等领域的改革和发展"，首次将养老服务视为服务业的一部分。2006年《中华人民共和国国民经济和社会发展第十一个五年规划纲要》第一次将"养老服务"纳入国家发展纲要。2006年《国务院办公厅转发全国老龄委办公室和发展改革委等部门关于加快发展养老服务业意见的通知》，第一次界定"养老服务业"内涵、外延。文件明确"养老服务业是为老年人提供生活照顾和护理服务，满足老年人特殊生活需求的服务行业"，并提出加快发展养老服务业的六项重点工作，包括：进一步发展老年社会福利事业；大力发展社会养老服务机构；鼓励发展居家老人服务业务；支持发展老年护理、临终关怀服务业务；促进老年用品市场开发；加强教育培训，提高养老服务人员素质。党的十七大报告提出，要完善社会管理，促进社会公平正义，努力使全体人民学有所教、劳有所得、病有所医、老有所养、住有所居，推动建设和谐社会。

2006年第二次全国老龄工作会议提出，建立"以居家养老为基础、社区服务为依托、机构养老为补充"的中国特色养老服务体系。2008年全国民政工作会议修改为"以居家为基础、社区为依托、机构为补充"的社会养老服务体系，第一次形成养老服务体系的完整表述。2008年全国老龄委办公室、国家发展改革委、教育部、民政部、劳动保障部、财政部、建设部、卫生部、人口计生委、税务总局联合印发《关于全面推进居家养老服务工作的意见》，第一次就居家养老服务工作作出专门部署。2011年和2012年，《政府工作报告》提出了"加快建立健全老年人社会服务体系"的要求。2011年《国务院办公厅关于印发社会养老服务体系建设规划（2011—2015年）的通知》第一次出台养老服务全国总体规划，对建立社会养老服务体系第一次进行了全面部署。2012年12月28，日第十一届全国人民代表大会常务委员会第三十次会议修订《中华人民共和国老年人权益保障法》，第一次在国家法律层面规定"国家建立和完善以居家为基础、社区为依托、机构为支撑的社会养老服务体系"。

（三）多领域、综合性、广义的养老服务发展阶段（2013年至今）

党的十八大以来，以习近平同志为核心的党中央高度重视养老服务工作，养老服务业作为积极应对人口老龄化的重要举措和促进经济社会发展的新动能，产业属性更加突出，成为涵盖范围广泛的新业态。这一时期，养老服务业发展速度明显加快，发展模式不断创新。2012年老年人权益保障法修订，将"社会服务"单独立章，养老服务第一次纳入国家法律。民政部2013年出台《养老机构设立许可办法》，第一次建立养老机构设立许可制度。同年，《国务院关于加快发展养老服务业的若干意见》第一次从国务院层面部署推进养老服务业发展，并提出到2020年实现"以老年生活照料、老年产品用品、老年健康服务、老年体育健身、老年文化娱乐、老年金融服务、老年旅游等为主的养老服务业全面发展"的目标，将养老服务业外延拓展到广义的生活照料、产品用品、健康、体育健身、文化娱乐、金融、旅游等多领域的老年服务。2015年《国务院办公厅转发卫生计生委等部门关于推进医疗卫生与养老服务相结合指导意见的通知》第一次部署推进医养结合工作，将医养结合服务纳入养老服务体系主要内涵。2016年《国务院办公厅关于全面放开养老服务市场 提升养老服务质量的若干意见》对养老服务业"放管服"改革进行了部署。2017年《国务院关于印发"十三五"国家老龄事业发展和养老体系建设规划的通知》，将"以居家为基础、社区为依托、机构为支撑"的养老服务体系修改为"以居家为基础、社区为依托、机构为补充、医养相结合"的养老服务体系。

党和国家领导关于老年人福利事业的论述，为发展老年人福利事业提供了最根本的顶层设计和基本遵循，是做好老年人福利工作的行动指南，凸显了老年人福利事业工作在党和国家全局工作中的地位更加重要。习近平总书记多次考察养老服务工作，2016年在第三十二次中央政治局集体学习、中央深改组①第二十八次会议及第三十次会议、中央财经领导小组②第十四次会议上，先后4次对老龄工作和养老工作做了重要讲话。关于应对人口老龄化，

---

① 即"中国共产党中央全面深化改革委员会"。

② 2018年3月改为"中国共产党中央财经委员会"。

习近平总书记强调，有效应对人口老龄化，事关国家发展全局，事关亿万百姓福祉。要立足当前、着眼长远，做到及时应对、科学应对、综合应对。① 关于提高养老院服务质量，他指出，要按照适应需要、质量优先、价格合理、多元供给的思路，尽快在养老院服务质量上有个明显提高，加快建立全国统一的服务质量标准和评价体系，加强养老机构服务质量监管，坚决依法依规从严惩处欺老、虐老行为。② 党的十八届三中全会明确提出，积极应对人口老龄化，加快建立社会养老服务体系和发展老年服务产业。党的十九大报告提出，积极应对人口老龄化，构建养老、孝老、敬老政策体系和社会环境，推进医养结合，加快老龄事业和产业发展。2015 年《政府工作报告》指出，对困境儿童、高龄和失能老人、重度和贫困残疾人等特困群体，健全福利保障制度和服务体系。2018 年《政府工作报告》提出，要积极应对人口老龄化，发展居家、社区和互助式养老，推进医养结合，提高养老院服务质量；营造尊重妇女、关爱儿童、尊敬老人、爱护残疾人的良好风尚。我国正逐步构建起与新时代中国特色社会主义相适应的面向经济困难老年人、城乡统筹、可持续的老年人基本福利补贴体系，加快构建以居家为基础、社区为依托、机构为补充、医养相结合的多层次养老服务体系。2021 年，国务院印发《"十四五"国家老龄事业发展和养老服务体系规划》，明确未来 5 年全国养老服务发展的基本原则、目标和主要指标。

党的二十大报告指出，实施积极应对人口老龄化国家战略，发展养老事业和养老产业，优化孤寡老人服务，推动实现全体老年人享有基本养老服务。2023 年，中共中央办公厅、国务院办公厅印发《关于推进基本养老服务体系建设的意见》，要求各地区各部门，重点聚焦老年人面临家庭和个人难以应对的失能、残疾、无人照顾等困难时的基本养老服务需求，按照基础性、普惠性、共担性、系统性原则，制定落实基本养老服务清单，建立精准服务主动响应机制，完善基本养老服务保障机制，提高基本养老服务供给能力，提升

---

① 习近平对加强老龄工作作出重要指示强调：加强顶层设计 完善重大政策制度及时科学综合应对人口老龄化 [EB/OL]. (2016 - 02 - 23)[2023 - 12 - 13]. https://www.gov.cn/xinwen/2016 - 02/23/content_5045223.htm.

② 中央财经领导小组第十四次会议召开 [EB/OL]. (2016 - 12 - 21)[2023 - 12 - 13]. https://www.gov.cn/xinwen/2016 - 12/21/content_515201.htm.

基本养老服务便利化可及化水平，加快建成覆盖全体老年人、权责清晰、保障适度、可持续的基本养老服务体系，不断增强老年人的获得感、幸福感、安全感。2023 年 10 月 25 日，民政部等 11 部门印发《积极发展老年助餐服务行动方案》，要求把发展老年助餐服务作为为民办实事重要内容，紧密结合各地实际，积极稳妥、因地制宜发展老年助餐服务，采取倾斜性措施支持农村地区扩大服务供给。这是国家支持居家社区养老、增进老年人福祉的一项重要新举措。2024 年 1 月 15 日，《国务院办公厅关于发展银发经济增进老年人福祉的意见》发布，这是国家出台的首个支持银发经济发展的专门文件，也是国办 2024 年对外发布的 1 号文件。意见明确要实施积极应对人口老龄化国家战略，加快银发经济规模化、标准化、集群化、品牌化发展，培育高精尖产品和高品质服务模式，让老年人共享发展成果、安享幸福晚年，不断实现人民对美好生活的向往。

第二节　养老服务供给与保障

随着人口老龄化进程的加快和城乡老年人养老服务需求的日益增长，养老服务体系建设的步伐不断加快。特别是党的十八大以来，养老服务体系建设以前所未有的速度推进，为保障和改善老年人的基本生活、满足老年人多样化的养老服务需求发挥了重要作用。当前，我国养老服务供给与保障政策体系主要包括作为民政传统职能的特殊困难老年人生活保障、老年人福利补贴与长期护理保险相衔接的支付政策，以及"居家社区机构相协调、医养康养相结合"的养老服务递送体系。

一、特殊困难老年人生活保障

尽管社会养老服务体系是面向所有老年人的，但困难老年人是优先保障对象。这种对脆弱群体的政策倾斜在我国养老服务事业发展进程中是一以贯之的，特别是在 2011 年之后，"保基本、兜底线"的制度功能定位被反复强调。2011 年发布的《社会养老服务体系建设规划（2011—2015 年）》在内涵中非常明确地提出，要优先保障孤老优抚对象及低收入的高龄、独居、失能等困难老年人的服务需求，兼顾全体老年人改善和提高养老服务条件的要求。同年发布的《中国老龄事业发展"十二五"规划》在主要任务中要求加大老年社会救助力度，完善老年社会福利制度。2017年发布的《"十三五"国家老龄事业发展和养老体系建设规划》则在社会保险、社会福利、社会救助，以及健全养老服务体系中多次提及对困难老年人的养老保障问题。2021年发布的《"十四五"国家老龄事业发展和养老服务体系规划》也要求织牢社会保障和兜底性养老服务网。实际上，所谓针对困难老年人的养老服务政策是指由政府提供的基本养老服务，其目标人群包括"三无"、五保、高龄、独居、空巢、失能、失智和经济困难老年人。

特困人员救助供养制度是为困难老年人提供经济供养的主要形式。2006年1月11日，国务院第121次常务会议通过的《农村五保供养工作条例》指出，农村五保供养是指："在吃、穿、住、医、葬方面给予村民的生活照顾和物质帮助。""老年、残疾或者未满16周岁的村民，无劳动能力、无生活来源又无法定赡养、抚养、扶养义务人，或者其法定赡养、抚养、扶养义务人无赡养、抚养、扶养能力的，享受农村五保供养待遇。"由此可见，除了五保老人，农村五保对象还包括残疾人、未成年人。2014年2月，国务院颁布的《社会救助暂行办法》规定："对无劳动能力、无生活来源且无法定赡养、抚养、扶养义务人，或者其法定赡养、抚养、扶养义务人无赡养、抚养、扶养能力的老年人、残疾人以及未满16周岁的未成年人，给予特困人员供养。"这就将农村五保、城市"三无"、残疾人以及困境儿童统称为"特困供养人员"。2016年，《国务院关于进一步健全特困人员救助供养制度的意见》指出："在全国建立起城乡统筹、政策衔接、运行规范、与经济社会发展水平相适应的特困人员救助供养制度，将符合条件的特困人员全部纳入救助供养范围，切实维护他们的基本生活权益。"同时，再次确认特困供养的对象和范围："城乡老年人、残疾人以及未满16周岁的未成年人，同时具备以下条件的，应当依法纳入特困人员救助供养范围：无劳动能力、无生活来源、无法定赡养抚养扶养义务人或者其法定义务人无履行义务能力。"因此，"特困供养"制度作为一种特殊的社会保障形式，主要是保障"三无"人员的吃、穿、住、医、葬（孤儿保教），为处于绝对贫困状态中且无生存能力的居民提供稳定的基本生存照料。据统计，截至 2022 年底，全国农村特困人员为 434.5 万人，城市特困人员 35.0 万人。

二、老年人福利补贴与长期护理保险相衔接

提高老年人支付能力，是确保养老服务惠及更多老年家庭的基本前提。老年人福利补贴制度和正在探索之中的长期护理保障制度，是解决养老服务支付难题的主要措施。

（一）老年人福利补贴制度

老年人福利补贴是养老服务资金的重要来源渠道，包括面向困难老年人的养老服务补贴、面向失能老年人的护理补贴和面向高龄老年人的补贴。老年人福利补贴制度的普遍建立，对满足广大老年人特别是贫困、失能、高龄老人的养老服务需求发挥了积极作用。2014 年，财政部、民政部、全国老龄办发布了《关于建立健全经济困难的高龄失能等老年人补贴制度的通知》，在全国推广经济困难的高龄、失能等老年人补贴制度；补贴人员范围为经济困难的高龄、失能等老年人；补贴标准由各地根据当地经济发展水平、物价变动情况和财力状况自主确定；按照事权与支出责任相匹配的原则，经济困难的高龄、失能等老年人的养老服务补贴经费由地方财政负担。各地紧密结合实际，陆续在省级层面出台了经济困难的高龄、失能等老年人补贴政策。近年来，高龄补贴、护理补贴和养老服务补贴的受益人数均经历了较大幅度的增长。截至 2019 年底，我国各省份均已建立高龄补贴制度，30 个省份建立了老年人服务补贴制度，29 个省份建立了老年人护理补贴制度。截至 2023 年底，全国共有 4143.0 万老年人享受老年人补贴，其中享受高龄补贴的老年人 3547.8 万人，享受护理补贴的老年人 98.5 万人，享受养老服务补贴的老年人 621.4 万人，享受综合补贴的老年人 66.7 万人。全国共支出老年福利资金 421.7 亿元，养老服务资金 223.2 亿元。

（二）长期护理保险制度

长期护理保险是专门为因年老、疾病、伤残等导致的重度失能人员提供基本生活照料的一种社会保险。探索建立长期护理保险制度，是应对人口老龄化、促进社会经济发展的战略举措，是实现共享发展改革成果的重大民生工程，是健全社会保障体系的重要制度安排。建立长期护理保险，有利于保障失能人员基本生活权益，提升他们体面和有尊严的生活质量，弘扬中华传统文化美德；有利于增进人民福祉，促进社会公平正义，维护社会稳定；有利于促进养老服务产业发展和拓宽护理从业人员就业渠道。

2016 年，我国开始在 15 个城市、2 个重点联系省份开展试点，试点地区积极探索覆盖广泛、保障充分、财政可持续的长期护理保险形式，为全国性长期护理保险制度建立积累经验。2020 年 9 月，国家医保局会同财政部印发《关于扩大长期护理保险制度试点的指导意见》，在原有试点城市的基础上，新增北京市石景山区、天津市、山西省晋城市等 14 个市（区）试点长期护理保险制度，将试点市（区）扩至 49 个。同时，意见将长期护理保险正式定义为"以互助共济方式筹集资金、为长期失能人员的基本生活照料和与之密切相关的医疗护理提供服务或资金保障的社会保险制度"。长期护理保险失能等级评估标准是长期护理保险待遇享受和基金支付的重要依据，是完整制度体系的重要组成部分。为了稳步推进长期护理保险制度试点，协同促进养老服务体系建设，2021 年，国家医保局办公室会同民政部办公厅印发了《关于印发〈长期护理失能等级评估标准（试行）〉的通知》。通知规定，长期护理失能等级评估指标由日常生活活动能力、认知能力、感知觉与沟通能力 3 个一级指标和 17 个二级指标组成，形成综合性评估指标体系。截至 2023 年底，我国长期护理保险参保人数达到 18330.87 万，累计有 134.29 万人享受保险待遇，累计支出基金 624 亿元，年人均支出 1.4 万元。

三、协调推进养老服务体系建设

党的十九届四中全会审议通过的《中共中央关于坚持和完善中国特色社会主义制度、推进国家治理体系和治理能力现代化若干重大问题的决定》提出"加快建设居家社区机构相协调、医养康养相结合的养老服务体系"，为协调推进我国养老服务体系建设指明了方向。居家社区机构相协调，就是要发挥家庭、社区和机构各自优势，促进各种养老服务方式融合发展；医养康养相结合，就是要兼顾服务对象的共性和个性，在为不同健康状况的老年人提供不同服务项目的基础上，充分考虑到老年人健康状况的动态变化，设计具有可选择性的养老服务包，从而向全体老年人提供可以满足他们不同需求的整体解决方案。

（一）大力发展居家和社区养老服务

为有效满足城乡老年人的居家社区养老服务需求，大力推动提升服务效果，党中央、国务院有关部门制定出台了一系列政策文件，持续探索居家和社区养老服务创新发展。如2000年中共中央、国务院发布的《关于加强老龄工作的决定》，2008年全国老龄委办公室等部门联合发布的《关于全面推进居家养老服务工作的意见》，2013年国务院发布的《关于加快发展养老服务业的若干意见》，"十二五"至"十四五"期间国务院印发的《中国老龄事业发展"十二五"规划》《"十三五"国家老龄事业发展和养老体系建设规划》《"十四五"国家老龄事业发展和养老服务体系规划》，2019年国务院办公厅印发的《关于推进养老服务发展的意见》，2021年中共中央、国务院印发的《关于加强新时代老龄工作的意见》，2023年中共中央办公厅、国务院办公厅印发的《关于推进基本养老服务体系建设的意见》等政策文件均对促进居家社区养老服务发展提出了明确要求。一是逐步建立居家社区养老政策体系。支持成年子女与老年父母共同生活，履行赡养义务和承担照料责任。实施家庭适老化无障碍设施改造，为符合条件的失能老年人家庭成员提供照护培训等措施相继推出。鼓励居家社区养老服务机构投保雇主责任险和养老责任险。二是加强居家社区养老服务站（中心）等设施建设。将居家社区养老服务设施建设纳入城乡社区配套用房建设范围。在乡镇（街道）层面，建设具备全日托养、日间照料、上门服务、供需对接、资源统筹等功能的区域养老服务中心。重点建设老年人日间照料中心、农村幸福院、托老所、互助式养老服务中心等社区养老服务设施，支持社区养老服务机构建设和运营家庭养老床位，依托社区发展居家养老服务，不断增强社区为老服务功能。三是建立和完善居家社区养老服务网络。整合资源和设施，实现居家、社区与机构照护服务的有效衔接，大力推动构建城乡老年助餐服务体系，开展助浴助洁和巡访关爱服务，支持城乡社区定期上门巡访独居、空巢老年人家庭。在社区开展老年医疗卫生、康复护理、文体娱乐、信息咨询、老年教育等服务项目，组织和引导物业企业、零售服务商、社会工作服务机构等拓展为老服务功能，提供生活用品代购、餐饮外卖、家政预约、代收代缴、挂号取药、精神慰藉等服务。四是加强专业化与志愿者相结合的居家社区养老服务队伍建设。五是积极培育和发展居家社区养老服务组织。六是推动"互联网＋养老服务"发展。支持居家社区养老服务机构利用物联网、移动互联网、大数据、人工智能等技术创新服务模式，开发面向老年人各种活动场景的监测提醒功能，利用大数据方便老年人的居家出行、健康管理和应急处置，逐步建立为老服务信息系统。

（二）积极发展机构养老服务

机构养老服务是养老服务体系不可或缺的重要组成部分，未来需要继续加强机构养老服务的发展，积极稳妥地推进养老机构建设与改革，推动社区居家机构养老服务协调发展，满足不同老年人差异化、多样化的养老服务需求。一是加快公办养老机构改革。充分发挥公办养老机构的托底作用，重点为"三无"（无劳动能力、无生活来源、无赡养人和扶养人或者其赡养人和扶养人确无赡养和扶养能力）老人、低收入老人、经济困难的失能半失能老人提供无偿或低收费的供养、护理服务。二是支持社会力量兴办养老机构。根据城乡规划布局要求，统筹考虑建设各类养老机构。在资金、场地、人员等方面，进一步降低社会力量举办养老机构的门槛，简化手续、规范程序、公开信息，行政许可和登记机关要核定其经营和活动范围，为社会力量举办养老机构提供便捷服务。三是重点推进供养型、养护型、医护型养老机构设施建设。县级以上城市至少建有一处以收养失能、半失能老年人为主的老年养护设施。在国家和省级层面，建设和改造若干具有实训功能的养老服务设施。构建护理型养老机构与其他类型养老服务主体之间相互衔接的服务模式，实现老年人卫生健康服务的便捷对接。四是支持养老机构规模化、连锁化发展。着力打造一批具有影响力和竞争力的养老服务商标品牌，对养老服务商标品牌依法加强保护。截至2023年底，全国共有各类养老服务机构和设施40.4万个，养老床位合计823万张，比上年增长1.7%。其中，全国共有注册登记的养老机构4.1万个，比上年增长1.6%，床位517.2万张，比上年增长2.9%；社区养老照料机构和设施36.3万个（其中社区养老照料机构14.7万个），社区互助型养老设施15.3万个，共有床位305.8万张。

养老机构公建民营改革

作为一种"全球性"改革范式，新公共管理运动试图通过以市场为基础、由竞争驱动的策略来取代传统上以规则为基础、由权威驱动的过程，倡导将政府履行的职能民营化，并广泛采取私营部门管理方法，大幅提升公共组织的投入产出效能。我国公办养老机构改革也采用了民营化、服务外包、放松管制等被视为新公共管理典型标志的政策工具，但不同于西方新公共管理运动的现实基础和历史情境，我国尚处于老年群体支付能力偏弱、市场发育不成熟、有效供给不充分、社会保障体系不健全的"未富先老""未备先老"阶段，因此，改革被赋予保公平、促效率的双重目标，既要强化公办养老机构及公办（建）民营养老机构托底保障职责，"应保尽保"吸纳经济困难照护依赖老年人群，又要盘活公共养老服务资源，最大限度提升公办养老机构的运营效率与服务质量。改革核心在于处理所有权、经营管理权和收益处置权之间的关系，基本推进思路是"管办分离"，在国有资产产权不变或者部分产权合法转移的前提下，委托社会力量参与公办（建）养老机构运营，推动公办机构管理体制、运行机制、投资体制转变，有效兼顾公益性和市场性。

近年来，民政部稳妥推进公办养老机构改革。探索建立公办养老机构入住评估制度，重点保障特困人员中的老年人、经济困难老年人、失独家庭老年人和作出特殊贡献的老年人的养老需求。建立健全"公建民营"管理办法，加大公办养老机构改革试点工作力度。杜绝歧视性竞争政策。要求各地不得限制社会力量举办养老机构的经营性质，对经营性养老机构不得设置任何歧视性政策。支持符合条件的社会力量举办养老机构承接当地公共养老服务。规范服务价格管理。明确民办营利性养老机构服务收费项目和标准均由经营者自主确定；民办非营利性养老机构服务收费标准由经营者合理确定，在推进建立健全养老服务评估制度基础上，逐步实现按照护理服务等级分级定价。

（三）医养康养相结合

2023年末，我国60岁及以上老年人口达到2.97亿，满足数量庞大的老年群众多方面需求，事关国家发展全局，事关百姓福祉。从医学角度看，人进入老年阶段之后，生理机能会逐渐老化，身体各系统呈现退行性病变。据统计，我国60岁及以上老年人的余寿中有2/3时间处于带病生存状态，老年人两周患病率是总人群的2.9倍。总体来看，老年人群对卫生健康服务的需求高，资源消耗大。因此，养老服务不仅是"养"，还包括"医"，涵盖保健诊疗、护理康复、安宁疗护、心理精神支持等各方面。着力解决影响医养结合机构医疗卫生服务质量的突出问题，有助于为老年人提供安全、规范、优质的医疗卫生服务。

为促进医疗、康复、护理三种形式的无缝衔接转换，2019年国务院办公厅印发的《关于推进养老服务发展的意见》提出，持续完善居家为基础、社区为依托、机构为补充、医养相结合的养老服务体系。《中华人民共和国国民经济和社会发展第十四个五年规划和2035年远景目标纲要》提出，"构建居家社区机构相协调、医养康养相结合的养老服务体系"。持续不断地支持和规范医养结合机构发展，有助于进一步健全养老服务体系，切实提升老年人的获得感和满意度。近年来，医养康养结合主要取得以下进展。

一是医养结合融入国家战略。我国已经将医养结合作为推进健康中国建设的重要举措，纳入《"健康中国2030"规划纲要》《"十三五"老龄事业发展和养老体系建设规划》《"十三五"健康老龄化规划》《"十四五"国家老龄事业发展和养老服务体系规划》等重要文件。二是相关配套制度相继出台。《关于推进医疗卫生与养老服务相结合的指导意见的通知》《关于养老机构内部设置医疗机构取消行政审批备案管理的通知》《关于做好医养结合机构审批登记工作的通知》《医养结合机构服务指南（试行）》《医养结合机构管理指南（试行）》《医疗卫生机构与养老服务机构签约合作服务指南（试行）》

等文件的印发，加强了养老服务与医疗卫生服务的衔接。三是各地工作积极推进。截至 2023 年底，全国养老服务机构与医疗卫生机构签约合作近 8.7 万对，同时具备医疗机构执业许可或备案和养老机构备案的机构达 7881 家。四是形成了医养签约合作、养老机构和医疗卫生机构毗邻建设、医疗卫生服务延伸至社区和家庭等相对成熟服务模式。

综上所述，加快建设居家社区机构相协调、医养康养相结合的养老服务体系，需要充分调动各种资源，激发各类主体参与养老服务体系建设的积极性。一是充分发挥家庭的作用。虽然伴随家庭结构的小型化，家庭在养老方面的支持功能趋于弱化，但家庭成员在养老服务尤其是精神慰藉等方面的作用仍难以替代。必须加大政策支持力度，充分发挥家庭成员在满足老年人情感需求等方面的作用。二是充分调动相关行业市场主体的积极性。医养康养相结合，意味着养老服务所涉及的行业从传统的老年人护理和老年医疗拓展到旅居、健康教育、互联网信息产业等多个行业，为这些行业的发展带来了巨大机遇。要充分调动这些行业中市场主体的积极性，使它们在服务好老年人的同时实现自身发展。三是充分发挥社会组织尤其是老年人自组织的作用。通过政府购买服务等方式，引导、鼓励和支持社会组织为老年人提供专业服务，并作为老年人扩大社会参与、促进自我实现的重要平台，增进老年人身心健康与社会认同。四是充分发挥低龄健康老年人的作用。在老年人群体中，低龄健康老年人具有较强的社会参与意识，可以成为养老服务的补充力量，可以通过互助养老、成立老年人志愿服务队等多种形式，发扬互助传统，鼓励低龄健康老年人为需要帮助的老年人提供力所能及的服务。

第三节　养老服务支持政策

养老服务是一项跨领域、跨部门，涉及多要素投入的综合性工作，因此，推动养老服务发展，必须在财政税收、人才队伍、部门协作等方面做好支持。按照《国务院关于加快发展养老服务业的若干意见》提出的"激发社会活力，充分发挥社会力量的主体作用，健全养老服务体系"的指导思想，民政部联合相关部门在规划建设、购买服务、土地供应、税费优惠、金融支持、人才培养和就业等方面出台了一系列配套政策，初步建立了激励引导社会力量参与养老服务业发展的政策体系。

一、养老服务资金保障

党中央、国务院高度重视养老服务工作，党的十八大以来，相关政策陆续出台，公共财政保障力度不断增强，有力推动养老服务事业和产业蓬勃发展。

（一）养老服务财政保障力度不断增强

据全国老龄办数据统计，2015—2018 年用于养老服务体系建设的中央预算内投资从 28 亿元增加到 54.4 亿元，国家福彩公益金的投入也大幅提升。2021 年，国家发展改革委下达 2021 年中央预算内投资 70 亿元，支持养老和托育服务体系建设，并联合民政部、国家卫生健康委印发《"十四五"积极应对人口老龄化工程和托育建设实施方案》，对"十四五"期间中央预算内资金支持养老的条件与标准进行了明确。方案要求将资金主要用于公办养老服务能力提升项目。一方面，推动社区居家养老服务网络建设项目。支持多个公办社区养老服务机构组网建设运营，单个机构建设（含新建、改扩建）床位不少于 30 张护理型床位，床均面积控制在 30～40 平方米，投资按每床位 12 万元测算，不足 12 万元的按实际计算。另一方面，支持公办养老服务机构（含特困人员供养服务机构）建设。一是支持公办养老服务机构（含特困人员供养服务机构）建设和护理能力改造提升。建设（含新建、改扩建）床位控制在 500 张以内，床均面积在 42.5～50 平方米，建设规模控制在 21250 平方米以内，每张养老床位床均投资按 15 万元测算，不足 15 万元的按实际计算。二是支持公办养老服务机构消防安全改造提升。对已建成但未达到消防安全标准的公办养老服务机构（含特困人员供养服务机构）进行建筑消防设施改造，配备消防器材，改造安全疏散设施、微型消防站、消防安全标志等。消防安全改造提升按"400 元/平方米×建筑面积"测算，不足测算标准的按实际计算。

福彩公益金

福利彩票公益金是社会福利和养老服务事业发展的重要资金来源渠道之一。《国务院关于加快发展养老服务业的若干意见》提出，民政部本级彩票公益金和地方各级政府用于社会福利事业的彩票公益金，要将50%以上的资金用于支持发展养老服务业。2019年，《国务院办公厅关于推进养老服务发展的意见》提出彩票公益金要加大倾斜力度，到2022年要将不低于55%的资金用于支持发展养老服务。2024年7月发布的《民政部2023年度彩票公益金使用情况公告》显示，民政部2023年度彩票公益金预算总金额259000万元，下达补助地方项目资金258750万元，占总金额的99.93%。其中老年人福利类项目资金128082万元，主要用于特殊困难老年人家庭居家适老化改造；新建和改扩建以服务生活困难和失能失智老年人为主的城乡老年社会福利机构、城乡社区养老服务设施、农村特困人员供养服务设施改造，帮助养老机构配置防疫物资及消防设施器材等设施设备；通过政府购买服务，培育居家和社区养老服务组织和机构发展，提高城乡居家和社区养老服务覆盖率。对国家乡村振兴重点帮扶县等地区（含西藏自治区、新疆维吾尔自治区、民政部定点帮扶和对口支援县）给予专项倾斜资金25875万元，支持其开展老年人福利类、残疾人福利类、儿童福利类和社会公益类项目，其中用于老年人福利类项目的资金不低于55%。

（二）养老服务财税优惠政策

财税政策主要是通过财政直接投资、财政补贴和部分税费减免的方式来促进养老服务机构的数量增长。在财政直接投资方面，地方政府通过一般预算资金和福利彩票公益金支出用于养老福利机构基础设施建设，中央政府通过改革试点专项资金给予定点支持。在财政补贴方面，对新建和改扩建养老服务机构的社会资本给予一次性建设补贴和贷款利息补贴。在税费优惠政策方面，为社区提供养老等服务的机构，提供房屋、土地用于提供社区养老服务的，免征契税；用于提供社区养老服务的房产、土地，免征不动产登记费、耕地开垦费、土地复垦费和土地闲置费；用于提供社区养老服务的建设项目，免征城市基础设施配套费，确因地质条件等原因无法修建防空地下室的，免征防空地下室易地建设费；全额免征非营利性养老服务机构建设的行政事业性收费，减半征收营利性养老服务机构建设的行政事业性收费；免征建设养老服务设施等公益性工程项目的水土保持补偿费。

养老服务机构日常运营可以得到以下几种财税政策支持。第一是床位运营补贴。有条件的地方对于符合标准的养老服务床位给予床位建设、运营补贴。第二是税收优惠。对提供特定养老服务的机构，不区分营利性质给予相应的免征增值税优惠。对于非营利养老机构，给予免征企业所得税、城镇土地使用税、房产税和车船税优惠。为鼓励社会支持养老事业发展，满足捐赠条件的支出可以在个人或企业缴纳所得税前扣除。

二、养老服务人才保障

养老服务的发展需要大量的专业化人才，我国在推进养老服务体系建设的过程中，十分重视养老服务人才的培养。从现实来看，养老服务专业人才数量和质量的不足已经制约了养老服务的高质量发展，不利于老年人养老服务需求的满足，未来需要多举措推进养老服务人才队伍建设。《国务院关于加快发展养老服务业的若干意见》强调要完善人才培养和就业政策。2014 年，教育部、民政部等九部门出台了《关于加快推进养老服务业人才培养的意见》，提出了加快推进养老服务业人才培养的若干措施。2019 年，教育部、民政部等七部门印发《关于教育支持社会服务产业发展 提高紧缺人才培养培训质量的意见》，提出加快推进养老等社会服务产业人力资源供给侧结构性改革，从完善学科专业布局、扩大人才培养规模、培养复合型创新人才和高层次管理研发人才、鼓励院校广泛开展职业培训、推动校企深度合作等 13 个方面明确提高养老等领域紧缺人才培养培训质量的任务要求。2023 年，民政部等 12 部门联合印发《关于加强养老服务人才队伍建设的意见》，提出着眼于满足老年人多样化、多层次、高品质养老服务需求，以发展养老服务技能人才为重点，围绕养老服务人才"引、育、评、用、留"等关键环节，提出系统性政策措施。推动全方位吸引、培养、用好、留住人才，打造一支规模适度、结构合理、德技兼备的养老服务人才队伍，深入实施积极应对人口老龄化国家战略和新时代人才强国战略，为新时代新征程养老服务高质量发展提供有力人才支撑。

（一）加快推进养老服务相关专业教育体系建设

扩大养老服务职业教育人才培养规模，引导和鼓励职业院校增设老年服务与管理、社会工作、健康管理、康复治疗技术、康复辅助器具应用与服务等养老服务相关专业点。加大养老服务应用型本科人才培养工作力度，积极探索养老服务本科层次职业教育。鼓励引导高校设置康复治疗学、护理学、应用心理学和社会工作等养老服务相关本科专业，开设老年社会工作、老年护理、老年人保健与营养、老年医学、老年心理学、生命伦理学等课程。积极发展养老服务研究生教育。

（二）全面提高养老服务相关专业教育教学质量

依托职业院校和养老机构重点建设一批养老服务实训基地。推进养老服务相关专业点建设，重点支持一批有条件的学校开展养老服务相关专业改革试点，鼓励和引导学校在人才培养模式、课程、教材、教学方式、师资队伍等重点环节进行改革。加强养老服务相关专业教材建设，组织遴选、开发一批养老服务相关专业职业教育改革创新示范教材。加强养老服务相关专业师资队伍建设，在有行业特色的高等学校和行业、养老机构、企业建立一批养老服务相关专业师资培养培训基地。

（三）大力发展养老服务从业人员继续教育

重点依托相关职业院校、开放大学和本科院校，开展多样化的学历和非学历继续教育；鼓励养老服务业业务骨干在职攻读相关专业学位。开放大学要充分发挥办学优势，开设养老服务相关专业，加快信息化学习资源和平台建设，积极发展现代远程教育，探索建立面向养老服务从业人员的教学及支持服务模式。积极开展养老机构从业人员、社区养老服务人员和社区工作者培训，提高从业人员专业能力和服务水平。[①] 2019年民政部印发《关于进一步扩大养老服务供给 促进养老服务消费的实施意见》，提出"开展养老服务

---

① 教育部等九部门关于加快推进养老服务业人才培养的意见［EB/OL］.（2014 - 06 - 18）［2023 - 12 - 16］. http://www.moe.gov.cn/srcsite/A07/s7055/201406/t20140618_170939.html.

人才培训提升行动，确保到 2022 年底前培养培训 1 万名养老院院长、200 万名养老护理员、10 万名专兼职老年社会工作者，切实提升养老服务持续发展能力"。为贯彻落实这一工作要求，民政部于 2020 年组织制定了《养老院院长培训大纲（试行)》和《老年社会工作者培训大纲（试行)》。

（四）积极引导高校毕业生从事养老服务业

推动开展社会养老事业志愿服务。积极组织职业院校、本科院校在校生到养老机构和城乡社区、家庭等进行志愿服务。采取学校与城乡社区对口服务等形式，组织学生关爱、帮扶孤寡老人、空巢老人、农村留守老人。鼓励养老服务相关专业的高校和中等职业学校毕业生到养老机构就业。将符合条件的高校和中等职业学校毕业生纳入现行就业服务和就业政策扶持范围。积极改善养老服务从业人员工作条件，加强劳动保护和职业保护，逐步提高工资福利待遇，稳定养老服务从业人员队伍。

第四节　养老服务综合监管

加强养老服务监管是规范养老服务行为、提升养老服务质量、维护老年人养老服务权益、满足老年人养老服务需求的必然要求。党的十八大以来，诸多养老服务政策文件将建立健全养老服务综合监管制度作为重要内容之一，构建科学、完善的养老服务综合监管机制是未来我国养老服务体系建设的一项重要任务。

一、养老服务综合监管概述

（一）养老服务综合监管的内涵

养老服务综合监管是指养老服务的相关主体协同合作，围绕老年人养老服务需求的满足，运用多元化的监管方式和手段对养老服务提供行为进行全方位、全过程监督，旨在规范养老服务行为、提高养老服务质量、维护老年人的权益。

构建养老服务综合监管机制，要求建立以"双随机、一公开"监管为基本手段、以重点监管为补充、以标准规范为支撑、以信用监管为基础的新型监管机制和跨部门、跨区域执法联动响应和协作机制，探索实行跨领域跨部门综合执法，实现违法线索互联、监管标准互通、处理结果互认，最大限度减少不必要的行政执法事项，完善养老机构服务纠纷预防和处置机制。要以落实养老服务基层政务公开为抓手，督促县级以上民政部门公开本行政区域内经过登记、备案的机构名单，以及已掌握的未经登记、备案的机构名单，通过信息公开的方式加强养老机构监管。①

依法、依规监管是推动构建养老服务综合监管的必然要求。养老服务综合监管的主要依据包括三个层次：全国人大出台的相关法律，国务院出台的相关法规和政策，有关部委出台的规章制度和政策文件。其中，《中华人民共和国老年人权益保障法》为加强养老服务综合监管提供了重要的法律遵循，将养老服务综合监管作为维护老年人权益的重要内容。国务院的法规政策依据主要包括《农村五保供养工作条例》《国务院关于加快发展养老服务业的若干意见》《国务院办公厅关于全面放开养老服务市场提升养老服务质量的若干意见》《国务院办公厅关于推进养老服务发展的意见》《国务院办公厅关于建立健全养老服务综合监管制度促进养老服务高质量发展的意见》。近年来，以民政部为主体的相关部委积极推进养老服务制度建设，出台了一系列养老服务的政策文件，为加强养老服务综合监管提供了重要依据。

（二）养老服务综合监管的意义

加强养老服务综合监管，建立健全养老服务综合监管体系与监管机制，对于规范养老服务主体的相关行为、防范养老服务风险、提升养老服务质量、维护老年人权益具有重要意义。

一是有利于规范养老服务行为，促进养老服务发展。养老服务综合监管有利于明确政府在养老服务中的责任，尤其是规范各级地方政府在实施养老

---

① 民政部 住房城乡建设部 国家卫生健康委 应急管理部 市场监管总局关于做好 2020 年养老院服务质量建设专项行动工作的通知 [EB/OL]. （2020 - 04 - 27）[2023 - 12 - 16]. https://www.mca.gov.cn/n152/n165/c39138/content.html.

服务政策中的行为，确保政府的行为不缺位、不越位、不错位，推动政府与市场、社会主体的合作；有利于规范市场和社会主体在提供养老服务过程中的行为，对于养老服务的内容、标准、质量等方面进行规范和约束，特别是对于各类养老机构的发展运营提供规范和约束，促进养老机构的健康发展。

二是有利于预防养老服务相关风险，促进社会稳定和谐。养老服务行为的不规范，不仅可能影响老年人的生活质量和需求的满足，而且容易引起养老服务的各类纠纷，甚至转化为矛盾和冲突，容易引发群体性事件，危及社会稳定。如果不及时解决养老服务的相关问题，不仅影响养老机构和各类服务提供主体的声誉，也影响各级政府的公信力。通过事前、事中与事后监管的结合，推动多主体、全过程、全面监管，有利于更好地及时发现养老服务提供过程中存在的各类问题，并采取及时有效的措施解决问题。

三是有利于推动养老服务综合改革，提升养老服务质量。加强养老服务综合改革是推进养老服务供给侧结构性改革、提升养老服务质量的必然要求，有利于指导养老服务综合改革，规范改革行为，减少改革的失误，提升改革的效率与效果，促进养老服务的快速健康发展。

四是有利于维护老年人的权益，满足老年人的各类需求。在养老服务提供过程中，侵犯老年人权益的现象时有发生，造成了不良的社会影响。加强养老服务综合监管，规范养老服务行为，有利于全方位维护老年人的权益。养老服务综合监管最核心的目标就是更好地满足各类老年人的养老服务需求，对一些不利于满足老年人养老服务需求的行为进行及时纠偏，增强养老服务提供的针对性与有效性，增强老年人的获得感、安全感和幸福感。

二、养老服务综合监管的内容

养老服务综合监管的内容是全方位的，涉及养老机构运营和养老服务需求的方方面面，重点内容包括养老服务质量安全监管、从业人员监管、涉及资金监管、运营秩序监管、突发事件应对等方面。[①]

---

① 国务院办公厅关于建立健全养老服务综合监管制度促进养老服务高质量发展的意见［EB/OL］.（2020－12－21）［2023－12－16］. https://www.gov.cn/zhengce/content/2020－12/21/content_5571902.htm.

（一）质量安全监管

按照"谁审批谁监管、谁主管谁监管"原则，引导养老服务机构立足长期安全运营，落实安全责任，主动防范消除本机构在建筑、消防、食品、医疗卫生等方面的安全风险和隐患。民政部门会同住房城乡建设部门加强养老服务机构建筑使用安全检查，及时发现安全隐患，督促养老服务机构采取修缮、更换等措施整改消除。民政部门会同消防救援机构、住房城乡建设等有关部门抓好养老服务机构消防安全整治，摸清消防安全状况，建立隐患、整改、责任"三个清单"，对重大火灾隐患要提请政府挂牌督办、推动整改。督促指导养老服务机构落实食品安全责任，加强食品安全日常监督管理，开展养老服务机构食品安全风险监测。加强对养老机构内设医疗机构依法执业医疗，服务质量安全，采购和使用药品、耗材、医疗器械等相关产品的监督管理。

（二）从业人员监管

引导从业人员（包括养老服务机构的法定代表人、主要负责人、管理人员以及养老护理员等相关人员）自觉养成良好品行、掌握专业技能，提升服务质量和水平。养老服务机构应当制定员工守则，定期组织从业人员进行职业道德教育培训，提升从业人员职业道德水平。养老服务机构中从事医疗护理、康复治疗、消防管理等服务的专业技术人员，应当具备相关资格。加强养老护理员岗前职业技能培训及岗位职业技能提升培训，积极开展养老护理员职业技能等级认定工作。加强院校内老年服务与管理人才培养，实施职业技能水平评价。严格末端监督执法，依法依规加强对有关培训评价组织和职业技能等级证书的监管，防止出现乱培训、滥发证现象。依法依规从严惩处养老服务机构欺老、虐老等侵害老年人合法权益的行为，对相关责任人实施行业禁入措施。

（三）涉及资金监管

引导养老服务机构以合法合规方式筹集和使用养老服务涉及资金。加强对养老服务机构申领使用政府提供的建设运营补贴资金的监督管理，定期对养老服务机构申领使用补贴资金信息的真实性、准确性进行抽查、核查，依法打击以虚报冒领等方式骗取补贴资金的行为。加大对涉及使用财政资金的养老服务重点建设项目实施过程的真实性、合法性、效益性跟踪审计问效力度。加强对政府购买养老服务的监督管理，依法查处弄虚作假、挤占挪用等违法违规行为。加大对养老机构医保基金使用情况的监督管理力度，保障医保基金安全。加强对养老服务机构预收服务费用的规范管理。加强对金融机构开展养老服务领域金融产品、服务方式创新的监管。加大对以养老服务为名非法集资的风险排查力度，做好政策宣传和风险提示，依法打击养老服务机构以养老服务为名的非法集资活动。

（四）运营秩序监管

引导养老服务机构不断优化内部管理、规范服务行为，合理规避风险、妥善处置纠纷。养老机构应当在各出入口、接待大厅、值班室、楼道、食堂等公共场所和部位安装视频监控。养老机构应当建立健全内部管理档案，妥善保管异常事件报告、紧急呼叫记录、值班记录、交接班记录、门卫记录、视频监控记录等原始资料。严禁利用养老服务机构设施和场地开展与养老服务无关的活动，依法查处向老年人欺诈销售各类产品和服务的违法行为。依法查处养老服务设施用地单位未经批准改变规划确定的土地用途，以及非营利性养老服务机构擅自转让、出租、抵押划拨土地使用权的行为。指导养老机构按照国家有关规定和当事方协议约定提供服务，建立纠纷协商调解机制，引导老年人及其代理人依法维权。完善养老服务市场主体退出机制，指导退出的养老服务机构妥善做好老年人的服务协议解除、安置等工作，切实保障老年人合法权益。加强对民办非营利性养老服务机构退出财产处置的监管，防止因关联关系、利益输送、内部人控制等造成财产流失或者转移。依法打击无证无照从事养老服务的行为，对未依法取得营业执照以市场主体名义从事养老服务经营活动的，按照《无证无照经营查处办法》的有关规定查处；未经登记擅自以社会服务机构名义开展养老服务活动的，由民政部门依法查处；未经登记管理机关核准登记，擅自以事业单位法人名义开展养老服务活动的，由事业单位登记管理机关依法采取措施予以制止，并给予行政处罚。

（五）突发事件应对

引导养老服务机构增强风险防范意识和应对处置能力，尽可能减少突发事件造成的损失。建立完善养老服务机构突发事件的预防与应急准备、监测与预警、应急处置与救援、事后恢复与重建等工作机制。养老服务机构要依法制订自然灾害、事故灾难、公共卫生事件等突发事件应急预案，在场所内配备报警装置和必要的应急救援设备、设施，开展有关突发事件应急知识的宣传普及活动和必要的应急演练。养老服务机构要全面落实传染病疫情防控要求，坚持预防为主，指导老年人做好个人防护。养老服务机构发生或者可能发生传染病暴发或者流行、不明原因的群体性疾病、重大食物中毒事件的，应当依照《中华人民共和国突发事件应对法》《中华人民共和国传染病防治法》《突发公共卫生事件应急条例》等相关要求，向所在地县级卫生健康主管部门、疾病预防控制机构和民政部门报告，并在有关部门和机构指导下采取卫生处理、隔离等预防控制措施。养老服务机构发生生产安全事故的，应当依照生产安全事故报告和调查处理相关要求，向事故发生地县级以上应急管理部门和民政部门报告。

三、养老服务综合监管机制

围绕养老服务监管的上述主要内容，应该探索建立健全养老服务综合监管机制，构建多主体协同参与、全过程、全面监管体系，着力加强养老服务的行政监管、行业自律、社会监督和信用体系建设。

（一）行政监管

行政监管主要是指与养老服务相关的行政部门实施的监督，强调养老服务监管中的政府责任。养老服务的行政监督以民政部门为主体，其他相关部门从各自职责的角度协同配合，全方位加强养老服务的行政监管。

一是全面提升行政监管能力。各级民政部门加强对养老服务的指导、监督和管理，其他有关部门依照职责分工对养老服务实施监管。加强监管能力建设，整合充实工作力量，加强业务培训，确保事有人管、责有人负。充分利用信息技术手段，加强对养老机构的监督检查，提高监管能力和水平。

二是规范行政执法行为。推行"双随机、一公开"监管模式，制定养老机构管理行政执法工作指南，对养老机构行政违法案件严格按照法定权限和程序办理，主动公开违法案件办理流程，明确告知当事人作出行政处罚决定的事实、理由、依据和依法享有的权利。对养老服务企业作出的行政处罚信息，通过国家企业信用信息公示系统和"信用中国"网站依法予以公示。[①]

三是协同推进行政监管。民政部门按照权限负责养老院设立许可和日常监管工作，牵头组织开展养老院服务质量检查和整治。公安部门依法对养老院进行消防监督检查，加强对民政部门业务指导和培训，依法查处消防安全违法行为，对涉嫌犯罪的欺老、虐老案件及时介入，并依法移送检察机关提起公诉。卫生健康部门负责养老院开办医疗机构的日常监管工作，加强业务指导和培训，与民政部门联合推动建立健全医疗机构与养老院合作机制。质量技术监督部门要加强养老院服务质量标准体系建设，完善服务质量满意度测评管理，推动服务质量对比提升，对养老院服务质量认证进行监督管理。老龄办负责组织、协调、指导、督促有关部门做好入住养老院的老年人权益保障工作，组织好养老院"服务质量万里行"和"敬老文明号"创建活动，会同民政部门统筹协调养老院服务质量专项行动。

（二）行业自律

养老服务综合监督不仅要有外部相关主体的监管，而且需要养老服务行业自律，从行业角度进行自我约束，既包括养老服务行业整体的自我约束，也包括养老机构的自我约束。

民政、质检等部门要进一步完善养老服务标准体系，抓紧制定管理和服务标准。落实养老机构综合评估和报告制度，开展第三方评估并向社会公布，评估结果应与政府购买服务、发放建设运营补贴等挂钩。政府运营的养老机构要实行老年人入住评估制度，综合评估申请入住老年人的情况，优先保障

---

① 关于加快推进养老服务业放管服改革的通知［EB/OL］.（2017-01-27）［2023-12-16］. https://xxgk.mca.gov.cn：8845/gdnps/pc/content.jsp？mtype=1&id=116167.

特困人员集中供养需求和其他经济困难的孤寡、失能、高龄等老年人的服务需求。①

培育和发展养老服务行业协会，发挥其在行业自律、监督评估和沟通协调等方面的作用，促进民间资本投资主体行业自律和维护自身合法权益。2011年，中国老龄产业协会发布了《全国民办养老服务机构和组织自律公约》，旨在充分发挥行业诚信自律作用，规范经营者和从业人员的经营、服务行为，提高行业整体素质，保护老龄消费者及民办养老服务机构和组织的合法权益，促进养老服务业快速发展。

在开展行业自律的同时，各养老机构也应该从自身发展的角度加强自律，严格依法依规提供各类养老服务，积极推动养老机构的发展，努力满足老年人的各类养老服务需求，不断提升养老服务质量，维护老年人的权益。

（三）社会监督

在推进养老服务综合监管过程中，不仅需要政府监督和行业自律，也需要加强社会监督，充分发挥社会相关主体在养老服务监管中的作用，畅通社会监督渠道，完善社会监督机制，更好地规范养老服务提供主体的行为。

一是建立健全养老服务社会评估机制。发挥行业自律、群众举报、媒体监督等方面的作用。鼓励通过政府购买服务方式，委托第三方机构定期对养老服务机构的人员、设施、服务、管理、信誉等情况进行综合评价，评估结果应当向社会公布。评估、审计、检查、评定结果是实施养老服务机构监管和奖惩措施的依据。

二是完善社会监督机制，畅通投诉渠道。各有关部门应当建立养老服务举报和投诉制度，接到举报、投诉后应当及时核实、处理。相关部门应该主动公布养老服务监督热线，听取服务对象及其家属、社会公众等监督主体的意见和建议。

三是探索建立养老服务社会监督员制度。一些地方已经在探索建立这一制度，养老服务社会监督员制度的建立，有利于更加客观、公正、全面加强

---

① 国务院办公厅关于全面放开养老服务市场提升养老服务质量的若干意见［EB/OL］. (2016 - 12 - 23)［2023 - 12 - 26］. https://www.gov.cn/zhengce/zhengceku/2016 - 12/23/content_5151747.htm.

养老服务监督，促进养老服务质量的提升。

（四）信用体系建设

加强养老服务信用体系建设是推进养老服务综合监管的重要举措，有助于增强各类养老机构和其他养老服务提供主体在提供养老服务过程中遵循相关法律制度、维护养老人权益的自觉性，有利于更好地规范养老服务行为与促进养老服务业的发展。

2019 年《国务院办公厅关于推进养老服务发展的意见》提出，将加快推进养老服务领域社会信用体系建设，对存在严重失信行为的养老服务机构（含养老机构、居家社区养老服务机构，以及经营范围和组织章程中包含养老服务内容的其他企业、事业单位和社会组织）及人员实施联合惩戒。将加强相关信用信息公开与共享，及时将养老服务机构行政许可、行政处罚、抽查检查的结果等信息，按照经营性质，分别通过全国信用信息共享平台、国家企业信用信息公示系统，记录到该机构的名下并依法公示。

此外，为规范养老服务市场秩序，加快养老服务领域信用体系建设，2019 年民政部还发布了《养老服务市场失信联合惩戒对象名单管理办法（试行）》，强调国务院民政部门负责指导地方民政部门开展惩戒对象名单管理工作，依托"金民工程"建立全国统一的联合惩戒对象名单管理系统。地方民政部门按照"谁监管、谁列入"的原则，负责本辖区惩戒对象名单管理工作，向社会公布本辖区惩戒对象名单。

第五节　老龄工作

党中央、国务院高度重视老龄工作。中共中央政治局 2021 年 5 月 31 日召开会议指出，积极应对人口老龄化，事关国家发展和民生福祉，是实现经济高质量发展、维护国家安全和社会稳定的重要举措。2021 年重阳节前夕，习近平总书记对老龄工作作出重要指示，强调各级党委和政府要高度重视并切实做好老龄工作，贯彻落实积极应对人口老龄化国家战略，把积极老龄观、健康老龄化理念融入经济社会发展全过程，加大制度创新、政策供给、财政投入力度，健全完善老龄工作体系，强化基层力量配备，加快健全社会保障体系、养老服务体系、健康支撑体系。

一、工作进展和成效[①]

（一）老龄政策法规体系不断完善

中共中央、国务院先后印发《国家积极应对人口老龄化中长期规划》《关于加强新时代老龄工作的意见》，对积极应对人口老龄化作出系统部署，明确了新时代老龄工作的发展目标和重点任务。全国人大不断完善老龄法律体系，修订老年人权益保障法，各省份均制定了相应的配套法规，民法典以及公共文化、基本医疗、公共卫生等领域法律增加了涉老条款。国务院先后印发"十三五""十四五"国家老龄事业发展和养老服务体系规划，明确了老龄工作阶段性目标和任务。以国务院或国务院办公厅名义印发多个政策文件，就发展养老服务、完善养老保险和医疗保险制度、发展健康服务业、推进医养结合、制定和实施老年人照顾服务项目、解决老年人运用智能技术困难、发展老年教育等作出安排部署。全国老龄委充分发挥统筹协调作用，组织协调 32 个成员单位认真履职，细化系列政策举措和标准规范，共同推进老龄事业和产业发展。

（二）养老服务体系建设持续加强

一是完善养老服务支持政策。中共中央办公厅、国务院办公厅印发《关于推进基本养老服务体系建设的意见》，制定国家基本养老服务清单，重点针对老年人面临家庭和个人难以应对的失能、残疾、无人照顾等困难时的基本养老服务需求，由国家提供基础性、普惠性、兜底性的养老服务。国务院印发《关于加快发展养老服务业的若干意见》，国务院办公厅印发《关于全面放开养老服务市场提升养老服务质量的若干意见》《关于推进养老服务发展

[①] 国务院关于加强和推进老龄工作进展情况的报告：2022 年 8 月 30 日在第十三届全国人大常委会第三十六次会议上［EB/OL］.（2022 – 08 – 31）［2023 – 12 – 16］. http://www.npc.gov.cn/npc/c2/c30834/202208/t20220831_319086. html.

的意见》《关于促进养老托育服务健康发展的意见》等文件，不断完善促进养老服务发展政策措施。建立养老服务部际联席会议制度，加强养老服务工作协调落实。

二是完善多层次养老保障体系。经济困难的高龄、失能老年人补贴制度实现省级全覆盖。将符合条件的困难老年人及时纳入最低生活保障范围，实现应保尽保。残疾人社会福利制度有效覆盖残疾老年人。基本养老保险覆盖面不断扩大，待遇水平稳步提高。截至2021年底，全国参加基本养老保险10.3亿人。2012年以来，四次提高全国城乡居民养老保险基础养老金最低标准，2021年全国城乡居民养老保险月人均养老金达到179元。建立企业职工基本养老保险基金中央调剂制度，所有省份实现基金省级统收统支，启动实施全国统筹制度。开展个人税收递延型商业养老保险试点。国务院办公厅印发《关于推动个人养老金发展的意见》，填补了养老保险第三支柱制度空白。持续推动企业年金、职业年金发展。

三是增强养老服务供给能力。"十三五"时期，中央财政共计安排约50亿元，支持203个地区开展居家和社区养老服务改革试点，2021—2022年共计安排22亿元支持实施居家和社区基本养老服务提升行动项目。充分发挥中央预算内投资引导带动作用，开展普惠养老城企联动专项行动，支持培训疗养机构转型发展普惠养老服务。开展普惠养老专项再贷款试点。2021年，中央预算近12亿元支持43所优抚医院、28所光荣院设施建设。2022年，全国31个省（自治区、直辖市）设市城市新建居住区配建养老服务设施达标率为83.2%。

四是加快补齐养老服务短板弱项。持续优化中职、高职专科和高职本科养老服务相关专业设置，2022年相关专业布点4219个。开展养老服务人才职业技能提升行动。持续实施康养职业技能培训计划，建设7个国家级（康养）高技能人才培训基地。健全县乡村衔接的三级养老服务网络，发展乡村普惠型养老服务和互助性养老。从2019年起实施农村敬老院改造提升工程。加强农村留守老年人关爱服务工作，建立空巢和留守老年人定期巡访制度。

五是提升养老服务质量。国务院办公厅印发《关于建立健全养老服务综合监管制度促进养老服务高质量发展的意见》，民政部、住房和城乡建设部、

第九章　养老服务和老龄工作

333

市场监管总局联合印发《关于推进养老机构"双随机、一公开"监管的指导意见》，着力推进养老服务行业综合监管规范化常态化。

（三）老年健康服务体系建设扎实推进

一是提高老年人健康管理和服务水平。印发《关于建立完善老年健康服务体系的指导意见》《"十四五"健康老龄化规划》《关于全面加强老年健康服务工作的通知》等文件，对促进健康老龄化、加强老年健康服务体系建设作出部署。全民医保基本实现，基本医疗保险覆盖13.6亿人，参保率稳定在95%以上。2018年以来，国家组织药品集中采购覆盖老年患者常见病主流用药，药价平均降幅超过50%，有效减轻老年患者看病负担。2012—2022年，基本公共卫生服务经费人均财政补助标准从25元提高到84元，2023年在基层医疗卫生机构接受健康管理的65岁及以上老年人数13545.7万人。将老年健康与医养结合服务纳入基本公共卫生服务项目。不断扩大长期处方、家庭病床等服务覆盖面，80%以上的社区卫生服务中心和乡镇卫生院可以提供最长12周的长期处方服务。加快发展针对老年人的养生保健、疾病防治等中医药健康服务。持续推进残疾人精准康复服务行动，2023年共计有389.6万残疾老年人得到康复服务。开展健康中国行动老年健康促进行动，在15个省份组织开展老年人失能（失智）预防干预试点，提高老年人主动健康能力。开展重大慢性病早期筛查和干预，促进老年人功能健康。加快启动实施科技创新2030——"癌症、心脑血管、呼吸和代谢性疾病防治研究"重大项目，针对癌症等老年人群高发疾病开展研究，为实现健康老龄化提供科技支撑。老年医学科建设工作逐步推进。2023年末，二级及以上综合性医院6877个。

二是加强老年照护服务。印发《关于加强老年护理服务工作的通知》《关于加快推进康复医疗工作发展的意见》，推动医疗资源丰富地区的部分一级、二级医院转型为护理院、康复医院。开展"互联网＋护理服务"试点，增加上门护理服务供给。开展老年医疗护理服务试点，建立老年护理需求评估制度。开展信息核查、协调保障、照护服务和监测预警，确认74.6万建档立卡失能贫困老年人，并落实相应照护服务。在91个城市开展安宁疗护试点。将长期护理保险试点扩大至 49 个城市，参保人员达 1.45 亿。推动长期护理失能等级评估标准全国规范统一。加强老年护理从业人员培训，推动医疗护理员规范管理。实施安宁疗护服务能力提升项目。

三是深入推进医养结合。国务院办公厅转发《关于推进医疗卫生与养老服务相结合的指导意见》，多部门联合印发《关于深入推进医养结合发展的若干意见》《关于进一步推进医养结合发展的指导意见》，完善医养结合政策体系。出台医养结合机构管理指南和服务指南、医疗卫生机构与养老服务机构签约合作服务指南。持续开展医养结合机构服务质量提升行动。实施医养结合示范项目。开展社区医养结合能力提升行动，利用现有资源提升居家社区医养结合服务能力。将老年医学科和医养结合机构医护人员纳入卫生健康紧缺人才培训项目，实施全国医养结合人才能力提升培训项目。截至 2023 年底，全国共有两证齐全（具备医疗卫生机构资质，并进行养老机构备案）医养结合机构 7881 个，较 2017 年底增加 76.7%；机构床位总数 175 万张，较 2017 年底增加 176.9%。全国医养签约近 8.7 万对，是 2017 年的 6.6 倍。

四是便利老年人看病就医。全面开展住院费用跨省异地就医直接结算，加快推进门诊费用跨省直接结算。印发《关于开展建设老年友善医疗机构工作的通知》《关于实施进一步便利老年人就医举措的通知》《关于加强老年人居家医疗服务工作的通知》，从老年友善文化、管理、服务、环境等方面方便老年人就医，推出设立老年人快速预检通道等 10 项举措，加强老年人居家医疗服务，提升老年人获得感和满意度。截至 2023 年底，全国建成老年友善医疗机构的综合性医院 11097 家、基层医疗卫生机构 27755 个，设置老年人"绿色通道"的二级及以上综合性医院超 9000 家。

（四）老年人社会参与持续扩大

一是发展老年教育。国务院办公厅印发《老年教育发展规划（2016—2020 年）》，30 个省（自治区、直辖市）出台老年教育规划或政策文件。国家开放大学依托办学体系开展老年教育，成立省级老年开放大学或专门机构，基层设立超过 4 万个老年教育学习点。积极推进国家老年大学筹建工作。成立首批军休老年大学。

二是促进老年人充分参与文体活动。各级公共文化设施均已面向老年人免费开放，各地旅游景点对老年人门票实行减免优惠政策，出台措施提升文化场馆和旅游景区适老化水平。出台《关于进一步加强新形势下老年人体育工作的意见》《关于构建更高水平的全民健身公共服务体系的意见》等，促进老年人积极参与全民健身。公共体育场馆向老年人免费或低收费开放，体育公园设施建设设置老年人健身区。

三是鼓励老年人积极发挥作用。切实加强离退休干部职工基层党组织建设。召开全国离退休干部"双先"表彰大会，激励广大离退休干部充分发挥优势和作用。实施"银龄讲学""老专家服务基层健康行动""银龄行动"等，鼓励退休教师、医务人员继续发挥作用。

（五）老年友好型社会建设稳步推进

一是加强老年人优待和权益保障。国务院办公厅印发《关于制定和实施老年人照顾服务项目的意见》，明确了 20 项老年人照顾服务的重点任务。司法行政机关和法律援助机构将老年人作为法律援助重点服务对象，扩大法律援助范围，健全便老助老服务机制。2019 年多部门联合开展整治侵害老年人权益"保健"市场乱象"百日行动"。2022 年中央政法委牵头，多部门联合开展打击整治养老诈骗专项行动，依法严惩养老诈骗违法犯罪行为。

二是稳步推进老年宜居环境建设。2019—2021 年，全国开工改造城镇老旧小区 11.5 万个，惠及居民 897 万户，加装电梯 5.1 万部，增设养老、助餐等各类社区服务设施 3 万多个。"十三五"期间，完成 16.4 万户特殊困难老年人家庭适老化改造，"十四五"期间，将对 200 万户特殊困难老年人家庭实施基础项目改造和老年用品配置。扎实开展全国示范性老年友好型社区创建工作，命名 992 个全国首批示范性老年友好型社区。2016—2020 年，为近 20 万名贫困重度残疾老年人进行家庭无障碍改造。印发《2022 年推行适老化交通出行服务工作方案》，提升老年人出行便利化水平。

三是努力解决老年人运用智能技术困难问题。国务院办公厅印发《关于切实解决老年人运用智能技术困难的实施方案》，围绕与老年人密切相关的高频事项和服务场景，提出了 20 条具体工作措施；建立由国家发展改革委、国家卫生健康委牵头的部际联席会议制度，出台便利老年人出行、就医、缴费、办事等文件 20 余个。依托全国一体化政务服务平台建设老年人办事服务专区，推进政务服务线上线下融合发展，为老年人提供更加便利高效的办事服务。持续开展"智慧助老"行动。设置公安户籍、交管、出入境老年人办证窗口，优化升级"互联网＋公安政务服务"，全面提升老年人公安服务管理水平。各主要网约车平台增设适老"一键叫车"功能，方便老年人打车出行。开展拒收现金公示行动，营造"适老"支付环境。

四是大力营造孝亲敬老社会氛围。不断放宽老年人投靠子女落户政策，为行动不便的老年人提供上门办理户口等服务。持续开展人口老龄化国情教育。每年在全国开展"敬老月"活动，对老年人进行走访慰问和关爱帮扶，开展疫情防控、健康促进、普法反诈等宣传。持续开展中国城乡老年人生活状况抽样调查，为制定政策提供数据支撑。开展全国老龄系统先进集体和先进工作者表彰、全国敬老爱老助老活动评选表彰、全国"敬老文明号"创建等活动，实施中华孝亲敬老文化传承和创新工程。

（六）银发经济发展环境不断优化

一是优化产业发展政策环境。印发《关于促进老年用品产业发展的指导意见》，加快构建老年用品产业体系。印发《智慧健康养老产业发展行动计划》，开展智慧健康养老应用试点示范。发布两批《智慧健康养老产品及服务推广目录》，累计遴选出 174 项产品和 179 项服务。持续扩大智能辅具、智能家居、健康监测、养老照护等适老化智能终端产品供给。实施"养老服务＋行业"行动。将"养老机构""社区和居家养老服务"等纳入《鼓励外商投资产业目录》。

二是完善质量监管体系。加大老年用品质量监督抽查力度和加强老年用品执法工作，2018—2021 年全国打击侵权假冒工作将老年用品列为重点治理对象。

三是加大税收和金融支持力度。出台实施一系列阶段性、有针对性的减税降费政策，释放大规模政策红利，养老产业企业符合条件的可按规定享受相关税收优惠政策。支持符合条件的企业发行养老产业专项债券进行融资。

为加快银发经济规模化、标准化、集群化、品牌化发展，培育高精尖产品和高品质服务模式，让老年人共享发展成果、安享幸福晚年，2024年1月，《国务院办公厅关于发展银发经济增进老年人福祉的意见》发布。意见强调，发展银发经济，事关国家发展全局，事关人民福祉。意见提出了4个方面26项举措：一是发展民生事业，解决急难愁盼。扩大老年助餐服务，拓展居家助老服务，发展社区便民服务，优化老年健康服务，完善养老照护服务，丰富老年文体服务，提升农村养老服务。二是扩大产品供给，提升质量水平。培育银发经济经营主体，推进产业集群发展，提升行业组织效能，推动品牌化发展，开展高标准领航行动，拓宽消费供给渠道。三是聚焦多样化需求，培育潜力产业。强化老年用品创新，打造智慧健康养老新业态，大力发展康复辅助器具产业，发展抗衰老产业，丰富发展养老金融产品，拓展旅游服务业态，推进适老化改造。四是强化要素保障，优化发展环境。加强科技创新应用，完善用地用房保障，强化财政金融支持，推进人才队伍建设，健全数据要素支撑，打击涉老诈骗行为。[①]

二、面临的形势和主要问题

（一）我国人口老龄化形势严峻

一是老年人口数量多，人口老龄化速度快。1999年，我国60岁及以上老年人口占比超过10%，进入老龄化社会。截至2023年底，我国60岁及以上的老年人口29697万人，占总人口的21.1%，其中，65岁及以上人口为21676万人，占总人口的15.4%。预计"十四五"时期，60岁及以上老年人口总量将突破3亿，占比将超过20%。2035年，60岁及以上老年人口将增加到4.2亿左右，占比将超过30%。

---

① 国务院办公厅关于发展银发经济增进老年人福祉的意见［EB/OL］．（2024-01-11）［2024-02-06］．https://www.gov.cn/zhengce/zhengceku/202401/content_6926088.htm.

二是人口老龄化区域差异大。从城乡来看，第七次全国人口普查数据显示，在城镇，60 岁及以上老年人现有 1.43 亿，占城镇地区总人口比重为 15.82%；65 岁及以上老年人有 1 亿，占城镇地区总人口比重为 11.11%。在农村，60 岁及以上老年人 1.21 亿，占农村地区总人口比重为 23.81%，高于城镇约 7.99 个百分点；65 岁及以上老年人 0.9 亿，占农村地区总人口比重为 17.72%，高于城镇约 6.61 个百分点。城镇地区老年人数量比农村多，但农村地区老龄化程度比城镇地区更高。从省际看，2020 年，全国 60 岁及以上人口占辖区人口比重超过 20% 的省份共有 10 个，主要集中在东北、川渝等地区。

三是应对人口老龄化任务重。据估算，到 2050 年前后，我国老年人口规模和比重、老年抚养比和社会抚养比将相继达到峰值。人口老龄化程度不断加深，老年人口持续增加，给社会保障制度可持续发展、公共服务供给带来挑战。

（二）老龄法律法规体系有待进一步健全

老年人权益保障法有待进一步修订完善，配套法规建设有待加强。涉老婚姻家庭、侵权等矛盾纠纷排查调解机制有待健全。养老服务法等涉老相关法律法规有待研究制定。

（三）照护服务等供需矛盾较为突出

我国患有慢性病老年人超过 1.9 亿，失能和部分失能老年人约 4000 万。失能老年人对生活照料、医疗护理等需求旺盛，但养老服务基础仍比较薄弱，老年医学人才、护理人员短缺。长期护理保险制度仍处于试点阶段，全国统一、覆盖城乡的长期护理保险制度尚未建立。基本养老服务体系有待健全，居家、社区养老服务供给不足，养老机构发展不平衡。医疗机构为社区和居家老年人提供健康服务的能力和积极性有待提高。

（四）对老年人的社会关怀需持续加强

老年人生活配套设施总体上仍然不足，城市道路、公共交通工具等适老化改造力度需持续加大。各类老年大学间资源互通还不够充分。面向老年人的文化产品开发投入等支持有待进一步加强，老年人精神文化生活仍比较单一。很多地方优待政策受户籍制度限制，常住无户籍老年人无法享受当地的老年优待政策。"数字鸿沟"依然存在，需持续完善方便老年人的相关措施。

（五）老年人积极作用有待进一步发挥

第七次全国人口普查结果显示，60 岁及以上老年人口中，拥有高中及以上文化程度的人口比重为 13.90%，比 2010 年提高了 4.98 个百分点；60～69 岁的低龄老年人口约 1.48 亿，占老年人口的 55.83%。低龄老年人力资源有待开发，保障老年人再就业的法规政策尚需完善。支持老年人开展志愿服务的措施需持续健全。

（六）产业发展仍需加快推进

老龄产品研发相对滞后，老年用品和相关服务标准体系有待健全，金融、人力资源等方面支持政策有待完善，产业发展仍有很大空间。社会力量举办养老机构支持政策仍需完善和推动落实。

（七）老龄工作保障体系有待完善

与日益繁重的积极应对人口老龄化任务相比，我国基层老龄工作机构和人员还存在人手不足、基础薄弱等短板，基层老年人社会组织建设仍较薄弱。一些地方对老龄问题认识仍需深化，涉老政策统筹协调有待加强。

三、下一步工作安排①

坚持以习近平新时代中国特色社会主义思想为指导，深入贯彻落实习近平总书记关于老龄工作的重要指示精神，认真落实党中央、国务院决策部署，坚持以人民为中心，实施积极应对人口老龄化国家战略，加快建立健全相关政策体系和制度框架，推动老龄事业高质量发展，走出一条中国特色积极应

---

① 国务院关于加强和推进老龄工作进展情况的报告：2022 年 8 月 30 日在第十三届全国人大常委会第三十六次会议上［EB/OL］．（2022 – 08 – 31）［2023 – 12 – 16］．http://www.npc.gov.cn/npc/c2/c30834/202208/t20220831_319086.html.

对人口老龄化道路。

一是进一步加强老龄法治建设。认真贯彻落实民法典和老年人权益保障法等相关法律，加强老年人权益保障法配套法规建设，落实法律援助法，加大老年人法律援助工作力度。围绕老年人的家庭赡养与扶养、社会保障、养老服务、健康服务、社会优待、宜居环境、参与社会发展和法律责任等多个具体领域加强立法工作，适时推动修订老年人权益保障法，做好养老服务法、无障碍环境建设法研究制定工作。严厉打击侵害老年人合法权益的违法犯罪活动。建立完善涉老婚姻家庭、侵权等矛盾纠纷的预警、排查、调解机制。加强老年人权益保障普法宣传，提升老年人识骗防骗能力。完善老年人监护制度。对符合条件的老年人减免法律服务费用，为行动不便的老年人提供上门服务。建立适老型诉讼服务机制，为老年人便利参与诉讼活动提供保障。

二是完善社会保障制度体系。稳妥推进企业职工基本养老保险全国统筹。完善城乡居民基本养老保险制度。坚持量力而行、尽力而为，逐步提高养老保障水平。鼓励发展企业年金、职业年金并规范发展第三支柱养老保险，推动个人养老金发展，多渠道增加老年人养老收入。推进渐进式延迟法定退休年龄改革平稳落地，完善相关配套措施。探索建立互助共济、责任共担的多渠道筹资机制和公平适度的待遇保障机制，稳步建立长期护理保险制度。完善最低生活保障制度，全面落实特困人员救助供养制度，提高特困人员供养服务机构兜底保障能力和服务质量。

三是加快推进养老服务体系建设。新建城区、新建居住区按标准配套建设养老服务设施，老城区和已建成居住区结合城镇老旧小区改造、完整社区建设等补建一批养老服务设施。发挥公办养老机构提供基本养老服务的基础作用。依托和整合现有资源，发展乡镇（街道）区域养老服务中心或为老服务综合体。支持社会力量为老年人提供日间照料、助餐助洁、康复护理等服务。结合实施乡村振兴战略，加强农村养老服务机构和设施建设，鼓励以村级邻里互助点、农村幸福院为依托发展互助式养老服务。到2025年，养老服务床位总量达到900万张以上、养老机构护理型床位占比达到55%。

四是健全完善老年健康服务体系。持续实施老年健康促进行动，广泛开展老年人健康知识普及。提高失能、重病、高龄等老年人家庭医生签约服务覆盖率。加强老年人慢性病以及阿尔茨海默病、帕金森病等神经退行性疾病的早期筛查、干预及分类指导。加强二级及以上综合性医院老年医学科建设，到 2025 年，设立老年医学科的二级及以上综合性医院占比达到 60% 以上。通过改（扩）建、转型发展，加强康复医院、护理院建设。鼓励医疗卫生机构依法依规在养老机构设立医疗服务站点，推动医疗卫生机构将上门医疗服务向养老机构拓展。支持医疗资源丰富地区的二级及以下医疗机构转型，开展康复、护理以及医养结合服务。

五是积极促进老年人社会参与。出台促进老年人力资源开发利用的政策措施，充分发挥低龄老年人作用。将老年教育纳入终身教育体系，研究制定老年教育发展政策举措。推动部门、行业企业、高校举办的老年大学面向社会开放办学，到 2025 年，每个县（市、区、旗）至少有 1 所老年大学。完善志愿服务政策措施，深入开展"银龄行动"，引导老年人以志愿服务形式积极参与基层民主监督、移风易俗、民事调解、文教卫生等活动。

六是大力推进老年友好型社会建设。推动为老服务行业和领域进行适老化转型升级，为老年人提供友善服务。坚持传统服务方式和智能化服务创新并行，推动解决老年人"数字鸿沟"困难。积极推进全国示范性老年友好型社区建设，加大对道路交通设施、公共交通工具以及老年人住宅等适老化和无障碍改造力度。盘活和整合资源，为老年人提供文化体育活动场所。推广老年人凭身份证等有效证件享受各项优待政策。支持有条件的地方落实外埠老年人同等享受本地优待项目。

七是加快推动老龄产业发展。加强老年辅助器材及产品的研发创新，优先发展老年人护理照料、生活辅助、功能代偿增进等老年辅助科技用品。加快建立完善老年用品和服务的国家标准体系、统一认证制度。优化营商环境，支持发展银发经济，规划布局一批高水平的银发经济产业园区。综合运用规划、土地、住房、财政、投资、融资、人才等支持政策，引导各类主体提供普惠养老服务，落实社会力量举办养老机构支持政策，扩大服务供给，提高服务质量。

八是完善老龄工作保障体系。加强党对老龄工作的全面领导，健全完善国家、省、市、县、乡镇（街道）老龄工作部门协同体系，强化老龄委、老龄办统筹协调、督促检查职能，充分发挥各成员单位积极作用。强化基层老龄工作统筹和力量配备，发挥村（居）民委员会的积极作用，推动老龄工作任务在城乡社区落实落地。推动基层老年协会规范化建设。加快建设适应新时代老龄工作需要的专业技术、社会服务、经营管理、科学研究等人才和志愿者队伍。适应今后一段时间老龄事业发展的资金需求，完善老龄事业发展财政投入政策和多渠道筹资机制，继续加大中央预算内投资支持力度，鼓励和引导社会力量积极参与老龄事业发展。

第六节　养老服务和老龄工作的发展展望

党的十八大以来，党和国家高度重视养老服务体系建设和老龄事业发展。习近平总书记作出系列重要指示批示，为新时代养老服务和老龄工作发展提供了根本遵循。国务院及其有关部门出台一系列政策措施，为实施积极应对人口老龄化国家战略奠定了坚实基础。当前我国养老服务体系建设处于加快推进的阶段，养老服务体系建设思路日益清晰，制度建设不断加强，在实践中取得了积极成效，有效满足了老年人的养老服务需求。但是，与快速老龄化进程中日益增长的养老服务需求和美好生活需求相比，养老服务体系建设依然存在诸多问题与短板。未来需要立足我国国情，借鉴国际经验，进一步加快推进养老服务的发展。

一、不断完善基本养老服务体系

党的二十大报告提出，推动实现全体老年人享有基本养老服务。此前党的十九届五中全会也曾提出，实施积极应对人口老龄化国家战略，"十四五"规划也提出推动养老事业和养老产业协同发展，健全基本养老服务体系，以及中共中央、国务院印发的《关于加强新时代老龄工作的意见》也要求"建立基本养老服务清单制度"。健全基本养老服务体系，是实施积极应对人口老龄化国家战略的重要内容，也是推进老有所养、提升老年人获得感和幸福感的必然要求。积极应对人口老龄化，要认真贯彻落实党中央决策部署，健全以居家社区机构相协调、医养康养相结合的多层次养老服务体系，多渠道、多领域扩大适老产品和服务供给，不断提升产品和服务质量。

一是加强制度设计，形成养老工作合力。应对人口老龄化是一项系统工程，需要全社会共同努力。政府部门要发挥主导作用，按照党中央、国务院部署，结合本地实际情况，建立健全养老服务业发展政策框架体系，明确工作机制和部门责任分工。科学制定发展规划和实施方案，合理安排目标任务，形成民政、卫生健康、发展改革、财政等部门各司其职、主动作为及社会力量积极参与的工作格局。建立健全各类养老服务主体进入养老领域的门槛标准，规范各类主体从事养老服务的行为准则，完善监管措施，为老有所养奠定良好制度基础。坚持绩效考核与养老工作挂钩，激励相关部门履行职责、创先争优，推动养老工作健康开展。

二是培育多元主体，满足多元化养老需求。积极支持各类养老主体发展，激活养老服务市场，推动养老服务社会化。政府要增加养老服务方面的财政投入力度。加强养老设施建设和适老项目改造工作，推进道路、小区、住房等无障碍规划和适老化改造；逐步增加城乡居民基本养老保险支付数额，提高老年人尤其是农村老年人自身养老能力和购买服务能力。积极发展机构养老服务。支持各类主体建设不同类型的养老机构，满足不同层次老年人养老服务需求；规范各类养老机构服务行为，确保养老机构合法经营、健康运行。增强社区养老服务供给能力。整合社区养老服务资源，建立社区老年服务中心，满足社区养老需求。健全医养结合机制。推动医养服务有效衔接，开展医疗卫生机构和养老服务机构共建共享；大力推进医疗资源下沉，充实基层医疗卫生技术力量，完善基层医疗卫生服务网络；鼓励和支持社会力量通过市场化运作方式开办医养结合养老机构，为老年人提供多层次、多样化的医养结合服务。

三是优化资源配置，补齐养老服务短板。养老基本公共服务均等化是指全体符合条件的老人都能公平可及地获得大致均等的养老基本公共服务。加快推进养老基本公共服务均等化，对于补齐养老服务短板、满足人民日益增长的美好生活需要具有重要意义。要健全完善养老服务均等化政策体系，解决好养老服务资源总量不足、配置不均等问题，逐渐实现统一安排、统一规划、统一使用，提高养老资源和服务设施利用效率。加大农村养老服务设施建设力度，完善农村居家养老服务网络，发展符合乡情民意的多种形式农村互助养老服务。注重高龄老人、失能老人、空巢老人、经济困难家庭老人等重点老年人群的养老权益保障，确保他们能够享受普惠型的养老服务。

四是弘扬家庭美德，形成良好社会风尚。家庭是社会的基本细胞，家庭养老是养老服务体系不可或缺的一部分。我们中华民族有着深深的家庭情结，注重家庭、注重家教、注重家风，注重弘扬家庭美德、促进家庭和睦。要积极弘扬尊老敬老、爱老孝老的中华传统美德，把孝亲敬老纳入社会主义核心价值观宣传教育。倡导现代家庭文明观念，树立良好家风，教育引导人们传承中华孝道，自觉承担赡养义务。积极营造支持家庭承担养老功能的社会环境，充分利用形式多样的传播手段，广泛宣传孝亲敬老观念，让尊老敬老传统美德在家庭中生根、在亲情中升华，在全社会形成风尚。

二、探索建立混合型资金保障体系

资金筹集是社会养老服务的动力机制，基于准市场理论的责任共担体系，研究建立混合型筹资模式，将成为解决养老服务资金来源的一条重要途径。

一是探索建立广泛可及、精算平衡的长期照护风险分摊机制。普遍广泛的覆盖范围、风险共担的筹资机制是长期护理保障制度建设的基本方向。风险共担机制通过扩大覆盖面"对冲"高度不确定的失能风险。因此，无论站在公平还是效率的立场，向全体国民提供基础普惠的照护服务都是理性的政策选择。我国养老服务起步较晚，但现阶段劳动力资源较为丰富、社会老年抚养负担尚可承受，扩大基本养老服务覆盖面所引致的财政支出相对可控，而拓展覆盖面为社会保险精算平衡提供了相对充足的参保基数。应牢牢抓住这一机会窗口，稳步推进长期照护服务均等化，争取以较低的成本消解照护需求压力。需要说明的是，接受长期照护资格的普惠性并不排斥基于家计调查的选择性福利以及使用者付费义务。例如，荷兰的现金津贴计划虽面向所有照护依赖者，但给付水平是与收入相关的；几乎所有经济合作与发展组织（OECD）成员国的公共长期照护体系都包含个人付费服务。

二是以混合策略治理财务风险，有效支持照护依赖群体。社会保险与长期护理津贴是风险分摊的两种主要机制，前者强调个人权利和义务相对等的全社会范围内互济共担；后者则是政府直接向照护依赖者发放护理津贴，供其自主选择有偿专业护理，或与非正式照料者共同使用。我国推行这两种模式有不少困难。首先，单独设立强制性长期护理保险会增加个人、企业的经济负担，而通过医疗保险覆盖照护费用，会加大医保基金压力。其次，以税收为基础的护理津贴模式多见于北欧国家，成本高昂。例如，2017 年，挪威（3.3%）、瑞典（3.7%）、丹麦（2.5%）长期照护公共支出占 GDP 的比例均超过 OECD 国家平均水平（1.7%），是我国公共财政难以承受的。因此，有必要探索更优的策略。

综上所述，我国对照护依赖成本的分担方式必然是混合策略的，即综合使用社会保险、普遍性公共服务、基于家计调查的长期照护服务补贴、兜底性质的现金、实物或服务救助等多样化政策工具，形成一张多层次、全方位的基本养老服务保障网络。值得一提的是，应抓紧研究论证建立长期护理保险的财政可行性，尽快制定全国统一的政策范式或指导意见，避免试点地区形成路径依赖。

三、构建现代家庭养老支持系统

家庭养老服务支持政策，是指为支持和巩固家庭养老服务而采取的各项政策措施的总称。家庭养老服务支持政策可以对老年人、配偶、子女进行直接支持，也可以对非营利机构、志愿者等进行间接支持。该政策会让更多社会组织参与养老服务事业，分担政府的责任。政府、社会、市场提供的外部支持与家庭成员对居家老人的内部支持，都要在国家统筹的前提下充分调动资源，通过对家庭成员的支持增强"造血"功能，进而扩展家庭养老新功能。

在完善养老服务体系的过程中，应该着眼于老年人的服务需求，巩固和加强家庭在养老服务提供中的基础地位和作用。未来应该完善家庭支持网络，朝向家庭本位的社会政策体系，构筑养老服务体系的家庭根基。应该在现有的基础上探索构建立体式家庭养老服务支持体系，即支持主体多元、支持内容多维、支持举措多面，全面构筑家庭养老服务支持体系，具体内容主要包括以下几个方面：完善税收优惠政策，主要包括所得税、购房税、遗产税；完善住房建造、住房价格、住房贷款、住房税收等方面的支持政策；落实正常的法定假日、落实探亲假与年假、增设高龄照护假，建立照料者喘息制度；落实和完善现有的三项补贴制度；尽快建立高龄、失能老人照料者津贴制度；强化家庭导向，完善医疗保险、养老保险、老年社会救助、老年人福利等与老年人需求相关联的社会保障制度。

四、打造以科技为支撑的养老服务递送体系

居家、社区、机构相协调，是增强养老服务递送体系可及性，实现广大老年人就近就便享受养老服务的有效路径，而信息化、"互联网＋"、人工智能等新兴技术将在其中发挥关键作用。

一是运用人工智能精准识别和预测老年人服务需求。精准识别养老需求是实现居家、社区、机构融合式发展的前提，应将人工智能技术广泛应用于老年人需求表达，准确捕捉健康状况、支付能力、代际关系、生活境况等因素对养老服务需求的影响机制，为建立居家、社区、机构相协调的基层服务递送网络提供清晰可见的靶向。例如，有研究建议开发"健康模型"人工智能算法，深度学习老年人的身体机能、既往病史、环境场景等数据信息，预测发生重大疾病或丧失自理能力的风险。这样，基于对真实生活场景中老年服务需求的分析识别，构建精准高效的智能化需求表达机制，使社区、机构养老设施有所"锚定"，有望大幅提升供需对接效率。

二是依托信息通信技术构建社区初级服务缓冲带和供需对接平台。相较于西方，我国老年人"安土重迁"情怀更浓，对"在地养老"的需求更加迫切，而社区作为机构与居家的"连接器"，应该在实现老年人"就近就便养老"愿望方面发挥关键作用。一方面，应着力打造社区居家初级服务"缓冲带"，向居家老人提供就餐、短期照料、心理慰藉等基础普惠服务，并为专业机构延伸居家社区服务发挥枢纽桥梁作用；另一方面，应加快建立社区养老资源整合平台，将老年人需求信息、服务递送数据、设施分布信息汇聚到统一平台，并依托基础信息数据库实现供需两端的互动反馈、精准对接。社区

养老的"一带一平台"可以对老年人服务需求进行初筛和分流，从而疏解居家、机构两端压力，并为"机构居家化""居家机构化"破除信息交互梗阻。

三是推动智能化渗透养老服务网络，大幅提升递送的可及性、精准性。应当把人工智能和信息通信技术作为推动提高服务递送质量与效率的主要工具。新兴技术在养老服务场景中的深度渗透，可以最大限度地实现照护依赖老人在家养老，降低他们对机构照护的依赖性。应升级居家养老设施，拓宽家庭接受社区、机构养老服务的输送渠道，使老年家庭能够更加顺畅地对接外部养老资源。例如，上海市民政局、医疗保障局、财政局于 2019 年联合印发《上海市开展家庭照护床位试点方案》，依托有资质的养老机构，将专业照护服务延伸至老年人家中，使老年人家中的床位成为具备"类机构"照护功能的床位。

五、推动人才队伍建设

应加大政府支持力度，从人才招募和保留、专业化建设以及家庭照料帮扶等方面整合发力。

一是多措并举扩大人才供给。实施剩余劳动力激励项目，通过职业介绍、技能培训、岗位补贴，以及提供就近就便服务岗位等方式，将劳动力市场边缘群体导流至养老服务领域。例如，芬兰赫尔辛基鼓励长期失业群体帮助照料居家老人，工作培训师指导并激励他们进入护理行业。据统计，40% 的家庭护理支持小组转向有偿工作或为了入行照护服务而接受培训。量力而行建立护理岗位补贴制度，逐步改善养老服务人员的薪酬待遇。例如，日本在地级市层面设立了专项基金，用以支持服务供应商提高雇员工资，这使受资助的服务机构将工资每月增加 1.5 万日元/人（约合人民币 996 元），并且，如果拥有更多的认证护理人员，或自 2009 年以来聘用 3 名以上的护理管理者，服务提供方还可以获得额外补贴。此外，按照离职概率随从业时间递减的规律，实施梯度补贴，也是不错的政策选项。

二是提高护理服务的专业性，开辟通畅可行、预期稳定的晋升渠道。应着眼于技能强化与机会扩展，打造更具吸引力的职业培训体系，切实提升养老服务从业经验和各类岗位培训对人力资本的积累效应，尤其是扩大从业人员进阶性职业流动的可能性。应综合运用公共就业服务网络、政府购买专业培训服务、在岗培训补贴等多种形式，在行业发展初期加快形塑养老服务的专业性。例如，日本政府资助离职者、其他行业中有意愿从事养老服务的人接受照护培训，并通过"你好工作"（Hello Work）等公共就业服务项目向求职者提供免费的长期护理训练；在职护理人员进修学习，政府会补贴机构的雇佣替换成本；来自日本照护工作基金会的长期照护能力建设顾问和职业咨询师会通过家庭或机构访问、电话和发邮件等形式向护理人员提供咨询和支持。此外，以工人为中心的政策能够增加养老服务从业人员的满意度，从而降低离职率。

三是开发人工智能岗位，破解养老服务"用工荒"。通常认为，人工智能对中等技能劳动就业岗位的替代效应会减少护理人员需求，降低市场均衡工资，从而稳定老年服务供给价格。

六、建立符合现代养老服务业发展要求的监督管理和风险防控体系

随着"放管服"改革不断深入，我国养老服务监管体制迎来新一轮优化升级，重心由事前移至事中、事后，更加强调过程监管和结果考核，更加凸显跨部门协同监管的重要性。新规旧政转换中的信息断环与监管盲区值得警惕，关键是搭建好综合性监管制度框架。

一是"包容审慎"施加管制约束。按照成本效益最大化的原则设定监管标准，既要强化养老服务安全底线，又要适当放宽行业准入门槛，追求以最少管制、最低成本，确保安全性，提升可及性，充分释放养老服务市场活力；整合并精简监管标准，建立集建筑、消防、食品、医疗卫生、环保、服务等规范于一体的综合性、强制性基准线，从源头疏通"消防审验难"；加大强制性国家标准贯彻落实的审查力度，防范、排查、整治服务安全隐患。例如，在葡萄牙，有5个区域性协作团队根据国家最低标准对服务提供商开展动态监测，并进行年度审计。

二是加强过程监管和标准化建设。综合运用行政手段与经济手段，通过委托第三方评估机构等方式，负责监测和评估是否按照标准提供服务，服务对象的受益情况和满意度。推进老年人能力和需求评估工作，统筹面向机构

养老、社区养老和居家养老的服务监管，结合养老行业信用体系建设逐步实行养老服务信息公开制度。一些 OECD 国家在采用上述政策的同时，还利用评估工具来记录照护依赖群体的需求信息，用于审计、绩效评价、满意度调查以及政策创制。

三是运用市场激励改进服务质量。建立包括基于绩效评估的购买服务或补贴制度，以鼓励服务提供方完善流程，提高护理质量。例如，美国纽约州、威斯康星州、亚利桑那州在机构养老领域推行了一种基于价值的采购模式，服务供应商需要接受严格的绩效评估，评估指标包括员工资质、诊疗与护理的适当性等方面，高质量的服务设施可以获得额外退税或补贴。日本在介护保险支付条款中增添了"面向绩优服务商的财务激励"，若经过有效护理可由住院转为居家的老人达到一定数量，养老院可以得到额外的支付积分。

相关政策文件：

1.《中华人民共和国老年人权益保障法》（2018 年 12 月）

2.《国务院关于加快发展养老服务业的若干意见》（2013 年 9 月）

3.《民政部关于建立养老服务协作与对口支援机制的意见》（2013 年 12 月）

4. 全国老龄办等 24 部门《关于进一步加强老年人优待工作的意见》（2013 年 12 月）

5.《民政部办公厅关于开展国家智能养老物联网应用示范工程的通知》（2014 年 6 月）

6.《财政部 国家发展改革委 民政部 全国老龄工作委员会办公室关于做好政府购买养老服务工作的通知》（2014 年 8 月）

7.《财政部 民政部 全国老龄工作委员会办公室关于建立健全经济困难的高龄失能等老年人补贴制度的通知》（2014 年 9 月）

8.《国家发展改革委 民政部关于规范养老机构服务收费管理促进养老服务业健康发展的指导意见》（2015 年 1 月）

9.《民政部 公安部关于印发〈社会福利机构消防安全管理十项规定〉的通知》（2015 年 8 月）

10.《国务院办公厅转发卫生计生委等部门关于推进医疗卫生与养老服务相结合指导意见的通知》》（2015 年 11 月）

11.《民政部 财政部关于中央财政支持开展居家和社区养老服务改革试点工作的通知》（2016 年 7 月）

12.《全国老龄办 最高人民法院 最高人民检察院 公安部 民政部 司法部关于进一步加强老年法律维权工作的意见》（2016 年 12 月）

13.《国务院关于印发"十三五"国家老龄事业发展和养老体系建设规划的通知》（2017 年 3 月）

14.《国务院办公厅关于制定和实施老年人照顾服务项目的意见》（2017 年 6 月）

15.《民政部办公厅关于进一步做好养老服务领域防范和处置非法集资有关工作的通知》（2018 年 8 月）

16.《民政部 国家发展改革委 国务院扶贫办关于印发〈深度贫困地区特困人员供养服务设施（敬老院）建设改造行动计划〉的通知》（2018 年 10 月）

17.《国务院办公厅关于推进养老服务发展的意见》（2019 年 3 月）

18.《民政部关于进一步扩大养老服务供给促进养老服务消费的实施意见》（2019 年 9 月）

19. 人力资源社会保障部、民政部《养老护理员国家职业技能标准(2019 年版)》（2019 年 9 月）

20.《民政部关于印发〈养老服务市场失信联合惩戒对象名单管理办法（试行）〉的通知》（2019 年 10 月）

21.《养老机构服务安全基本规范》（2019 年 12 月）

22.《民政部 中央政法委 最高人民法院 最高人民检察院 公安部 司法部关于规范养老机构服务行为做好服务纠纷处理工作的意见》（2020 年 7 月）

23.《养老机构管理办法》（2020 年 9 月）

24.《国务院办公厅关于建立健全养老服务综合监管制度促进养老服务高质量发展的意见》（2020 年 12 月）

25.《国家发展改革委 民政部 国家卫生健康委关于印发〈"十四五"积极应对人口老龄化工程和托育建设实施方案〉的通知》（2021 年 6 月）

26.《民政部 市场监管总局关于强化养老服务领域食品安全管理的意见》（2021 年 9 月）

27.《民政部 住房和城乡建设部 市场监管总局关于推进养老机构"双随机、一公开"监管的指导意见》（2021 年 11 月）

28.《民政部 国家开发银行关于"十四五"期间利用开发性金融支持养老服务体系建设的通知》（2021 年 11 月）

29.《中共中央 国务院关于加强新时代老龄工作的意见》（2021 年 11 月）

30.《国务院关于印发"十四五"国家老龄事业发展和养老服务体系规划的通知》（2021 年 12 月）

31.《国家发展改革委等部门印发〈养老托育服务业纾困扶持若干政策措施〉的通知》（2022 年 12 月）

32.《中共中央办公厅 国务院办公厅关于推进基本养老服务体系建设的意见》（2023 年 5 月）

33.《民政部 国家消防救援局关于印发〈养老机构消防安全管理规定〉的通知》（2023 年 6 月）

34. 民政部等 11 部门《积极发展老年助餐服务行动方案》（2023 年 10 月）

35. 民政部等 12 部门《关于加强养老服务人才队伍建设的意见》（2023 年 12 月）

第十章　婚姻管理服务

婚姻和谐关系民生幸福和社会稳定。为规范公众的婚姻行为和婚姻关系，党和政府从立法规范、司法调整及行政管理等方面，对我国的婚姻管理制度与婚姻法规体系进行了完善，为不同时期的婚姻管理工作提供了法律依据。2021 年 1 月 1 日实施的《中华人民共和国民法典》是以习近平同志为核心的党中央坚定推进全面依法治国的重大成果。民法典"婚姻家庭编"进一步完善了我国婚姻家庭法律制度，为创新婚姻管理服务、提升社会治理水平提供了行动指南。民政部门作为婚姻管理的行政机关，在婚姻管理工作中，始终以法律为根本依据，以行政法规为基本遵循，制定了一系列部门规章和政策文件，设立婚姻登记机关，依法确认和解除公民的婚姻关系。在此基础上，拓展婚姻管理服务领域，倡导文明婚俗，推进婚姻家庭文化建设，引导公众建立维护平等、和睦、文明的婚姻家庭关系。做好婚姻管理服务工作，关系亿万群众的切身利益，关系家庭幸福，关系社会稳定与发展。

第一节　婚姻管理概述

婚姻管理服务是一项涉及人民群众切身利益、社会关注度高的工作。我国的婚姻管理制度建设遵循"婚姻自由、一夫一妻、男女平等"原则。为适应不同时期社会管理及经济社会发展需要，国家和民政部门出台了一系列法规政策，为有效规范公众的婚姻家庭行为，维护和谐的婚姻家庭关系提供了政策保障。

一、婚姻管理概念

（一）婚姻

婚姻是人类社会发展到一定阶段的产物，是为当时社会制度所确认的，男女两性互为配偶的结合。① 婚姻是社会关系的基础，是形成家庭的重要纽带。婚姻家庭法律关系既包括人身关系，也包含财产关系。我国在不同历史时期、不同民族有着不同的婚姻形式，主要有"群婚制""对偶婚制""一夫一妻制"等。"群婚制"是原始社会的社会组织形式，是指一群女子与一群男子互为夫妻的婚姻形式。经历了低级形态的血缘群婚制和高级形态的亚血缘群婚制两种形式，血缘群婚制是具有血缘关系的同辈男女之间形成的婚姻集团；亚血缘群婚制仍是同辈男女之间的集团婚，但却在两性关系上排除了姐妹兄弟，最初排除的是直系血亲的姐妹兄弟，后来排除的还包括了较近的旁系血亲的姐妹兄弟。"对偶婚制"产生于原始社会晚期，是指一个男子在一群女子中有一个主妻，而一个女子在一群男子中有一个主夫，男子与主妻或女子与主夫在一定时期内相对稳定地生活，但并不排斥与其他异性保持两性关系。"对偶婚制"既具有群婚制的某些特征，又有一夫一妻制的雏形。"一夫一妻制"又称个体婚制，是指任何人在同一时期内不得有两个或两个以上配偶的婚姻制度。婚姻的缔结，世界各国大致有三种形式：一是登记制，二是仪式制，三是登记与仪式结合制。我国历史上曾长期实行仪式婚制，即采取"三书六礼""非媒不婚"的聘娶婚制；传统婚姻的解除，则一般是丈夫对妻子适用"七出三不去"的原则。"中华民国"时期我国开始实行婚姻登记；革命根据地时期，我国曾以法律形式规定婚姻登记制度；新中国成立后，婚姻登记制度逐步完善。

"婚姻"由来及习俗

"婚姻"一词的由来——东汉班固等编撰的《白虎通》：婚者谓昏时行

---

① 房绍坤，范李瑛，张洪波. 婚姻家庭与继承法（第六版）[M]．北京：中国人民大学出版社，2020：3.

礼，故曰婚，姻者妇人因夫而成，故曰姻。

"三书六礼"——是旧时汉族婚姻习俗礼仪。"三书"指在"六礼"过程中所用的文书，包括聘书、礼书和迎书。"六礼"是指由求婚至完婚的整个结婚过程。《仪礼》："昏有六礼，纳采、问名、纳吉、纳征、请期、亲迎。"六礼之中，纳征和亲迎最为重要。

"七出三不去"——"七出"是古代男性休妻的标准理由，"三不去"则是不可休妻的理由。"七出"：无子、淫佚、不事姑舅、口舌、盗窃、妒忌、恶疾。此七条出自汉代《大戴礼记》。"三不去"：有所娶无所归，与更三年丧，前贫贱后富贵。

（二）婚姻管理服务

婚姻管理服务是行政机关运用法律和行政手段对婚姻行为的指导、确认和规范，以建立与社会相适应的婚姻制度和婚姻秩序。民政部门作为婚姻管理服务的主体，其职责包括：贯彻执行婚姻法律规范，参与制定婚姻管理法规，制定和完善与婚姻法律法规配套的婚姻登记规章；建立婚姻管理工作体系；发挥婚姻管理在社会治理中的基础作用，规范公众的婚姻家庭行为，解决婚姻管理领域的突出问题，依法维护我国一夫一妻、男女平等的婚姻家庭制度。其中，婚姻登记管理是民政部门的重要职能，是婚姻管理服务的首要任务。

婚姻登记是婚姻登记机关依法对男女双方自愿确立或解除婚姻关系进行甄别，给予确定、认定的具体行政行为，包括结婚登记和离婚登记。婚姻登记属于行政确认，而不是行政许可。婚姻登记是男女双方在婚姻登记机关依法确立或解除婚姻关系的法定程序。公民享有婚姻自由，婚姻关系的确立或解除，以当事人自愿为基础。无论是结婚还是离婚的权利，都是公民依法享有的，而不是由行政机关赋予的。婚姻登记行政机关的职责仅是对当事人自愿缔结或解除婚姻关系进行如实记载和确认。行政许可是指行政机关根据公民、法人或其他组织的申请，经依法审查，准予其从事特定活动的行为。行政许可是"授权"行为，而婚姻登记是"确权"行为；行政许可可以附期限，而婚姻登记不能附期限；准予行政许可的决定，公众有权查阅，而对婚姻登记的查阅则有条件限制。

婚姻登记的性质

2003 年民政部办公厅在答复安徽省民政厅时曾指出："办理婚姻登记并不是行政审批，而是婚姻登记机关在对当事人婚姻关系的合法性加以确认后，进行正式登录和记载，并签发婚姻登记证书。个别地方把办理婚姻登记当作行政审批进行改革的做法，不应支持。"民政部办公厅的答复明确了婚姻登记不属于行政许可，而是行政确认。

二、婚姻管理服务功能作用

婚姻管理服务是社会管理和公共服务的重要组成部分，兼具社会性和群众性。做好婚姻管理服务工作，是有效维护我国婚姻制度，规范社会公众婚姻家庭行为，保护婚姻当事人合法权益，推进婚姻家庭法治化建设的有力保障。

（一）贯彻"婚姻自由、一夫一妻、男女平等"的基本原则

民法典"婚姻家庭编"明确规定："实行婚姻自由、一夫一妻、男女平等的婚姻制度。"这是我国婚姻法律制度的基本原则。婚姻自由，是指婚姻当事人依法享有自主决定自己婚姻的权利，包括结婚自由和离婚自由。实行婚姻登记制度，可以防止包办、买卖婚姻和其他干涉婚姻自由的行为。一夫一妻，是指一男一女结为夫妻的婚姻形式。结婚登记是缔结合法婚姻关系的必经程序，通过结婚登记，可以审查当事人是否符合一夫一妻制。男女平等是与男尊女卑相对立的，是实现婚姻自由的制度保障。通过结婚登记缔结婚姻关系的当事人，在婚姻家庭中地位平等。

（二）保护婚姻当事人的合法权益

依法完成结婚登记的当事人之间确立的婚姻关系，受法律保护。在财产关系方面，表现为夫妻在婚姻关系存续期间所得的某些财产归夫妻共同所有，夫妻还有相互继承遗产的权利；在人身关系方面，夫妻有相互扶养的义务，需要扶养的一方，在另一方不履行扶养义务时，有要求其给付扶养费的权利。

当事人依法办理婚姻登记，才能够依法维护自身的合法权益。

（三）提升社会管理服务与治理水平

随着社会经济的飞速发展，人口流动性极大增强，当事人异地办理婚姻登记的需求日益增多，民政部门坚持以人为本，有序推进婚姻登记跨区域通办。同时，依法认真开展婚姻登记审查，妥善处理以冒名顶替或弄虚作假的方式办理婚姻登记问题，维护婚姻登记制度的严肃性。另外，婚姻登记诚信体系的建立完善、婚俗改革试点的建设推进，使我国的婚姻管理服务工作更加符合国家利益、社会利益和当事人的利益，推动了社会管理服务与治理水平不断提升。

（四）促进家庭和谐，维护社会稳定

由婚姻而形成的家庭承担着人口再生产、组织消费、教育等重要社会功能。家庭和谐是构建和谐社会的必然要求，关系到社会的稳定、国家的发展、民族的进步。当今社会，人们的婚姻家庭观念不断变化，冲动离婚现象增多。为稳定婚姻家庭关系，民法典在登记离婚中增设了冷静期规定，展现了婚姻管理对维护家庭稳定的重视。婚姻登记管理工作承载着向当事人宣传婚姻法律法规、宣传先进婚姻文化、倡导树立正确婚姻家庭观念的服务功能。婚姻登记机关依托婚姻登记平台，建立婚姻信息动态管理机制，并通过开展婚姻家庭辅导服务，弘扬社会主义核心价值观，传承中华优秀传统婚姻家庭文化，增强夫妻双方的家庭责任感，培育文明家风。

三、婚姻管理服务的发展历程

（一）婚姻管理行政法规、政策体系的完善

为保证婚姻登记工作的顺利开展，国务院在不同时期分别批准出台了5部关于婚姻登记的行政法规。1955年6月1日，内务部发布了经国务院批准的《婚姻登记管理办法》。1980年婚姻法颁布后，经国务院批准，民政部于同年11月11日发布《婚姻登记办法》。为适应改革开放以来婚姻登记工作出现的新情况、新问题，经国务院批准，民政部于1986年3月15日颁布新修订的《婚姻登记办法》。之后，再经国务院批准，民政部于 1994 年 2 月 1 日颁布《婚姻登记管理条例》。婚姻法于 2001 年修订之后，2003 年 8 月 8 日国务院公布了《婚姻登记条例》，自 2003 年 10 月 1 日起施行。

为切实保障婚姻法律法规的贯彻落实，进一步规范婚姻登记工作，民政部还相继颁布了《中国与毗邻国边民婚姻登记管理试行办法》《大陆居民与台湾居民婚姻登记管理暂行办法》《婚姻登记档案管理办法》《中国边民与毗邻国边民婚姻登记办法》等重要规章，印发了《婚姻登记工作暂行规范》《婚姻登记工作规范》，下发了进一步规范婚姻登记记录证明、停征婚姻登记费、启用全国婚姻登记工作标识等规范性文件。2020 年 11 月 24 日，民政部下发了《关于贯彻落实〈中华人民共和国民法典〉中有关婚姻登记规定的通知》，完善了《婚姻登记条例》《婚姻登记工作规范》与民法典有关婚姻规定政策的配套衔接。自我国第一部婚姻法实施以来，民政部单独或与有关部门联合制定婚姻登记行政法规、规章以及规范性文件 300 多个。各地民政部门结合当地工作情况和实际需要，也制定了大量的地方规章。我国已经形成了以婚姻法律为基础，以部门规章、地方政府法规为支撑，以相关政策文件和标准为补充的婚姻管理法律制度体系，为婚姻管理工作法治化和规范化奠定了坚实基础。

婚姻法的产生及历史沿革

1948 年 9 月，解放区妇女工作会议在河北西柏坡召开。会议期间，刘少奇向邓颖超等中央妇委的同志布置了起草婚姻法的工作。刘少奇说："新中国成立后，不能没有一部婚姻法，我们这么个五亿多人口的大国，没有一部婚姻法岂不乱套了？这个任务交给你们中央妇委。"解放区妇女工作会议结束后，中央妇委立即成立了"婚姻法"起草小组。该小组由邓颖超主持，成员有中央妇委秘书长帅孟奇，委员康克清、杨之华、李培之、罗琼和曾在上海复旦大学学习法律的王汝琪，由王汝琪执笔。婚姻法（草案）经过修改后，于 1950 年 1 月 21 日由中央妇委呈送党中央。1950 年 4 月 13 日，经中央人民政府委员会第七次会议审议通过了新中国成立后的第一部婚姻法《中华人民共和国婚姻法》。

第一部《中华人民共和国婚姻法》于 1950 年 5 月 1 日起正式实施。第二部《中华人民共和国婚姻法》经第五届全国人民代表大会第三次会议通过后，于 1981 年 1 月 1 日起实施，第一部《中华人民共和国婚姻法》同时废止。2001 年 4 月 28 日第九届全国人民代表大会常务委员会第二十一次会议，对第二部《中华人民共和国婚姻法》进行了修订。现行的经第十三届全国人大三次会议通过的《中华人民共和国民法典》，将婚姻法与收养法的内容合并为"婚姻家庭编"，自 2021 年 1 月 1 日起施行，2001 年修正的《中华人民共和国婚姻法》同时废止。70 多年来，我国婚姻法律制度与时俱进、不断健全，婚姻登记管理制度日臻完善。

（二）婚姻登记管理体制的演变

婚姻登记管理体制是指婚姻登记行政部门的组织形式、权责关系和活动方式的总和，是婚姻管理、服务工作的行政基础和婚姻家庭政策的实现路径。新中国成立以来，我国的婚姻登记管理体制随着婚姻法律法规的修正、完善，以及行政区划、社会结构的变化进行了积极调整，不断适应我国社会发展和群众生活的新要求，保证了婚姻登记的依法开展。

1. 婚姻登记机构的变迁

为配合婚姻法的颁布实施，经国务院批准，婚姻管理行政部门于 1955 年、1980 年、1986 年相继出台了 3 个婚姻登记办法，在不同时期规定的办理婚姻登记的机构也不一样，乡、民族乡、镇人民政府，人民公社管理委员会，街道办事处，区公所，县、市、区人民委员会，市、区人民政府等都曾经设立办理婚姻登记的机关。其间，为方便群众还下放了办理婚姻登记的权限，规定距离婚姻登记机关路程较远、交通不便的地方，县（旗）人民政府可以委托就近的有关基层单位办理婚姻登记。1994 年颁布的《婚姻登记管理条例》（中华人民共和国民政部令第 1 号），首次明确了"国务院民政部门主管全国的婚姻管理工作。县级以上地方各级人民政府的民政部门主管本行政区域内的婚姻登记管理工作"。

为进一步解决当时管理体制中存在的问题，2003 年颁布的《婚姻登记条例》明确规定：内地居民办理婚姻登记的机关是县级人民政府民政部门或者乡（镇）人民政府，省、自治区、直辖市人民政府可以按照便民原则确定农村居民办理婚姻登记的具体机关；中国公民同外国人，内地居民同香港特别行政区居民、澳门特别行政区居民、台湾地区居民、华侨办理婚姻登记的机关是省、自治区、直辖市人民政府民政部门或者省、自治区、直辖市人民政府民政部门确定的机关。条例既适用于内地居民之间的婚姻登记，也适用于中国公民同外国人之间，内地居民同港澳台居民、华侨之间的婚姻登记。

2. 婚姻登记职能的变迁

为规范欠缺婚姻成立要件的违法婚姻的管理，1994年《婚姻登记管理条例》增加了登记机关的管理职能，赋予了登记机关对当事人骗取婚姻登记的撤销权及对当事人的处罚权。对有配偶的当事人重婚，其配偶不控告的，由婚姻登记管理机关向检察机关检举。单位或者组织为申请婚姻登记的当事人出具虚假证件和虚假证明的，婚姻登记管理机关予以没收，并建议该单位或者组织对直接责任人员给予批评教育或者行政处分。随着婚姻制度的完善与政府职能的转变，2003年实施的《婚姻登记条例》，取消了婚姻登记机关对当事人弄虚作假、骗取婚姻登记的撤销权及罚款的处罚权。2021年1月1日实施的民法典取消了婚姻登记机关撤销受胁迫婚姻的职能，这些改革淡化了婚姻登记机关的行政管理色彩，展现了婚姻法的民法特征，是行政机关适应时代发展变化的体现。

3. 婚姻登记程序的变迁

随着婚姻管理制度的日臻完备，婚姻登记程序不断规范化、人性化，日趋繁简适宜，体现了"以人为本"的服务宗旨。

为规范婚姻登记程序，推动婚姻登记管理工作的依法开展，民政部门结合不同时期婚姻登记工作的具体情况，多次下发通知，解决婚姻登记搭车收费等程序不规范和违法行为等问题，保护婚姻登记当事人的合法权益。1994年《婚姻登记管理条例》在登记程序上的变化有：在实行婚前健康检查的地方，申请结婚登记的当事人，必须到指定的医疗保健机构进行婚前健康检查，向婚姻登记管理机关提交婚前健康检查证明；婚姻登记管理机关对当事人的离婚申请进行审查，自受理之日起一个月内，对符合离婚条件的，应当予以登记，发给离婚证，注销结婚证；婚姻当事人办理婚姻登记时应当持有所在单位、村（居）民委员会出具的婚姻状况证明。

随着改革开放的进一步深入及经济社会发展需要，民政部门继续推进婚姻登记改革，规范依法登记程序，优化服务水平，保障公民的婚姻自由。对比1994年《婚姻登记管理条例》，2003年的《婚姻登记条例》主要变动如下：对婚前医学检查不再作强制性规定；取消了离婚受理期限，要求婚姻登记机关对符合条件的离婚申请当场予以办理；取消了由单位或村（居）民委员会出具证明的做法。2003年实施的《婚姻登记条例》是婚姻登记制度的重大改革，被评为当年推动中国社会进步的十大举措之一和十大法治建设成就之一。

统计数据显示，2013年至2019年，全国离婚率[①]从2.6‰增至3.4‰，呈上升趋势。2020年，全国离婚率为3.1‰。针对婚姻家庭领域内的新情况、新问题，为防止冲动离婚，2021年1月1日实施的民法典对婚姻制度再次进行了调整，增设了离婚冷静期制度，取消了婚姻登记机关对附条件的受胁迫结婚登记的撤销权。民政部门结合民法典的新规定，对婚姻登记工作程序进行了相应的调整，明确了离婚冷静期在离婚登记中的具体操作步骤和要求，各地婚姻管理部门及时升级了婚姻登记信息系统，确保婚姻登记程序的有效衔接。2021年我国离婚率下降为2.0‰，离婚冷静期制度效果显现。

（三）婚姻公共服务体系的建立

为了满足人民群众对美好生活的新期待，民政部门进一步健全婚姻家庭公共服务体系，将颁证服务形式引入结婚登记流程，增强当事人的婚姻仪式感，提升当事人对婚姻神圣庄严的认知和感受。加快婚姻登记历史数据补录进度，提升部门间信息共享质量和水平，加速完成信息体系的建设，为婚姻登记的跨区域办理奠定基础。建立婚姻登记严重失信当事人的信用约束和联合惩戒机制，加强婚姻登记领域信用体系建设。联合有关部门完善弄虚作假办理婚姻登记的纠错机制。推进"互联网＋婚姻服务"进程，在县级以上婚姻登记机关设置婚姻家庭辅导室和社会工作专业岗位，全面开展婚姻家庭辅导教育，初步探索离婚冷静期内为当事人开展婚姻危机干预的有效方法和措施。推进婚俗改革，营造良好社会风气。

---

① 离婚率计算公式为：当年离婚对数/当年平均总人口数×1000‰。

（四）两岸婚姻家庭合作交流渠道的拓宽

近年来，习近平总书记先后提出了"深化两岸融合发展""两岸一家亲""构建两岸命运共同体"等重要论述。两岸婚姻是两岸血脉亲情、友好往来的重要纽带。2012年，民政部成立了海峡两岸婚姻家庭服务中心。为推动两岸婚姻家庭合作交流，海峡两岸婚姻家庭服务中心举办了两岸国学书院，定期组织不同主题的海峡两岸婚姻家庭论坛、两岸婚姻家庭子女夏令营等活动，打造了一批有影响力的两岸婚姻家庭交流品牌项目。同时通过指导福建、山东、广东、浙江等地的两岸婚姻家庭服务机构开展工作，聚合两岸婚姻家庭群体力量，促进两岸婚姻家庭的融合。在开展两岸婚姻家庭服务工作过程中，秉持"两岸一家亲"理念，多次组织两岸新人集体婚礼、两岸婚姻家庭座谈会、两岸婚姻家庭辅导等活动，提高两岸婚姻家庭生活质量。为改善大陆配偶在台权益，多次与台湾有关方面进行沟通协商，帮助他们协调解决面临的各种问题。积极呼吁和争取两岸相关部门完善措施，推动两岸间政策优化对接，协助协调相关部门解决两岸婚姻当事人的合理诉求，促进了两岸婚姻家庭健康发展。

在婚姻登记服务管理工作中，各级民政部门充分利用婚姻登记工作平台，协助两岸婚姻当事人做好涉港澳台居民婚姻登记有关证明材料的办理、验证工作，宣传婚姻登记政策及两岸婚姻家庭政策，增强台湾居民对祖国大陆的了解和对两岸人民同宗同祖血浓于水的亲情认知，两岸婚姻家庭的沟通交流机制基本建立，婚姻家庭交流渠道不断拓宽。

第二节　婚姻登记管理

我国实行婚姻登记制度，包括结婚登记和离婚登记。各级婚姻管理部门依照法律、法规、规章的规定进行婚姻管理，认真贯彻宣传婚姻法律法规、倡导文明婚俗，按照法律法规及部门规章政策等要求，依法为婚姻当事人办理婚姻登记手续，保障婚姻当事人的合法权益。

一、结婚登记

结婚登记是男女双方在婚姻登记机关依法确立婚姻关系的法定程序[①]。结婚登记的条件包括必备条件与禁止条件。不符合结婚登记实质要件的登记结婚，属于无效婚姻情形。因受对方胁迫结婚；或一方患有重大疾病，在婚前不如实告知另一方的，属于可撤销婚姻情形。民法典规定，要求结婚的男女双方应当亲自到婚姻登记机关申请结婚登记。男女双方依法完成登记，领取结婚证，即确立婚姻关系。未办理结婚登记的，在依法补办登记后具有婚姻效力并可追溯。

（一）结婚登记类型

结婚登记类型可分为初婚、再婚和复婚。初婚是指男方或女方当事人的婚姻状况[②]为未婚的登记结婚。再婚是指当事人婚姻状况为丧偶或离婚，即原配偶死亡或与原配偶离婚后，再次与他人进行登记结婚。复婚是指男女双方当事人离婚后，自愿恢复婚姻关系，重新到婚姻登记机关登记结婚。

（二）结婚登记的条件

结婚登记的条件是指法律规定缔结婚姻必须具备的条件。根据法律规定可分为必备条件与禁止条件。结婚当事人只有双方同时符合登记的所有条件时，婚姻登记机关才能依法为其办理结婚登记。

1. 结婚登记的必备条件

结婚登记的必备条件指结婚当事人双方必须具备的不可缺少的条件。包括男女双方完全自愿，达到法定婚龄，双方均无配偶等。男女双方完全自愿是指结婚系当事人双方自愿结婚的意思表示，不存在任何一方对另一方的强迫，也不存在第三方的干涉。达到法定婚龄，是指当事人结婚的年龄，男不

---

① 民政部关于发布《婚姻登记术语》等5项行业标准的公告（第402号），MZ/T 082—2017《婚姻登记术语》4.1结婚登记。

② 《公安部关于启用新的常住人口登记表和居民户口簿有关事项的通知》（公通字〔1995〕91号）附件三，婚姻状况——根据本人的情况，已结婚的填"有配偶"，结婚后配偶死亡的填"丧偶"，结婚后离婚的填"离婚"，离婚后再婚的填"有配偶"，未婚的不填。

得早于二十二周岁，女不得早于二十周岁。双方均无配偶是指结婚当事人可在未婚、离婚、丧偶的婚姻状况下才能办理结婚登记，即双方当事人结婚登记必须符合"一夫一妻"的原则。

2. 结婚登记的禁止条件

结婚登记的禁止条件指结婚当事人双方之间不能存在法律禁止的血亲关系。民法典规定，直系血亲或者三代以内的旁系血亲禁止结婚。直系血亲包括当事人之间有垂直的血缘关系，包括父母与子女、祖父母与孙子女、外祖父母与外孙子女之间。三代以内旁系血亲，是指当事人源于相同的祖父母或外祖父母，包括同源于父母的兄弟姐妹（含同父异母或同母异父的半血缘的兄弟姐妹）及不同辈的伯、叔、姑、舅、姨与侄（女）、外甥（女），堂兄弟姐妹，表兄弟姐妹等。拟制血亲与通常意义上的血亲具有同等的法律效力，养父母与养子女属拟制的直系血亲，只有解除了收养关系方可办理结婚登记。①

另外，根据 2021 年 1 月《民政部关于贯彻执行〈军队人员婚姻管理若干规定〉的通知》，义务兵服现役期间不得申请结婚，军队院校生长学员本科、专科在校学习期间不得申请结婚；军队人员不能与外国公民、无国籍人，取得国外永久居留资格、长期居留许可的人，不符合军队人员政治考核规定对配偶的相关政治要求的人等结婚；军队人员原则上还不得与香港特别行政区、澳门特别行政区、台湾地区居民结婚。

拟制血亲

拟制血亲包括拟制直系血亲和拟制旁系血亲。

拟制直系血亲，是指当事人之间并没有真正的垂直的血缘关系，只是因为某些特定的法律关系成立后，构成了一种拟制的直系血亲。如收养关系成立后，养父母与养子女之间；再如继父母与继子女之间，都属于拟制的直系血亲。

拟制旁系血亲与拟制直系血亲一样，也因收养等法律事实的发生存在着拟制旁系血亲关系。拟制的血亲关系因构成拟制血亲的特定法律关系终止而结束时，禁止结婚的条件也随之解除。

---

① 詹成付，陈光耀. 婚姻法律知识问答［M］. 北京：中国大地出版社，2006：42.

（三）结婚登记前的告知要求

民法典删除了婚姻法中因患有医学上认为不应当结婚的疾病而禁止结婚的情形，将患有重大疾病的自然人结婚的选择权交由当事人行使，自主作出决定，但对当事人的诚信责任提出告知要求。民法典规定，患有重大疾病的当事人，在结婚登记前应当如实告知另一方；不如实告知的，另一方可以向人民法院请求撤销婚姻，且无过错方有权请求损害赔偿。

（四）结婚登记管辖

结婚登记管辖根据结婚登记对象设定。第一类是内地居民之间的结婚登记；第二类是内地居民与港澳台居民、华侨、外国人之间的结婚登记；第三类是双方均非内地居民的结婚登记。

1. 内地居民结婚登记管辖

内地居民可到男女双方任意一方常住户口所在地的婚姻登记机关办理结婚登记。部分地区进行了内地居民"跨省通办"结婚登记试点业务，即双方均为内地居民的，不但可以在一方当事人常住户口所在地办理结婚登记，也可以在任一方当事人经常居住地办理结婚登记。

现役军人由部队驻地、入伍前常住户口所在地或另一方当事人常住户口所在地婚姻登记机关办理结婚登记，实行"跨省通办"结婚登记试点业务的地区，现役军人还可以在另一方为内地居民的经常居住地办理结婚登记。办理服刑人员结婚登记的机关可以是一方当事人常住户口所在地或服刑监狱所在地的婚姻登记机关。男女双方均居住于驻在国的中国公民，可在中国驻该国的使（领）馆依照有关规定办理结婚登记。

2. 涉外和涉香港、澳门、台湾居民以及华侨的结婚登记管辖

中国公民同外国人，内地居民同香港居民、澳门居民、台湾居民、华侨在中国内地结婚登记，由内地居民常住户口所在地具有相应办理婚姻登记权限的登记机关办理。

3. 双方均非内地居民的结婚登记管辖

一方为外国人、另一方为港澳台居民或华侨，或者双方均为港澳台居民

或华侨，要求在内地办理结婚登记的，如果当事人能够出具《婚姻登记条例》规定的相应证件和证明材料，由当事人工作或生活所在地具有相应办理婚姻登记权限的登记机关办理。

一方为出国人员、另一方为外国人或港澳台居民，或双方均为出国人员，要求在内地办理结婚登记的，如果当事人能够出具《婚姻登记条例》规定的相应证件和证明材料，由出国人员出国前户口所在地具有相应办理婚姻登记权限的登记机关办理。

出国人员办理结婚登记，出具身份证、户口簿作为身份证件的，按内地居民婚姻登记规定办理；出具中国护照作为身份证件的，按华侨婚姻登记规定办理。

2019 年民政部公告第 456 号，取消了双方均为外国人的内地结婚登记办理。

（五）结婚登记的程序

结婚登记按照"初审—受理—审查—登记（发证）"的程序办理。申请结婚登记的当事人所持证件材料符合结婚条件，且经婚姻登记员确认具有管辖权的，当场予以登记，发给结婚证，当事人双方确立婚姻关系。对不符合结婚登记条件的，不予受理。

（六）婚姻效力

符合法定结婚实质要件的男女双方亲自到婚姻登记机关申请结婚登记，取得结婚证，确立婚姻关系，具有婚姻效力。而属于重婚情形或有禁止结婚的亲属关系或未到法定婚龄的当事人办理的结婚登记则婚姻无效。因受胁迫结婚或因患重大疾病在婚前未如实告知的，属于可撤销婚姻。被宣告无效或者被撤销的婚姻自始没有法律约束力，当事人不具有夫妻的权利和义务。

我国公民在国外办理的结婚登记的婚姻效力，根据 2011 年 4 月 1 日起施行的《中华人民共和国涉外民事关系法律适用法》：结婚手续，符合婚姻缔结地法律、一方当事人经常居所地法律或者国籍国法律的，均为有效。对此民政部曾复函①：只要不违背我国婚姻法的基本原则和中华人民共和国的社会公共利益，其婚姻关系在中国境内有效，但依照婚姻缔结地法律结婚的婚姻证件在中国境内使用，应在婚姻缔结地办理公证和该国外交部或外交部授权的机关认证，并经中国驻该国使、领馆认证。

二、离婚登记

离婚登记是男女双方在婚姻登记机关依法解除夫妻关系的法定程序。民法典规定，夫妻双方自愿离婚的，应当签订书面离婚协议，并亲自到婚姻登记机关申请离婚登记。自婚姻登记机关收到离婚登记申请之日起三十日内，任何一方不愿意离婚的，可以向婚姻登记机关撤回离婚登记申请。规定期限届满后三十日内，双方应当亲自到婚姻登记机关申请发给离婚证；未申请的，视为撤回离婚登记申请。婚姻登记机关查明双方确实是自愿离婚，并已经对子女抚养、财产以及债务处理等事项协商一致的，予以登记，发给离婚证。对不符合离婚登记条件的，不予受理。

（一）离婚登记的条件

要求办理离婚登记的当事人，必须双方自愿并达成离婚协议，离婚协议应当载明双方自愿离婚的意思表示和对子女抚养、财产以及债务处理等事项协商一致的意见。另外还需满足以下条件：双方均具有完全民事行为能力，其结婚登记必须是在中国内地或中国驻外使（领）馆办理的，申请离婚登记的当事人一方必须是内地居民。

（二）离婚登记的禁止条件

离婚登记的禁止条件指离婚当事人一方或双方属于无民事行为能力人或者限制民事行为能力人的；其结婚登记不是在中国内地办理的等。

---

① 1997年《民政部办公厅关于对中国公民的境外结婚证件认证问题的复函》（厅办函〔1997〕63号）。

（三）离婚登记管辖

离婚登记管辖根据离婚登记对象设定。离婚登记包括内地居民之间的离婚登记，内地居民与港澳台居民、华侨之间，中国公民同外国人之间的离婚登记。

1. 内地居民离婚登记管辖

内地居民双方自愿离婚的，可到男女双方任一方常住户口所在地的婚姻登记机关办理离婚登记。部分地区进行了内地居民"跨省通办"离婚登记试点业务，即双方均为内地居民的，不但可以在任一方当事人常住户口所在地办理离婚登记，也可以在任一方当事人经常居住地办理离婚登记。

现役军人由部队驻地、入伍前常住户口所在地或另一方当事人常住户口所在地婚姻登记机关办理离婚登记。实行"跨省通办"婚姻登记试点业务的地区，现役军人还可以在另一方为内地居民的经常居住地办理离婚登记。

2. 涉外和涉香港、澳门、台湾居民以及华侨的离婚登记管辖

中国公民同外国人在中国内地自愿离婚的，内地居民同香港居民、澳门居民、台湾居民、华侨在中国内地自愿离婚的，由内地居民常住户口所在地具有相应办理婚姻登记权限的登记机关办理。

（四）离婚登记的程序

离婚登记按照"申请—受理—冷静期—审查—登记（发证）"的程序办理。申请离婚登记的当事人所持证件材料符合离婚条件，且经婚姻登记员确认具有管辖权的，自离婚冷静期限届满后三十日[①]内，共同到婚姻登记机关领取离婚证，离婚登记程序完成，双方当事人婚姻关系解除。

（五）离婚协议

双方自愿是协议离婚的前提条件，双方经协商达成的离婚协议是双方自愿的表现形式。民法典规定，"离婚协议应当载明双方自愿离婚的意思表示和

---

① 根据《民政部关于贯彻落实〈中华人民共和国民法典〉中有关婚姻登记规定的通知》（民发〔2020〕116号），三十日是指自离婚冷静期届满日的次日开始计算期间，期间的最后一日是法定休假日的，以法定休假日结束的次日为期间的最后一日。

对子女抚养、财产以及债务处理等事项协商一致的意见"。对子女抚养问题包括双方离婚后有关子女抚养、探望等问题，在有利于保护子女合法权益的原则下作合理的、妥善的安排，包括子女由哪一方直接抚养，子女的生活费、教育费、医疗费等如何负担、如何给付等。不直接抚养子女的父或母，有探望子女的权利，所以在协议中还可以约定不直接抚养子女的父或母探望子女的方式、时间等。对财产以及债务处理，是指在不侵害任何一方合法权益的前提下，对夫妻共同财产作出合理分割，对生活困难一方的经济帮助作出安排，并切实解决好双方离婚后的住房问题；在不侵害国家、集体和第三人利益的前提下，对共同债务的清偿作出负责任的处理。协议书一式三份，一份婚姻登记机关存档，另两份男女双方各持一份。婚姻登记机关不受理登记离婚后协议书内容的变更。

（六）离婚效力

夫妻双方领取离婚证或取得人民法院生效的离婚判决书或离婚调解书，婚姻关系解除。我国公民在外国法院离婚的，可根据 2020 年 12 月《最高人民法院关于修改〈最高人民法院关于人民法院民事调解工作若干问题的规定〉等十九件民事诉讼类司法解释的决定》等有关规定执行。

三、补发婚姻登记证

补发婚姻登记证是指婚姻登记机关依当事人或其委托人申请，按法定的程序和条件，为遗失或损毁婚姻证件且现今仍维持该婚姻关系的当事人补发结婚证，或解除该婚姻关系的当事人补发离婚证的行政行为。2003 年《婚姻登记条例》实施后，改变了过去当事人结婚证、离婚证遗失或损毁后仅能为其发放夫妻关系证明书或解除夫妻关系证明书形式，减少了婚姻登记证的种类，是婚姻登记发展历程中的重大改革。

（一）补领婚姻登记证的条件

当事人依法结婚登记或者离婚登记，且当事人申请补发结婚证或离婚证是在该婚姻关系存续或者解除的事实仍然存在时提出。当事人办理过结婚登记，申请补领时的婚姻状况因离婚或丧偶发生改变的，不予补发结婚证；当事人办理过离婚登记，申请补领时的婚姻状况因复婚发生改变的，不予补发离婚证。不能补领婚姻登记证的当事人可以复印加盖档案保管章的婚姻登记档案。

（二）补领婚姻登记证的程序

补领婚姻登记证按照"初审—受理—审查—登记（发证）"的程序办理。结婚证、离婚证遗失或者损毁的，当事人可以持符合规定的身份材料向原办理婚姻登记的机关或者现管辖权的婚姻登记机关申请补领。当事人因故不能到婚姻登记机关申请补领婚姻登记证的，有档案可查且档案信息与身份信息一致的，可以委托他人办理。委托办理应当提交当事人的户口簿、身份证和经公证机关公证的授权委托书。当事人结婚登记档案查找不到的，当事人应当提供充分证据证明婚姻关系，婚姻登记机关经过审查，确认当事人存在婚姻关系的，可以为其补领结婚证。当事人的户口簿上以曾用名的方式反映姓名变更的，婚姻登记机关可以采信。当事人办理结婚登记时未达到法定婚龄，通过非法手段骗取婚姻登记，其在申请补领时仍未达法定婚龄的，婚姻登记机关不得补发结婚证；其在申请补领时已达法定婚龄的，婚姻登记机关补发的结婚证登记日期为当事人达到法定婚龄之日。

（三）补领结婚证与补办结婚登记的区别

补办结婚登记是指婚姻登记机关为符合法定结婚实质要件对外以夫妻名义共同生活，但未履行法定结婚登记手续的男女双方当事人发放结婚证。而补领结婚证是指已办理过结婚登记但因结婚证丢失或损毁的当事人，要求登记机关根据婚姻登记档案或本人提交的办理过结婚登记的证明材料为其补发结婚证。

补办的结婚登记，婚姻效力的起算根据《最高人民法院关于适用〈中华人民共和国民法典〉婚姻家庭编的解释（一）》，从双方均符合民法典所规定的结婚的实质要件时起算。补领结婚证，其婚姻效力从原办理结婚登记时起算。

补办登记发给的结婚证只注明补办登记当天的日期。补办登记后，如果当事人因婚姻效力的起算日期出现争议，可以通过司法程序确认该婚姻发生法律效力的时间。补领的结婚证则根据结婚登记档案或证据材料注明原办理登记的日期，同时注明补领当天的日期。

四、建立和管理婚姻登记档案

婚姻登记档案是指 1950 年婚姻法实施以来，婚姻登记机关在办理婚姻登记业务中形成的婚姻登记历史档案。包括婚姻登记机关办理的结婚（补办）登记、离婚登记、补领结婚证（出具夫妻关系证明书）、补领离婚登记证（出具解除夫妻关系证明书）形成的具有保存价值的各种文字、图表、声像等不同形式的历史记录[1]及婚姻登记机关接收的司法审判机关宣告婚姻无效、撤销婚姻、撤销婚姻登记记录、婚姻登记无效的生效判决、行政复议机关作出的决定书等。

（一）婚姻登记档案的建立

婚姻登记工作过程中形成的纸质档案材料与电子文件，应该及时收集、整理，按照《婚姻登记档案管理办法》规定按年度和婚姻登记性质一一分类进行归档。婚姻登记档案按婚姻登记性质分为结婚登记类、撤销婚姻类、离婚登记类（含离婚登记申请环节所有材料）和补发婚姻登记证类。人民法院宣告婚姻无效或者撤销婚姻的判决书副本等归入撤销婚姻类档案。当年办理的婚姻登记材料在次年的 3 月 31 日完成立卷归档。[2]

（二）婚姻登记档案的管理

根据《中华人民共和国档案法》《婚姻登记条例》的要求，为做好婚姻登记档案的管理，民政部会同国家档案局联合发布了《婚姻登记档案管理办法》，自 2006 年 1 月 23 日起施行。《婚姻登记档案管理办法》规定，婚姻登

---

① 《中华人民共和国档案法》由中华人民共和国第十三届全国人民代表大会常务委员会第十九次会议于 2020 年 6 月 20 日修订通过，自 2021 年 1 月 1 日起施行。

② 《婚姻登记档案管理办法》第九条、第十一条规定。

记主管部门对婚姻登记档案工作实行统一领导,分级管理,并接受同级地方档案行政管理部门的监督和指导。婚姻登记档案的保管期限为 100 年。对有继续保存价值的可以延长保管期限直至永久。婚姻登记档案保管部门对保管期限到期的档案要进行价值鉴定,对无保存价值的予以销毁,但婚姻登记档案目录应当永久保存。婚姻登记档案还应按 2021 年 1 月 1 日起实施的《中华人民共和国档案法》规定,定期向档案馆移交。

（三）婚姻登记档案的利用

按照国家档案局、国家保密局关于档案使用规定[①],涉及隐私的,对社会开放会损害公民声誉和权益的档案应当控制使用。婚姻登记档案记载当事人的个人信息,属于个人隐私,属于限制开放性利用档案。《婚姻登记档案管理办法》针对利用婚姻登记档案的不同主体对婚姻登记档案的查阅作出了具体的规定。个人、组织和单位持有办法中规定的证件材料,按查阅程序可以当场查阅相关的婚姻登记档案,档案不得外借。查阅时不得损毁婚姻登记档案,不得随意公开婚姻登记档案的内容。同时,严禁婚姻登记工作人员利用工作之便,私自查阅当事人的电子档案、纸质档案,对因违规查阅婚姻档案,侵犯婚姻登记当事人合法权益,造成严重后果的,将予以追责、进行严肃处理并由其承担相应的法律责任。

为了落实国务院简政放权、方便群众办事创业的有关要求,民政部发布了《关于进一步规范（无）婚姻登记记录证明相关工作的通知》,规定除办理涉台和 9 个国家[②]的公证事项外,民政部门不再向任何部门和个人出具（无）婚姻登记记录证明。此项简政放权,让信息多跑路,让群众少跑腿,真正惠及了广大人民群众。

五、宣传政策法规,倡导文明婚俗

民法典"婚姻家庭编"规定了婚姻关系的成立和解除,规范了婚姻缔结

---

① 国家档案局、国家保密局《各级国家档案馆馆藏档案解密和划分控制使用范围的暂行规定》(1991 年 9 月 27 日发布)第七条。

② 涉外领域需出具（无）婚姻登记记录证明的国家清单:哈萨克斯坦、芬兰、奥地利、荷兰、德国、阿根廷、乌拉圭、墨西哥、波兰。

后夫妻间的权利和义务，是调整婚姻关系的法律规范的总和。为更好地弘扬家庭美德，民法典"婚姻家庭编"还新增了"家庭应当树立优良家风，弘扬家庭美德，重视家庭文明建设"等内容。这要求在婚姻登记管理工作中，需要通过婚姻法律法规知识的宣传普及，使公民按法律程序缔结或解除婚姻，自觉地运用法律手段来保护自己的合法权益，自觉地履行婚姻法律法规赋予的权利义务。同时，还要求充分发挥婚姻登记机关的婚姻管理服务职能，以社会主义核心价值观为引领，以传承中华优秀婚姻家庭文化为重点，通过多种途径、多种载体宣传文明婚俗，引导建立和维护平等、和睦、文明的婚姻家庭关系，倡导全社会形成正确的婚姻家庭价值取向。

全国婚姻登记工作标识图案和释义

标识以圆为外沿，象征婚姻生活圆满和谐。以中国红为主色调，寓意婚姻家庭生活红红火火。标识中间"龙凤呈祥"图案，一龙一凤形影相随，既相互包容，又相对独立，彰显了夫妻相处的独特哲学，蕴含着男女平等、婚姻自由、一夫一妻的法律精神。同时，龙凤图案以变体"m"呈现，暗含"民政"与"婚姻"之意。此

图 10-1　婚姻登记工作标识

外，整个图形兼具公章形状，也体现了婚姻登记工作的法定权威。标识简洁明了，寓意丰富贴切，既富有传统中华文化特色，又体现了现代婚姻家庭理念，便于理解、记忆和使用。

第三节　婚姻登记机关及信息化建设

随着我国经济社会的快速发展，婚姻管理服务越来越受到人民群众普遍高度关注。各级民政部门应民所需，按照便民利民的原则，依法设置婚姻登记机关，加强婚姻登记队伍及其作风建设，进一步提升婚姻登记服务水平，优化婚姻登记工作环境。大力推进婚姻登记历史数据补录工作，强化部门间信息共享，有序推进跨区域婚姻登记通办，进一步提升婚姻管理信息化水平。

完善诚信体系建设，推动联合惩戒机制的规范化进程。婚姻登记机关的行政效率和服务水平稳步提高。

一、婚姻登记机关

婚姻登记机关是依法履行婚姻登记行政职能的机关，具有依法办理婚姻登记、宣传婚姻法律法规、倡导文明婚俗的职责，同时依法为人民群众提供法律法规规定的相关服务，是贯彻落实婚姻法律法规的具体执行部门。婚姻登记机关需依法设立。《婚姻登记条例》规定，内地居民办理婚姻登记的机关是县级人民政府民政部门或者乡镇人民政府，省、自治区、直辖市人民政府可以按照便民原则确定农村居民办理婚姻登记的具体机关。中国公民同外国人，内地居民同香港、澳门特别行政区居民、台湾地区居民、华侨办理婚姻登记的机关是省、自治区、直辖市人民政府民政部门或者省、自治区、直辖市人民政府民政部门确定的机关。

民政部在《关于"十一五"期间深入推进婚姻登记规范化建设的意见》中进一步明确规定："办理内地居民间婚姻登记的机关，应经省级人民政府（或其授权机关）以文件形式确定其登记资格。办理涉外、涉港澳台居民及华侨婚姻登记的机关，应经省级人民政府民政部门以文件形式确定其登记资格。"为落实上述规定，各地省级民政部门结合当地的实际情况，规定了婚姻登记机关设置的条件和程序。我国婚姻登记机关主要包括两大类：一是经省级人民政府确定的具有办理内地居民之间婚姻登记职能的县级民政部门和乡镇人民政府婚姻登记机关；二是具有办理涉外、涉港澳台及华侨婚姻登记职能的省级民政部门或省级民政部门确定的婚姻登记机关。部分经济技术开发区、高新技术开发区等非行政区设立了非行政区划的婚姻登记机关。为方便偏远地区居民办理婚姻登记，部分婚姻登记机关采用建立巡回登记点的方式，极大地方便了群众。据统计，2023年全国婚姻登记机构和场所共计4171个，其中婚姻登记机构1118个，依法办理结婚登记768.2万对，办理离婚手续360.53万对。

近年来，随着我国公民"走出去"的数量大幅增长，在驻在国申请婚姻登记的需求也日渐增多。在驻在国承认和接受的前提条件下，我驻外使（领）馆依法可为男女双方均居住于驻在国的中国公民办理结婚登记和离婚登记。

二、婚姻信息共享

婚姻信息是人口基础信息的重要组成部分，要进一步健全和完善婚姻登记数据库，做好婚姻信息历史数据补录完善，优化婚姻登记信息全国联网服务功能，提高婚姻登记信息化管理水平，促进婚姻登记机关服务效率及公信力得到有效提升。

为进一步推动婚姻登记信息化建设，民政部先后于 1996 年、2001 年、2009 年、2011 年、2013 年分别印发了《民政部社会事务司关于推行婚姻管理工作办公自动化的通知》《民政部办公厅关于进一步加快婚姻登记管理系统软件应用的通知》《民政部办公厅关于启用 2009 年版全国涉外、涉港澳台居民和华侨婚姻登记信息系统的通知》《民政部关于加快推进全国婚姻登记信息联网工作的通知》《民政部关于加强婚姻登记信息化建设的通知》等文件，加快婚姻登记信息管理系统升级改造，推动婚姻登记管理信息系统全国联网，实施"互联网＋婚姻服务"行动方案，婚姻登记信息化建设取得明显成效。

2018 年民政部颁发了《婚姻登记档案信息补录规范》，对 1950 年《中华人民共和国婚姻法》实施之日起形成的婚姻信息历史数据[①]的补录提供了标准和要求。同时，民政部门升级改进优化婚姻登记信息系统，新增了婚姻当事人数据关联、无身份证号码历史数据信息补录等功能。为指导各地高质量完成婚姻登记档案电子化有关工作，进一步做好结婚登记、离婚登记等民政政务服务事项，稳妥推进婚姻登记"跨省通办"试点活动的开展，民政部于 2021 年制定了《全国婚姻登记档案电子化工作规范（试行）》，提出婚姻登记档案电子化工作新标准，要求纸质档案的数字化加工及婚姻登记电子文件元数据的构成等均需符合婚姻档案管理办法，同时符合政务服务事项电子文件归档规范的要求。各地按照民政部的通知精神，开展了婚姻档案信息数据的录入规范化工作，婚姻登记信息数据库建设日臻完善。在此基础上，全国婚姻登记机关实现了全国婚姻登记数据联网、在线登记办理联网审查及网上预

[①] 婚姻信息历史数据补录包括新中国成立以来的现存婚姻登记历史档案（含乡、镇、街道、村居社区、大型厂矿企业办理的婚姻登记历史档案）。

约登记功能，正逐步实现人脸识别、电子归档、档案共享等智能化功能。民政部还进一步加大与法院、税务、公安、外交等部门间的信息共享力度，着力提升婚姻登记效率和准确性。为进一步加强婚姻登记信息系统的管理，2018 年民政部办公厅印发了《全国婚姻登记管理信息系统管理办法（试行）》，指导各地强化系统建设、运行、维护，确保全国婚姻登记管理信息系统的安全稳定运行和数据安全。为进一步推动婚姻管理与互联网深度融合，通过人脸识别、电子签名、电子印章、电子证照等新技术应用，实现婚姻管理服务逐步向数字化、网络化、智能化发展，2019 年民政部印发了《关于推进"互联网＋婚姻服务"的行动方案》，并由国务院电子政务办正式发布了民政部起草的《国家政务服务平台 电子证照 结婚证》和《国家政务服务平台 电子证照 离婚证》标准。为进一步落实国务院推进政务服务"跨省通办"的要求，民政部于 2021 年部署开展婚姻登记"跨省通办"试点工作，2023 年发布《民政部办公厅关于扩大内地居民婚姻登记"跨省通办"试点的通知》，累计办理内地居民婚姻登记"跨省通办"近 15 万对，登记合格率、群众满意率实现"双 100％"。婚姻登记信息共享机制的建立，为推进全面深化改革，加强和创新社会治理等提供了信息支持。

三、婚姻登记队伍建设

加强婚姻登记队伍建设，使婚姻登记工作依法依规开展，是实现党的十九届五中全会提出的"国家治理效能得到新提升，国家行政体系更加完善，政府作用更好发挥"远景目标的重要保证。婚姻登记工作是婚姻登记机关履行行政管理职能的重要组成部分，从事婚姻登记的工作人员需要具备一定的政治、业务素质才能胜任。为加强婚姻登记队伍建设，民政部在 2016 年实施的《婚姻登记工作规范》中，明确婚姻登记机关应当配备专职婚姻登记员，要求婚姻登记员具有大学专科以上学历，至少每 2 年参加一次设区的市级以上人民政府民政部门举办的业务培训，取得业务培训考核合格证明，方可从事婚姻登记工作。按照该规范要求，各地通过考试招录、选优调用等形式，逐步建立起一批文化水平高、业务素质好、服务意识强的婚姻登记工作专职队伍。通过开展多层次、多形式的婚姻登记员培训考核，帮助婚姻登记员熟练掌握相关法律法规、提升依法行政能力，熟练使用婚姻登记信息系统，提升服务效能。全面推广登记员上岗佩戴标识、统一着装，热情服务，树立婚姻登记服务品牌形象。

四、婚姻登记设施设备建设

婚姻登记场所及其设施设备是婚姻登记工作得以正常开展的物质载体和技术手段，是做好婚姻登记工作的物质与技术保障。民政部积极指导各地民政部门开展婚姻登记机关标准化建设，通过开展登记机关规范化建设评审等活动推动婚姻登记机关设施设备配置提升。2011年《婚姻登记机关等级评定标准》（MZ/T 024—2011）发布实施，从环境布局、设施配备等方面对婚姻登记机关提出了具体的要求，明确了国家3A、4A、5A级婚姻登记机关的评定标准。2018年民政部第444号公告发布了《婚姻登记机关建筑外观形象设计规范》及《婚姻登记设施设备要求》，规定了婚姻登记机关建筑外观要求及设施设备的具体标准。各地婚姻登记机关加大对婚姻登记办公场所及配套设施设备的资金投入，对基本设施设备进行了升级改造，部分婚姻登记机关对场地进行了新建或改（扩）建。全国各地婚姻登记机关基本实现了相对独立的办公场所，配有高拍仪、电子显示屏、排队叫号机、视频音频监控等设备，部分登记机关还配置了智能设备，安设了婚姻登记自助服务终端机，当事人可按程序规定自主操作，进行本人婚姻登记记录查询、相关婚姻政策规定查询、档案打印、照片自助拍摄冲印等。婚姻登记办公场所设有咨询区、候登区、结婚登记室、离婚登记室、颁证大厅、婚姻家庭辅导室、婚姻登记档案室、卫生间等，各区间设置布局规范适宜。登记室宽敞明亮、庄严温馨、整洁舒适，并且空间相对独立、私密性强。许多登记机关还提供饮水机、报刊栏、老花镜等免费服务设施，摆放鸳鸯椅，赠送结婚誓言卡，张贴婚姻文化箴言，设置婚俗文化墙或婚俗文化长廊，为当事人提供更多人性化的婚姻登记服务，传播传统文化中的婚姻家庭观，大力宣扬社会主义核心价值观。

五、联合实施诚信工作机制

诚信是社会主义核心价值观的重要内容，是公民基本道德规范，是社会主义市场经济的基础。2016 年 12 月 9 日，习近平总书记在中共中央政治局第三十七次集体学习时强调，既要抓紧建立覆盖全社会的征信系统，又要完善守法诚信褒奖机制和违法失信惩戒机制。婚姻登记领域的信用体系建设是整个社会信用体系建设的重要组成部分，对积极构建"一处失信、处处受限"的信用惩戒大格局具有重要意义。为了推进婚姻登记信用体系建设，加大对婚姻登记严重失信行为的惩戒力度，促进婚姻家庭和谐稳定，2018 年民政部会同国家发展改革委、人民银行等 30 个部门联合签订了《关于对婚姻登记严重失信当事人开展联合惩戒的合作备忘录》，明确规定有以下行为之一的，由民政部门列入严重失信名单：一是使用伪造、变造或者冒用他人身份证件、户口簿、无配偶证明及其他证件、证明材料的；二是作无配偶、无直系亲属关系、无三代以内旁系血亲等虚假声明的；三是故意隐瞒对方无民事行为能力或限制民事行为能力状况，严重损害对方合法权益的；四是其他严重违反《中华人民共和国婚姻法》和《婚姻登记条例》行为的。备忘录还明确了对婚姻登记严重失信当事人的 14 条联合惩戒措施，包括：限制招录（聘）为国家公职人员；限制登记为事业单位法定代表人；限制任职证券公司、基金管理公司、期货公司、融资性担保公司或金融机构、认证机构的董事、监事、高级管理人员；限制担任国有企业法定代表人、董事、监事、高级管理人员；限制补贴性资金支持；限制成为海关认证企业；依法追究违法者的法律责任；等等。为落实备忘录，民政部于 2018 年底印发实施《婚姻登记严重失信当事人名单管理办法（试行）》，2019 年印发使用《婚姻登记个人信用风险告知书》。

第四节　婚姻管理服务发展展望

　　坚持以习近平新时代中国特色社会主义思想为指导，贯彻落实党的二十大精神，坚持以人民为中心的发展思想，坚持人民主体地位，不断实现人民对美好生活的向往，是婚姻管理工作的根本遵循。新时代新征程婚姻管理工作将继续抓好婚姻政策的贯彻落实，做好《婚姻登记条例》《婚姻登记工作规范》等行政法规、部门规章的修订完善工作，构建婚姻家庭辅导服务体系、推动婚俗改革、不断提升信息化管理水平、实现婚姻登记跨区域通办、完善婚姻登记领域诚信惩戒体系建设，进一步提升婚姻管理服务质量及服务能力，使婚姻管理服务工作更加适应社会发展和人民群众需要，增进民生福祉，不断增强人民群众的获得感、幸福感、安全感。

一、健全婚姻管理制度，完善婚姻管理治理体系

在关于《中共中央关于全面推进依法治国若干重大问题的决定》的说明中，习近平总书记强调，各级政府必须坚持在党的领导下、在法治轨道上开展工作。民法典取消了婚姻登记机关撤销受胁迫婚姻职责，设立了"离婚冷静期"，不再规定"患有医学上认为不应当结婚的疾病"禁止结婚等规范内容，基于这些变化，需要适时对婚姻管理制度作出相应调整。为深入贯彻民法典，2020 年 11 月，民政部印发了《民政部关于贯彻落实〈中华人民共和国民法典〉中有关婚姻登记规定的通知》，及时调整了婚姻管理政策及登记程序，同时启动了《婚姻登记条例》《婚姻登记工作规范》等法规、规章的修订工作。2020 年筹备了民政部社会事务专家委员会，为婚姻管理等社会事务工作提供专业支持。同时要求各级民政部门强化风险防控意识，对工作中出现的新情况、新问题，及时分析研判，制定和完善婚姻管理服务标准，推动出台新的政策措施，着力解决婚姻登记领域重点突出问题。2021 年，民政部与最高人民法院、最高人民检察院、公安部联合印发了《关于妥善处理以冒名顶替或者弄虚作假的方式办理婚姻登记问题的指导意见》，为各级有关部门妥善处理当事人以非真实身份办理婚姻登记引发的各类纠纷提供指引，切实维护婚姻登记秩序和当事人合法权益。按照"放管服"要求进一步转变婚姻管理工作职能，健全工作制度，提升婚姻登记服务质量和服务能力，及时解决处理婚姻当事人反映强烈的问题，积极回应群众诉求，解决婚姻登记工作中存在的堵点问题。将婚姻管理工作全部纳入依法运转的轨道，严格依照法定权限和程序行使职权、履行职责、服务群众、接受监督，确保各类矛盾问题依法依规解决。

二、提升婚姻登记管理信息化水平，有序推进婚姻信息共享和婚姻登记跨区域通办

2020年9月，国务院办公厅下发《关于加快推进政务服务"跨省通办"的指导意见》，明确了婚姻登记工作逐步实现跨区域服务的具体目标。经国务院批复同意，浙江已于2020年10月率先在全省范围内试点开展内地居民结婚、离婚登记"全省通办"。为进一步加快推进婚姻登记服务"跨省通办"，满足群众在非户籍地办理婚姻登记的需求，2021年4月，国务院同意民政部在部分地区开展内地居民婚姻登记"跨省通办"试点工作。按照国务院授权批复，2021年6月1日起，辽宁、江苏、山东、河南、广东、重庆、四川等省份及湖北省武汉市、陕西省西安市开展"跨省通办"试点，得到了广大群众的好评，取得了良好的社会反响。2023年5月，经国务院批复同意，将试点地区由7省2市扩大到21个省（区、市），覆盖全国总人口的78.5%。

各级民政部门将继续稳步推进婚姻登记"跨省通办"，更好地满足群众需求，加快推进全国通办；加大数据共享力度，强化与公安、法院等部门的信息互联互通，使婚姻登记服务更加便民高效，增强人民群众在共建共享发展中的获得感、幸福感。

三、构筑婚姻家庭辅导服务体系，拓宽婚姻家庭辅导服务领域

习近平总书记在不同场合多次谈道，"要重视家庭建设，注重家庭、注重家教、注重家风"。为落实好习近平总书记的重要指示精神，2020年9月，民政部会同全国妇联印发《关于加强新时代婚姻家庭辅导教育工作的指导意见》，鼓励各地构建社会多方协同推进的工作机制，广泛动员社会各方面力量，凝聚推进新时代婚姻家庭教育辅导工作的强大合力，指导各地区依托婚姻登记机关建立健全一站式、多元化、人性化的婚姻家庭辅导服务机制。在婚姻登记机关设置婚姻家庭辅导室，通过公益创投、经费补贴、政府购买服务等途径引导各类社会组织、基层群众性自治组织和专业人才发挥积极作用，不断提升婚姻家庭辅导的实效。在此基础上，拓宽婚姻家庭辅导渠道，搭建社会工作和志愿服务平台，联合有关部门、群团组织、社会力量等形成合力，通过组织开展婚姻家庭文化进社区、婚姻家庭大讲堂、线上线下联动、深化

互联网＋婚姻家庭辅导服务等活动。利用新闻媒体、广播电视等搭建多层次、广覆盖、便捷化的婚前辅导服务平台，扩大婚姻家庭辅导的覆盖面，向婚姻当事人宣传婚姻法律法规，普及和谐婚姻家庭知识，提高当事人维护婚姻家庭的综合能力和素质。探索开展婚前辅导和离婚冷静期婚姻危机干预的方法措施，为当事人提供情感辅导、心理疏导、危机处理等服务，努力从源头上减少婚姻家庭纠纷的产生，化解矛盾纠纷，减少冲动离婚现象，促进婚姻家庭稳定。将结婚登记颁证仪式普遍引入婚姻登记工作流程，积极推动结婚颁证服务创新，创设室内室外颁证场所，建立地方领导、人大代表、政协委员、社会名人颁证制度，广泛动员多方力量为未婚青年搭建相亲交友平台。继续举办海峡两岸婚姻家庭论坛活动，推动两岸婚姻家庭服务交流合作，助力两岸关系和平发展和祖国统一。

四、推进婚俗改革，倡导健康婚俗文化、促进社会文明

婚姻习俗是我国传统文化的重要组成部分，大力推进婚姻领域移风易俗，传承发展中华优秀婚姻家庭文化，引导全社会树立正确的婚姻家庭价值观，对提升社会文明程度和改善群众精神面貌具有重要意义。为进一步推动婚俗改革，2020年5月民政部印发《关于开展婚俗改革试点工作的指导意见》；2021年4月，民政部将河北省河间市等15个单位确认为全国首批婚俗改革实验区；2021年9月，将河北省邯郸市肥乡区等单位确认为第二批全国婚俗改革实验区。各级民政部门坚持以习近平新时代中国特色社会主义思想为指导，积极争取党委、政府的支持，把婚俗改革列入各级党委和政府的总体工作安排，列入当地经济社会发展规划重要指标，从而加快推进试点工作。坚持以人民为中心的工作导向，因地制宜，改革创新，推广简约适度的婚俗礼仪，构建健康文明的婚姻价值观，培育文明向上的婚俗文化。把基层群众作为推进婚俗改革的主体力量，用创新思维推进婚俗改革，推动传统文明和现代文明的多元发展。倡导和推广体现优秀中华文化的传统婚礼，以及特色突出、文明节俭的集体婚礼、纪念婚礼、慈善婚礼等现代婚礼。加强婚姻登记场所文化建设，设置婚俗文化墙或婚俗文化廊，设置婚姻文化展示厅、婚俗文化博物馆或婚姻家庭文化基地，培育文明向上的婚俗文化理念。会同相关部门

积极开展对高价彩礼、铺张浪费、低俗婚闹、随礼攀比等不正之风的整治。广泛开展家庭文明建设活动，推动婚俗改革纳入"美丽乡村""文明户""文明单位"目标考核、评选。采取内容丰富、形式多样、群众喜闻乐见的方式开展好家风、好家教、好家训进家庭、进社区、进村庄、进校园、进企业活动，发挥社区教育作用，推进婚姻领域移风易俗。

民政部不断加强对婚俗改革试点工作的政策指导和组织协调，鼓励探索创新。各实验区将继续以习近平新时代中国特色社会主义思想为指导，按照民政部婚俗改革试点工作指导意见要求，围绕婚俗改革试点目标任务，积极培育和践行社会主义核心价值观，大力推进婚姻领域移风易俗，传承发展中华优秀婚姻家庭文化，倡导全社会形成正确的婚姻家庭价值取向，遏制婚俗不正之风。今后，民政部将及时开展成熟经验做法的定期交流、总结推广工作。发挥新闻媒体的导向作用，广泛宣传婚俗改革的相关政策、先进典型，营造良好社会氛围。搭建社会参与平台，构建社会多方参与的协同推进机制，不断增强人民群众对婚俗改革的认同感，把移风易俗转化为群众的意愿，推进婚俗改革顺利开展，促进婚姻幸福、家庭和谐、社会稳定。

相关政策文件：

1.《中华人民共和国民法典·婚姻家庭编》（2020 年 5 月）

2.《最高人民法院关于适用〈中华人民共和国婚姻法〉若干问题的解释（一）》（2001 年 12 月）

3.《最高人民法院关于适用〈中华人民共和国婚姻法〉若干问题的解释（二）》（2003 年 12 月）

4.《最高人民法院关于适用〈中华人民共和国婚姻法〉若干问题的解释（三）》（2011 年 8 月）

5.《民政部办公厅关于加强婚姻登记历史档案数据补录工作的通知》（2018 年 10 月）

6.《民政部办公厅关于加强婚姻登记机关行风建设的通知》（2020 年 4 月）

7.《民政部关于开展婚俗改革试点工作的指导意见》（2020 年 5 月）

8.《民政部、全国妇联关于加强新时代婚姻家庭辅导教育工作的指导意见》（2020 年 8 月）

9.《民政部关于同意将河北省河间市等单位确认为全国婚俗改革实验区的批复》（2021 年 4 月）

10.《最高人民法院关于适用〈中华人民共和国民法典〉婚姻家庭编的解释（一）》（2020 年 12 月）

11.《婚姻登记条例》（2003 年 10 月）

12.《关于贯彻〈婚姻登记条例〉有关事项的通知》（2003 年 10 月）

13.《民政部关于贯彻执行〈婚姻登记条例〉若干问题的意见》（2004 年 3 月）

14.《民政部关于进一步加强涉外、涉港澳台居民及华侨婚姻登记管理工作的通知》（2007 年 11 月）

15.《民政部关于做好出具（无）婚姻登记记录证明服务工作的指导意见》（2012 年 6 月）

16.《民政部关于进一步规范（无）婚姻登记记录证明相关工作的通知》（2015 年 8 月）

17.《民政部关于印发〈婚姻登记工作规范〉的通知》（2015 年 12 月）

18.《民政部关于贯彻落实〈中华人民共和国民法典〉中有关婚姻登记规定的通知》（2020 年 11 月）

19.《民政部办公厅关于开展婚姻登记"跨省通办"试点工作的通知》（2021 年 5 月）

20.《民政部办公厅关于扩大内地居民婚姻登记"跨省通办"试点的通知》（2023 年 5 月）

21.《最高人民法院关于中国法院作出的离婚判决书是否生效由谁证明问题的函》（1987 年 11 月）

22.《最高人民法院关于对一方当事人下落不明未满两年的离婚案件是否受理和公告送达问题的批复》（1989 年 8 月）

23.《民政部办公厅关于涉外婚姻登记机构设置问题的答复》（2003 年 5 月）

24.《外交部领事司关于实施〈驻外使领馆婚姻登记暂行办法〉的通知》（2003 年 12 月）

25.《民政部关于进一步加强涉外、涉港澳台居民及华侨婚姻登记管理工作的通知》（2007 年 11 月）

26.《民政部关于加快推进全国婚姻登记信息联网工作的通知》（2011 年 3 月）

27.《民政部关于加强婚姻登记信息化建设的通知》（2013 年 6 月）

28.《民政部、公安部关于婚姻登记机关开展国家人口基础信息库信息共享工作的通知》（2017 年 7 月）

29.《民政部办公厅关于印发〈全国婚姻登记管理信息系统管理办法（试行）〉的通知》（2018 年 4 月）

30.《民政部关于印发〈关于推进"互联网＋婚姻服务"的行动方案〉的通知》（2019 年 6 月）

31.《民政部办公厅关于变更婚姻登记证有关事项的通知》（2020 年 7 月）

32.《民政部办公厅关于〈中华人民共和国母婴保健法实施办法（送审稿）〉征求意见的复函》（2000 年 9 月 12 日）

33.《民政部办公厅关于〈婚姻登记条例〉中有关婚前医学检查条款的意见》（2000 年 11 月）

34.《民政部办公厅关于〈婚姻登记条例〉中有关婚检问题的意见》（2003 年 2 月）

35.《国家卫生健康委 民政部 国务院妇儿工委办公室 共青团中央 全国妇联关于加强婚前保健工作的通知》（2020 年 5 月）

36.《国务院办公厅关于加强涉外婚姻介绍管理的通知》（1994 年 12 月）

37.《民政部办公厅关于认真贯彻〈国务院办公厅关于加强涉外婚姻介绍管理的通知〉有关问题的通知》（1995 年 5 月）

38.《国务院关于取消第一批行政审批项目的决定》（2002 年 11 月）

39.《民政部办公厅关于做好持永居证外国人办理婚姻登记有关事项的通知》（2024 年 2 月）

40.《民政部办公厅关于做好我国加入〈取消外国公文书认证要求的公约〉后涉外婚姻登记管理工作的通知》（2024 年 4 月）

第十一章　殡葬管理服务

殡葬是民生大事，事关亿万人民福祉。党的十八大以来，习近平总书记多次就殡葬工作作出重要指示批示，充分体现了以习近平同志为核心的党中央对殡葬这一民生问题的高度关注，彰显了深切的为民情怀，为做好殡葬工作指明了工作方向，提供了根本遵循。各地坚持以习近平新时代中国特色社会主义思想为指导，坚持以人民为中心的发展思想，在突出公益属性的同时，全面深化殡葬改革、规范殡葬管理、加大殡葬设施建设力度、增加服务供给、提高服务水平，殡葬事业取得了全面发展。

第一节　殡葬管理服务概述

中国历史悠久，民族众多，殡葬文化源远流长。受民族、宗教和习俗等因素的影响，殡葬管理制度与丧葬礼仪在不同历史时期呈现出不同特点。新中国成立以后，为了节约资源、保护环境、革除丧葬陋俗，国家推行了包括改革土葬、推行火葬等一系列的殡葬改革措施，并出台了《殡葬管理条例》等政策法规，殡葬改革与殡葬管理服务工作不断推进。

一、殡葬的内涵

"殡葬"一词从其内涵来讲，通常包含殡仪、安葬和祭祀三大部分。"殡""葬""祭"相辅相成，既有联系，又有区别。"殡"字在《说文·歹部》中的解释为："殡，死在棺，将迁葬柩，宾遇之。""殡"最初指停放灵柩的地方和时间，后来逐渐引申为对逝者的哀悼形式，殡仪即指从死亡到安葬这一过程中处置逝者遗体的程序和仪式。"葬"的本义是"藏"，即处理和掩埋逝者遗体的过程。《礼记·檀弓上》记载："葬也者，藏也；藏也者，欲人之弗得见也。""葬"作为对逝者遗体处置方式的含义一直延续至今，安葬即指将逝者遗体或遗体转化形式（如骨灰）安置在一定空间里面。"祭"是指对逝者纪念或记忆的方式，是为了满足人们思念和感恩祖先、慎终追远的情感需求，将逝者安葬后进行的连续、长期的礼仪活动，祭祀即指人们对已经安葬的逝者进行纪念或记忆的活动。因此，殡葬主要指对遗体的处理方式和办理丧事、纪念逝者的哀悼形式及过程。

殡葬活动在延续历史传承的同时还逐渐演化形成了具有中国特色的儒家殡葬文化理论思想与体系，"孝、忠、礼、义"的思想被深刻融入殡葬活动的全过程，殡葬活动在满足民众"趋利避害、逢凶化吉、祈祷增寿"心理的同时，也在社会"固化阶层、教化民众、规范民风、敦厚人心、稳固社会、强化代际联系"等方面起到了巨大的精神导向作用。在当今中国社会，由于文化的变迁和社会的发展，传统殡葬文化的内涵与价值发生了很大的变化，在传承优秀殡葬文化和移风易俗的同时创新和发展了"生态、文明、绿色、公益"等多种理念，为殡葬文化传承与发展赋予了更多时代内涵。

二、殡葬管理的概念

殡葬管理是指国家政府机关及其行政单位通过法律法规、行政政策和市场调节等多种手段，对殡葬行业相关事务进行技术指导、行为规范和监管监督，以维持正常的社会秩序，保护公民合法丧葬权益的相关社会公共活动。

根据史书记载，历朝历代都有专门的殡葬律制，以规范士庶殡葬行为。新中国成立以后，国家推行了殡葬改革，出台并实施了一系列殡葬管理的法规和制度，涵盖了殡葬管理方针、殡葬设施管理、遗体处理和丧事活动管理、殡葬设备和殡葬用品管理等，如《殡葬管理条例》《公墓管理暂行办法》等。

三、殡葬服务的概念、特点和功能

殡葬活动是为处理逝者遗体、悼念逝者和慰藉生者所进行的一系列社会活动。殡葬服务是指由殡葬机构的专业人员依托殡葬设施，以劳动的形式所提供的殡葬活动。殡葬服务是为了满足殡葬需求所开展的一系列服务活动，其目的是让逝者得以安息，使生者得以慰藉。

通过对新时代殡葬事业改革与发展实践进行总结，我国殡葬服务主要呈现以下 4 个基本特点。

一是人文性。殡葬活动的本质是一种人文关怀，一方面反映了生者对死者的追思、缅怀与不舍，彰显对逝者的人文情怀；另一方面通过殡葬活动，让逝者的亲属得以摆脱失去亲人的痛苦，释放悲伤情绪，坦然面对死亡，体现了对生者的人文关怀，所以人文殡葬是在尊重人的价值和尊严的基础上，将人文因素融入殡葬活动全过程，以满足社会公众对殡葬合理需求。

二是公益性和普惠性。殡葬服务作为群众关切的重要民生事项，是基本公共服务体系的重要组成部分，关乎千家万户的切身利益。基本殡葬服务是指由政府为个体所提供的以满足公民基本殡葬需求的救助和保障性服务，是政府保障基本民生需求的重要途径。国务院印发的《"十三五"推进基本公共服务均等化规划》中明确将基本殡葬服务列为"十三五"国家基本公共服务清单，民政部《关于全面推行惠民殡葬政策的指导意见》提出"加快建立健全保障基本、覆盖城乡、持续发展的殡葬公共服务体系，逐步实现基本殡葬服务均等化"。

三是生态性。2016 年民政部等 9 部门联合印发了关于推行节地生态安葬的指导意见，对推行节地生态安葬、保护生态环境、促进人与自然和谐相处提出了明确的指导意见。对我国传统的葬式葬法、殡葬管理、殡葬服务、殡葬设施和环境进行生态化建设与改造，既是当前和今后我国殡葬改革长期坚持的一项工作，也是新时代殡葬事业发展的一个显著特点。

四是多元性。我国公共殡葬服务体系包括了基本殡葬服务和非基本殡葬服务（选择性殡葬服务）。基本殡葬服务属于保障性服务，对象覆盖全体居民，各地对城乡低保对象、农村五保供养对象、重点优抚对象、城镇特困人员等城乡困难群体一般实行基本殡葬服务费用减免；而非基本殡葬服务是一种选择性服务，包括遗体整容、遗体防腐、吊唁设施及设备租赁等，主要满足部分公民改善和提高殡葬服务质量，体现了多元化的特点。

殡葬服务的功能主要包括两个方面。一方面，殡葬服务具有心理慰藉功能。殡葬服务的心理慰藉和治疗功能，主要指哀伤抚慰和情感记忆。中国人生死观既具有伦理化的特征，其核心观念是孝道；又具有礼仪化的特点，其核心观念是"礼"。通过开展殡葬活动悼念死者，缅怀亲人，寄托哀思，能够满足崇拜祖先、尽孝送终的社会需求。殡葬服务寄托了生者对逝者的哀思，殡葬仪式则表达了生者对逝者的精神寄托。慰藉功能表现在两个方面，一是让死者安息，二是令生者慰藉。过去传统的治丧，偏重于从精神上慰藉亡灵，关注死者到另一个世界的境遇，以及祈求其对后人和家宅的庇护，充分反映了后人对先人的情感和意愿，让逝者安心，让生者慰藉。现代的治丧，则更偏重于从人性上慰藉丧亲者的心灵，使生者摆脱失去亲人的悲伤与痛苦，如悲伤辅导等，更好地满足人民群众"逝有所安"需要。另一方面，殡葬服务具有文化传承功能。"慎终追远"是中华民族的传统美德。《论语·学而》记载："曾子曰：'慎终，追远，民德归厚矣。'"就是指慎重地办理先人的丧事，虔诚地祭祀远代祖先，追念他们的丰功伟绩，教育后代学习先人的高尚品德，继承他们的遗志，实现其未竟的事业。殡葬文化是中华优秀传统文化的重要方面，在历史进程中伴随社会进步积累更迭沉淀并不断丰富发展。随着社会发展和时代进步，传统殡葬服务业已被现代殡葬服务业替代，既包括服务形式与内容，也包括文化与思想。以殡葬服务发展为载体，能够有力有效地推动中华优秀传统文化的创造性转化与创新性发展。特别是结合殡葬活动开展生命文化教育，有利于引导居民特别是青少年群体树立正确的人生观和生死观，实现思想观念的代际转化，从根本上推动殡葬移风易俗。

四、殡葬管理服务的历史文化发展

中华文明历史悠久，殡葬文化源远流长。历史上，在各个朝代发展过程中，殡葬一直都被视为国家大事，历朝历代都出台了一系列殡葬管理制度，严格规范人们的殡葬行为，如《仪礼》《礼记》《周礼》等先秦文献中就记录了涉及殡葬活动的各种礼仪；唐代的《大唐开元礼》中明确的丧礼活动有60多项，同时对每项丧礼丧仪进行了明确的规范，体现了森严的等级制度；明清时期的《大明律》《大清律》对墓地的面积、坟墓的高度、石兽和明器的数量等都进行了严格的规定，并明确了违反者的处罚方式；民国时期的《国葬法》《礼制》《服制》对葬式葬法、葬礼及服饰的要求都有严格的规定。

新中国成立以后，我国的殡葬管理服务发展历程始终贯穿于殡葬改革全过程，自1956年，由毛泽东、朱德等老一辈党和国家领导人倡议推行火葬以来，殡葬改革和殡葬管理服务发展经历了起步阶段（1949—1984年）、发展阶段（1985—1996年）、深化阶段（1997—2011年）、创新阶段（2012年至今）4个阶段。为了节约资源、保护环境、移风易俗，国家推行了包括改革土葬、推行火葬等一系列的殡葬改革措施，出台了《殡葬管理条例》《公墓管理暂行办法》等管理条例与办法，实施了惠民殡葬政策，推行了节地生态葬式葬法，推进了"互联网＋殡葬"的管理模式，确保新时代殡葬事业与改革的长足发展。

第二节　殡葬改革

殡葬业在我国是一个古老又全新的行业。新中国成立以来，殡葬管理服务工作发展伴随着殡葬改革的全过程。时至今日，我国殡葬改革跨越了近70年的风雨历程。经过长期不懈努力，特别是新时代以来的深入推进，我国殡葬改革取得显著成效。殡葬改革的基本目标更为明确，殡葬服务能力不断提升，人才队伍不断加强，惠民殡葬和节地生态安葬政策得到有效实施，公益性殡葬服务设施建设和管理不断加强，殡葬移风易俗深入推进，殡葬领域突出问题整治初见成效，殡葬服务管理水平不断提升。

一、殡葬改革的内涵

殡葬改革是一项移风易俗的社会改革，就是要改革旧有的丧葬习俗，革除落后的遗体处理方式和对逝者哀悼形式中的铺张浪费、封建迷信等旧习俗，建立起与中国特色社会主义制度、物质文明和精神文明建设要求相适应的殡葬服务管理制度和文明习俗规范。

殡葬改革包括对殡、葬、祭等殡葬相关活动全过程的改革，是对传统落后的遗体处理方式和习俗的一种变革。新时代殡葬改革的主要任务是推进火葬,改革土葬,推行节地生态安葬,促进移风易俗。殡葬是人类重要的社会活动,涉及人民群众基本民生,长期以来,国家高度关注殡葬事业的改革与发展,始终坚持以人民为中心,把人民群众能否"葬得起"作为衡量殡葬工作成败的首要目标。殡葬改革不仅事关基本民生保障,事关精神文明和生态文明建设,事关优秀殡葬文化的传承,同时也在优化社会治理、维护社会和谐稳定等方面发挥重要作用:一是保障民生。自推行殡葬改革以来,国家建立健全了保障基本、覆盖城乡、持续发展的殡葬公共服务体系,并将基本殡葬服务纳入政府公共服务保障范围,着力保障城乡居民基本殡葬需求,确保让每个人都能"葬得起"。二是节约资源和保护环境。我国人口多,耕地少,森林等资源严重不足,改革土葬、推行火葬、推广节地生态安葬,每项关键性殡葬改革都事关保护土地、节约自然资源、保护生态环境、提高人类生存质量。三是有利于精神文明和生态文明的建设。殡葬改革不仅是对几千年传统葬式葬法和封建丧葬陋俗的改革,也是对传统丧葬思想、理念、价值观和生死观的社会变革。通过全面深化殡葬改革,让人民群众充分认识到传统殡葬方式中的不足,自觉革除千百年来愚昧、落后的丧葬观念,主动接受绿色、节地和生态等现代殡葬服务理念,推动社会主义精神文明和生态文明建设与发展。四是优化社会治理。殡葬改革推行以来,国家大力推行殡葬领域改革,实施管办分离,优化服务环境,最大限度激发殡葬市场的活力。通过自治、法治、德治相结合,持续推动城乡移风易俗的改革,形成文明乡风。通过对殡葬领域突出问题的专项整治,进一步规范和加强殡葬管理,维护人民群众切身利益。

二、新中国成立以来殡葬改革的发展历程

在我国一直有着厚葬和土葬的传统习俗,但是随着人口增加和土地资源的紧缺,土葬已不能适应社会的发展要求,所以国家提倡改革土葬、推行火葬。1956年4月27日,由毛泽东、朱德等151位老一辈党和国家高级干部倡议推行火葬,只保留骨灰,不留逝者遗体,简化殡葬方式,不建坟墓,由此拉开了我国殡葬改革的序幕。

（一）殡葬改革的起步阶段（1949—1984 年）

新中国成立初期，我国的殡葬活动主要沿用传统的殡葬习俗。1956 年党和国家领导人倡议实行火葬后，殡葬改革措施采取积极稳妥、循序渐进、先党内后党外、从城市到农村的方式不断推行。1965 年内务部颁发《关于殡葬改革工作的意见》，阐述了我国这一时期的殡葬改革思路，提出了大力推行火葬、坚持改革土葬、不断改革旧的殡葬习俗及把殡葬事业统一起来四项重点工作。该意见的发布标志着我国火葬的开始，也是我国殡葬改革的起点。1981 年，民政部在北京召开第一次全国殡葬工作会议，会议总结了 25 年以来殡葬改革的初步成效和不足之处，并讨论了下一步改革的具体措施和途径，进一步明确了我国殡葬改革的方向和目标。1982 年民政部发布的《关于进一步加强殡葬改革工作的报告》和 1983 年中共中央办公厅转发的《关于共产党员应简办丧事、带头实行火葬的报告》，推动了各地殡葬事业的发展，从党内到党外掀起了殡葬改革的高潮，我国火葬率不断提高，移风易俗工作初见成效。

（二）殡葬改革的发展阶段（1985—1996 年）

1985 年 2 月 8 日，国务院颁布了新中国成立后第一个殡葬管理法规《关于殡葬管理的暂行规定》，将"殡葬改革工作方针"更名为"殡葬管理方针"，标志着我国的殡葬改革工作转向规范化、法治化阶段。1996 年中央宣传部、民政部等 5 部门联合颁发《关于实行移风易俗进一步改革丧葬习俗的意见》，进一步要求简化丧葬形式、真正做到移风易俗。中国殡葬协会于1989 年成立，为殡葬管理的行业化和规范化提供保障。

（三）殡葬改革的深化阶段（1997—2011 年）

1997 年，国务院正式颁布《殡葬管理条例》，这是我国针对殡葬工作的第一个全国性的行政法规。2009 年民政部发布的《关于进一步深化殡葬改革促进殡葬事业科学发展的指导意见》及 2011 年民政部、国家发展改革委联合发布的《民政事业发展第十二个五年规划》，提出实现基本殡葬公共服务均等化的发展要求，同时明确了"十二五"时期国家殡葬改革的主要任务是推行以惠民殡葬、公益殡葬、绿色殡葬、科技殡葬、阳光殡葬和人文殡葬为主要内涵的现代殡葬，开创了现代殡葬改革新局面①。条例、意见和规划的出台，有力推动了各地进一步规范殡葬行政执法，提高丧葬市场服务水平。随着执法力度的加大，各地区火化率得到了较大的提升，特别是北京、上海、浙江等沿海省份火化率基本达到100%。

（四）殡葬改革的创新阶段（2012年至今）

党的十八大以来，党中央、国务院高度重视生态文明建设，将民生事业纳入"五位一体"总体布局中协调推进。党的十八届五中全会提出了绿色发展理念，要求"坚持绿色富国、绿色惠民，为人民提供更多优质生态产品"。这期间，中共中央办公厅、国务院办公厅发布实施了《关于党员干部带头推动殡葬改革的意见》，为深化改革注入了强大的动力。第四次全国殡葬工作会议提出了深化殡葬改革的整体部署，确定了我国现阶段殡葬工作的总目标和主要任务。其后，2016年2月，民政部等9部门印发《关于推行节地生态安葬的指导意见》，要求进一步深化殡葬改革，推行节地生态安葬，保障群众基本安葬需求，保护生态环境，促进生态文明建设，促进人与自然和谐相处。这是国家在殡葬领域推进生态文明建设的首个专门性文件，巩固并继续推行火葬这个殡葬改革的核心的同时，增进"节地生态安葬"的发展。2016年6月，《民政事业发展第十三个五年规划》提出民政部门要自觉贯彻实施"创新、协调、绿色、开放、共享"的发展理念，围绕建设公益、惠民、绿色、文明、人文、科技殡葬，推动事业发展。同年12月，在浙江召开的殡葬"互联网＋"论坛，将前沿信息技术与传统殡葬文化、行业相融合，为行业创新发展提供了一个崭新的视野。为全面贯彻党的十九大精神，2018年1月民政部等16部门联合印发了《关于进一步推动殡葬改革促进殡葬事业发展的指导意见》，针对殡葬领域思想认识不统一、服务保障不到位、体制机制不健全、监管执法难跟进等问题，明确提出新时代推进殡葬改革发展的总体要求、重要任务和保障措施，对于在新的历史起点上进一步增强殡葬改革动力、激发

---

① 蒋昆生，王杰秀. 民政概论［M］. 北京. 中国社会出版社，2012：142－144.

殡葬事业发展活力、更好满足人民群众殡葬服务需求、促进殡葬事业健康有序发展，起到了积极推动作用。2020 年 10 月，党的十九届五中全会公报进一步明确了新时代殡葬改革作为提高民生福祉和现代社会服务的重要组成部分，不仅是满足人民群众对殡葬的需求从"有没有"向"好不好"转型升级的关键，也是国家全面建成小康社会和社会主义现代化国家的重要保障。2022 年，农业农村部、民政部等 8 部门联合印发《开展高价彩礼、大操大办等农村移风易俗重点领域突出问题专项治理工作方案》，专项整治高价彩礼、人情攀比、厚葬薄养、铺张浪费等陈规陋习在部分地区持续蔓延势头，弘扬传承中华优秀传统美德，倡导丧事简办、勤俭节约等文明新风。习近平总书记在党的二十大报告中指出，必须牢固树立和践行"绿水青山就是金山银山"的理念，站在人与自然和谐共生的高度谋划发展，为新时代新征程做好殡葬服务管理工作指引了方向。落实党的二十大关于加快发展方式绿色转型，推动经济社会发展绿色化、低碳化部署要求，民政部门进一步明确和坚持殡葬改革目标方向，加强和改进殡葬服务管理工作，推动构筑以节地生态为导向的殡葬服务体系。

沂水殡葬改革

2017 年，山东省沂水县创新实施了以惠民礼葬为核心的殡葬改革：对具有沂水户籍、在沂水去世的居民，殡葬过程中涉及的遗体运输费、火化费、骨灰盒费和公益性公墓使用费全部免除，由县乡财政承担，形成了"沂水样本"。坚持疏堵结合、稳妥推进，共建成公益性公墓 110 处、墓穴 8.5 万个；目前已有 13710 户逝者家庭享受到"殡葬全免费"政策，新去世居民骨灰进公墓率达 100%。沂水探索实施了以"厚养礼葬"为主要内容的丧事礼仪改革，推行以"播放哀乐、宣读逝者生平、鞠躬告别"为主要内容的"追思会"丧事礼仪模式，让群众不花一分钱就能办好"身后事"，以殡葬改革为突破口，推进移风易俗，倡树文明新风，惠民礼葬新模式开启了沂水殡葬改革文明祭祀的新篇章。先后有《人民日报》、新华社、中央电视台等 100 多家主流媒体作了宣传报道，为全国殡葬改革蹚出一条新路，提供了有益借鉴。

三、新时代殡葬改革的主要任务及成效

2018 年，民政部等 16 部门联合印发《关于进一步推动殡葬改革促进殡葬事业发展的指导意见》，明确提出新时代殡葬改革应紧紧围绕以习近平新时代中国特色社会主义思想为指导，坚持以人民为中心的发展思想，推动殡葬改革深入发展，进一步提升殡葬服务能力和水平，创新殡葬管理体制机制，建设文明、公益、绿色、生态殡葬，以满足人民群众殡葬需求，更好地促进精神文明和生态文明建设。

（一）新时代殡葬改革的主要任务

1. 深入推进火葬土葬改革

按照《殡葬管理条例》、国家"十三五"规划和"十四五"民政事业发展规划等相关文件要求，一是根据人口、耕地、交通、生态等实际情况，明确和细化火葬区与土葬改革区的划分标准、划分程序和动态调整周期；二是在实行火葬的地区，持续巩固和提升火化率，大力推进骨灰集中节地生态安葬，加大殡葬执法力度，减少遗体违规土葬、骨灰装棺再葬、散埋乱葬等问题出现；三是在土葬改革区，加大宣传力度，引导群众转变观念，移风易俗，积极引导群众实行集中安葬，倡导遗体深埋、不留坟头或以树代碑。

2. 大力推行节地生态安葬

深入贯彻落实民政部等 9 部门《关于推进节地生态安葬的指导意见》，大力推行不占或少占土地、少耗资源、少使用不可降解材料的节地生态安葬方式，加快建立节地生态安葬奖补制度。一是加大城乡公益性节地生态安葬设施建设力度，因地制宜，科学合理规划选址，提供树葬、撒散、骨灰存放等多样化节地生态安葬方式，提高建设管理和服务水平，提高群众认可度和满意度；二是加强公益性节地生态安葬设施用地保障，在符合土地利用总体规划的前提下，优先安排新建项目用地，在用地取得、供地方式、土地价格等方面加快形成节约集约用地的激励机制；三是对于经营性公墓，政府严格限制墓穴、墓位占地面积和墓碑高度，鼓励使用可降解材料，不断提高节地生态安葬比例，引导群众从依赖资源消耗，逐步向绿色生态可持续发展转型。

3. 积极推进殡葬移风易俗

殡葬领域移风易俗就是要建构符合现代生活模式的殡葬礼仪规范，以社会主义核心价值观引领丧葬礼俗改革，倡导文明节俭、厚养礼葬、保护环境、节约资源等新风尚。根据中共中央《关于制定国民经济和社会发展第十四个五年规划和二〇三五年远景目标的建议》及《中共中央办公厅 国务院办公厅关于党员干部带头推动殡葬改革的意见》《关于实行移风易俗进一步改革丧葬习俗的意见》等文件精神，进一步加强对人民群众进行移风易俗的宣传，倡导科学、文明、健康的丧葬新风尚，将移风易俗纳入文明城市、文明村镇创建和乡村振兴战略之中，与社会主义精神文明建设和生态文明建设同步推进、同步建设。一是统筹规划和建设殡仪服务站等集中治丧场所，引导群众文明治丧、低碳祭扫；二是开展农村散埋乱葬专项治理活动；三是充分发挥村（居）委会和红白理事会、老年人协会等基层组织作用，推广文明现代、简约环保的殡葬礼仪和治丧模式；四是深入挖掘阐释清明节等传统节日蕴含的教育资源，充分依托殡葬服务纪念设施，建设生命文化教育基地，打造优秀殡葬文化传承平台，弘扬尊重生命、孝老敬亲、厚养礼葬、慎终追远等思想文化。

（二）新时代殡葬改革的主要成效

殡葬改革推行以来，各级民政部门认真贯彻党和政府相关的政策与方针，始终坚持以人民为中心的发展理念，出台文件、制定政策措施，努力把群众"身后事"办成放心事、暖心事、安心事，实现逝有所安的民生需求，保障殡葬改革平稳推进并取得实效。

1. 积极地、有步骤地实行火葬，改革土葬

据第七次全国人口普查统计，2020 年我国人口为 141178 万。根据国家统计局和民政部官网公布的数据，2019 年全国死亡人口近 998 万，火化遗体 522.7 万具，火化率 52.4%。传统土葬葬式下，土地方面，每座散坟占地约 10 平方米，坟墓间距大，一亩地最多建 20 座坟墓；木材方面，一口棺材约需 1.5 立方米木材。如果按全国人口每年死亡人数 1000 万算，传统散坟每年累计占地至少 50 万亩（330 平方千米左右），消耗木材高达 1500 万立方米。实

践证明，实行火葬、改革土葬，以不占地或少占地方式妥善处置遗体或骨灰，不仅科学、文明，而且节约了有限的土地和木材等资源，也节省了大量财力。

自殡葬改革推行以来，各地坚持以推行火葬、扩大火化区域、提高火化率为目标，通过广泛的宣传教育，贯彻落实国家殡葬管理法规政策，加强殡葬服务设施建设，采取有效管理的措施，使推行火葬工作取得重要进展。北京、上海、山东、江苏等省（市）的火化率，现已接近100%。河南、河北、湖南、湖北、陕西、山西等中西部地区省份，采取整体推进、逐步到位，不断强化殡葬管理与宣传力度的做法，近几年火化率均有了全面的提升。2021年全年火化遗体596.6万具，火化率达58.8%。

2. 实施惠民殡葬政策

殡葬公共服务是一项基本民生服务，也是政府的社会服务兜底工程。从2009年开始，民政部及相关部门联合出台了一系列有关惠民殡葬的政策与文件，各地政府逐步减免基本殡葬服务费用，惠民殡葬政策基本覆盖低收入群众并逐步扩大至城市在籍居民，同时不断加大殡葬服务供给，适应群众多样化、多层次的殡葬服务需求。

从2017年开始，山东沂水县创新实施以"惠民礼葬"为核心的殡葬改革，在全国率先推行"殡葬全免费"政策，形成了殡葬改革"沂水样本"。在北京、长沙等地，各殡葬服务单位实施零元骨灰撒海或免费基本服务、百元骨灰盒、千元殡仪服务和万元骨灰安置的"零百千万"工程；在重庆、甘肃、宁夏等地，明确要求经营性公墓开辟一定比例的公益墓区，免费或低价提供给困难群众。截至2022年底，全国31个省份和新疆生产建设兵团全部建立了覆盖城乡困难群众和优抚对象的惠民殡葬政策，其中北京、天津、江苏、浙江、江西、山东、河南、广东、四川9省（市）惠民政策覆盖全体居民。

3. 倡导节地生态葬式葬法

近年来，民政部门推动节地生态安葬、生态化园林化公墓安葬，一些地方还探索推动林草资源复合利用的殡葬设施建设实践，在大幅节约土地、木材资源方面具有重要意义。全国26个省份出台了推行节地生态安葬的具体实施意见，鼓励以不占地或少占地方式处置遗体或骨灰，鼓励为遗体器官捐献者和保留骨灰者等群体统一建设祭扫思念场所或网络平台，开展缅怀纪念活动，对选择树葬、花葬、骨灰深埋等葬式明确奖补办法。北京、天津、辽宁、上海等地实施了骨灰撒海补贴政策，其中北京骨灰撒海补贴 4000 元；上海市节地小型墓已超过全市销售总量的 80%。各地大力建设公益生态安葬设施，全国火葬区的骨灰格位存放、树葬、海葬等节地生态安葬比例基本达到或超过 50%，选择生态安葬方式的人数快速增加。

4. 推进丧葬礼俗改革

自殡葬改革推行以来，各级党委政府和民政部门充分运用宣传、示范、自治、法治、德治等多种手段破除传统丧葬活动中的厚葬薄养、铺张浪费、封建迷信等陈规陋习，既保留优秀传统殡葬文化习俗，又促进精神文明和生态文明建设。同时，加强农村红白理事会等基层组织建设与治理，将丧葬礼俗改革纳入村规民约，通过群众自我管理、自我约束、自我提高，推动形成文明乡风、良好家风、淳朴民风，树立殡葬文明新风，为乡村振兴贡献力量。

通过推进丧葬礼俗改革，各地城乡的良风美俗逐步形成，厚葬薄养、大操大办、盲目攀比之风得到了极大程度的遏制。江西省印发实施方案，推广石城县"请客不收礼""节俭办宴席""丧事简办"等经验做法；天津、山西、四川、贵州、新疆生产建设兵团等地出台深化殡葬领域移风易俗的专门文件，将尊重生命、绿色殡葬理念贯穿殡、葬、祭全过程。文明节俭办丧事、人与自然和谐共生的殡葬新风尚逐渐形成。

第三节　殡葬服务与设施

随着殡葬改革的不断深入，殡葬服务的内涵和功能也随之发展，殡葬设施亦不断完善。殡葬服务属于公益性社会服务，包括基本殡葬服务和选择性殡葬服务两类。依据《殡葬服务、设施、设备、用品分类与代码》（GB/T 19632—2023）等相关标准，殡葬服务项目共有 40 多项，归纳起来主要分为 18 大类，包括遗体接运、遗体防腐、遗体清洗、遗体入殓、守灵、遗体告别、火化、骨灰存放、无主骨灰处理、殡仪代理、常规墓葬、艺术墓葬、节地生态葬、祭扫、安葬配套、葬后维护、安葬代理和其他殡葬服务等。

一、殡葬服务

根据殡葬服务本身属性的不同，我国的殡葬服务可分为基本殡葬服务和选择性殡葬服务两大类。

（一）基本殡葬服务

1. 基本殡葬服务的内涵

基本殡葬服务是指由政府根据经济社会发展水平和殡葬改革的要求，由政府主导、社会和市场共同参与供给的，旨在救助和保障全体公民"逝有所安"基本需求的殡葬服务①。基本殡葬服务是面向全社会的公共服务，基本属性为公益性、均等性和普惠性，费用由国家和政府支付。

2. 基本殡葬服务的分类

基本殡葬服务包括救助性殡葬公共服务与保障性殡葬公共服务。救助性殡葬公共服务是加强与优抚褒扬、社会救助、养老保险等制度的衔接，通过多种方式，对享受国家定期抚恤补助的优抚对象、享受最低生活保障待遇的低保对象、因病或非因公死亡参保人员、农村五保供养对象、城市"三无"人员、无名尸体等的基本殡葬需求给予相应的救助，按照当地标准实报实销，由政府支付，有效促进社会公平正义。2009 年民政部下发了《关于进一步深化殡葬改革促进殡葬事业科学发展的指导意见》，明确提出"对生前生活特别困难的人员，由政府免除遗体接运、存放、火化和骨灰寄存等基本殡葬服务费用"。2012 年《民政部关于全面推行惠民殡葬政策的指导意见》提出："全面推行惠民殡葬政策，为城乡低收入群众乃至全体社会成员身故后提供遗体接运、存放、火化、骨灰存放等基本殡葬服务。""统筹城乡区域间殡葬公共服务供给，加大惠民殡葬政策向农村、贫困地区和城乡低收入群体倾斜力度，重点解决好重点优抚对象、城乡低保对象、农村五保供养对象、城市'三无'人员等特殊困难群体的基本殡葬需求问题，有效促进社会公平正义"。

保障性殡葬公共服务主要是满足公民火化遗体的需求，即将遗体接运、存放、火化和骨灰寄存作为基本殡葬服务项目。由公益性殡葬服务单位提供，

---

① 孙树仁，徐莉．现代公共殡葬服务体系建设研究 [Z]．民政论坛征文，2013.

并可根据当地经济社会发展水平和需求状况，适当增加基本殡葬服务内容。此外，为了满足节地生态安葬的需求，各地尽力而为、量力而行，也可将海撒、深埋等生态葬式纳入基本公共服务，健全基本殡葬服务体系，提高基本殡葬服务均等化水平，鼓励民众选择节地生态的安葬方式，促进殡葬事业发展全面绿色转型，助力人与自然和谐共生的现代化建设。2016 年民政部等 9 部门《关于推行节地生态安葬的指导意见》提出，"在进一步完善以减免基本殡葬服务费用为主要内容的惠民殡葬政策基础上，指导和推动有条件的地方建立节地生态安葬奖补制度，把树葬、海葬、格位存放等不占或少占地方式，以及土葬区遗体深埋不留坟头等生态葬法，纳入奖补范围，鼓励群众积极参与"。

（二）选择性殡葬服务

1. 选择性殡葬服务的内涵

选择性殡葬服务是指在基本殡葬服务项目以外，供群众自愿选择，实行市场化运作的殡葬服务项目，包括遗体整容、防腐、告别、骨灰安葬、丧葬用品及其他殡葬服务。选择性殡葬服务是我国殡葬公共服务体系的重要组成部分，也是对基本殡葬服务的必要补充，能为公众提供更多个性化的选择，满足了不同消费者对殡葬服务的多元化需求，也体现了服务供给正在由"有没有"向"好不好"转型。如上海龙华殡仪馆就根据市场的需求设立不同价位的殡仪服务，有特色礼厅、遗体 SPA、遗体修复等服务，让消费者在基本殡葬服务的基础上，有更多更好的选择。

2. 开展选择性殡葬服务的原则

对选择性殡葬服务，建立行业规范，实行自愿选择，公平协商，市场运作，政府监管。

（1）选择性殡葬服务项目的开展应当坚持移风易俗、文明节俭办丧事的原则，不得违反国家和地方有关殡葬管理规定。

（2）选择性殡葬服务要坚持"以人为本"的服务理念，认真执行丧主自愿选择的原则。选择性殡葬服务所有项目均为自选服务项目。殡葬服务单位要引导群众理性消费和明白消费，不得违反公平自愿原则以任何形式捆绑、分拆或强制提供服务并收费，也不得限制或采取增收附加费等方式变相限制丧属使用自带骨灰盒等文明丧葬用品。

（3）严格实行收费公示制度，这也是选择性殡葬服务开展必须遵循的原则。殡葬行政主管部门要建立殡葬服务收费标准和殡葬用品价格公示体系，通过本部门网站或其他载体将本地区殡仪馆和公墓的收费项目、收费标准（价格）进行公示，为群众监督、选择提供方便。殡葬服务单位要于开展服务前在服务场所显著位置公示自己所开展的具体服务项目、收费标准、文件依据、减免政策、举报电话、服务流程和服务规范等内容，广泛接受社会监督，做到透明服务，明白消费。①

（4）为了规范各类主体提供的选择性殡葬服务，必须依法完善选择性殡葬服务的管理制度和服务标准，完善市场准入条件，强化事中、事后监管，加强对选择性殡葬服务主体的监管与引导。

二、殡葬设施

（一）殡葬设施的内涵

殡葬设施是指提供各种殡葬服务所需的建筑设施、专用设备、器具和场所。它是殡仪服务的基础，体现了一定区域对人类终极关怀的社会属性。

（二）殡葬设施的内容及现状

现代殡葬服务设施根据其使用功能，分为殡仪设施、火化设施、骨灰安葬设施和祭祀设施四大类。

1. 殡仪设施

殡仪设施指提供遗体保存、遗体处理和悼念服务等殡葬活动的设施。所有的殡仪馆和部分殡仪服务站内都建有不同功能的殡仪设施。

（1）殡仪馆。我国殡葬改革的核心是实行火葬，实行火葬的核心是建立殡仪馆。殡仪馆是由民政部门管理的专门从事遗体接运、保存、清洗、消毒、

---

① 国家发展改革委 民政部关于进一步加强殡葬服务收费管理有关问题的指导意见［EB/OL］.（2017−03−28）［2023−12−26］. https://www.mca.gov.cn/zt/history/179m/20170300890164.html.

防腐、整容、整形、冷藏、火化、骨灰寄存和悼念逝者等殡葬服务的场所。现阶段我国殡仪馆主要有两种类型：一是综合型的殡仪馆，也叫火葬殡仪馆，承担遗体处理、追悼活动、遗体火化、骨灰寄存等服务。我国的殡仪馆绝大多数为综合型的殡仪馆。二是单一型的殡仪馆，即只承担遗体接运、防腐、整容、举行追悼活动等殡仪服务，不承担火化任务。这种单一型的殡仪馆在我国只是少数，设在土葬改革区的土葬殡仪馆为单一型殡仪馆，设在火葬区的单一型殡仪馆还需有火葬场与之配套。

殡仪馆是我国殡葬改革的产物，是我国实行殡葬改革的非常重要的殡葬设施。我国的殡仪馆一直承担着办理丧事和推进殡葬改革的双重任务。

（2）殡仪服务中心和殡仪服务站。改革开放后，随着城镇化进程的加快，为了方便广大城乡居民办理丧事，全国各地在城乡居民集中聚居区兴办殡仪服务中心或殡仪服务站，开展除遗体火化外的殡仪服务。大型的殡仪服务中心（或殡仪服务站）实际上替代发挥了单一型殡仪馆的功能，极大地方便了殡仪服务对象。

2. 火化设施

火化设施指提供遗体火化及骨灰装殓等服务的设施。火葬场和殡仪馆中的火化间就是常见的火化设施。

3. 骨灰（遗体）安葬设施

骨灰（遗体）安葬设施主要是指以地下墓穴为主要形式提供埋葬遗体、骨灰、骨殖及其随葬品的设施，也包括以楼、堂、厅、室、塔、墙等建筑形式提供骨灰安葬服务的设施。墓地设施一般简称为公墓，分为经营性公墓和公益性公墓两类。经营性公墓主要服务于城市，是指为城镇居民提供骨灰或遗体安葬并实行有偿服务的公共墓地，属于第三产业的范畴；公益性公墓主要服务于农村，是指为农村村民提供遗体或骨灰安葬服务的公共墓地。公益性公墓的数量远远大于经营性公墓。骨灰楼也分为经营性骨灰楼和公益性骨灰楼两大类。

4. 祭祀设施

祭祀设施是指提供悼念、祭祀、追思、纪念、生命教育等殡葬服务活动的设施，包括追思厅、祭祀台、生命教育展厅、生命纪念馆、纪念碑或墙等。

此外，从广义上看，殡葬专用的实验室、科研与生产基地、教学培训场所也属于现代殡葬服务设施，因为这些设施都能为社会提供不同形式的殡葬服务。

近年来，民政部单独或联合其他相关部门，先后出台了《关于进一步深化殡葬改革促进殡葬事业科学发展的指导意见》《关于全面推行惠民殡葬政策的指导意见》《关于推行节地生态安葬的指导意见》等文件，提出了文明、人文、科学、生态、公益的理念；同时国家"十三五"规划纲要明确把基本殡葬服务纳入基本公共服务清单，将支持殡仪馆、骨灰堂建设纳入社会服务兜底工程；《"十四五"民政事业发展规划》主要发展指标中明确要求"十四五"时期县级公益性安葬（放）设施覆盖率达到100%。各级民政部门按照国家相关部委的政策与文件，统筹规划，协调资源，改建或新建了一大批科技含量高、人文设施配套到位、生态环境协调的殡仪馆、公墓等现代殡葬设施，逐步改变传统殡葬场所的脏乱差情况，为人民群众的治葬服务提供了一个良好的人文环境；同时各地还不断加大资金投入，稳步推进农村公益性公墓（骨灰堂）建设，保障了农村居民"逝有所安"的殡葬需求。

民政事业发展统计公报显示，"十三五"期间中央预算内资金支持殡仪馆、公益性骨灰堂等公益性殡葬设施建设，累计投入23亿元。如江西省自2018年推动殡葬改革以来，共投入各类资金121亿元用于殡仪馆新改扩建、农村公益性公墓建设等，极大改善了当地农村居民安葬条件。截至2022年底，全国共有殡葬服务机构4474个，其中殡仪馆1778个、殡葬管理机构815个、民政部门管理的公墓1761个，火化炉7293台[1]，相关设施数量分别比2021年增长2.3%、0.2%、0、5.3%和3.5%。为加快农村公益性安葬（放）设施规划建设，全国近1/3的省份编制印发了包括农村公益性安葬（放）设施建设在内的殡葬事业发展"十三五"规划。吉林、甘肃、青海、安徽、江苏、四川、云南、广西、江西、广东等省份印发了殡葬事业发展"十四五"规划。

---

① 中华人民共和国民政部.2022年民政事业发展统计公报［EB/OL］.（2023-10-13）［2024-01-22］. https://www.mca.gov.cn/n156/n2679/C1662004999979995221/attr/306352.pdf.

第四节　殡葬管理

　　殡葬管理是一项面向殡葬领域而具有行政职能的工作，根据 2012 年修订的《殡葬管理条例》相关内容，我国殡葬管理的类别主要包括殡葬设施管理、遗体处理和丧事活动管理、殡葬设备和殡葬用品管理三大类。当前的殡葬管理是在党和政府的领导下的一项行政管理工作，通过对殡葬活动中所涉及环节的有效管理，最终实现在全国范围内积极地、有步骤地实行火葬，改革土葬，进一步节约殡葬用地，提倡文明节俭办丧事，从而达到革除丧葬陋俗的目的。

一、殡葬设施管理

　　《殡葬管理条例》对殡葬设施管理的工作内容作出了明确界定，主要包括：一是殡仪馆、火葬场审批与管理；二是公墓、墓地审批与管理；三是骨灰堂（楼）设施审批与管理。

　　我国殡葬设施审批与管理，一般由各省、自治区、直辖市人民政府民政部门根据本行政区域的殡葬工作规划和殡葬需要，提出殡仪馆、火葬场、骨灰堂（楼）、公墓、殡仪服务站等殡葬设施的数量、布局规划，并报本级人民政府审批。其中建设殡仪馆、火葬场，由县级人民政府和设区的市、自治区、直辖市人民政府的民政部门提出方案，报本级人民政府审批；建设殡仪服务站、骨灰堂（楼），由县级人民政府和设区的市、自治州人民政府的民政部门审批。建设公墓，经县级人民政府和设区的市、自治州人民政府的民政部门审核同意后，报省、自治区、直辖市人民政府民政部门审批；根据 2021 年国务院印发的《关于深化"证照分离"改革进一步激发市场主体发展活力的通知》，明确在全国范围内实施经营性公墓审批事项改革，将经营性公墓审批权由省级民政部门下放至设区的市级民政部门，由设区的市级民政部门将审批结果报省级民政部门备案。经营性骨灰堂（楼）建设审批按经营性公墓的要求办理。

墓地及相关管理工作历来是殡葬管理工作的重要内容之一，是一项事关国计民生的基本工作，对于地区发展具有重要意义。《殡葬管理条例》中明确规定，不得在耕地、林地，城市公园、风景名胜区和文物保护区，水库及河流堤坝附近和水源保护区，以及铁路、公路主干线两侧等建造墓地；同时规定，对于上述区域设定之前即已经存在的坟墓，分情况进行处置。《殡葬管理条例》还规定，对于乱埋乱葬行为，由民政部门责令限期改正，拒不改正的，由当地民政部门依法向当地法院申请强制执行。国家相关法规规定，不得私建或者恢复宗族墓地，对于未经相关政府部门审核批准擅自兴建的殡葬设施，由民政部门会同相关建设、土地行政管理部门予以取缔，责令恢复原状，并给予相应的罚款。2018 年出台的《全国殡葬领域突出问题专项整治行动方案》中提出，对于违规乱建公墓、违规销售超标准墓穴、天价墓、活人墓等问题进行专项整治，进一步强化政府对殡葬服务、中介服务和丧葬用品市场监管，推动建立殡葬管理长效机制。此外，《殡葬管理条例》规定农村的公益性墓地只限于本村村民使用，不允许私自对外销售，同时还对各类公墓的墓穴占地面积和使用年限进行了具体规定。

二、遗体处理和丧事活动管理

遗体处理和丧事活动是殡葬活动的核心内容之一，故其相关工作的管理在整个殡葬管理工作中具有重要意义。一般情况下，遗体处理和丧事活动管理主要包括遗体处理规定与管理和丧事活动规定与管理两部分。

（一）遗体处理规定与管理

为了进一步优化人居环境，建设人与自然和谐共生的生态环境，国家要求遗体处理必须遵守下列规定：一是运输遗体必须进行必要的技术处理，确保卫生，防止污染环境；二是火化遗体必须凭公安机关或者国务院卫生行政部门规定的医疗机构出具的死亡证明。同时，对于条件允许的地区建议完善相关从业人员、特种装备的监管制度。

（二）丧事活动规定与管理

公民去世以后，要本着勤俭节约的原则，切勿大操大办，建议公民从简办理相关丧事活动，而且在办理丧事活动过程中，不得妨害公共秩序、危害公共安全，不得侵害他人的合法权益。对于在办理丧事活动中出现有妨害公共秩序、危害公共安全、侵害他人合法权益的情形，应当由民政部门予以立即制止；构成违反治安管理行为的，由公安机关依法给予治安管理处罚；构成犯罪的，依法追究刑事责任。

三、殡葬设备和殡葬用品管理

殡葬设备与殡葬用品是殡葬活动过程中不可或缺的物质基础，殡葬活动的正常开展，依赖于殡葬设备的正常运转与殡葬用品的充足供应，加强其监管有利于稳定殡葬活动市场，其管理主要包括殡葬设备规定与管理和殡葬用品规定与管理两部分。

（一）殡葬设备规定与管理

殡葬活动中所使用到的火化机、运尸车、尸体冷藏柜等相关殡葬设备，必须符合国家规定的技术标准；禁止制造、销售不符合国家技术标准的殡葬设备。对于制造、销售不符合国家技术标准的殡葬设备的，由民政部门会同市场监督管理部门责令停止制造、销售，可以并处制造、销售金额1倍以上3倍以下的罚款。相关使用单位应当组织专人对相关殡葬设备进行定期检修与维护，及时淘汰不合规的殡葬设备；鼓励相关企业与科研院校研发与生产绿色节能的殡葬设备。

（二）殡葬用品规定与管理

在相关殡葬活动中，禁止制造、销售和提供与封建迷信活动相关的丧葬用品，严禁在实行火葬的地区出售棺材等土葬用品。对于制造、销售封建迷信殡葬用品的，由民政部门会同市场监督管理部门予以没收，可以并处制造、销售金额1倍以上3倍以下的罚款。

四、殡葬服务的监管

（一）强化政府职能

各级民政部门通过优化组织结构与促进政府职能转变，理顺与公安、市场监管、自然资源、卫生健康等部门职责关系，统筹做好殡葬服务市场的监管，同时厘清政府和市场关系，全面实行政府权责清单制度，强化制定实施发展战略、规划、政策、标准等职能，注重运用法律和制度强化对殡葬管理服务的监控力度，推行"放管服"改革，加强对殡葬领域突出问题的治理，提升管理水平，进一步提高殡葬公共服务均等化水平，为人民群众提供优质高效服务。

1. 推动健全殡葬法规制度

规范殡葬服务管理，离不开政策法规体系的支撑保障。当前，与殡葬相关的法律法规制度，主要包括《中华人民共和国宪法》《中华人民共和国民法典》《殡葬管理条例》以及殡葬有关部门规章、地方性法规、有关规范性文件和各类标准等。为进一步完善殡葬法规政策，民政部相继举办全国殡葬法规修订和政策研制座谈会，全国殡葬工作及民政领域殡葬标准化管理培训班，推动制定出台《关于加强和改进殡葬管理服务管理工作的意见》《关于推进骨灰海（江）葬的指导意见》，推动《殡葬管理条例》修订工作，不断完善制度体系。通过修订和完善殡葬相关法规制度，强化政府责任和投入，保障殡葬服务公益性，加强殡葬服务收费管理，提高惠民殡葬和生态殡葬质量，扩大惠民殡葬和生态殡葬奖补覆盖面，逐步实现基本殡葬服务的普惠性、均等化。

2. 推进殡葬服务机构管办分离改革

民政部等 16 部门发布的《关于进一步推动殡葬改革促进殡葬事业发展的指导意见》明确提出，"推进殡葬服务机构管办分离改革。结合事业单位分类改革要求，理顺政府与市场的关系，推进殡葬行政管理职能与生产经营分开、监管执法与经营举办分离，探索多种有效的实现形式"。各级民政部门推动和强化殡葬法规政策、行业规划、标准规范的制定和监督指导职责，从对殡葬服务单位的直接管理向行业管理转变，有效实现管办分离。同时强化殡葬服务事业单位的公益属性，进一步落实法人自主权，规范内部管理，激发发展活力。

3. 试点实施殡葬服务市场的负面清单制度

殡葬服务市场的负面清单制度，是指以清单方式明确列出在殡葬服务市场内禁止和限制投资经营的业务、服务等，各级政府依法采取相应管理措施的一系列制度安排。通过实行市场准入负面清单制度，可以厘清政府在殡葬服务市场的职责边界，有利于进一步深化行政审批制度改革，大幅收缩政府审批范围，创新政府监管方式，有利于促进政府运用法治思维和法治方式加强市场监管，推进殡葬服务市场监管制度化、规范化、程序化。通过实行市场准入负面清单制度，可以赋予殡葬市场服务企业更多主动权，有利于落实市场主体自主权和激发市场活力，形成公开公平公正参与竞争的市场环境，为人民群众提供更多更好的殡葬服务。

4. 加强突出问题治理

2018年民政部、国家发展改革委、公安部等9部门联合发布了《全国殡葬领域突出问题专项整治行动方案》，方案明确要求"通过开展殡葬领域突出问题专项整治行动，合力整治违规乱建公墓、违规销售超标准墓穴、天价墓、活人墓，炒买炒卖墓穴或骨灰格位等问题，强化殡葬服务、中介服务和丧葬用品市场监管，遏制公墓企业暴利行为，整肃殡葬服务市场秩序，严格落实监管执法责任，推动建立殡葬管理长效机制，促进殡葬行业健康发展"。2018年以来，民政部联合发展改革部门每季度对殡葬服务价格实施监测并预警介入，联合公安、市场监管等部门打击"黑殡导""黑中介"，有效规范了殡葬行业价格秩序。

（二）加强市场监管

1. 建立市场准入制度和负面清单制度

为了强化市场监管，形成良性竞争的殡葬服务市场秩序，在相关法律法规的范围内，政府应根据实际情况建立社会资本参与殡葬服务市场准入制度，并明确服务项目负面清单，严格规定社会资本准入的条件及要求，列出禁止的服务项目或条款，并对服务管理不规范、严重偏离公益方向、公众满意度

第十一章 殡葬管理服务

407

差的单位与企业，要建立违约赔偿、公开曝光和退出机制。

2. 切实加强市场监管

为了防止殡葬服务、墓地建设与销售、中介服务及丧葬用品销售中的违法违规行为，遏制殡葬暴利行为，民政部门所属的殡葬管理和执法部门要认真履行职责，规范管理，严厉打击非法墓地和非法从业活动，对殡葬中介的坑蒙拐骗进行坚决查处。同时要定期进行市场督查，对殡葬服务中的不规范行为勒令整改；对于经营性墓地要严格实行年检制度，年检不合格的限期整改，整改仍不到位的，取消其经营资质。通过政府行风热线、消费者投诉举报热线和工商部门的价格举报电话等，加强对殡葬服务市场的监管。

（三）发挥行业自律

1989 年在黑龙江省牡丹江市召开中国殡葬协会（China Funeral Association，CFA）成立大会，并于当年被国际殡葬协会接纳为会员，标志着我国殡葬管理事业朝着国际化发展方向迈进。全国已建立了 31 家地方殡葬协会。协会围绕制定行业标准规范、加强殡葬行业质量管理、维护会员和从业单位的合法权益、加强行业自律与监管等方面开展工作，对推动行业和地区的殡葬改革和殡葬事业发展起到了积极作用。

1. 制定行业自律规约，规范服务行为

行业自律是为了规范行业行为，协调同行利益关系，维护行业间的公平竞争和正当利益，促进行业发展。民政部等 16 部门发布的《关于进一步推动殡葬改革促进殡葬事业发展的指导意见》提出，"发挥基层群众自治、行业协会自律、社会监督等方面作用，创新监管手段和治理方式，实现政府、社会、市场优势互补、良性互动"。殡葬协会应根据各地殡葬行业实际，研究制定行业自律规约，并通过协会官网、微信公众号等渠道公布，公开接受社会监督；同时各协会还可运用大数据技术，广泛开展会员服务信用评价，引导殡葬经营单位、企业和从业人员依法诚信经营。

2. 发挥殡葬协会的作用，促进市场良性竞争

殡葬行业协会是殡葬单位、企业和从业者的自治组织，也是政府与市场之间的桥梁。一方面殡葬协会要当好政府的助手，向殡葬服务机构传达国家

的大政方针，要求全体成员合法经营、诚信经营，经常开展行业内部的督查，例如殡葬协会可以受理会员单位产生的各种问题，做好协调与处置工作。另一方面协会要当好成员单位的贴心人。要经常了解企业遇到的困难与矛盾，反映会员的心声，帮助解决问题，将会员单位一些合理的诉求与良好的建议及时反馈给殡葬管理部门。

3. 开展标准化建设，加强行业培训

按照国家标准化委员会和民政部、国家市场监管总局等有关部门的要求，全国殡葬标准化委员会围绕行业亟需，从梳理、研制、立项、宣贯等各方面扎实推进标准体系建设。截至 2023 年 12 月，发布殡葬领域标准 77 项，其中国家标准 13 项，建设标准 2 项，国家职业标准 6 项，民政行业标准 42 项，相关标准 14 项。

在发布标准的同时，中国殡葬协会也注重从业人员服务水平和管理能力方面的提升。每年不定期举行行业培训，在培训方式和课程安排上力求创新，围绕"理论＋实操"的教学模式，专题研究，师生互动，全面提升了从业人员的职业素养和专业技能。

4. 搭建平台，展示科技成果

中国殡葬协会每两年举办一次国际殡葬设备用品博览会。博览会期间集中展示殡葬各类产品、技术、理念等，帮助殡葬企业拓展国内外市场，推动行业发展。提供高效信息交流平台，促进知识、技术等传播与共享。通过展示最新成果和趋势，对行业发展起到引领和导向作用。

国际运尸工作是中国殡葬协会承接的一项涉外国际性常态化业务工作。多年来，国际运尸网络服务中心在国家相关部门的指导和协助下，不断强化业务管理，起草了《关于加强国际间遗体转运工作规范化管理的通知》，扩大了服务范围，坚持 24 小时工作制，密切关注对涉及中国公民的国际性重大伤亡事件，与全国 41 个遗体接运点保持紧密联系，及时、妥善、圆满完成任务，赢得了相关国家的赞誉。

（四）推行社会监督

殡葬服务市场的监管除了发挥政府、市场的主体作用，还要充分调动行业协会和社会力量对殡葬单位或企业的服务行为、服务质量、价格收费等方面进行有效监督。

1. 公众开放日

为了让社会公众更好地了解殡葬服务内容与流程，进一步加强殡仪服务机构的服务与管理，树立良好的社会形象，各地殡仪馆应主动开展"公众开放日"活动，可邀请当地的人大代表、政协委员和市民代表与殡葬单位"零距离"接触，全面了解殡葬服务的各项内容与流程，以及价格收费情况，从而消除社会公众对殡葬服务的神秘感与恐惧感。

2. 聘任殡葬服务社会监督员

为了加强社会监督，各级民政管理部门可推行建立殡葬服务社会监督员制度，聘请社会知名人士担任殡葬服务社会监督员，发挥监督与宣传作用。一是社会监督员可深入殡葬服务机构、社区，了解掌握殡葬服务机构管理、服务等方面信息，及时发现存在的问题，并向上级主管部门反馈，督促服务机构做好工作，促进殡葬服务管理和水平提高。二是社会监督员在殡葬服务机构、逝者家属、政府部门之间搭建畅通民意的绿色通道，及时倾听、反馈社会各界对殡葬服务机构的意见建议，积极帮助化解矛盾和纠纷。三是社会监督员可利用自己的社会影响力和知名度，积极向社会和群众宣传殡葬改革的惠民政策、法律法规，普及相关知识，推动殡葬改革和殡葬事业健康发展。如黑龙江省黑河市民政局专门聘任了 11 名社会监督员，协助政府强化殡葬领域管理服务专项整治和社会监督工作，产生了良好的社会影响。

第五节　殡葬管理服务发展展望

殡葬服务作为基本社会服务的重要组成部分，其改革的成果直接关系民生。新时代新征程，各级殡葬主管部门和殡葬服务单位应按照《"十四五"民政事业发展规划》提出的要求，围绕"公益殡葬、法制殡葬、人文殡葬、生态殡葬、科技殡葬、智慧殡葬"的发展理念，大力推动殡葬事业健康发展，实现殡葬服务从"有没有"向"好不好"转型，不断提升人民群众的幸福感和获得感。

一、强化殡葬公益属性

殡葬改革必须坚持以满足群众殡葬需求、维护群众殡葬权益为出发点和落脚点，着力解决城乡居民基本殡葬需求，加快建立健全保障基本、覆盖城乡、持续发展的殡葬公共服务体系，进一步提升殡葬事业的公益属性。建立健全基本殡葬服务制度，将遗体接运、存放、告别、火化、骨灰存放和生态安葬等项目纳入基本殡葬服务清单；切实履行政府对城乡困难群众基本殡葬服务兜底保障职责，加大对特殊群体兜底保障力度，简化操作程序，减少结算环节；加快建设公益性殡葬服务设施，将公益性殡葬服务设施纳入国土空间规划，明确和保障用地指标和林地复合利用政策，全方位加大公益性殡葬设施供给，特别是加大火葬区殡仪馆、公益性安葬设施等殡仪服务机构建设力度，逐步实现火葬区县级行政区域殡仪馆全覆盖，逐步实现公益性殡葬安葬设施全覆盖；推动惠民殡葬和生态安葬奖补等政策的实施，鼓励县级以上人民政府为海葬、树葬等不保留骨灰逝者、遗体捐献者统一建设纪念设施，为丧属缅怀亲人提供平台。

二、加快法治殡葬建设

坚持以习近平新时代中国特色社会主义思想为指导，进一步强化政府在殡葬市场管理中的职能转变，完善殡葬法规制度和标准体系，加快推进《殡葬管理条例》的修订及配套规章政策的制定工作；大力探究并践行殡葬服务领域"放管服"改革，完成殡葬服务机构管办分离，进一步理顺政府与市场的关系，推进殡葬行政管理职能与生产经营分开、监管执法与经营举办分离；建立健全相关行政许可制度，制定和完善殡仪馆、公墓等殡葬服务机构和网络祭扫平台管理办法等，依法规范各种殡葬服务活动；试点实施殡葬服务市场的负面清单制度，加快构建公平公正、竞争有序的现代殡葬服务市场体系；制定和完善殡葬领域国家和行业标准，探索制定林地草地与墓地复合利用办法，制定无人认领、涉法涉诉等遗体处置办法；切实提高殡葬领域治理水平，落实行业主管责任，强化部门监管责任，加大对活人墓、豪华墓、散埋乱葬等的治理，进一步整肃殡葬服务市场秩序，规范殡葬中介机构、服务企业经营行为，建立殡葬管理长效机制，促进殡葬行业健康发展。

三、推行绿色生态殡葬

深入贯彻落实民政部等 9 部门《关于推进节地生态安葬的指导意见》，根据国家城乡发展规划和乡村振兴战略的要求，合理布局殡葬设施建设，新建或改建一批现代殡葬设施。进一步推行不占或少占土地、少耗资源、少使用不可降解材料的节地生态安葬方式，加快建立节地生态安葬奖补制度。统筹考虑殡葬设备配置标准，改善现有殡葬设备，节能减排，提升殡葬生态环境质量，提高殡葬公共服务能力。坚持"绿水青山就是金山银山"的理念，强化骨灰生态化处置，促进人与自然和谐共生。

四、推进殡葬移风易俗

贯彻落实民政部等 16 部门《关于进一步推进殡葬改革促进殡葬事业发展的指导意见》，深化丧葬习俗改革，把殡葬移风易俗与文明城市、乡村振兴和美丽乡村建设高度融合，结合地方实际制定殡、葬、祭相关礼仪规范指引，与殡葬设施服务有机融合，提升殡葬服务机构生态人文内涵，发挥生命文化教育在慰藉心灵、传承文化、涵养族群精神、促进社会和谐等方面的积极作用，增进人民群众对文明现代殡葬理念的思想认同、价值认同和文化认同，凝聚殡葬改革共识。加强宣传引导，坚持重要时间节点和日常宣传相结合，充分发挥党员干部模范带头作用，健全红白理事会及创制村规民约，提倡文明节俭办丧事，遏制重殓厚葬等陈规陋习，培育现代殡葬新理念、新风尚。此外，在推动殡葬改革和移风易俗过程中，要坚持实事求是、因地制宜、稳妥推进，不搞"一刀切"，特别是在葬式葬法的选择上给予人民群众更多高质量的服务选择，保障"逝有所安"。

五、提升殡葬科技含量

2012 年，民政部印发《关于加快殡葬科技成果转化和推广应用的指导意见》，为加快殡葬科技成果转化和推广应用，提高殡葬领域节能减排水平，促进生态文明建设，实现殡葬事业科学发展，提出一系列要求。各地积极贯彻有关文件精神，加快科技融合，加大殡葬设施设备改造和改进的投入，如微波遗体处置技术、3D遗体修复技术、低温等离子体火化机尾气处理技术等，加大殡葬科技创新开发和推广应用的力度，出台相应的殡葬技术标准，创新服务方式，为民众提供更多个性化的选择，推动科技殡葬的进一步发展。

六、提高智慧殡葬水平

推动殡葬服务与"互联网＋"融合，利用大数据、云计算、虚拟仿真、智能机器人等最新的科学技术，设计开发网上公墓、远程告别、网络祭扫等新型殡葬服务形式，为人民群众安全、文明、便捷开展殡葬活动提供方便。同时，建设全国殡葬信息管理系统、数据库及智能化配套设施，一体优化殡仪馆和公墓管理与服务，实现线上线下同步办理，并形成多部门数据与信息无缝对接，提高监管效能，让服务与管理更安全、更便捷、更智能。

此外，要健全殡葬领域人才培养和激励机制。推动各地积极围绕"基础建设、技能培训、考核评价、竞赛选拔、表彰奖励"等相关环节，组织开展殡葬从业人员职业培训、考核、鉴定，通过内部岗位练兵、外部交流学习和群体性研究活动，促进殡葬行业员工向专业型人才转化。要积极探索建立殡葬从业人员资格准入制度，对开设殡仪服务与管理专业的职业院校要不断拓展专业的层次和教育规模，为殡葬事业高质量发展提供强有力的人才资源支持。

相关政策文件：

1.《殡葬管理条例》（2012年11月）

2.《公墓管理暂行办法》（1992年8月）

3.《中共中央办公厅 国务院办公厅关于党员干部带头推动殡葬改革的意见》（2013年12月）

4.《民政部 中央文明办 发展改革委 公安部 财政部 人力资源社会保障部 国土资源部 环境保护部 文化部 卫生计生委 工商总局 林业局 宗教局 全国总工会 共青团中央 全国妇联关于进一步推动殡葬改革促进殡葬事业发展的指导意见》（2018年1月）

5.《民政部 公安部 交通运输部 卫生计生委关于印发〈重大突发事件遇难人员遗体处置工作规程〉的通知》（2017 年 3 月）

6.《民政部 发展改革委 科技部 财政部 国土资源部 环境保护部 住房城乡建设部 农业部 国家林业局关于推行节地生态安葬的指导意见》（2016 年 2 月）

7.《国家卫生计生委 公安部 民政部关于进一步规范人口死亡医学证明和信息登记管理工作的通知》（2013 年 12 月）

8.《民政部关于全面推行惠民殡葬政策的指导意见》（2012 年 12 月）

9.《民政部关于加快殡葬科技成果转化和推广应用的指导意见》（2012 年 6 月）

10.《国家发展改革委 民政部关于进一步加强殡葬服务收费管理有关问题的指导意见》（2012 年 3 月）

11.《最高人民检察院 民政部 司法部关于印发〈监狱罪犯死亡处理规定〉的通知》（2015 年 3 月）

12.《中央网信办 民政部关于规范网络祭扫秩序 倡导文明新风尚的通知》（2023 年 3 月）

第十二章　流浪乞讨人员救助管理服务

流浪乞讨人员救助管理服务是社会救助兜底保障的关键环节之一。做好流浪乞讨人员救助管理服务，维护流浪乞讨人员合法权益，是保障和改善民生的重要内容，是加强和创新社会治理的重要方面，是社会文明进步的重要体现。

第一节　流浪乞讨人员救助管理服务概述

流浪乞讨人员是城乡社会最贫困、最困难的群体。党和政府历来重视流浪乞讨人员救助管理服务工作，以下从流浪乞讨人员救助管理服务的概念、历史沿革两个方面进行简要介绍。

一、流浪乞讨人员及救助管理服务的概念

2003 年，民政部发布《城市生活无着的流浪乞讨人员救助管理办法实施细则》，将城市生活无着的流浪乞讨人员界定为：因自身无力解决食宿，无亲友投靠，又不享受城市最低生活保障或者农村五保供养，正在城市流浪乞讨度日的人员。从法律法规的角度看，属于需要救助的流浪乞讨人员应同时具备四个条件，即自身无力解决食宿、无亲友投靠、不享有城市最低生活保障或者农村五保供养、正在城市流浪乞讨度日。2014 年 6 月，民政部发布《生活无着的流浪乞讨人员救助管理机构工作规程》，进一步将生活无着的流浪乞讨人员细分为生活无着的流浪人员和生活无着的乞讨人员。

流浪乞讨人员救助管理服务是指在对流浪乞讨人员救助过程中为他们提

供救助服务的同时又对其进行管理的活动。县级以上人民政府民政部门负责流浪乞讨人员救助管理工作，并对救助站进行指导、监督。具体说来，流浪乞讨人员救助管理分为救助服务、救助管理和综合治理三个部分。救助服务包括提供食物和住处，将突发急病的患者及时送医院救治，帮助联系亲属或者所在单位，提供返家交通等。救助管理包括对流浪乞讨人员进站时进行安全检查，对其身份信息等进行核实和登记；在站期间，要求流浪乞讨人员遵守救助站的相关管理规定等。综合治理包括对街面开展巡查，对流浪乞讨人员进行劝导并确保其及时获得救助，打击流浪乞讨人员的违法犯罪行为等。

二、流浪乞讨人员救助管理服务的历史沿革

（一）收容改造阶段

党和政府历来重视流浪乞讨人员救助管理服务工作。中华人民共和国成立初期，旧社会遗留下来的社会闲散人员和因灾逃荒的饥民大量滞留于城市，给城市社会带来了严重问题。为了巩固新生政权，维护社会稳定并尽快恢复正常生产和生活秩序，针对国民党散兵游勇、社会无业游民等人群，政府通过组织其劳动改造，使其转化为从业人员并予以安置。如，1951 年 6 月 22 日，北京市人民政府发布《北京市城市处理乞丐暂行办法》，规定人民警察负责收容街头乞丐，由派出所转送收容机关。经过十多年的努力，对相关人员的改造基本完成。

1961 年 11 月 11 日，中共中央批转了公安部有关报告，决定在大中城市设立"收容遣送站"，把原来设在农村的生产教养院改为生产劳动场，把设在城市的生产教养院改为收容遣送站所。

这一阶段是收容遣送制度建立的初始阶段。各地多是依据中央政府及其有关部门发布的决议、指示、通知、意见等方面的规范以及相关会议讲话精神开展工作，规范化、制度化不够。但在当时的社会背景下，采用强制与说服相结合的方式对"社会游民"，通过改变他们的生活方式，帮助他们达到个人利益和国家利益相统一；对生活无着的失业者，提供食宿、技艺培训甚至派专人负责护送愿意返乡者等，已经带有救助性质。

（二）收容遣送阶段

20 世纪 70 年代末，随着改革开放政策的施行、农村经济体制改革的展开以及政府对人口流动限制的松动，大量农村人口再次向城市流动，流浪乞讨人员随之增多。为了维护城市的公共秩序和社会稳定，1982 年 5 月 12 日，国务院颁布了《城市流浪乞讨人员收容遣送办法》，正式确立了收容遣送制度，规定对家居农村流入城市乞讨的、城市居民中流浪街头乞讨的以及其他露宿街头生活无着的人员予以收容、遣送。同时，规定在大城市、中等城市、开放城市和其他交通要道流浪乞讨人员多的地方，设立收容遣送制站。收容遣送制度肩负着社会救济、保障人权和维持治安、维护稳定的双重责任。

进入 20 世纪 90 年代，越来越多的农民进城寻求发展，其规模每年达 8000 万人之多。为了维护社会稳定，1991 年 5 月，国务院印发了《关于收容遣送工作改革问题的意见》，将无合法证件、无固定住所、无稳定收入的人员纳入收容遣送之列。随后，收容遣送人员范围扩大，包括了身份证、暂住证、务工证不全的流浪乞讨人员。

（三）城市生活无着流浪乞讨人员救助管理阶段

2003 年 8 月，以《城市生活无着的流浪乞讨人员救助管理办法》实施为标志，我国城市流浪乞讨人员的管理制度发生了重大转变，强制性的收容遣送制度正式退出历史舞台，关爱性的救助管理制度正式确立。救助管理办法确立了救助管理工作的三大基本原则。一是自愿受助、无偿救助的原则。二是救助与管理并重的原则。三是社会、政府、家庭责任共担的原则。

2011 年 12 月，国务院批复同意建立由民政部牵头的流浪乞讨人员救助管理工作部际联席会议制度。2014 年 5 月，《社会救助暂行办法》正式施行，将流浪乞讨人员救助管理工作纳入临时救助。其间，民政部建立全国救助管理信息系统，及时沟通各地救助工作及救助对象情况信息，指导促进各地帮助特殊困难救助对象顺利、及时跨省返乡。此外，为帮助长期滞留的受助人员早日回归家庭，还推动搭建有效连接寻亲家庭与受助人员的寻亲平台，上线全国救助寻亲网，用于支持各地救助管理机构发布长期滞留人员寻亲信息，形成了全国统一、实时更新、互联互通的寻亲机制，切实提高了救助管理机构寻亲的效率。

（四）流浪乞讨等临时遇困人员急难救助阶段

随着经济社会不断发展，我国救助管理工作也与时俱进拓展新的内涵，由流浪乞讨人员救助管理转向临时遇困人员急难救助。

2018 年 9 月，党中央、国务院对加强和改进流浪乞讨人员救助管理工作作出重大决策部署，进一步强化了各级各部门的工作职责，为当前乃至未来很长一段时期开展救助管理工作提供了根本遵循。2020 年 8 月，中共中央办公厅、国务院办公厅印发《关于改革完善社会救助制度的意见》，提出要完善急难社会救助，对遭遇突发性、紧迫性、灾难性困难的人员，通过临时救助或者生活无着流浪乞讨人员救助给予应急性、过渡性生活保障。2024 年 3 月，为推进解决救助管理工作发展不平衡、不充分的问题，民政部印发了《关于开展救助管理区域性中心试点工作的通知》，部署进一步深化救助管理工作体制机制改革任务，提出了实现救助网络更加紧密、资源配置更加优化、权责关系更加明晰、工作运转更加顺畅、服务保障更加高效的目标要求，救助管理工作方向更明确、思路更清晰、任务更具体。

第二节　流浪乞讨人员救助管理服务体制机制

我国流浪乞讨人员救助管理服务基本形成了党委领导、政府主导、部门配合、社会参与、流入地与流出地联动、城乡一体的综合性救助管理工作体制，基本建立了以流浪乞讨人员救助管理站和乡镇、村（居）救助网点等为主的救助平台，完善了流浪乞讨人员救助管理服务工作的责任分工和部门协作机制。

一、政策体系

2003 年 6 月 20 日，国务院颁布《城市生活无着的流浪乞讨人员救助管理办法》，并于2003年8月1日施行。同年7月21日，民政部令第24号公布了《城市生活无着的流浪乞讨人员救助管理办法实施细则》，于8月1日施行。《城市生活无着的流浪乞讨人员救助管理办法》规定了救助管理工作的工作原则、服务对象、救助方式等要求。依据该办法的相关规定，民政部先后会同有关部门就流浪乞讨人员的主动求助、街面救助、救助寻亲、落户安置、危重病人和精神病人救治、跨省返乡以及救助机构编制等问题印发了一系列政策文件。这些政策文件明确了救助管理工作的工作措施、部门职责、协作方式和操作规程，为指导救助管理机构做细做实救助管理和服务，保障流浪乞讨人员合法权益奠定了坚实的基础。

二、经费保障

科学合理的经费保障渠道和资金管理政策是开展流浪乞讨人员救助管理工作的基础。在国家层面，救助管理经费保障政策设立之初就将救助管理经费列入了同级部门财政预算，保障了救助资金渠道的稳定性和可持续性。同时，明确救助资金专款专用和无偿救助的基本原则，体现了该项工作的福利性与公益性。

2003年7月，财政部、民政部、中央机构编制委员会办公室联合印发了《关于实施城市生活无着的流浪乞讨人员救助管理办法有关机构编制和经费问题的通知》，明确救助管理经费由同级地方财政部门列入财政预算，予以保障；明确救助站开支的救助管理经费包括机构经费和专项救助经费，专项救助经费用于为救助对象提供基本生活保障、站内突发急病救治和帮助其返家等必须的支出。这一文件的出台旨在切实保障救助管理工作的正常开展和各地救助管理机构的顺利运转，规范和加强救助资金拨付和管理，提高资金的使用效益。

2011年9月，财政部、民政部印发了《中央财政流浪乞讨人员救助补助资金管理办法》，对中央财政设立的补助各地区开展生活无着的流浪乞讨人员救助管理专项资金的申请与分配、使用范围、资金管理与考核等进行规范。2017年6月，财政部、民政部又联合印发了《中央财政困难群众救助补助资金管理办法》，该办法进一步明确资金的使用范围是为生活无着的流浪乞讨人员实施主动救助、生活救助、医疗救治、教育矫治、返乡救助、临时安置并实施未成年人社会保护。

三、部门协同

2011 年 12 月，民政部根据《国务院关于同意建立流浪乞讨人员救助管理工作部际联席会议制度的批复》精神，牵头成立了流浪乞讨人员救助管理工作部际联席会议，并组织召开第一次全体会议。中央综治办、最高人民法院、最高人民检察院、公安部、民政部、财政部、人力资源社会保障部等在内的 20 个单位被纳入成员单位。2024 年，民政部牵头对部际联席会议工作机制作了进一步完善，印发了工作规则，将联席会议成员单位扩大到 28 个，并对部门职责进行细化和明确。此外，各省（自治区、直辖市）、市（地、州、盟）、县（市、区、旗）也相应建立了由政府负责同志牵头的议事协调机制。

四、强化监管

近年来，我国政府不断强化救助领域监管。各地民政部门建立了"救助管理机构时时自查、市县民政部门定期检查、省级民政部门随机抽查"的日常监管长效机制，建立了民政部门负责人定点联系制度，引入社会力量建立第三方监督委员会制度。同时，广泛邀请人大代表、政协委员、专家学者、社会爱心人士担任特邀监督员或行风监督员等，对救助管理和托养机构的运行管理、人员照料情况等进行常态化监督检查。

五、社会参与

2012 年 12 月，民政部出台《关于促进社会力量参与流浪乞讨人员救助服务的指导意见》，提出开展主动救助服务、提供专业救助服务、做好预防帮扶服务等措施，要求充分发挥社会力量在救助服务中的积极作用。2013 年 4 月，民政部印发《关于开展流浪乞讨人员救助管理工作主题宣传月活动的通知》，明确每年 6 月，在全国开展主题宣传活动。随后，又将每年的 6 月 19 日确定为全国救助管理机构"开放日"，通过机构开放、集中展示、网络互动等形式，宣传救助管理工作法规政策、取得的成绩，鼓励动员社会力量参与。近年来，一些企事业单位、社会组织通过多种方式参与救助管理工作，收到良好成效。如，北京字节跳动科技有限公司与救助管理机构开展合作，利用精准地域弹窗技术帮助走失人员寻亲，极大提高了工作效率，受到了一致好评。

第三节　流浪乞讨人员救助管理服务主要内容

流浪乞讨人员救助管理服务主要内容包括站内照料、送医救治、寻亲服务、落户安置、离站服务、源头预防、街面救助、紧急救助等。

一、站内照料

救助管理机构提供 24 小时服务，对来站求助人员的身体状况、精神状况、求助需求，以及突发公共卫生事件涉及的各类事项等进行初步检视问询，并根据不同情况对求助人员进行分类服务。对救助管理机构安排在站内进行照料的人员，根据性别、年龄、身心状况等分类救助、分区管理、单人单床，发放必要的生活用品，提供符合卫生要求的饮食，对受助人员居室及活动区域经常清理、消毒等。

二、送医救治

救助管理机构针对患有疾病的受助人员，按照医嘱为其按时定量发放药品，做好服药情况记录；对其中的危重病人、疑似精神障碍患者和疑似传染病患者，及时送到定点医院进行诊断治疗；对有疑似传染病情况的，由救助管理机构向疾病预防控制机构报告。

三、寻亲服务

救助管理机构针对无法提供个人身份信息的受助人员，通过专业方式方法开展寻亲服务，及时发布寻亲公告和寻亲信息，报请公安机关开展生物信息比对和综合研判甄别；针对长期滞留无法查明身份信息的人员持续开展寻亲服务，多渠道甄别核实。

四、落户安置

对在救助管理机构滞留时间超过 3 个月，经过反复寻亲仍然没有查找到身份信息的人员，救助管理机构会向所属民政部门提出安置申请并报请同级政府安置。针对已经办理户籍、符合特困人员供养条件的安置人员，会纳入救助供养范围；针对符合其他保障条件的安置人员，及时落实相关政策；针对已经办理落户手续后寻亲成功的安置人员，按规定迁回原户籍。

五、离站服务

受助人员临时生活困难已经解决的，救助管理机构会帮助安排其离站。有自行返乡能力的离站人员没有交通费的，救助管理机构根据实际需求提供乘车凭证和必要的饮食。对不满 16 周岁的未成年人、行动不便的残疾人和其他特殊困难受助人员，救助管理机构会通知其亲属接领返回；对亲属不能接领特殊困难受助人员返回的，流入地民政部门和流出地民政部门协商安排人员护送返乡。

六、源头预防

民政部门按照标本兼治的原则，对返乡的特殊困难人员建立信息台账，定期对其开展回访，协助户籍地相关部门落实社会救助等政策，避免其再次流浪。

七、街面救助

民政部门和救助管理机构通过健全完善主动救助长效机制，组织开展巡回救助、应急救助等多元救助服务。在严寒、酷暑时节，组织开展"寒冬送温暖""夏季送清凉"等专项救助服务，主动协调公安、城管、卫健等职能部门，跟踪监测街面重点区域，开展夜间时段的集中巡查救助，特别是重点做好流浪乞讨未成年人、残疾人、老年人和其他行动不便人员的救助，劝导其到救助管理机构接受救助；对突发急病、有明显外伤的，将其及时送往医疗机构诊断、救治；对经劝导仍拒绝接受救助的，会做好记录并视情发放相关物资。

八、紧急救助

在遭遇极端天气、自然灾害、突发事件等特殊情况时，救助管理机构会根据需要开设临时救助场所，为遇困人员提供饮食、住宿等应急性、过渡性基本生活救助。对前来求助的家庭暴力受害人，开辟专门服务区域设立庇护场所，提供临时生活帮助，还可以依法协助受害人或者代表无民事行为能力、限制民事行为能力的受害人向人民法院申请人身安全保护令。

第四节　流浪乞讨人员救助管理服务发展展望

近年来，在党中央、国务院的高度重视下，流浪乞讨人员救助管理工作持续加强和改进，体制机制改革不断深化，救助管理机构的服务能力稳步提升。特别是，随着中国特色社会主义进入新时代，脱贫攻坚取得全面胜利，救助管理工作的服务对象、服务内容、工作要求等均发生了深刻变革。但是当前，救助管理工作还面临着发展不平衡、不充分的问题，服务供给与实际需求之间存在一定程度的不匹配、不适应，资源配置的均衡性、协调性还有待进一步提高。坚持问题导向、需求导向、目标导向，进一步推动新时代新征程救助管理工作的高质量可持续发展，必须突出重点、抓住关键、综合施策。

一、创新资源配置方式，形成区域性中心统筹发展的局面

（一）拓展服务内容

针对因各种突发情况陷入生活困境、其他社会救助制度落实前面临生活困境等各类临时遇困人员，积极探索提供应急性、过渡性、便利性救助庇护服务。在突发疫情传播、突发自然灾害等危急事件中，主动发挥救助管理机构有固定场所、有基本生活物资、有配套设施的资源优势，配合当地政府，主动作为，做好因突发公共卫生事件、自然灾害等不可抗力因素造成的无家可归人员的临时庇护和基本生活保障工作。

（二）强化制度衔接

救助管理工作制度是一项临时性、兜底性救助制度，真正解决流浪乞讨人员的迫切问题，帮助他们摆脱困境，需要进一步加强救助管理工作制度与社会救助、教育、就业等制度之间的有效衔接，拓展救助管理工作在社会救助体系中的功能定位，做好落户安置、源头治理、回归稳固临时救助、特困供养、未成年人保护、反家庭暴力等各项工作的有序、有效衔接配合。同时，也要进一步建立健全农村社会保障体系和农村社会救助体系，扩大农村社会保障的覆盖范围，及时将送回原籍的流浪人员纳入社会保障范围，建立政府、家庭、社会责任共担的源头治理体系，从源头上破解流浪乞讨难题。

（三）统筹区域发展

深入推进流浪乞讨人员救助管理区域性中心试点工作，探索盘活区域内各类存量设施、设备、网络、技术、经费、人才等资源，加强市区之间、部门之间、机构之间的衔接配合，补齐工作短板，优化服务网络、实现资源共享，促进救助管理资源均衡化分布和高效运用，进一步形成覆盖全面、上下贯通、多元参与、共建共治的发展模式。引导救助服务资源向县级救助管理机构、乡镇（街道）、村（社区）延伸覆盖，围绕救助服务供给、需求和各级救助管理机构的能力特点，充分发挥机构在设施设备、人才队伍、专业服务等方面的优势力量，推动解决救助管理资源不均衡的结构性矛盾，提高资源利用集约化水平，形成主体功能明显、优势互补到位、有核心有辐射、有侧重有联结的协同化发展新格局。

二、强化系统协调推进，提升综合服务保障能力

（一）加强服务网络体系建设

坚持体系化发展，推进"市＋区＋街道（镇）＋社区（村）"四级救助管理服务体系建设，加快实现"咨询引导在社区、过路救助到街道、过夜救助进站点、危重或精神病人进医院、救助安置进福利机构"的建设目标，为构建衔接无缝隙、地域全覆盖救助管理工作体系，提供硬件基础设施配套支撑。

（二）健全部门协作服务机制

通过完善政策制度，推动各部门同向发力、形成合力，从满足受助人员就医、就业等实际需求的角度出发，将各部门的工作串联起来，建立完善的信息共享、滚动会商、治理联动的协作机制，为受助人员提供全方位、一体化的救助服务。建立跨部门信息共享平台和救助管理信息系统，集成各部门数据资源，实现救助管理信息的统一管理和实时更新。在街面救助、救助寻亲、医疗救助、职业转介等重点领域加大部门合作力度，进一步打通政策堵点和机制壁垒，健全长效合作机制和服务流转机制。

（三）提高专业化服务能力

进一步强化人才队伍培育，建立救助管理能力测评标准和量化指标，构建全面、可操作的能力测评体系，不断优化提升救助管理工作服务水平；进一步加强政策宣传贯彻，通过集中开展专题培训、脱产学习、论坛研讨等形式，有计划、分期分批对救助管理干部职工开展轮训，提高救助管理干部职工解决实际问题的能力；进一步强化功能平台建设，探索建立教育实训基地，开展业务指导、培训学习、政策研究、标准制定等工作，创新救助管理人才培训方式方法，推进队伍能力素质不断提升。

三、动员社会力量参与，营造全社会关心关爱流浪乞讨人员的良好氛围

（一）畅通社会参与路径

进一步拓展服务供给范围，积极引导社会力量通过政府购买服务、项目合作、志愿服务等形式，构建和完善社会力量长效参与机制，探索将社会资金、专业化技术服务等要素引导到救助管理工作中来，弥补政府资源的不足。同时，积极引入第三方专业评估机构，加强对社会力量参与效果的评估，及时调整和优化社会力量参与机制，不断提升社会力量参与的效能。

（二）提升科技赋能质效

加强现代科学技术在救助管理的指挥调度、发现报告、街面巡查、寻亲

服务等工作环节的深度应用。强化救助信息系统的数据归集和创新运用，建立有效的信息共享和反馈机制，促进信息共享规范化制度化，破解救助管理信息共享的难点堵点问题。利用互联网和大数据技术，搭建跨部门的多级信息网络，实现实时数据上传和信息共享。有效利用人脸比对、DNA 比对等科技手段助力甄别寻亲等工作。建立面向社会公众的接口，便于公众参与救助管理工作，形成覆盖救助管理工作各个环节的信息化平台体系。

（三）营造良好工作氛围

进一步提升救助管理机构的开放度、透明度，坚持请进来和走出去相结合、线上和线下相结合，主动邀请市民群众、人大代表、政协委员和社会组织等"零距离"参观救助管理机构，参加街面救助、救助寻亲、源头治理活动等，引导市民群众体验救助管理工作，促进与市民群众良性互动，持续增强救助管理的群众满意度和社会理解度，营造全社会参与救助管理工作、关心关爱流浪乞讨等临时遇困人员的良好氛围。

相关政策文件：

1.《财政部 民政部 中央机构编制委员会办公室关于实施城市生活无着的流浪乞讨人员救助管理办法有关机构编制和经费问题的通知》（2003 年 7 月）

2.《民政部关于将收容遣送站更名为救助管理站的通知》（2003 年 7 月）

3.《民政部 公安部 财政部 劳动和社会保障部 建设部 卫生部关于进一步做好城市流浪乞讨人员中危重病人、精神病人救治工作的指导意见》（2006 年 1 月）

4.《民政部办公厅关于流浪乞讨人员救助工作经费有关问题的通知》（2008 年 7 月）

5.《全国妇联 中央宣传部 最高人民检察院 公安部 民政部 司法部 卫生部关于预防和制止家庭暴力的若干意见的通知》（2008 年 7 月）

6.《民政部关于在全国开展救助管理机构规范化建设的意见》（2009 年 3 月）

7.《民政部关于进一步加强救助管理工作的通知》（2009 年 4 月）

8.《民政部 公安部 住房城乡建设部关于切实做好街头生活无着人员救助工作的紧急通知》（2009 年 12 月）

9.《民政部关于进一步做细做实生活无着人员救助管理工作的紧急通知》（2012 年 11 月）

10.《民政部关于促进社会力量参与流浪乞讨人员救助服务的指导意见》（2012 年 12 月）

11.《民政部关于开展流浪乞讨人员救助管理工作主题宣传月活动的通知》（2013 年 4 月）

12.《民政部关于开展"寒冬送温暖"专项救助行动的通知》（2013 年 11 月）

13.《民政部关于启用全国流浪乞讨人员救助管理工作标识的通知》（2014 年 4 月）

14.《民政部办公厅关于做好炎热天气救助管理工作的通知》（2014 年 6 月）

15.《民政部 国家档案局关于印发〈生活无着的流浪乞讨人员救助档案管理办法〉的通知》（2014 年 11 月）

16.《民政部 公安部关于加强生活无着流浪乞讨人员身份查询和照料安置工作的意见》（2015 年 8 月）

17.《民政部办公厅关于启用全国救助管理信息系统（三期）的通知》（2015 年 9 月）

18.《民政部 全国妇联关于做好家庭暴力受害人庇护救助工作的指导意见》（2015 年 9 月）

19.《民政部 中国铁路总公司关于进一步加强生活无着流浪乞讨人员专用车票管理工作的通知》（2015 年 12 月）

20.《民政部关于启用全国救助寻亲网的通知》（2015 年 12 月）

21.《民政部办公厅关于转发〈中央公车改革领导小组办公室关于商请明确救助管理机构流动救助车性质的函的复函〉的通知》（2016 年 4 月）

22.《民政部关于在全国民政系统学习宣传许帅同志先进事迹的决定》（2016 年 7 月）

23.《民政部关于动员社会力量完善生活无着流浪乞讨人员发现机制的通知》（2016 年 12 月）

24.《财政部 民政部关于印发〈中央财政困难群众救助补助资金管理办法〉的通知》（2017 年 6 月）

25.《民政部办公厅关于建立生活无着的流浪乞讨人员跨省返乡协调督导机制的通知》（2017 年 7 月）

26.《民政部关于在部分救助管理机构开展流浪乞讨人员人脸识别试点工作的通知》（2018 年 10 月）

27.《民政部 中央政法委 公安部等 11 部委关于开展生活无着的流浪乞讨人员救助管理服务质量大提升专项行动的通知》（2020 年 3 月）

28.《民政部 国家发展和改革委员会关于印发〈"十四五"民政事业发展规划〉的通知》（2021 年 5 月）

第十三章　民政系统党的建设

党的十八大以来，全国民政系统高度重视党的建设在民政事业高质量发展中的重要作用，深入推进全面从严治党，党的政治、思想、组织、作风、纪律、制度等各项建设得到全面加强，反腐败斗争取得压倒性胜利，党员干部作风呈现新面貌，民政领域党建引领业务发展成效显著，为民政事业改革发展提供了有力支撑。

第一节　加强民政系统党的建设的重要意义

党的二十大报告指出，中国特色社会主义最本质的特征是中国共产党领导，中国特色社会主义制度的最大优势是中国共产党领导，中国共产党是最高政治领导力量，坚持党中央集中统一领导是最高政治原则。改革开放 40 余年，民政系统不断坚持和加强党的全面领导，为持续推进民政事业高质量发展提供了坚强的政治和组织保证。随着我国开启全面建成社会主义现代化强国新征程，加强民政系统党的领导、不断贯彻新发展理念、不断强化为民宗旨，必然离不开党建工作的引领保障。

一、加强民政系统党的建设是贯彻落实习近平新时代中国特色社会主义思想的根本保证和必然要求

一是加强民政系统党的建设有助于统一思想认识，是拥护"两个确立"、践行"两个维护"的政治需要。加强民政系统党的建设，要把坚定拥护"两个确立"、坚决做到"两个维护"作为最高政治原则和根本政治规矩，并始

终贯穿民政工作全过程，引导民政系统党员干部强化政治信念、站稳政治立场，自觉从政治上观察和分析问题，将思想行动统一到以习近平同志为核心的党中央部署要求上来，在政治立场、政治方向、政治原则、政治道路上同党中央保持高度一致，坚决执行党的政治路线不动摇不变形，落实党的民生政策不打折不走样。

二是加强民政系统党的建设有助于用习近平新时代中国特色社会主义思想武装头脑，提高政治站位和政治自觉。习近平新时代中国特色社会主义思想是马克思主义中国化的最新理论成果，是党领导全国各族人民在新时代坚持和发展中国特色社会主义，全面建设社会主义现代化国家、全面推进中华民族伟大复兴的指导思想和行动指南。加强民政系统党的建设，要用党的创新理论武装头脑，引导广大党员干部深化对共产党执政规律、社会主义建设规律、人类社会发展规律的认识，立足新发展阶段、贯彻新发展理念、构建新发展格局，深刻把握社会主要矛盾变化对民政工作的影响，在系统性、针对性地解决民政工作发展不平衡不充分问题的过程中，持续提高民政系统党员干部的政治判断力、政治领悟力、政治执行力。

三是加强民政系统党的建设有助于增强民政人的理想信念，强化责任担当、团结凝聚力量、铸造奋斗精神。加强民政系统党的建设，要一以贯之坚定民政系统党员干部的理想信念，砥砺对党的赤诚忠心，始终牢记我们党为人民谋幸福、为民族谋复兴的初心使命，始终坚守党全心全意为人民服务的根本宗旨，自觉加强政治历练，立志为党分忧、为国尽责、为民奉献，在推动高质量发展中以一往无前的奋斗姿态和永不懈怠的精神状态勇挑重担，做为民服务、无私奉献的孺子牛，创新发展、攻坚克难的拓荒牛，艰苦奋斗、吃苦耐劳的老黄牛。

二、加强民政系统党的建设是贯彻落实党中央重大决策部署的根本保证和必然要求

一是加强民政系统党的建设有助于不断提高对党中央决策部署的深刻理解。加强民政系统党的建设，就是要教育党员干部自觉拓宽视野、拓展格局，站在开启全面建成社会主义现代化强国新征程的历史高度，从根本上理解民政工作是一项从源头上化解社会风险、调适社会关系、维护社会稳定、促进社会和谐的事业，是党和人民伟大事业的一部分，自觉把民政工作放到"五位一体"总体布局、"四个全面"战略布局中把握，笃信和坚决落实党中央重大决策部署，统筹推进民政事业发展，发挥好民政在社会建设中的兜底性、基础性作用。

二是加强民政系统党的建设有助于提高积极创新破解改革难题的能力，激发创新力、提高战斗力。加强民政系统党的建设，就是要突出"创新发展"在新发展理念中的首要地位，把创新摆在民生事业发展的核心位置，促进民政人在新时代民政工作探索实践中，掌握辩证唯物主义和历史唯物主义的世界观和方法论，树立战略思维、历史思维、辩证思维、系统思维、创新思维、法治思维、底线思维，不断推进民政领域理论创新、制度创新、技术创新、文化创新等各方面创新。在破解新时代民政改革难题中，锤炼斗争意志，磨炼攻坚本领，始终坚持问题导向，深入调查研究，运用矛盾观念，洞察先机、主动作为，牢牢掌握斗争主动权。

三是加强民政系统党的建设有助于更好推动党中央决策部署落实见效。习近平总书记强调，要把抓好党建作为最大政绩。"最大政绩"最根本的体现是引领保障发展。加强民政系统党的建设，就是要强化党建引领，挖掘党的建设与业务工作深度融合的着力点，以抓好抓实党建激发干事创业动力，不断促进民政系统党建工作和业务工作同频共振，充分发挥基层党组织战斗堡垒作用和党员先锋模范作用，团结带领民政人始终围绕党的路线方针政策推动事业发展，最大限度调动社会力量参与民生保障，把党中央各项决策部署落实落地。

三、加强民政系统党的建设是推进民政事业高质量发展的根本保证和必然要求

一是加强民政系统党的建设有助于深刻认识民生是最大的政治，强化民政工作的政治属性。习近平总书记指出，民政工作关系民生、连着民心，民心是最大的政治。两个"最大的政治"有机统一，在发展民生中赢得民心，体现了民政工作的政治属性。加强民政系统党建工作，通过强化思想建设，

能有效引导广大民政系统干部职工深刻认识到，做好社会救助、养老服务、儿童和残疾人福利等工作，就能更好地展现党和政府的形象，把党和政府的温暖传递给广大人民群众，全面展现党和政府始终坚持以人民为中心的发展思想，不断实现发展为了人民、发展依靠人民、发展成果由人民共享，让现代化建设成果更多更公平惠及全体人民。发展慈善事业，就能更好地弘扬社会主义核心价值观。从政治上认识民政事业承担的历史使命，就能自觉提升干事创业的政治责任和使命担当。

二是加强民政系统党的建设有助于强化"民政为民、民政爱民"工作理念，提升为人民服务的行动自觉。党的宗旨是全心全意为人民服务，民政事业发展的根本目的是增进民生福祉，维护社会公平正义。党建工作和民政事业发展的出发点和落脚点是高度统一的。通过深化组织建设和作风建设，能有效发挥党组织战斗堡垒作用和党员先锋模范作用，引导民政系统聚焦基层民政服务能力提升，深入基层一线，保持好与群众的血肉联系，将党中央为民爱民的要求转化为倾情服务群众的具体行动，想群众所想、急群众所急，把群众高兴不高兴、满意不满意作为衡量民政工作的重要标准。

三是加强民政系统党的建设有助于贯彻新发展理念，融入新发展格局。面对我国进入高质量发展阶段带来的民政工作的新要求，加强党建工作有助于深入把握民政工作在民生保障、社会治理和社会服务等方面的新定位新坐标，推动民政工作更好地适应新发展阶段的新形势新任务新要求。通过压实责任体系，提升工作效能，加强风险防控，夯实民政工作根基，有利于推动各级民政部门在科学驾驭复杂严峻形势中育先机、开新局，在攻坚克难应对新矛盾新挑战中谋发展、闯新路，在现代民政建设创新实践中懂规矩、守底线，凝聚思想合力，激发干事创业热情，为民政事业高质量发展提供坚强的组织、作风和纪律保证。

第二节　民政系统党的建设基本情况

进入新时代以来，在以习近平同志为核心的党中央坚强领导下，民政系统牢固树立"四个意识"，坚决维护以习近平同志为核心的党中央权威和集中统一领导，全力以赴抓党中央、国务院各项决策部署落实，坚定不移推进全面从严治党，不断加强对党建工作的组织领导，根据党中央部署深入开展系列党内集中性学习教育，基层党组织工作标准化规范化水平不断提高，机关党建工作的制度体系日益完善，民政领域党建和业务工作深度融合。

一、牢固树立"四个意识"，坚决维护以习近平同志为核心的党中央权威和集中统一领导

民政系统牢固树立"四个意识"，坚决维护以习近平同志为核心的党中央权威和集中统一领导，深入学习贯彻习近平新时代中国特色社会主义思想，把坚决维护习近平总书记党中央的核心、全党的核心地位作为最大的政治、作为最重要的政治纪律和政治规矩、作为政治生活中最重要的内容，始终在政治立场、政治方向、政治原则、政治道路上同以习近平同志为核心的党中央保持高度一致。多年来坚持选派工作组，由部党组成员和各司局、直属单位主要负责人、在地方挂职干部带队，赴全国31个省（自治区、直辖市）和新疆生产建设兵团，下基层、进社区、入机构、访群众，广泛宣讲习近平新时代中国特色社会主义思想并集中调研，在全国民政系统兴起了学习热潮。组织编写出版《深入学习习近平关于民政工作的重要论述》，举办专题读书班，部党组带头学习并带领部机关和民政系统加强对习近平新时代中国特色社会主义思想、习近平总书记关于民政工作的重要论述的学习领会，以学习贯彻为动力，全面抓好党中央、国务院各项重大决策部署和领导同志重要指示批示精神的贯彻落实，以实际行动坚决维护以习近平同志为核心的党中央权威和集中统一领导。

二、压实主体责任，不断加强对党建工作的高位推动和组织领导

民政部党组坚持把党建工作列入重要议程，及时调整充实部党建工作领导小组成员，有效整合资源力量，形成推动党建工作的整体合力；加强对党建工作的支持和保障力度，推动加强机关党委、机关纪委工作机构、编制和工作力量，在党务干部培养和党建工作经费等方面作出明确指示、提供重要支持。认真落实党建工作责任制，完善党组书记负总责、分管领导分工负责、机关党委推进落实、司局长（行政负责人）"一岗双责"的责任体系；加强党建工作考核，不断完善基层党组织书记抓党建工作述职评议考核内容和方式方法，在领导班子年度考核中不断加大党建工作考核比重，实行党建工作与业务工作同谋划、同部署、同落实、同考核。

三、狠抓巡视整改，以全面从严治党推进民政系统正风肃纪

民政部党组抓紧抓实抓好十九届中央第九轮巡视反馈问题整改；部党组成员带头把自己摆进去，把工作摆进去，把职责摆进去，牢固树立和自觉践行"四个意识"，带头支持中央纪委国家监委驻民政部纪检监察组的工作，自觉接受监督；加强对部直属机关各单位领导班子成员特别是"一把手"的监督，努力打造忠诚干净担当的干部队伍；加强基层调查研究，严肃党内政治生活，全面加强机关内部建设，树立"严真细实快"的机关作风，以对党和人民高度负责的态度，扎实推进、高标准完成巡视整改各项任务。持之以恒正风肃纪，一体推进不敢腐、不能腐、不想腐，推动机关政治生态持续向上向好。

四、加强党员干部学习教育和理论武装，基层党组织建设标准化规范化水平不断提高

民政系统坚持以习近平新时代中国特色社会主义思想为指导，深化理论武装，全面加强党员干部思想建设。部党组理论学习中心组充分发挥学习示范带动作用，出台《民政部党组理论学习中心组学习实施办法》，编制专题学习计划，进一步规范部党组理论学习中心组学习及各司局各单位理论学习

中心组学习。组织开展习近平总书记关于民政工作重要论述专题学习，并兴起学习贯彻热潮。党的十八大以来，扎实开展党的群众路线教育实践活动、"三严三实"专题教育、"两学一做"学习教育、"不忘初心、牢记使命"主题教育、党史学习教育、学习贯彻习近平新时代中国特色社会主义思想主题教育、党纪学习教育，制定实施方案，明确目标任务、主要内容和工作要求，确保学习教育常态化、制度化。指导各司局各单位党组织结合实际，严格和规范支部学习，通过支部书记讲党课等方式开展形式多样的学习。指导部直属机关各级党组织严格执行"三会一课"制度，高标准严要求高质量开好年度和专题民主生活会、组织生活会，开展好民主评议党员工作。进一步加强和规范基层党组织换届、党费收缴、党员管理等工作，加强党务干部队伍建设，举办党务干部培训班，提高党务干部思想认识水平和能力素质，不断提升机关党建工作水平。扎实推进部管社会组织党建工作，开展"一对一"督导，部管社会组织"两个全覆盖"任务全面完成。

五、强化制度保障，不断构建系统完善的机关党建工作制度体系

落实全面从严治党要求，坚持加强制度建设是根本、狠抓制度执行是关键的理念，民政部党组先后制定了《民政部贯彻落实全面从严治党要求实施意见》《民政部党组落实全面从严治党主体责任清单》《民政部党建工作领导小组工作规则》《民政部党组巡视工作办法》《民政部业务主管的社会组织党组织工作规则》《民政部关于加强和改进民政部直属事业单位党建工作的实施意见》《民政部关于加强新时代离退休干部党的建设工作的实施意见》等一系列制度文件，进一步健全党建工作的制度体系。同时，高度重视制度的宣贯执行，相关制度出台后，及时召开会议，就抓好贯彻落实进行专门部署、提出具体要求；并将制度落实情况纳入党建工作督查考核的重要内容，确保制度落到实处、发挥作用。

六、创新党建引领，强化党建与业务工作深度融合

党的十八大以来，民政系统坚持把党的领导贯穿社会治理、养老服务、社会救助、儿童福利、慈善事业等民政业务的各方面、全过程，基层党组织

的政治领导力、思想引领力、群众组织力不断强化提升。江西省南昌市以党建为引领，着力推进农村养老服务市县乡村四级联动和软硬件升级，形成了"党委领导、支部领办、党员领衔"的农村养老服务体系建设和运行模式，先后出台了 50 余个文件，推进农村养老服务体系建设与规范，并将"党建＋农村养老服务"纳入市县乡三级党组织书记抓基层党建述职，在村一级则把养老服务工作纳入党组织书记"双述双评"。江苏省常州市以党建引领统筹推进兜底有力、衔接有序、政社互补的社会救助体系建设，实现党建和社会救助工作深度融合，加快形成综合救助格局，持续提升困难群众的获得感、幸福感、安全感。山东省宁津县民政局深入开展"党建＋社会救助""党建＋养老服务""党建＋儿童福利""党建＋慈善"等系列党建主题活动，着力创建"党建先锋，暖心民政"品牌，提升党建引领力，把党建优势转化为推动民政工作高质量发展的动能，各项工作取得明显成效。

"党建＋"推动民政事业高质量发展[①]（节选）

山东省宁津县民政局深入开展系列党建主题活动，着力创建"党建先锋，暖心民政"品牌，提升党建引领力，把党建优势转化为推动民政工作高质量发展的动能，各项工作取得明显成效。

"党建＋社会救助"，兜底保障添动力

建专班，抓统筹。健全党委领导机制，县委、县政府主要领导挂帅，分管领导靠前指挥，各救助职能部门一岗多责。县级成立社会大救助工作专班，各救助职能部门党组书记为成员，统一推进全县社会救助工作，将涉及 15 个部门的 41 项救助事项全部纳入社会大救助体系统一管理。

建体系，强支撑。坚持以党建为引领，着力完善大救助体系建设。县级建立社会大救助中心，乡镇（街道）设立 12 个社会大救助工作站，村（社区）设立 821 个社会大救助服务站，实现县、乡、村三级架构全覆盖，在全县构建起党委领导、政府主导、社会参与、兜底有力的社会大救助体系。

建队伍，优服务。以政府购买服务的方式，为 12 个乡镇（街道）配备 36 名民政专职工作人员，为 821 个村（居）配备 856 名村级民政协理员，构

[①] 付德林．"党建＋"推动民政事业高质量发展［N］．中国社会报，2021 - 06 - 09（2）．

建起一支在乡、村党组织领导下的基层社会大救助经办力量。

"党建＋养老服务"，提质增效拓实力

实行县域养老资源整合。发挥党建在引领养老服务中的组织优势和政治优势，推进养老服务持续健康发展。整合敬老院7处，推进农村养老服务能力全面提升，惠及特困老人400名。

创新"四晒服务管理法"。通过微信互动，晒食宿环境、晒营养食谱、晒服务质量、晒安全管理，晒一晒、比一比、评一评，全面提升养老服务质量。

成立党员志愿服务队。创新党建载体，成立慈善救助志愿服务分队，积极开展特色服务活动。党员干部带头开展养老服务法治宣传教育，营造敬老、爱老、助老的社会氛围。

"党建＋儿童福利"，茁壮成长强能力

完善制度保障。坚持党委政府主导，建立困境儿童分类保障制度，配齐配强乡镇（街道）儿童督导员、村（居）儿童主任，指导各乡镇（街道）做好留守儿童随访记录工作，确保农村留守儿童和困境儿童保障服务政策落实落细。

精准开展帮扶。联合县妇联党支部，对40名留守儿童进行结对帮扶；聘请德州市精益社会工作服务中心对100名困境儿童、留守儿童等进行精准关爱帮扶。

深入摸底排查。关注未成年人的成长情况，提升他们的身心健康水平。关注困难家庭儿童，了解孩子们的思想、生活及学习状况，为他们提供物质帮扶和精神关爱。

"党建＋慈善"，开拓创新聚合力

凝心聚力打赢疫情防控阻击战。为全力做好疫情防控物资接收与划拨工作，县民政局党组成立物资调配临时党支部，专职负责疫情防控物资接收与调配。

凝心聚力弘扬慈善正能量。发挥党组织在慈善工作领域的战斗堡垒作用，加大慈善政策宣传，做好慈善进企业、进社区宣传活动。创新募捐渠道，依托社会大救助平台，实施新型救助模式，满足救助对象多样化的救助需求。

第三节　民政系统加强党的建设的主要任务

党的二十大报告指出，经过党的十八大以来全面从严治党，我们解决了党内许多突出问题，"全党必须牢记，全面从严治党永远在路上，党的自我革命永远在路上，决不能有松劲歇脚、疲劳厌战的情绪，必须持之以恒推进全面从严治党，深入推进新时代党的建设新的伟大工程，以党的自我革命引领社会革命"。新的征程上，我们必须坚持党的全面领导，不断完善党的领导，增强"四个意识"、坚定"四个自信"、做到"两个维护"，牢记"国之大者"，不断提高党科学执政、民主执政、依法执政水平。贯彻落实习近平总书记重要指示精神，民政系统要坚持以党的政治建设为统领，全面推进党的政治建设、思想建设、组织建设、作风建设、纪律建设，不断提高党的建设质量，以强烈的使命感、责任感更好履职尽责，推进民政事业高质量发展。

一、坚持以党的政治建设为统领，坚定拥护"两个确立"、坚决做到"两个维护"

党的政治建设是党的根本性建设，决定党的建设方向和效果，事关统揽推进伟大斗争、伟大工程、伟大事业、伟大梦想。民政系统加强党的政治建设，必须把准政治方向，坚决扛起政治责任，切实把坚定拥护"两个确立"、坚决做到"两个维护"体现到不折不扣贯彻落实党中央决策部署、推动民政事业改革发展的实际行动上，不断提高政治判断力、政治领悟力、政治执行力。深入学习领会习近平总书记关于民政工作的重要指示批示精神，深刻认识和体会党中央关于民政工作决策部署的政治意图、战略谋划和实践要求，切实将中央精神贯彻到召开会议学习、起草法规政策、作出工作部署、推动工作落实等各个环节，自觉把民政工作放到全面建设社会主义现代化国家的高度来审视，放到"五位一体"总体布局、"四个全面"战略布局来把握，紧紧围绕党和国家重大战略部署改革创新，统筹推进各项民政业务工作，为实现第二个百年奋斗目标添砖加瓦。

二、坚持创新理论武装，持续加强思想政治建设

思想建设是党的基础性建设。民政系统加强党的思想建设，就必须把学懂弄通做实习近平新时代中国特色社会主义思想作为首要政治任务，用党的创新理论武装头脑、指导实践、推动工作。要不断完善学习制度，健全完善理论学习中心组制度，发挥示范引领作用，带动全体党员干部自觉主动学、及时跟进学、联系实际学、笃信笃行学；深入学习习近平总书记关于民政工作的重要论述，健全完善相关通报、交流制度。要抓实抓细集中学习教育，聚焦难题，探索长效机制，为机关党建工作强基铸魂，切实把党中央决策部署转化为人民群众的获得感和满意度。要将意识形态工作作为机关党建重要内容，落实意识形态工作责任制，加强意识形态阵地建设管理，强化宣传教育和思想理论引导，不断加强思想政治工作，不断强化民政干部责任意识、阵地意识、忧患意识。要强化学习成果运用，坚持将习近平新时代中国特色社会主义思想贯彻到各项民政工作中，推动学习成果转化为破解工作难题的有力武器。

三、坚持新时代党的组织路线，提高民政系统党的组织力

贯彻落实新时代党的组织路线，需要正确理解新时代党的组织路线的科学内涵和实践要求，坚持目标导向、问题导向、结果导向相统一，准确把握贯彻落实的基本要求。民政系统加强党的组织建设，必须牢固树立"正确的政治路线要靠正确的组织路线来保证"的观念，充分认识加强党的组织建设的根本目的是坚持和加强党的全面领导，把党的领导体现在民政工作的全领域、全过程、全环节，把政治建设贯穿于组织建设中，提高党员干部政治站位，发挥党的群众工作优势和党员先锋模范作用，引领基层各类组织自觉贯彻党的主张。以突出政治功能为导向，高质量抓好"四强"党支部创建和"四好"党员评选，着力在锻造坚强有力的机关基层党组织上见成效，带头贯彻落实习近平总书记重要指示批示精神和党中央决策部署，把各项党的组织制度落到实处。深入贯彻落实《中国共产党党员教育管理工作条例》《中国共产党党员权利保障条例》，督促指导党支部书记履行好抓党建的第一责任人职责，切实发挥支部委员作用，增强党小组长政治敏锐性。

四、坚持以人民为中心的发展思想，弘扬优良作风履行民政工作使命

坚持以人民为中心是新时代坚持和发展中国特色社会主义的根本立场。不断保障和改善民生、增进人民福祉，走共同富裕道路，也是我国国家制度和国家治理体系的一个显著优势。民政工作作为党和国家的一项重要工作，最能直接体现党全心全意为人民服务的根本宗旨，最能直接体现社会主义制度的优越性，最能直接体现以人民为中心的执政理念。当前，我国正迈进全面建设社会主义现代化国家新征程，人民追求美好生活的愿望更加强烈，民政工作的任务艰巨繁重，加强和改进作风建设，是民政系统切实履行职责的重要保证。要以习近平总书记关于民政工作的重要论述和指示精神为根本遵循，聚焦党中央、国务院对民政工作的部署要求，团结引领广大民政人深入践行"民政为民、民政爱民"工作理念，大力加强和改进作风，着力实施积极应对人口老龄化国家战略，着力提升社会救助、社会福利、社会事务、社会治理工作水平，找准党建工作和民政工作的结合点，把党中央决策部署是否落实、民政职责任务是否完成、党组织功能是否增强、党员干部队伍素质是否提高、干事创业精气神是否提振、人民群众是否满意作为衡量机关党建成效的根本标准，抓好党建和业务融合发展，以高质量党建推动民政事业高质量发展。

五、坚持抓好纪律建设，深入推进民政系统党风廉政建设

我们党是用革命理想和铁的纪律组织起来的马克思主义政党，纪律严明是我们党的优良传统，也是我们党的力量所在。习近平总书记在二十届中央纪委第二次全体会议上强调，"要把纪律建设摆在更加突出位置"，"使全党形成遵规守纪的高度自觉"。民政部门负责困难群众的兜底保障，守护着困难群众的"生存钱""救命钱"，民政领域侵害群众利益的行为，影响群众的获得感，影响党和政府的形象信用，影响党的执政根基。加强民政系统党的纪律建设，持续抓好党风廉政建设，对于促进民政干部队伍维护好困难群众根本利益、转变作风和提升民政形象有着特殊重要意义，必须一以贯之、常抓不懈。要驰而不息纠治"四风"问题，把落实中央八项规定精神贯穿于党员

教育、管理、监督和服务的全过程;深入推进反腐败斗争,坚持把党风廉政建设工作同民政业务工作紧密结合,始终把纪律挺在前面,深化运用监督执纪"四种形态";狠抓中央巡视整改落实,举一反三解决思想性、制度性、根源性问题,用好内部巡视巡察制度,坚持严字当头。

习近平总书记多次强调,我们要始终坚持以人民为中心的发展思想,坚持在发展中保障和改善民生,不断提升人民群众的获得感、幸福感、安全感。贯彻落实习近平总书记重要指示精神,就必须以高质量党建工作引领和保障民政事业高质量发展,不断深化对习近平新时代中国特色社会主义思想的学习领会,不断增强推进新时代机关党建高质量发展的责任感、使命感、紧迫感,在坚决当好"三个表率"中走好"第一方阵",继续以民政系统党的建设新成效为新时代民政事业提供坚强保证,为实现第二个百年奋斗目标作出积极贡献。

第十四章　民政法治化、标准化、信息化建设

民政法治化、标准化、信息化，顺应国家法治政府、服务型政府、数字政府建设和经济社会发展大局，符合民政工作自身特点和发展规律，既是民政事业的重要构成，又为民政各项工作提供重要保障，长期以来在深化民政改革创新等方面发挥重要作用。法治化为民政事业高质量发展提供基本保障，标准化为民政事业高质量发展提供技术规范，信息化为民政事业高质量发展提供高效工具。在相互关系上，法治化可为标准化、信息化提供基础制度安排；标准化是法治化的细化和补充，是信息化的前提和基础；信息化是标准化的巩固和提升，是法治化的重要依托；法治化、标准化、信息化相辅相成，共同为民政事业高质量发展提供动力与支撑。新时代实现民政事业现代化转型和高质量发展，必须高度重视和进一步推进民政法治化、标准化、信息化建设。

第一节　民政法治化建设

法治，就是依法治国。民政法治化，就是在建设法治国家、法治政府、法治社会的总体进程中，按照法治思维和法治方式推进民政工作，以构建完备的民政法律制度体系、推动民政法律制度严格实施、确保民政权力规范高效运行、提高民政部门依法行政能力为着力点，不断把各项民政工作纳入法治化轨道运行的过程。党的十八大以来，党中央明确提出全面依法治国，并将其纳入"四个全面"战略布局有力推进。党的二十大对全面建设社会主义现代化国家作了全面部署，强调要在法治轨道上全面建设社会主义现代化国

家。民政法治化是全面依法治国的重要内容，是推进民政改革发展的关键措施，是人民群众权益的有效保障。民政工作点多、面广、线长，各项民政工作只有确立了在国家治理中的法律地位，才有相应的工作位置、工作条件和工作手段，才能越做越顺；民政服务对象类别多、数量大，只有将民政为民的体制、机制和各项制度法律化，充分发挥法治对于人民群众切身利益固根本、稳预期、利长远的保障作用，让人民群众感到公平、公正、便捷、满意，才能使民政事业的路子越走越宽。为此，必须紧紧围绕全面推进依法治国，立足服务民政事业发展全局，坚持深化改革和法治建设共同推进，坚持立法、执法、守法、普法一体建设，全面推进民政法治化进程。

一、发展历程

伴随国家法治建设的不断深入，民政法治化建设不断加强，大致可以分为三个阶段。

（一）1949 年至 1977 年为民政法治建设的探索时期

新中国成立后，党和国家积极推进"民主建政"，民政法治建设的重心转向"废旧立新"。新中国成立不到一年，中央人民政府就制定了新中国第一部婚姻法，政务院制定了《社会团体登记暂行办法》。经政务院批准，内务部公布了《革命军人牺牲、病故褒恤暂行条例》《革命烈士家属、革命军人家属优待暂行条例》《革命残废军人优待抚恤暂行条例》《民兵民工伤亡抚恤暂行条例》《革命工作人员伤亡褒恤暂行条例》5 个条例，奠定了我国优待抚恤制度的基础。此后，全国人大常委会制定了《城市街道办事处组织条例》和《城市居民委员会组织条例》，国务院制定了《关于设置市、镇建制的决定》、城市收容遣送站工作方案等一批行政法规。这些民政法律法规虽然还不够具体，但都是国家首次以法律等形式在婚姻家庭、社会组织、基层政权建设、行政区划、收容遣送等领域实践"废旧"与"立新"的历史重任，为全面开创民政领域社会主义法制基本框架奠定了重要基础。1957 年反右派斗争开始后，特别是"文化大革命"时期，内务部被撤销，民政工作受到严重冲击，民政法治建设遭受严重挫折。

（二）1978 年至 2011 年为民政法治建设的快速发展时期

1978 年党的十一届三中全会召开，标志着我国开启改革开放历史新时期。正是这一年，全国人大决定恢复民政部。顺应形势任务需要和民政工作的恢复发展，民政法治建设重新起步，并快速发展。改革开放初期，制定、修改了一批拨乱反正和改革开放急需的法律法规，包括婚姻法、《关于地名命名更名的暂行规定》、《行政区域边界争议处理办法》、《城市流浪乞讨人员收容遣送办法》等。考虑到当时立法任务重、力量不足的实际，根据全国人大常委会有关决议，重申了一批过去的法律法规的效力，包括《中华人民共和国城市居民委员会组织条例》等。党的十二大特别是党的十二届三中全会作出进行经济体制改革的决定后，我国进入全面改革阶段，民政法治建设开始多领域展开，先后制定了村民委员会组织法（试行）、残疾人保障法、收养法、《基金会管理办法》、《社会团体登记管理条例》、《国务院关于殡葬管理的暂行规定》、《婚姻登记办法》等，填补了村民自治、收养、殡葬、地名管理、残疾人权益保障等方面的法律空缺，兵役法、《革命烈士褒扬条例》、《军人抚恤优待条例》、《退伍义务兵安置条例》的相继颁布也使优待抚恤制度进一步完善，为民政事业健康发展提供了更加全面的法治保障。1992 年党的十四大作出建立社会主义市场经济体制的重大战略决策后，为适应社会主义市场经济体制的需要，加强了维护和保障人民群众基本生活权益方面的立法，制定了《农村五保供养工作条例》、《城市居民最低生活保障条例》、老年人权益保障法、《婚姻登记管理条例》、《殡葬管理条例》、村民委员会组织法、《民办非企业单位登记管理暂行条例》、公益事业捐赠法，修改了收养法和《社会团体登记管理条例》，使民政工作初步建立了与市场经济相适应的管理体制和运行机制，对于保障基本民生、促进计划经济向市场经济的成功转型具有深远意义。2002 年党的十六大提出全面建设小康社会的奋斗目标，特别是党的十七大及各次中央全会提出贯彻科学发展观、构建社会主义和谐社会等一系列重大战略任务后，更加注重民生领域、社会领域立法，制定了《行政区域界线管理条例》《彩票管理条例》《自然灾害救助条例》《基金会管理条例》《婚姻登记条例》；修改了残疾人保障法、村民委员会组织法、《农村五保供养工作条例》；制定了《城市生活无着的流浪乞讨人员救助管理办法》，废止1982 年的《城市流浪乞讨人员收容遣送办法》，呈现立法与修法并重的特点，促进了民政法律体系的加快建立和民政事业的加快发展。

（三）2012 年至今为民政法治建设的全面推进时期

党的十八大以来，按照全面推进依法治国的要求，民政法治建设蹄疾步稳、有序前行，强力推动。2013 年 7 月、2017 年 3 月、2021 年 10 月，民政部先后召开全国民政法治工作会议，全面加强对民政法治建设的组织领导。其中，2017 年 3 月民政部召开全国民政法治工作会议，对照《法治政府建设实施纲要（2015—2020 年）》的要求对民政法治建设进一步作了全面部署。立柱架梁，加快民政法治体系建设，推动颁布实施慈善法这一慈善领域的基本法，推动出台《志愿服务条例》《行政区划管理条例》等法规，配合编撰民法典"婚姻家庭编"，推动修订未成年人保护法、城市居民委员会组织法、村民委员会组织法、《地名管理条例》，着力推进社会救助法、养老服务法等法律法规的制定和慈善法、《殡葬管理条例》、《基金会管理条例》等法律法规的修订，民政法规制度体系不断完善。此外，持续深化改革，提高依法行政水平，健全重大行政决策合法性审查机制，加强规范性文件合法性审查、公平竞争审查、市场准入负面清单审查，规范民政执法行为，加强行政复议与应诉工作，有序开展行政执法监督，民政行政权力的运行步入法治化轨道，各级民政干部特别是领导干部法治思维和依法行政能力有了较大提高，想问题、办事情、作决策，守法律、重程序、讲规矩的多了，尊法、学法、守法、用法的新风尚基本形成。

二、发展成就

（一）民政立法

民政立法既包括推动制定修改起支架作用的重要法律、行政法规，也包括制定完善部门规章、规范性文件。随着我国社会主义法律体系的形成和社会领域立法工作进程的不断加快，以法律为主干，以行政法规和地方性法规、部门规章和地方政府规章等一大批规范性文件为补充的民政法律制度体系基本建立。截至 2023 年底，国家层面涉及规范民政职能的法律 7 部、行政法规 17 部，部门规章 42 部、行政规范性文件 170 多件，相关地方性法规规章近 800 部，民政工作总体实现了有法可依，基本适应民政事业发展需要。

1. 民政基本民生保障立法

在社会救助方面，1994 年国务院颁布《农村五保供养工作条例》，正式建立农村"三无"人员的"吃、穿、住、医、葬"五保供养制度；2006 年修订的《农村五保供养工作条例》将农村五保供养资金纳入财政预算且供养标准不低于当地村民平均生活水平。1999 年国务院颁布《城市居民最低生活保障条例》，明确人均收入低于当地城市居民最低生活保障标准的可以获得政府物质帮助，标志城市居民最低生活保障工作步入法制轨道。2003 年颁布施行的《城市生活无着的流浪乞讨人员救助管理办法》，不仅废止了 1982 年的《城市流浪乞讨人员收容遣送办法》，而且标志着收容遣送制度的终结。2014 年国务院颁布的《社会救助暂行办法》是我国第一部统筹各项社会救助制度的行政法规，中国特色社会主义社会救助体系初步成形，有效发挥了托底线、救急难、保民生的兜底保障作用，织密扎牢了民生保障"安全网"。

在特定人群权益保障方面，1996 年全国人大常委会通过了《中华人民共和国老年人权益保障法》，正式确立了"老有所养、老有所医、老有所为、老有所学、老有所乐"的老年人社会保障制度，该法先后于 2009 年、2012 年、2015 年、2018 年作了 4 次修正（订）。1990 年《中华人民共和国残疾人保障法》颁布，努力实现残疾人平等地充分参与社会生活，共享社会物质文化成果，该法于 2008 年、2018 年进行了 2 次修正（订）。1992 年《中华人民共和国未成年人保护法》开始施行，完善了保障未成年人合法权益的措施和制度，该法先后于 2006 年、2012 年、2020 年、2024 年进行 4 次修订，开启我国未成年人国家保护新阶段。

在慈善事业方面，2016 年全国人民代表大会通过《中华人民共和国慈善法》，是慈善领域起支架作用的基本法，慈善事业迈入法治化轨道；该法于 2023 年 12 月修改，回应慈善事业发展中的新情况、新问题，增设应急慈善，规范个人求助行为，对更好适应我国慈善事业发展，发挥慈善促进社会公平正义、推动实现共同富裕功能，进一步激发慈善正能量，促进全社会关心、支持、参与慈善事业，营造良好慈善社会氛围具有重要意义。2017年国务院颁布《志愿服务条例》，对志愿服务组织的法律地位、规范管理和活动开展等进行了系统规定，进一步推动了志愿服务制度化、常态化发展，提升了志愿服务整体效能。

2. 民政基层社会治理立法

在立法保障社会组织发展方面，1989年国务院颁布了《社会团体登记管理条例》，1998年国务院颁布了《民办非企业单位登记管理暂行条例》和新修订的《社会团体登记管理条例》，2004年国务院颁布了《基金会管理条例》，确立了民政部门对社会组织的登记和管理职能，明确了社会组织的内部管理和行为规范，为促进社会组织健康发展，推动社会治理创新发挥了重要的作用。

在立法保障区划地名工作有序方面，1985年国务院颁布了《关于行政区划管理的规定》，1986年国务院颁布了《地名管理条例》，1989年国务院颁布了《行政区域边界争议处理条例》，2002年国务院颁布了《行政区域界线管理条例》，2018年国务院颁布了《行政区划管理条例》，2022年国务院颁布了新修订的《地名管理条例》，确立了行政区划管理、地名管理、行政区域边界争议处理、行政区域界线管理制度，规范了程序和权限，促进了科学行政管理和民族团结。

3. 民政基本社会服务立法

1950年《中华人民共和国婚姻法》颁布实施，正式以法律的形式废除封建主义婚姻，实行男女婚姻自由、一夫一妻、男女权利平等、保护妇女和子女合法权益的婚姻制度；1991年《中华人民共和国收养法》发布。这两部法律的颁布建立健全了民事基本法律制度，充分保障了公民民事权利的实现。2020年《中华人民共和国民法典》颁布，自2021年1月1日施行之日起，婚姻法、继承法、民法通则、收养法、担保法、合同法、物权法、侵权责任法、民法总则等同时废止。民法典是新中国成立以来第一部以"法典"命名的法律，作为民事领域的基础性、综合性法律，有大量规定与民政工作密切相关，完善了民政领域法律制度，回应了人民群众对民政工作的法治需求，为做好新时代民政工作提供了有力法治保障。

（二）民政执法

民政执法是民政部门实施法律、履行职能的重要方式。经过不断努力，民政执法队伍建设不断加强，执法机制不断完善，执法工作不断规范，执法水平有了较大提升，基本建成职能科学、权责法定、执法严明、公开公正、廉洁高效、守法诚信的法治民政。

1. 明晰执法职权

全国各级民政部门均制定公布了权力清单、责任清单和公共服务事项清单，推动取消、调整、下放民政行政审批等事项，严格落实执法人员资格管理和持证上岗制度。

2. 探索执法模式

部分省级民政部门或建立综合执法机构全方位开展执法工作，或相对集中机关执法资源，开展统一执法；部分市级民政部门探索建立综合执法机构，或在本级全面开展执法工作，或指导、带动县级民政执法工作；部分县级民政部门或把原有殡葬执法机构组建为综合执法机构，或从各科室抽调人员成立综合兼职执法队（非常设），或纳入当地政府组建的综合行政执法机构。

3. 推进执法规范化建设

制定了《民政部门实施行政许可办法》，采用"双随机、一公开"监督管理方式，持续加强社会组织、养老服务、殡葬管理等重点领域执法，全面落实行政执法公示、执法全过程记录、重大执法决定法制审核的"行政执法三项制度"，推行行政执法责任制。

表 14-1　民政执法主要内容

执法领域	执法依据	执法内容
社会组织	中华人民共和国慈善法	对慈善组织未按照慈善宗旨开展活动，私分、挪用、截留或者侵占慈善财产，不依法开具捐赠票据、改变捐赠财产用途，未履行信息公开义务和依法报告义务，违法募捐等违法行为和慈善信托的受托人将信托财产及其收益用于非慈善目的等违法行为依法查处
	社会团体登记管理条例	对社会团体在申请登记时弄虚作假，取得登记证书1年未开展活动，筹备期间开展筹备以外的活动，超出章程规定的宗旨和业务范围进行活动，从事营利性的经营活动，不按照规定接受监督检查和办理变更登记，违规出租出借登记证书和印章，违规设立分支机构、代表机构和疏于对其管理造成严重后果，侵占、私分、挪用社会团体的资产或者捐赠、资助，违规收取费用、筹集资金或者接受、使用捐赠、资助，未经登记和被撤销登记以社会团体名义进行活动等违法行为依法查处

执法领域	执法依据	执法内容
社会组织	基金会管理条例 基金会年度检查办法	对基金会、基金会分支机构、基金会代表机构或者境外基金会代表机构申请登记时弄虚作假骗取登记,自取得登记证书之日起12个月内未按章程规定开展活动,未按章程规定和业务范围进行活动,在财务工作中弄虚作假,不履行信息公布义务,不按规定办理变更登记,连续两年不接受年度检查或者年度检查不合格,未经登记或者被撤销登记后或者符合注销条件未办理注销手续继续以其名义进行活动等违法行为依法查处
	民办非企业单位登记管理暂行条例 民办非企业单位年度检查办法	对民办非企业单位在申请登记时弄虚作假骗取登记,出租出借登记证书和印章,超出章程规定的业务范围进行活动,从事营利性的经营活动,不按照规定接受监督检查和办理变更登记,设立分支机构,侵占、私分、挪用资产和捐赠、资助,违规收取费用筹集资金和接受使用捐赠、资助,未经登记和被撤销登记以民办非企业单位名义进行活动等违法行为依法查处
	取缔非法民间组织暂行办法	对未经批准擅自开展社会团体筹备活动的、未经登记擅自以社会团体或者民办非企业单位名义进行活动的、被撤销登记后继续以社会团体或者民办非企业单位名义进行活动的,依法作出取缔决定,没收其非法财产
社会救助	社会救助暂行办法	对社会救助对象采取虚报、隐瞒、伪造等手段骗取社会救助资金、物资或者服务的违法行为依法查处
行政区划	行政区域界线管理条例	对故意损毁或者擅自移动界桩或者其他行政区域界线标志物,擅自编制行政区域界线详图,绘制的地图的行政区域界线的画法与行政区域界线详图的画法不一致等违法行为依法查处
殡葬管理	殡葬管理条例	对擅自兴建殡葬设施,墓穴占地面积超过规定标准,制造销售不符合国家技术标准的殡葬设备等违法行为依法查处
养老服务	养老机构管理办法	对养老机构未建立入院评估制度,未签订服务协议或者未按协议约定和有关强制性国家标准提供服务,未按规定处置预防突发事件,开展与养老服务宗旨无关的活动,侵害老年人人身和财产权益行为,隐瞒监督检查有关情况,提供虚假材料或者拒绝真实材料等违法行为依法查处
福利彩票管理	彩票管理条例	对彩票代销者委托他人代销彩票或者转借出租出售彩票投注专用设备,进行虚假性误导性宣传,采取诋毁同业者等手段进行不正当竞争,向未成年人销售彩票,以赊销或者信用方式销售彩票的违法行为依法查处

(三)民政普法

民政法律法规与人民群众息息相关,民政部门历来高度重视法治宣传教育工作。自 1985 年普法工作开展以来，民政部门认真组织落实了 7 个五年法治宣传教育规划，民政系统普法宣传教育机制逐步健全，法治宣传教育实效逐步增强，全社会对民政法律法规的知晓度明显提升。全国民政系统大力推进民政干部职工法治教育培训，在民政工作管理和服务对象中深入开展法治宣传教育，深入学习宣传习近平总书记关于全面依法治国的重要论述，突出学习宣传宪法，深入学习宣传党内法规，着力宣传民政专业法律法规和规章，推进民政系统依法治理，取得积极成效。在普法工作中，民政部门初步形成了立法、执法、普法和执法监督同步推进的运行机制，加快了民政系统依法行政进程。通过广泛深入的普法宣传，广大人民群众民政法律意识得到了明显增强，激发了广大民政干部学法用法的积极性和主动性，广大民政干部特别是领导干部通过深入学法用法，法律意识和法治观念得到了进一步增强，提高了运用法治思维和法治方式开展工作的自觉性，提高了依法行政的能力和水平。

（四）民政执法监督

民政执法监督工作是促进民政干部职工遵纪守法、廉洁奉公、依法行政的重要手段。随着民政法治的深入推进，民政执法监督也取得明显成效。

1. 通过政务公开主动接受社会监督

民政业务涉及的事项比较多，涉及的法律关系比较复杂，民政部门认真贯彻实施政府信息公开条例，坚持以公开为常态、不公开为例外原则，推进决策公开、执行公开、管理公开、服务公开、结果公开，全面公开与履行职责有关的信息，充分保证民政对象的知情权和参与权。2019 年民政部修订《民政部政府信息公开指南》《民政部主动公开基本目录》，印发《民政部政府信息公开工作规程》《社会救助领域基层政务公开标准指引》《养老服务领域基层政务公开标准指引》等，进一步全面推行政务公开。

2. 扎实做好行政复议和行政应诉工作，自觉接受层级监督和司法监督

行政复议法、行政诉讼法和行政复议法实施条例公布以来，在保护当事人合法权益、规范行政机关依法行政等方面起到重要作用。按照行政复议法规精神，民政部门认真做好行政复议的受理、审查工作，进一步在民政工作

范围内健全了行政复议制度，制定了《民政部行政复议与行政应诉办法》，建立健全了行政复议应诉工作机制；在具体工作中，按照重依据、重证据、重程序原则，确保作出的行政复议决定公正合法。积极应对人民法院受理的行政诉讼案件；自觉履行生效的行政判决和裁定。从行政复议、行政诉讼过程中总结、探索具体行政行为实施的合法性、合理性，定期研究、分析行政诉讼案例，以案释法，优化改进对行政行为的监督，不断提高民政执法监督水平。

三、发展任务

在我国的现代化进程中，法治是重要内容，也是衡量是否实现现代化的重要标准。党的二十大报告首次单独把法治建设作为专章论述，对法治建设的地位作用、总体要求和重点工作等作了全面阐述、专门部署，提出"全面依法治国是国家治理的一场深刻革命，关系党执政兴国，关系人民幸福安康，关系党和国家长治久安"；强调要"坚持走中国特色社会主义法治道路，建设中国特色社会主义法治体系、建设社会主义法治国家，围绕保障和促进社会公平正义，坚持依法治国、依法执政、依法行政共同推进，坚持法治国家、法治政府、法治社会一体建设，全面推进科学立法、严格执法、公正司法、全民守法，全面推进国家各方面工作法治化"；明确未来 5 年"全过程人民民主制度化、规范化、程序化水平进一步提高，中国特色社会主义法治体系更加完善"，到 2035 年"基本实现国家治理体系和治理能力现代化，全过程人民民主制度更加健全，基本建成法治国家、法治政府、法治社会"。民政法治化建设，是国家法治建设的重要组成部分，必须在第二个百年奋斗目标、中国式现代化、"四个全面"战略布局、坚持和发展中国特色社会主义基本方略等国家的全面布局和长远部署中明确目标、找准方向。具体来说，民政法治化建设，要坚持以习近平新时代中国特色社会主义思想为指导，全面贯彻落实习近平法治思想，把民政法治建设放在国家经济社会发展特别是民政事业发展的全局中统筹谋划，坚持党的领导，坚持以人民为中心，坚持问题导向，坚持统筹推进，以更大决心、更强力度纵深推进民政法治建设，在法治中国、法治政府、法治社会建设中主动作为，积极探索具有中国特色的民政法治建设模式和路径，加快构建职责明确、依法行政的民政法治体系，不断巩固民政事业发展的法治基础。

习近平法治思想的核心要义是"十一个坚持"

党的十八大以来，党中央从实现执政兴国、人民幸福安康、国家长治久安的全局和战略高度，定位法治、布局法治、厉行法治，形成了内涵丰富、论述深刻、逻辑严密、系统完备的习近平法治思想，并在 2020 年 11 月召开的中央全面依法治国工作会议上确立了习近平法治思想在全面依法治国中的指导地位。习近平法治思想的核心要义是"十一个坚持"：

一、坚持党对全面依法治国的领导。

二、坚持以人民为中心。

三、坚持中国特色社会主义法治道路。

四、坚持依宪治国、依宪执政。

五、坚持在法治轨道上推进国家治理体系和治理能力现代化。

六、坚持建设中国特色社会主义法治体系。

七、坚持依法治国、依法执政、依法行政共同推进，法治国家、法治政府、法治社会一体建设。

八、坚持全面推进科学立法、严格执法、公正司法、全民守法。

九、坚持统筹推进国内法治和涉外法治。

十、坚持建设德才兼备的高素质法治工作队伍。

十一、坚持抓住领导干部这个"关键少数"。

（一）推进民政领域的法治政府建设

法治政府建设是全面依法治国的重点任务和主体工程。民政部门作为各级人民政府的重要组成部分，是法治政府建设的重要方面。认真贯彻落实法治政府建设各项要求，是民政法治化建设的主要任务。法治政府建设的目标是建成职能科学、权责法定、执法严明、公开公正、廉洁高效、守法诚信的法治政府，主要任务包括依法全面履行政府职能，完善依法行政制度体系，推进行政决策科学化、民主化、法治化，坚持严格规范公正文明执法，强化对行政权力的制约和监督，依法有效化解社会矛盾纠纷，全面提高政府工作人员法治思维和依法行政能力 7 个方面，民政法治建设要围绕这 7 个方面开展工作，重点着力做好立法、执法、普法等工作。

1. 科学立法，构建完备的民政法律规范体系

经过多年努力，民政工作总体实现了有法可依、有章可循。但是，与党和国家工作大局要求和人民群众需要相比，与其他社会领域和政府部门相比，民政法律制度还存在位阶低、有空白、相对滞后和衔接不够等问题。要聚焦民政法规制度的空白点和冲突点，统筹谋划和整体推进"立改废释"各项工作，加快推进社会救助、社会组织管理、殡葬管理等重点领域立法，及时将民政事业改革发展的成熟经验和有效做法，上升为制度、转化为法律，不断完善民政法规制度体系，增强立法系统性、整体性、协同性、时效性。要完善科学立法、民主立法、依法立法机制，完善民政立法后评估制度，努力使每一项民政立法反映人民意志、增进人民福祉。

2. 严格执法，形成高效的民政法治实施体系

按照全面依法治国和建设法治政府要求，民政部门坚持依法履行职能，发挥了应有作用。但法律法规授权民政部门的上百项行政处罚、行政强制等执法权付诸实施不够到位，不敢执法、不愿执法及不会执法现象在部分地区还一定程度存在。要完善职权法定工作机制，根据法律法规规定，优化机构设置和职能配置，推进机构、职能、权限、程序、责任法定化，做到职能明晰、业务衔接、运转有效，决策、执行、监督相协调，提高行政效率和公信力。按照法定职责必须为、法无授权不可为的要求，依法全面履行民政部门职能，切实做好基本民生保障、基层社会治理、基本社会服务等方面工作，解决好人民群众最关心、最直接、最现实的利益问题。加强事中事后监管，创新管理服务，提升治理能力。深化民政执法体制改革，推进民政综合执法，加强社会组织、养老服务、殡葬管理等关系群众切身利益的重点领域执法，全面落实行政执法"三项制度"，完善行政执法程序，健全行政裁量基准，实现严格规范公正文明执法。

3. 创新普法，提升民政法治宣传教育实效

法治宣传教育是法治建设的基础性工作，民政部门既要履行国家机关普法责任，又要引导和支持社会组织在促进全民守法中发挥作用，更要提高民

政干部尤其是领导干部的依法办事能力。要完善民政干部职工学法用法机制，使各级民政干部职工特别是领导干部熟练掌握履行职责所必需的法治通识、法律知识、守法常识，成为尊崇法律、运用法律、严守法律的表率。要广泛开展民政法治宣传活动，紧紧依托党报党刊、广播电视、门户网站，积极运用微信、微博、客户端等，大力宣传民政法律制度及其实施效果。创新民政法治宣传教育方式，丰富宣传教育载体，增强宣传教育吸引力，结合民政业务涉及的清明节、中华慈善日等重要时间节点，有针对性组织开展法治主题宣传日、宣传周和宣传月等活动，不断提高民政法治宣传活动的覆盖面、影响力和公众参与度。

4. 强化监督，构建严密的民政法治监督体系

全面推进政务公开，坚持以公开为常态、不公开为例外，推进决策公开、执行公开、管理公开、服务公开、结果公开。加大行政许可、行政处罚等信息公开力度，加大城乡低保、社会福利、慈善事业、社会组织管理等重点民生项目和公益事业、社会治理领域的信息公开。民政法律制度和重要政策出台后，要针对公众关切，及时进行解读和宣传。严格执行行政复议法和行政诉讼法，逐步提高民政部门负责人应诉案件比例，完善民政行政复议和行政应诉典型案例通报制度，充分发挥行政复议和行政诉讼案件在规范行政行为、推动依法行政中的重要作用。强化行政执法监督机制和能力建设，严格落实行政执法责任制和责任追究制度，对案件背后暴露出的工作人员失职、渎职问题，依法追究相关人员责任。对于可以通过诉讼、仲裁、行政复议等法定程序解决的信访事项，引导当事人通过法定途径解决纠纷和争议。

5. 加强领导，构建有力的法治保障体系

要进一步强化各级民政部门主要负责人的职责，坚持业务工作推进与法治建设跟进相结合，做到法治建设与业务工作同谋划、同部署、同考核。民政系统的法治政府建设是一个系统工程，需要全系统上下协同配合，形成合力，各级民政部门要统筹协调，有针对性地指导下级民政部门的法治建设工作，不断提高全系统的法治政府建设水平。民政法治建设离不开一支正规化、专业化、职业化的法治专门队伍，各级民政部门要加强对民政法治工作队伍的教育培训，大力提高民政法治工作队伍思想政治素质、业务工作能力、职

业道德水准，着力建设一支忠于党、忠于国家、忠于人民、忠于法律的民政法治工作队伍，为民政法治建设提供人才保障。

（二）推进民政领域的法治社会建设

法治社会是构筑法治国家的基础，法治社会建设是实现国家治理体系和治理能力现代化的重要组成部分。党的二十大报告提出要"加快建设法治社会"。民政法治建设在全面推进民政领域法治政府建设的同时，必须全力推进民政领域的法治社会建设，弘扬社会主义法治精神，建设社会主义法治文化，增强全社会厉行法治的积极性和主动性，推动全社会尊法学法守法用法，健全社会公平正义法治保障制度，保障人民权利，提高社会治理法治化水平，夯实民政法治化建设的社会基础。

1. 推动全社会增强法治观念

维护宪法权威，全面落实宪法宣誓制度，推动形成尊崇宪法、学习宪法、遵守宪法、维护宪法、运用宪法的社会氛围。增强全民法治观念，深入宣传以宪法为核心的中国特色社会主义法律体系，让民法典等与人民群众利益密切相关的民政法律法规走到群众身边、走进群众心里，使人民群众自觉尊崇、信仰和遵守法律，引导全体人民做社会主义法治的忠实崇尚者、自觉遵守者、坚定捍卫者。发挥领导干部示范带头作用，努力使尊法学法守法用法在全社会蔚然成风。

2. 健全社会领域制度规范

完善慈善、社会救助等领域和妇女、未成年人、老年人、残疾人正当权益保护等方面的法律法规，不断保障和改善民生；健全社会组织方面的法律制度，进一步加强和创新社会治理；完善弘扬社会主义核心价值观的法律政策体系，加强孝老爱亲等方面立法。促进社会规范建设，加强行业规章、社会组织章程等社会规范建设，推动社会成员自我约束、自我管理、自我规范。加强道德规范建设，倡导助人为乐、诚实守信、敬业奉献、孝老爱亲等美德善行，依法规范捐赠、受赠行为，褒奖善行义举，形成好人好报、德者有得的正向效应，以道德滋养法治精神。加强行业协会商会诚信建设，推进社会诚信建设。

3. 加强权利保护

制定民政政策和出台民政重大改革措施，要充分体现公平正义和社会责任，畅通公众参与民政重大公共决策的渠道，采取多种形式广泛听取群众意见，切实保障公民、法人和其他组织合法权益。建立人民群众监督评价机制，促进民政重点领域执法力度和执法效果不断提高，保障民政行政执法中当事人合法权益。引导社会主体履行法定义务，承担社会责任，强化规则意识，倡导契约精神，维护公序良俗，引导公民理性表达诉求，自觉履行法定义务、社会责任、家庭责任。

4. 推进社会治理法治化

全面推进民政基层单位依法治理，普遍完善业务和管理活动各项规章制度，广泛开展民政领域行业依法治理，推进业务标准程序完善、合法合规审查到位、防范化解风险及时和法律监督有效的法治化治理方式。加大培育社会组织力度，发挥社会组织在法治社会建设中的作用。强化民政突发事件应急体系建设，围绕加强对贫困人口、精神障碍患者、留守儿童、妇女、老年人等的人文关怀、精神慰藉和心理健康服务等工作，将社会治理法治化推向深入。

第二节　民政标准化建设

标准是经济活动和社会发展的技术支撑，是国家基础性制度的重要方面。《中华人民共和国标准化法》规定，标准是指"农业、工业、服务业以及社会事业等领域需要统一的技术要求"。标准包括国家标准、行业标准、地方标准和团体标准、企业标准。标准化是为了在一定范围内获得最佳秩序，促进共同效益，对现实问题或潜在问题确立共同使用和重复使用的条款以及编制、发布和应用文件的活动。标准化在推进国家治理体系和治理能力现代化中发挥着基础性、引领性作用。民政标准化是通过将标准化的理念、原理、原则和方法运用到民政产品和管理服务领域，通过对民政产品和管理服务制定标准并付诸实施，实现质量目标化、方法规范化、过程程序化、管理精细化，从而获得最佳产品质量、管理秩序和社会效益的过程。加快推进民政标准化与民政业务工作深度融合，对于助推新时代民政事业高质量发展具有重要意义。

一、发展历程

民政标准化是改革开放后伴随国家标准化整体工作步伐发展壮大的，大致分为三个阶段。

（一）1977—1989 年为开局起步阶段

1977 年 8 月，联合国在希腊雅典召开第三届地名标准化会议，中国代表团向大会提出用汉语拼音字母拼写中国地名作为罗马字母拼写的国际标准提案，这是我国地名标准国际化的一个重大突破。1979 年召开的全国假肢工作会议，通过了《按照专业化协作的原则，实行假肢标准零部件专业化生产的方案》。1989 年 10 月，经国家技术监督局批准，成立了民政部第一个专业标委会——全国残疾人康复和专用设备标准化技术委员会。这一时期，伴随着国家对标准化工作的日益重视，民政标准集中在假肢矫形器、殡葬、地名、救灾等领域，民政标准化工作起步发展。

（二）1990—2011 年为发展壮大阶段

这一阶段，先后成立了全国地名标准化技术委员会、全国减灾救灾标准化技术委员会、全国婚庆婚介标准化技术委员会、全国社会福利服务标准化技术委员会、全国城市临时性社会救助标准化技术委员会、全国殡葬标准化技术委员会，民政领域标准化技术委员会数量达 7 个，涵盖主要民政业务领域。在继续抓好假肢矫形器、殡葬、地名等传统领域标准研制的同时，着力推进减灾救灾、社会福利、社会救助、婚姻登记和婚庆婚介服务、社区服务等领域标准的研究和制定并取得重要进展。这一时期，民政标准化工作对象日益拓展，技术组织建设日益完善，民政标准的数量和质量日益提升，对民政工作和民政事业发展的技术支撑作用逐步显现。

（三）2012 年至今为全面推进阶段

党的十八大以来，习近平总书记多次对加强标准化工作作出重要指示，全国人大常委会审议通过新修订的《中华人民共和国标准化法》，国务院出台《深化标准化工作改革方案》，为推进标准化工作提供了法律制度保障。2021 年 10 月，中共中央、国务院印发《国家标准化发展纲要》，对我国标准化事业中长期发展作出战略安排，明确 7 项工程，部署 5 项行动，其中涉及民政职能的主要有"1 项工程"和"1 项行动"。"1 项工程"，即实施基本公共服务标准体系建设工程，重点健全和推广全国统一的养老服务、儿童福利、残疾人服务、社会救助、殡葬公共服务等领域技术标准；"1 项行动"，即开展养老和家政服务标准化专项行动。党的二十大报告对推动高质量发展、建设质量强国、增进民生福祉等作出系列战略部署，强调要"稳步扩大规则、规制、管理、标准等制度型开放"。为落实党的二十大精神，2023 年 2 月，中共中央、国务院印发《质量强国建设纲要》，明确提出"加强养老服务质量标准与评价体系建设"，把民政标准化明确为建设质量强国的重要内容之一。在这个时期，民政部召开了全国民政工作暨标准化工作推进会议，印发了《关于加快推进民政标准化工作的意见》《全国民政标准化"十三五"发展规划》《关于加强部管专业标准化技术委员会建设的意见》《关于全面推进新时代民政标准化工作的意见》《民政标准化工作管理办法》等文件，民政标准化建设进入全面推进阶段，标准的数量和质量进一步提升，民政产品质量和管理服务进一步规范，得到了社会的广泛认可和民政服务对象的肯定。

二、发展成就

经过 40 多年的不懈努力，民政标准化建设取得了长足发展。特别是党的十九大以来，民政标准化步入快速发展期，全国民政系统干部职工的标准化意识显著提高，标准体系日趋完善，质量水平明显提升，应用范围持续扩大，发展基础不断夯实，在推动民政部门更好履行基本民生保障、基层社会治理、基本社会服务等职责中发挥了重要支撑保障作用。

(一) 民政标准化治理体系加快健全

1. 全域标准化向纵深推进

截至 2023 年 6 月，民政领域共发布实施国家标准 232 项、行业标准 176

项，基本覆盖民政各业务领域，总体上实现有标可依。其中，残疾人服务领域发布实施226项国家和行业标准，供给更加充足；殡葬服务领域发布实施67项国家和行业标准，服务更加便民；养老服务领域发布实施24项国家和行业标准，支撑更加有力；地名领域发布实施38项国家和行业标准，基础更加牢固。标准供给结构更加优化。

2. 民政领域地方标准发展势头强劲

党的十九大以来，31个省（自治区、直辖市）共发布实施民政领域地方标准646项，占该类地方标准总数（887项）的72.8%，主要分布在养老服务、儿童福利等业务领域，安徽、山西、宁夏、广西、北京、山东等省份标准推行使用程度相对较高。

3. 民政领域团体标准制定取得明显进展

已有数百项团体标准供社会采用。民政领域基础通用类、管理服务类标准所占比重大幅提高。

4. 标准化开放程度明显提升

康复辅助器具领域标准纳入消费品国内国际标准一致性项目，在ISO/TC168和ISO/TC173发布的国际标准中，采标率达90%以上，提前实现《国家标准化发展纲要》规定的"国际标准转化率达到85%以上"的发展目标。

（二）民政标准化治理效能充分彰显

1. 标准化促进了养老服务质量提升

发布首个养老服务领域强制性国家标准，规定包括噎食、压疮、坠床、烫伤、跌倒等9方面安全风险的预防及相应处置措施，为养老机构服务安全划定了"红线"；配套制定20多项推荐性标准，覆盖管理、服务等多个领域，为推进养老服务标准体系建设、增强养老服务供给能力、规范养老机构运营等打下了坚实基础。同步加强实施监督和反馈，带动全行业提质升级。

2. 标准化改善了残疾人生活品质

经过多年发展，残疾人服务领域基本形成以术语和分类标准为基础、以产品和服务标准为主体、以管理标准为政策抓手的标准体系。特别是制修订一批假肢、矫形器、轮椅车、助行器、助听器、助视器、康复训练器材等系列标准，成为国家质量监督抽查、质检检测机构进行产品质量检测的重要依据和企业研发生产相关产品、提供配置服务的重要参考。

3. 标准化提升了地名管理科学化水平

发布实施《外语地名汉字译写导则》等19个语种标准，为外国语地名的译写提供了规范、统一的规则。发布实施《地名　标志》强制性国家标准，为我国建立城乡一体的地名标志导向体系提供了技术规范。发布实施《南极地名》系列标准，满足了南极科学考察和社会应用的需要，对于维护我国在南极的重要权益发挥了不可或缺的作用。

4. 标准化推动了殡葬法规政策有效落实

现行有效且常用的67项殡葬标准，多是对殡仪服务、安葬服务、祭扫服务等关键环节提出的相关技术要求或者流程规范，其发布实施，不仅整体提升了殡葬服务的规范化水平，更在弥补殡葬法制供给不足、打通政策落实"最后一公里"等方面发挥了积极作用。

5. 标准化服务了国家中心工作

新冠疫情发生以来，制发《养老机构新型冠状病毒感染的肺炎疫情防控指南》《康复辅助器具配置机构传染病疫情防控管理规范》等多项工作指南和团体标准。防控工作转段后，及时调整优化防控指南和规范，为相关领域疫情防控和复工复产作出了贡献。会同中国残联修订发布国家标准《残疾人冬季运动项目运动员分级》，助力实现我国残疾人冬季运动项目在北京2022年冬残奥会"全面参赛"的目标任务。

（三）民政标准化发展基础进一步夯实

1. 工作机制不断完善

印发《民政标准化工作管理办法》，理顺了业务司局和标委会职责，优化了标准制修订程序，强化了标准宣贯实施监督。多地制定具体实施办法，从标准制修订、试点示范等方面全面规范。技术组织逐步健全。在标准委大力支持下，完成地名、残疾人康复、殡葬等标委会换届工作，重新组建社会救助、慈善社工等标委会。全国29个省份成立养老服务标准化技术组织或者民政标准化技术组织，部门协作、上下联动的标准化技术组织体系逐步成形。

2. 队伍素质全面提升

连续多年举办全国民政标准化知识培训班，对部省两级从事标准化工作的人员进行轮训。各地、各标准化技术组织结合实际，组织不同层次、不同业务领域标准化知识培训，标准化从业人员能力素质得到提升。

3. 宣贯工作深入开展

以发布新标准为契机，通过新闻发布会、编写解读材料等方式，全方位、多渠道开展标准化宣贯。各地坚持宣贯与业务协同推进，推动强制性标准执行全覆盖，推荐性标准最大范围内实施。

三、发展任务

标准作为国家治理体系和治理能力现代化建设的基础性制度，在支撑行业发展、促进科技进步、规范社会治理中发挥着越来越重要的规范引领作用。2014 年 3 月，习近平总书记在河南省兰考县考察时指出，标准决定质量，只有高标准才有高质量。《国家标准化发展纲要》提出，到 2025 年标准化工作要实现"四个转变"，即标准供给由以政府主导向政府与市场并重转变、标准运用由产业与贸易为主向经济社会全域转变、标准化工作由国内驱动向国内国际相互促进转变、标准化发展由数量规模型向质量效益型转变。同时，也应清醒地认识到，民政标准化工作还存在差距和不足。一是标准化意识不够强，还存在"上热、中温、下冷"现象。各地、各领域标准化推进进度不够均衡。经济发达地区的标准活跃程度相对较高，养老服务、残疾人康复、殡葬等领域标准研制相对较快，其他地区和领域还有差距。二是标准研制质量有待提高。现行国家和行业标准中，标龄超过 5 年的接近半数，标龄超过 10 年的占 15%。一些标准科学性和可操作性还有不足，一些新技术、新业态领域标准尚不能满足行业发展需要。养老服务、残疾人康复等领域标准"走出去"尚需努力。三是标准化保障机制需要健全，存在专业人才不足、经费保障不到位等情况。这些困难和问题，不同程度上影响了标准化质效和发展后劲，亟待深化标准化工作改革。

党的二十大报告强调"建设高标准市场体系"，"完善支持绿色发展的财税、金融、投资、价格政策和标准体系"，"稳步扩大规则、规制、管理、标准等制度型开放"。标准化工作贯穿于党和国家事业的各个领域、各个方面。新时代新征程，各级民政部门要坚持以习近平新时代中国特色社会主义思想为指导，全面贯彻落实党的二十大精神和党中央、国务院决策部署，紧紧围绕推进中国式现代化，贯彻落实《国家标准化发展纲要》，加快推进民政领域标准制定和实施，为全面推进民政工作高质量发展提供有力支撑。

（一）深化标准化工作改革，建设更加科学合理的标准体系

1. 优化标准供给结构

统筹推进民政领域国家标准、行业标准、团体标准、地方标准协调发展。推进强制性国家标准研制，筑牢保障人身健康和生命财产安全、国家安全、生态环境安全的底线。支持满足基础通用、与强制性国家标准配套、对行业起引领作用的推荐性国家标准制定。鼓励民政领域有条件的学会、协会、联合会等社会团体聚焦新技术、新业态和新模式，制定技术要求更高的团体标准。

2. 推动地方标准化工作

支持地方研究制定养老、殡葬、慈善等领域的地方标准，及时将实施效果良好、符合相关要求的地方标准转化为国家或者行业标准。鼓励地方依托国家级服务业标准化试点、社会管理和公共服务综合标准化试点平台，在养老、殡葬、康复辅助器具等领域开展标准化试点示范，完善对标达标工作机制，促进标准与产品、服务质量融合发展。

3. 提高标准国际化水平

加大养老、殡葬、地名、康复辅助器具等国际标准跟踪、比对和评估力度，及时转化先进适用的国际标准，提升国内外标准一致性程度，推动我国优势、特色技术标准成为国际标准。

（二）全面提升标准化水平，建设更加先进适用的标准体系

1. 加大基本民生保障领域标准研制力度

围绕巩固拓展脱贫攻坚兜底保障成果，推进低收入人口帮扶机制标准化建设，守住不发生规模性返贫底线。围绕健全分层分类的社会救助体系，加快基本生活救助、专项社会救助、急难社会救助等领域标准研制，确保兜住底、兜准底、兜好底。加强儿童福利、未成年人保护等领域重点标准研制，

提升儿童福利保障水平。

2. 加大基层社会治理领域标准研制力度

围绕加强基层治理体系和治理能力现代化建设,建立覆盖社会团体、基金会、社会服务机构等领域标准体系,发挥社会组织在基层治理中的积极作用。围绕贯彻实施慈善法,开展慈善募捐等领域标准研制。以设备、技术和服务标准为重点,完善福利彩票标准体系。

3. 加大基本社会服务领域标准研制力度

围绕实施积极应对人口老龄化国家战略,深入实施养老服务标准化专项行动。在居家养老、社区养老、机构养老、农村养老、智慧养老等领域,推动制定一批与国际接轨、体现中国特色、适应服务管理需要的养老服务标准,促进适老化改造标准研制与实施推广。围绕深化殡葬领域改革,优化殡葬领域标准体系,健全和推广殡葬服务、殡葬设施设备、殡葬用品等领域技术标准。围绕发展康复辅助器具产业,加快重点产品、管理、服务标准研制,健全康复辅助器具标准体系。

(三)着力强化标准实施和监督,建设更高效能的标准体系

1. 加大法规政策引用标准力度

充分发挥标准对民政法规政策的技术支撑和补充作用。完善认证认可、检验检测等活动中应用先进标准机制,推进以标准为依据开展行业管理、产业推进、市场准入、质量监管和适老化改造。

2. 健全完善强制性国家标准实施信息反馈机制

加大依据强制性国家标准开展监督检查和行政执法的力度,严肃查处违法违规行为。运用监督抽查、执法检查、检验检测、信用监管、工作督查等多种手段促进民政标准的贯彻实施,确保涉及人身健康和生命财产安全的各类强制性标准在全民政系统得到严格执行,推荐性标准在最大范围内得到贯彻实施,守住不出安全事故的红线。

3. 压实标准制定主体的实施责任

发布重要标准,应当同步出台标准实施方案和释义。重要标准实施两年后,应当组织开展标准实施情况监督检查。

4. 对技术更新迅速的相关标准及时复审

确保标准的适用性、先进性。强化行业自律和社会监督，发挥市场对团体标准的优胜劣汰作用。

（四）筑牢标准化发展基础，建设更加保障有力的标准体系

1. 提升标准化技术支撑水平

推动标准化与科技创新互动发展，重点支持基础通用、产业共性、新兴产业和融合技术等领域标准研制，加大新技术、新工艺、新材料、新产品等创新成果的标准转化力度。统筹规划民政领域标准化技术组织，围绕养老服务、儿童福利等方面的标准化需求，加快完善标准化技术组织队伍，支持地方成立民政领域标准化技术组织。优化民政标准化业务系统，加强与国家标准信息系统协调。

2. 加强标准化人才队伍建设

建立专职人员为骨干、兼职人员广泛参与的民政标准化人才队伍。充实和完善民政标准专家队伍。加大基层民政标准化人才队伍培训力度，将相关标准知识纳入各类业务培训和执法人员培训课程。推动领导干部带头重标准、学标准、用标准。

3. 加大标准化宣贯工作力度

大力宣传党和国家标准化方针政策，深入报道民政标准化优秀成果和先进典型，推动形成学习标准、遵守标准、运用标准的良好氛围。发挥标准化技术组织、社会团体等的桥梁和纽带作用，全方位、多渠道开展标准化宣传，讲好标准化故事。

4. 加强民政标准化工作经费保障

不断加强标准化经费投入，完善保障措施，形成以政府投入为主、多渠道筹集经费的标准化保障机制。鼓励省级、市级和区县财政按照标准化法要求，结合本区域经济社会发展实际需要，逐步加大标准化工作年度财政预算，保障标准制定、实施以及标准化宣传、试点示范建设等重点工作的资金投入。

第三节 民政信息化建设

信息化是充分利用信息技术，开发利用信息资源，促进信息交流和知识共享，提高经济增长质量，推动经济社会发展转型的历史进程。民政信息化是指在民政业务中全面深入地运用快速发展的信息技术，开发利用民政资源，推动民政工作模式、观念和方法等不断优化创新，推进民政服务水平不断提升。

一、发展历程

民政信息化作为国家信息化的重要组成部分，顺应国家信息化发展整体趋势，经历了从无到有、从起步到深入发展的历史进程，大致分为以下 4 个阶段。

（一）1984—1992 年为起步阶段

自 20 世纪 80 年代以来，随着因特网的出现和迅速普及，计算机与信息技术飞速发展，全球性的信息社会逐渐开始形成，国家信息化进程加快推进，民政信息化迈入了起步阶段。1984 年，以民政统计工作为契机，计算机在民政系统逐渐得到推广使用；1986 年，为适应计算机电算化应用发展，民政部成立了以电算化应用为基础的计算机中心，从此拉开了民政信息化建设的序幕。该阶段以信息技术引入民政系统、普及文字处理和数据计算为主要特征。

（二）1993—2000 年为初级发展阶段

建立了以民政部机关局域网为核心的全国民政信息网络。民政部机关局域网络于 1994 年建设完成，1997 年全国省级民政厅局与部级的网上信息传输完成互联互通，民政部门户网站于 2000 年 1 月正式上线开通，同时陆续开发了城镇居民最低生活保障管理信息系统、婚姻登记管理信息系统等软件，并在全国范围内初步推广使用，开启了民政业务工作与信息化融合发展的探索之路。

（三）2001—2016 年为稳步发展阶段

2001 年 6 月民政部在上海召开第一届全国民政信息化建设会议，印发了《全国民政系统信息化 2001—2005 年发展规划纲要》，由此拉开了民政信息化建设攻坚战的序幕，在全国民政系统范围内开始实施以"数字民政"和"便民工程"为主要内容的覆盖全民政业务的信息化建设，建设完成了具有数据、语音和视频功能的部省两级民政广域网，各业务软件的应用开发也逐步增多，逐渐产生了大量业务信息和数据。

（四）2017 年至今为快速发展阶段

党的十八大以来，民政系统深入学习贯彻习近平总书记关于网络强国的重要思想，顺应网络安全和信息化发展趋势，进一步加强信息化统筹力度，积极发挥信息化对民政事业发展的支撑驱动作用。2017 年 10 月印发《民政部关于统筹推进民政信息化建设的指导意见》，为"十三五"时期全国民政系统信息化发展指明了方向；2018 年 5 月印发《"互联网＋民政服务"行动计划》，推动运用"互联网＋"改革创新民政服务手段和方式，同时启动"金民工程"一期、电子政务内网等项目实施，推动多年来形成的信息化分散建设模式向共建共享模式转变，全面构建"集约整合、纵横互联、信息共享、业务协同"的民政信息化发展格局。"十四五"时期，信息化进一步赋能基本民生保障、基层社会治理、基本社会服务，2021 年 12 月印发《"十四五"民政信息化发展规划》，对"十四五"时期民政信息化发展作出系统安排和部署；2022 年 9 月，印发《民政部贯彻落实〈国务院关于加强数字政府建设的指导意见〉的实施方案》，加快推进民政网络化、数字化、智能化向纵深发展。经过多年努力，民政信息化取得长足进步，信息化统筹发展能力显著增强、"互联网＋民政服务"全面深化、数据要素价值显著提升、信息基础设施实现跨越式发展，民政业务与信息化融合不断深化，信息化在民政事业的发展中正发挥着越来越重要的作用。

表14-2 金民工程

总体情况	"金民工程"一期项目是国家发展改革委"十二五"批复立项、"十三五"实施的国家重大电子政务信息化工程。项目建设目标是利用信息化手段,织密扎牢基本民生兜底保障网,有效解决基层民生利益补给失信、基本民生服务供给不足以及民政信息化建设分散化、应用条块化、信息割裂化、服务碎片化等突出问题,促进民政信息化实现"一盘棋、一张网、一体化"发展格局,构建"大系统、大平台、大数据"信息化体系架构,并通过"金民工程"项目成果全面推广应用,有效推动部省间平台互联、系统对接、数据共享、业务协同,有效提升为民服务和政务管理公平化、精准化和信息化水平
应用支撑平台	应用支撑平台是"金民工程"所有业务系统软件的"底座",为业务系统提供统一的应用支撑。其支撑能力主要体现在4个方面:一是统一的开发框架,提供统一技术生态,集成软件开发辅助工具、UI组件库、中间件和通用功能组件库等。二是统一的服务集成,采用分布式架构,对分布在不同系统的服务进行统一管理,既便于服务重用和功能组装,也可统一管理服务的调用权限和执行策略。三是统一的公共支撑,提供业务系统公共基础能力服务,包括业务公共支撑系统和软件公用模块。四是统一的数据集成,提供统一的民政信息数据资源管理,负责全国民政数据资源的汇聚与服务,纵向实现部省之间数据交换,横向实现与其他相关部委数据共享,同时为民政大数据分析提供数据支撑
民政信息资源库	民政信息资源库是按照"金民工程"统一数据资源标准,将全国民政数据资源汇聚集中,形成信息完整、逻辑一致、一数一源、共享校核的信息资源库。民政信息资源库由基础数据库、业务数据库、主题数据库和共享数据库组成,为全民政系统业务管理和决策支持以及跨部门间的数据共享提供有效的数据支撑,助力全国"互联网+政务服务"和民政领域数字化改革深入开展
民政政务信息系统	(一)社会救助业务领域:1.全国社会救助业务信息系统。2.全国居民家庭经济状况核对系统 (二)基层政权建设和社区治理业务领域:全国基层政权建设和社区治理信息系统 (三)社会事务业务领域:1.全国流浪乞讨人员救助管理信息系统。2.全国殡葬政务信息直报系统。3.全国婚姻登记管理系统。4.全国残疾人福利信息系统 (四)养老服务业务领域:全国养老服务信息系统 (五)儿童福利业务领域:全国儿童福利信息系统 (六)慈善事业促进和社会工作业务领域:1.社会慈善与募捐信息系统。2.全国社会工作信息系统。3.全国志愿服务信息系统 (七)其他业务领域:1.民政一体化政务服务平台。2.全国民政信访信息系统。3.民政统计与信息服务系统

二、发展成就

（一）民政信息化顶层设计高位统筹有力

根据国家信息化发展战略，坚持规划先行、统筹安排，以规划引领建设，先后出台了《全国民政系统信息化 2001—2005 年发展规划纲要》《全国民政科技中长期发展规划纲要（2009—2020 年)》《民政信息化中长期规划纲要（2009—2020 年)》《"十四五"民政信息化发展规划》等系列发展规划，引领指导民政系统信息化建设工作。坚持民政信息化"一盘棋"布局、"一张网"建设、一体化发展，先后印发《民政部关于统筹推进民政信息化建设的指导意见》《"互联网 + 民政服务"行动计划》《民政一体化政务服务平台建设方案》《民政部贯彻落实〈国务院关于加强数字政府建设的指导意见〉的实施方案》等指导文件，明确了民政信息化建设的指导思想、发展目标、主要任务、实施路径和保障措施等，着力在更高起点、更深连通、更优体验上支撑基本民生保障、基层社会治理、基本社会服务等职责履行，推进决策科学化、治理精准化、服务高效化。研究编制《民政业务数据共享与交换》《社会救助数据元》等民政信息化基础标准，构建了由 23 项总体类标准和 88 项分项标准构成的信息化工程标准体系，正式发布结婚证、离婚证、社会组织登记证书等电子证照工程标准。出台了《民政部党组网络安全工作责任制实施办法》《民政部网络安全事件应急预案》《民政部网络安全管理办法》等文件，对民政领域网络安全工作主要目标、基本要求、工作任务、保护措施、网络安全机构等作出了明确规定。

（二）民政信息基础设施体系更加完整可靠

加强民政信息基础设施建设，形成民政政务云中心、大数据中心和异地灾备中心相互支撑的"两地三中心"发展格局，构建了多网融合、运行稳定、安全可信的民政信息基础设施大平台，提升了民政信息化的网力、算力和承载力。持续升级网络基础设施，扩容互联网带宽，优化改造网络架构，基本建成网络、存储、安全、数据管理、应用支撑统一运维的部级信息化基础运行环境，为民政政务信息系统运行提供了安全可靠的基础支撑服务。民政云视频会议系统不断更新升级，应用功能不断增强，覆盖范围由部本级逐渐延伸，已覆盖部、省、市（县），形成集互联网、电话网天地复合的民政云视频会议系统。电子政务重大工程项目顺利实施，完成"金民工程"一期、社会组织法人库、公共安全信息化工程（民政部分）等项目建设，形成具有覆盖民政基本职能的"大系统、大平台、大数据"架构体系和支撑能力，有效推动和保障了部省间平台互联、系统对接、数据共享、业务协同。

（三）"互联网＋民政服务"应用创新持续拓展

落实党中央、国务院关于加快推动全国一体化政务服务平台建设、深化"互联网＋政务服务"等重大部署要求，建成上线民政一体化政务服务平台，开通平台移动端服务品牌"民政通"，集约提供社会组织登记在线申请、残疾人两项补贴在线申请、婚姻登记在线预约等近70项高频政务服务应用，有力推动政务服务跨地区、跨部门、跨层级协同办理、数据共享和便捷服务，累计提供各类服务超1000万人次。积极开展"互联网＋民政服务"典型应用和试点示范，制定"互联网＋社会组织（社会工作、志愿服务）""互联网＋区划地名""互联网＋婚姻服务""互联网＋殡葬服务"等行动方案，推动"互联网＋"与社会组织、社会救助、殡葬服务、社区建设、地名服务、养老服务、儿童福利、慈善事业、志愿服务等民政业务融合创新。积极推进孤儿、事实无人抚养儿童认定"跨省通办"纵深发展，助力残疾人两项补贴由"跨省通办"向"全程网办"升级，拓展婚姻登记"跨省通办"试点范围，截至2023年底，孤儿、事实无人抚养儿童认定"跨省通办"申请429例；残疾人两项补贴"跨省通办"申请、"全程网办"申请分别办理2445例、40227例；婚姻登记"跨省通办"超过24万对。

（四）民政数据要素应用价值显著提升

深入贯彻落实党中央、国务院关于加强数字政府建设、加快推进全国一体化政务大数据体系建设等重大决策部署，着力构建、完善民政大数据资源体系，推进民政数据要素应用价值持续提升。强化数据资源管理，系统梳理民政政务信息资源目录清单，分层分类汇聚社会组织管理、社会救助、区划地名等 10 余类民政政务数据，初步形成信息完整、覆盖全面、动态更新的民政信息资源库。深化数据资源共享，认真落实国务院部门间数据共享责任清单，依托全国一体化政务数据共享枢纽，累计为 14 个国务院部门和 31 个地方部门提供约 19.77 亿次数据服务，有力支撑户口迁移、个人所得税专项扣除、不动产登记等事项协同办理。促进数据资源应用，以数据融合、服务为核心，以"空间化"为手段，初步建成民政时空大数据平台，围绕脱贫攻坚、孤儿助学、养老机构监管等重点领域开展时空大数据分析应用，为科学决策提供定量分析支撑。加强数据安全保护，认真贯彻落实数据安全法、个人信息保护法等法律法规要求，印发《民政政务数据安全管理暂行办法》，有序推进民政领域政务数据分类分级工作，持续开展数据使用监测预警，有效提升民政数据安全管理水平。

（五）民政网络安全保障机制不断健全

认真贯彻落实网络安全法、数据安全法和个人信息保护法等法律法规及政策文件，健全民政网络安全综合防控体系，加强网络安全宣传培训，开展网络安全应急演练，提升网络安全防范意识，定期监测网络和系统安全隐患，加强安全态势威胁感知和排查整改，做好重大活动网络安全保障，健全完善网络安全信息通报机制，不断提升民政领域国家商用密码应用和服务水平，保持重大网络安全责任事件零发生，网络安全防范与治理能力明显提升。

三、发展任务

2014 年 2 月 27 日，习近平总书记在中央网络安全和信息化领导小组第一次会议上强调："没有信息化就没有现代化。"适应和引领经济社会发展新常态，增强发展新动力，需要将信息化贯穿我国现代化进程始终，加快释放信息化发展的巨大潜能。党的二十大报告明确提出，到 2035 年，我国发展的总体目标之一就是"基本实现新型工业化、信息化、城镇化、农业现代化"，信息化是重要内容。民政事业的发展，必须深入学习贯彻习近平总书记关于网络强国的重要思想，认真贯彻落实党中央、国务院关于网信工作重大决策部署，以网络强国、数字中国、数字政府建设为指引，加快大数据、人工智能、区块链等现代信息技术与民政工作深度融合和创新发展，与时俱进，把握机遇，改革创新民政信息化发展理念、方式和途径，加快推动民政领域网络化、数字化、智能化发展，提升基本民生保障精准化、基层社会治理精细化、基本社会服务便捷化水平，深入推进政务服务水平提升、数据要素价值发挥、业务流程优化再造、信息基础设施体系建设等工作，充分发挥信息化对民政事业的支撑作用和倍增效应，用信息化培育民政事业创新发展新动能，以民政信息化驱动民政事业的现代化。

（一）全面加大民政信息化建设的统筹力度

新一代信息技术创新裂变迸发，成为驱动发展的先导力量。当前，人类社会已进入泛在感知、高速连接、高效计算、规模存储、共享智能的数字时代，以大数据、云计算、人工智能为代表的新一代信息技术加速迭代、集成突破，为经济社会发展提供了高经济性、高可用性、高可靠性的技术底座，引领创新、驱动转型、助推高质量发展作用更加凸显。信息技术快速迭代对民政信息化的统筹能力提出了新要求。要与时俱进，注重最新信息技术的引入应用，强化数字转型、智能提升、融合创新，才能紧跟现代信息技术的发展步伐。要注重统筹规划，从民政事业发展全局出发，加强信息化工作的统一领导、统筹规划和集约建设，牢固树立全国"一盘棋"观念，统筹推进"一盘棋"布局、"一张网"建设、一体化发展，构建上下协同、创新驱动、优质高效、规范统一的业务、技术、服务、标准体系，形成数据汇聚、系统互通、应用融合的信息化发展新格局，避免重复建设和资源浪费，整体上提升民政信息化工作科学化、体系化、标准化水平。要坚持问题导向，聚焦民政信息化建设各自为政、条块分割、自成体系、信息孤岛、数据壁垒以及信息资源"小、散、乱"等问题，推动政务信息系统整合共享，提升信息化建设效率和服务能力。要坚持创新驱动，打破传统信息化建设惯性思维和路径依赖，积极探索民政信息化创新发展新理念、新形态、新模式和新机制，全面加强数据融合、技术融合和业务融合，深化政务体系与技术体系、政策体系与要素资源体系的协同融合、双向驱动、同向发力。要坚持协同共享，理顺体制机制，明确责任分工，强化条块衔接、纵横联动和政民互动，打通数据信息链和业务服务链，加强信息共享和业务协同，充分发挥信息化整体效能。要坚持安全可控，强化关键信息基础设施和重要信息系统安全保障，坚持底线思维，加强数据安全和个人信息保护，严格落实等级保护和分级保护制度，增强网络安全动态防御和态势感知能力，提高网络安全应急处置水平。

（二）夯实民政信息基础设施

泛在先进的信息基础设施是民政信息化建设和发展的基石。随着新一代信息技术加速创新应用，新型信息基础设施加速向高速、泛在、感知、智能升级，成为支撑经济社会转型发展的新基石，民政信息化要把建设和运用新一代信息基础设施作为重点，以云计算、大数据、人工智能、5G、IPv6等为代表的新一代基础设施与民政工作深度融合，抢占新一代信息基础设施发展的主动权。要根据新技术的特点和新设施的建设要求，构建框架合理、层次清晰、权威科学、规范完整的民政信息化标准规范体系，统筹建设标准统一、资源集约、利用高效、安全可控的民政统一信息基础设施，形成有利于基础设施互联互通的制度环境，推动已建、在建和拟建的民政业务应用逐步向民政政务云平台迁移。推动国家电子政务外网、互联网、民政卫星视频网等资源的互联互通，保障民政业务跨地区办理、跨层级联动和跨部门协同。构建多网融合、运行稳定、安全可信的民政信息基础设施大平台，提供统一云服务和安全保障。做好"金民工程"项目统建应用系统的技术支持、运行维护、数据汇聚等，推进全国民政系统间的平台对接、系统互联、数据交换。

（三）深化民政大数据应用

随着数据资源的应用日益频繁，大数据成为重要的基础性战略资源。当前，世界已进入"数字全球化"时代，未来数据资源的开发与应用将越发广泛、深入和频繁，大数据将成为国家、社会和企业层面最基础、最重要的战略资源，大数据应用场景将持续拓展。大数据的广泛应用将极大地提高生产效率和服务水平，集数据采集、融合、治理、组织管理、智能分析于一体的数据中台将成为释放数据价值、支撑智慧应用的重要枢纽。民政信息化建设要着力做好民政大数据应用这篇文章，以数据赋能民政事业高质量发展为目标，持续完善数据标准、提升数据质量、挖掘数据价值、创新数据应用。深化民政数据资源汇聚共享，有效汇聚管理各级民政数据资源，构建以行政区划代码、社会组织和村（居）民委员会统一社会信用代码、地名信息等为基础的民政数据资源"一张图"。巩固并拓展与公安、教育、人力资源社会保障等部门间的数据共享渠道，健全数据向上汇聚和向下服务相互促进的工作机制，实现民政信息资源跨地区、跨层级、跨部门共享、高效利用。强化民政数据资源治理，逐步形成一套覆盖数据采集、存储、加工、共享、利用等全生命周期的数据治理体系和技术防护体系。拓展民政数据社会化服务，推动民政政务数据与社会数据良性互动、融合应用，依托大数据和人工智能等技术手段，精准定位服务对象，促进民政数据资源的二次开发利用。依托国家地名信息库，整合民政公共服务资源，应用电子地图、北斗导航等技术手段，为社会提供高效、优质、便捷的信息服务。

（四）提升民政政务服务水平

民政信息化建设要牢固树立以人民为中心的发展思想，全面履行更好地为人民群众提供政务服务和公共服务的职责使命。伴随着人工智能、大数据等技术在社会领域的应用日益广泛，政府数字化转型步伐加速，全球电子政务快速迈向数字政府建设新阶段，引发政府治理理念和方式深刻变革。民政信息化要以提升人民群众办事满意度、获得感、便捷性为目标，推动民政政务服务整体联动、流程优化、线上办理，持续深入探索"一张网""一窗式""只跑一次""一次不跑"等改革，"让信息多跑路，让群众少跑腿"，以前台创新推动后台改革，推动政务服务从政府供给导向向群众需求导向转变，从"线下跑"向"网上办"、从"分头办"向"协同办"转变，以一体化、便捷化、智能化的管理和服务，让群众享受发展的成果，感受改革的喜悦。因此，要进一步优化完善民政一体化政务服务平台，整合汇聚全国民政系统政务服务资源，不断提升民政一体化政务服务平台的供给能力，推进各类民政政务服务事项"应上尽上"，提供更多网上便民服务。要优化各类政务服务业务流程，强化空间信息服务，实现政务服务、公共支撑、综合保障一体化管理，构建互联互通、信息共享、业务协同"大系统"，促进民政各领域信息系统体系化、标准化、集约化，在更高水平上推动"互联网＋民政服务"高质量发展。要优化完善民政统一身份认证、事项管理、数据共享、电子证照等应用支撑系统，持续整合业务系统和服务事项，实现门户网站、政务服务平台的统筹管理、互联互通和一体化服务，实现与国家政务服务平台应用资源和服务全面对接，促进政务系统整合共享以及跨部门、跨层级、跨系统互联互通和业务协同。

（五）筑牢民政网络安全屏障

随着信息化与民政业务融合不断加深，维护民政网络和重要数据安全的要求不断提高，网络空间成为保障民政安全的新阵地。安全是发展的前提，发展是安全的保障，安全和发展要同步推进，在推进民政信息化发展的同时，必须同步抓好网络安全。要坚持总体国家安全观，树立正确的网络安全观，正确认识网络安全是整体的而不是割裂的，是动态的而不是静态的，是开放的而不是封闭的，是相对的而不是绝对的，是共同的而不是孤立的。要树立主动、动态、综合的网络安全防控理念，安全可控地加强对外交流、合作、互动、博弈，号召相关部门、企业、社会组织、广大网民共同参与，共筑民政网络安全防线。要全面贯彻落实党中央、国务院有关网络安全工作要求和部署，加强网络安全基础设施和能力建设，运用大数据、人工智能、区块链等新一代信息技术，保护公民信息安全。加快构建关键信息基础设施安全保障体系，开展国产化替代等新型基础设施建设，基于政务内网、外网开展"替、迁、改、建"建设，提高自主可控水平，逐步构建国产化的民政信息化生态体系。要对信息基础设施、民政政务信息系统和重要数据进行安全态势感知及风险防控，开展网络安全定级测评、监督检查、值班值守、信息通报、应急演练和重大活动保障等工作，不断提升民政系统网络安全综合管理和防御水平，确保不发生重大网络安全事件。

后　记

　　民政工作保基本、兜底线、暖民心、防风险、促和谐，工作千头万绪、连着千家万户。党的十八大以来，以习近平同志为核心的党中央高度重视民政工作，习近平总书记多次对民政工作作出重要指示批示和重要论述，为新时代民政事业高质量发展提供了根本遵循。为深入学习贯彻习近平新时代中国特色社会主义思想，全面贯彻落实习近平总书记关于民政工作的重要指示批示和重要论述，让大中专院校师生、相关研究人员、民政实务工作者和关心关注民政工作发展的各界人士更好地了解、把握民政工作的职责使命、发展脉络、主要成就、重点工作、工作要求，民政部政策研究中心组织编写了《新时代民政工作概论》一书。

　　该书由民政部政策研究中心主任王克强、原主任王杰秀负责总体设计和统筹协调，副主任付长良、谈志林负责具体组织推进工作。参加本书编写的民政部政策研究中心研究人员有：侯新毅、许亚敏、张静、闫晓英、周京、郑子青、安超、尹冬华、韩沛锟、王拓涵、孙笑非、刘振杰、王姝楠。参加本书编写的专家学者有：徐家良、姚建平、冯善伟、程福财、喻建中、龙玉其、孙平、刘彩霞、卢军、寇云鹏。牛家敬、韩蕴智、于海洋对本书第十一章作了具体修改。

　　本书在编写过程中得到有关方面的悉心指导和大力支持。民政部领导高度重视本书的编写，各司局、有关单位为本书的提纲框架、重要表述、文字数据等作了审核把关，各地民政部门为本书的撰写工作提供了有力支持。诸多专家学者为本书的策划、撰写和修改提供了建设性意见。中国社会出版社高度重视本书的出版，多次对书稿内容提出宝贵修改意见，对本书出版给予了大力支持。在此一并致谢!

民政工作点多、线长、面广,本书的内容难免挂一漏万,真诚欢迎各界读者批评指正,我们将及时改进完善,更好服务民政工作高质量发展。

编　者

2024 年 11 月